HSRC PRESS

中国非洲研究院文库·学术译丛

南非的贫困与不平等

诊断、预测与应对

Poverty & Inequality
Diagnosis, Prognosis, Responses

［南非］克雷恩·苏迪恩（Crain Soudien）
瓦苏·雷迪（Vasu Reddy） ／编
英格丽德·伍拉德（Ingrid Woolard）

李朝渊 ／译

中国社会科学出版社

图字：01－2023－0081 号

图书在版编目（CIP）数据

南非的贫困与不平等：诊断、预测与应对／（南非）克雷恩·苏迪恩，
（南非）瓦苏·雷迪，（南非）英格丽德·伍拉德编；李朝渊译.
—北京：中国社会科学出版社，2023.9
（中国非洲研究院文库. 学术译丛）
书名原文：Poverty & Inequality：Diagnosis，Prognosis，Responses
ISBN 978－7－5227－2107－1

Ⅰ.①南…　Ⅱ.①克…②瓦…③英…④李…　Ⅲ.①贫困问题—
研究—南非　Ⅳ.①F147.847

中国国家版本馆 CIP 数据核字（2023）第 112732 号

出 版 人　赵剑英
责任编辑　高　歌
责任校对　李　琳
责任印制　戴　宽

出　　版　中国社会科学出版社
社　　址　北京鼓楼西大街甲 158 号
邮　　编　100720
网　　址　http://www.csspw.cn
发 行 部　010－84083685
门 市 部　010－84029450
经　　销　新华书店及其他书店

印　　刷　北京君升印刷有限公司
装　　订　廊坊市广阳区广增装订厂
版　　次　2023 年 9 月第 1 版
印　　次　2023 年 9 月第 1 次印刷

开　　本　710×1000　1/16
印　　张　23.75
插　　页　2
字　　数　404 千字
定　　价　129.00 元

充分发挥智库作用　助力中非友好合作
——《中国非洲研究院文库总序言》

当前，世界之变、时代之变、历史之变正以前所未有的方式展开。一方面，和平、发展、合作、共赢的历史潮流不可阻挡，人心所向、大势所趋决定了人类前途终归光明。另一方面，恃强凌弱、巧取豪夺、零和博弈等霸权霸道霸凌行径危害深重，和平赤字、发展赤字、治理赤字加重，人类社会面临前所未有的挑战。

作为世界上最大的发展中国家，中国始终是世界和平的建设者、国际秩序的维护者、全球发展的贡献者。非洲是发展中国家最集中的大陆，是维护世界和平、促进全球发展的重要力量之一。在世界又一次站在历史十字路口的关键时刻，中非双方比以往任何时候都更需要加强合作、共克时艰、携手前行，共同推动构建人类命运共同体。

中国和非洲都拥有悠久灿烂的古代文明，都曾走在世界文明的前列，是世界文明百花园的重要成员。双方虽相距万里之遥，但文明交流互鉴的脚步从未停歇。进入 21 世纪，特别是中共十八大以来，中非文明交流互鉴迈入新阶段。中华文明和非洲文明都孕育和彰显出平等相待、相互尊重、和谐相处等重要理念，深化中非文明互鉴，增强对彼此历史和文明的理解认知，共同讲好中非友好合作故事，为新时代中非友好合作行稳致远汲取历史养分、夯实思想根基。

中国式现代化，是中国共产党领导的社会主义现代化，既有各国现代化的共同特征，更有基于自己国情的中国特色。中国式现代化，深深植根于中华优秀传统文化，体现科学社会主义的先进本质，借鉴吸收一切人类优秀文明成果，代表人类文明进步的发展方向，展现了不同于西方现代化模式的新图景，是一种全新的人类文明形态。中国式现代化的新图景，为包括非洲国家在内的广大发展中国家发展提供了有益参考和借鉴。近年来，非洲在自主可持续发展、联合自强道路上取得了可喜进步，从西方眼中"没有希望的大陆"变成了"充满希望的大陆"，成为"奔跑的雄狮"。非洲各国正在积极探索适合自身国情的发展道路，非洲人民正在为实现《2063年议程》与和平繁荣的"非洲梦"而努力奋斗。中国坚定支持非洲国家探索符合自身国情的发展道路，愿与非洲兄弟共享中国式现代化机遇，在中国全面建设社会主义现代化国家新征程上，以中国的新发展为非洲和世界提供发展新机遇。

中国与非洲传统友谊源远流长，中非历来是命运共同体。中国高度重视发展中非关系，2013年3月，习近平担任国家主席后首次出访就选择了非洲；2018年7月，习近平连任国家主席后首次出访仍然选择了非洲；6年间，习近平主席先后4次踏上非洲大陆，访问坦桑尼亚、南非、塞内加尔等8国，向世界表明中国对中非传统友谊倍加珍惜，对非洲和中非关系高度重视。在2018年中非合作论坛北京峰会上，习近平主席指出："中非早已结成休戚与共的命运共同体。我们愿同非洲人民心往一处想、劲往一处使，共筑更加紧密的中非命运共同体，为推动构建人类命运共同体树立典范。"2021年中非合作论坛第八届部长级会议上，习近平主席首次提出了"中非友好合作精神"，即"真诚友好、平等相待，互利共赢、共同发展，主持公道、捍卫正义，顺应时势、开放包容"。这是对中非友好合作丰富内涵的高度概括，是中非双方在争取民族独立和国家解放的历史进程中培育的宝贵财富，是中非双方在发展振兴和团结协作的伟大征程上形成的重要风范，体现了友好、平等、共赢、正义的鲜明特征，是新型国际关系的时代标杆。

随着中非合作蓬勃发展，国际社会对中非关系的关注度不断提高。一方面，震惊于中国在非洲影响力的快速上升；一方面，忧虑于自身在非洲影响力的急速下降，西方国家不时泛起一些肆意抹黑、诋毁中非关系的奇谈怪论，诸如"新殖民主义论""资源争夺论""中国债务陷阱论"等，给发展中非关系带来一定程度的干扰。在此背景下，学术界加强对非洲和中非关系的研究，及时推出相关研究成果，提升中非双方的国际话语权，展示中非务实合作的丰硕成果，客观积极地反映中非关系良好发展，向世界发出中国声音，显得日益紧迫和重要。

以习近平新时代中国特色社会主义思想为指导，中国社会科学院努力建设马克思主义理论阵地，发挥为党和国家决策服务的思想库作用，努力为构建中国特色哲学社会科学学科体系、学术体系、话语体系作出新的更大贡献，不断增强我国哲学社会科学的国际影响力。中国社会科学院西亚非洲研究所是遵照毛泽东主席指示成立的区域性研究机构，长期致力于非洲问题和中非关系研究，基础研究和应用研究双轮驱动，融合发展。

以西亚非洲研究所为主体于 2019 年 4 月成立的中国非洲研究院，是习近平主席在中非合作论坛北京峰会上宣布的加强中非人文交流行动的重要举措。自西亚非洲研究所及至中国非洲研究院成立以来，出版和发表了大量论文、专著和研究报告，为国家决策部门提供了大量咨询报告，在国内外的影响力不断扩大。遵照习近平主席致中国非洲研究院成立贺信精神，中国非洲研究院的宗旨是：汇聚中非学术智库资源，深化中非文明互鉴，加强中非治国理政和发展经验交流，为中非和中非同其他各方的合作集思广益、建言献策，为中非携手推进"一带一路"高质量发展、共同建设面向未来的中非全面战略合作伙伴关系、构筑更加紧密的中非命运共同体提供智力支持和人才支撑。

中国非洲研究院有四大功能：一是发挥交流平台作用，密切中非学术交往。办好三大讲坛、三大论坛、三大会议。三大讲坛包括"非洲讲坛""中国讲坛""大使讲坛"，三大论坛包括"非洲留学生论坛""中非学术翻译论坛""大航海时代与 21 世纪海峡两岸学术论坛"，三大会议包括"中非文明对话大会""《（新编）中国通史》和《非洲通史（多卷本）》比较研究国际研讨会""中国非洲研究年会"。二是发挥研究基地作用，聚焦共建"一带一路"。开展中非合作研究，对中非共同关注的重大问题和热点问题进行跟踪研究，定期发布研究课题及其成果。三是发挥人才高地作用，培养高端专业人才。开展学历学位教育，实施中非学者互访项目，扶持青年学者和培养高端专业人才。四是发挥传播窗口作用，讲好中非友好故事。办好中国非洲研究院微信公众号，办好中英文中国非洲研究院网站，创办多语种《中国非洲学刊》。

为贯彻落实习近平主席的贺信精神，更好汇聚中非学术智库资源，团结非洲学者，引领中国非洲研究队伍提高学术水平和创新能力，推动相关非洲学科融合发展，推出精品力作，同时重视加强学术道德建设，中国非洲研究院面向全国非洲研究学界，坚持立足中国，放眼世界，特设"中国非洲研究院文库"。"中国非洲研究院文库"坚持精品导向，由相关部门领导与专家学者组成的编辑委员会遴选非洲研究及中非关系研究的相关成果，并统一组织出版。文库下设五大系列丛书："学术著作"系列重在推动学科建设和学科发展，反映非洲发展问题、发展道路及中非合作等某一学科领域的系统性专题研究或国别研究成果；"学术译丛"系列主要把非洲学者以及其他方学者有关非洲问题研究的学术著作翻译成中文出版，特别注重全面反映非洲本土学者的学术水平、学术观点和对自身发展问题的见识；"智库报告"系列以中非关系为研究主线，中非各领域合作、国别双边关系及中国与其他国际角色在非洲的互动关系为支撑，客观、准确、翔实地反映中非合作的现状，为新时代中非关系顺利发展提供对策建议；"研究论丛"系列基于国际格局新变化、中国特色社会主义进入新时代，集结中国专家学者研究非洲政治、经济、安全、社会发展等方面的重大问题和非洲国际关系的创新性学术论文，具有基础性、系统性和标志性研究成果的特点；"年鉴"系列是连续出版的资料性文献，分中英文两种版本，设有"重要文献""热点聚焦""专题特稿""研究综述""新书选介""学刊简介""学术机构""学术动态""数据统计""年度大事"等栏目，系统汇集每年度非洲研究的新观点、新动态、新成果。

　　期待中国的非洲研究和非洲的中国研究在中国非洲研究院成立新的历史起点上，凝聚国内研究力量，联合非洲各国专家学者，开拓进取，勇于创新，不断推进我国的非洲研究和非洲的中国研究以及中非关系研究，从而更好地服务于中非高质量共建"一带一路"，助力新时代中非友好合作全面深入发展，推动构建更加紧密的中非命运共同体。

中国非洲研究院

2023 年 7 月

前　言

　　《南非的贫困与不平等：诊断、预测与应对》是《国家状况》系列丛书中的最新一本著作。本书的出版适逢其时，其丰富的内容有力地促进了我们对南非民主国家的建立和发展质量进行全国性的反思。本书通过清醒、有力的学术观点，使人们认识到贫困和不平等仍然是南非实现民主理想的主要结构性挑战。

　　我们通过严谨的分析，重点关注南非政治经济的质性层面，这提醒我们，贫困和不平等是具体的历史、经济、社会学和心理社会学进程的产物。贫困和不平等是事关民众生存的问题，而不仅仅是统计数字。在采取谨慎有效的政治和社会行动之前，我们必须对其复杂性进行诊断和剖析，这样才能实现真正的结构性变革。这个世界不乏民粹主义和"灵丹妙药"，而停滞不前必然导致民怨四起，因此诊断是至关重要的。本书各篇文章为我们带来了严肃的思考和建设性的政治自我批评！幸运的是，作为一个国家，我们拥有集体能力和资源，如果能妥善管理和运用，就能够应对这些巨大的挑战。

　　我们要么从最近的经历中吸取教训，围绕一个更加人道和平等的社会开展国家建设进程，要么继续蹒跚前行，延续历史上的分裂。残酷的事实是，南非非洲人国民大会和民主联盟非常强大，足以进行一场长期的解放斗争，却没有足够的凝聚力和组织力来建立我们所向往的发展型国家。民主联盟的凝聚力在减弱，非国大中充斥着私利，且关键的国家机构也有私利的据点。国家要前行，事情不能再这样继续下去了！

　　对责任和正义的呼吁必须通过正当程序。然而，这一经历使我们意识到，我们必须要将南非建成一个发展型国家，在其建设过程中必须充分考虑自己的特殊国情，特别是要应对南非残酷的历史。本书中涉及的贫困和不平等的诸多方面为未来的创新提供了大量思考，同时提醒我们，在我们的宪法秩序中，有很多方面已经体现了实际的发展型国家的可能性。

本书的"诊断、预测、应对"思路以及详细、理性的循证分析为各方的共同工作和对话提供了基础，这些合作必将带来范式的调整。如果没有这种范式调整，迄今已取得的成功将会化为绝望和愤怒。然而，正如我们在国家集体成本方面所认识到的那样，只有政治和社会能力能够确保前进的道路得到稳定机构的支持并为集体利益而服务时，这条道路才是有效的。民粹主义没有提供这种应对复杂性的培育能力。因此，我们在确定将遵循哪种政治和治理路线图方面也面临着重大的政治和社会学挑战。

本书为开放对话奠定了正确的基础。它有力地重申了南非贫困和不平等的现实，并将其置于一个多层面的理论和背景下进行审视。尤其引人注目的是对南非特有的历史因果关系的深入阐述。虽然在非洲大陆和资本主义市场经济体中有很多可比较的国家，我们也不应过分强调南非自身的特殊性，我认为本书对发展型国家结构挑战的个性化政策解决方案进行了有力的论述。

尽管在早期的民主政府中，很少有人会天真地认为光靠经济增长就能解决贫困和不平等问题，但必须承认，我们在稳定正规经济和防止其崩溃方面比在促进发展方面更为成功。在一个社区机构基础设施四分五裂的社会，后者在制度上无疑更为困难，但事后看来，我认为必须承认，我们当时误判了历史对大多数人经济机会的全面影响，高估了经济增长对贫困的影响，忽视了日益严重的不平等。

本书第五篇文章作者邦迪将南非历史划分为不同时期进行了描写，那些不算漫长却令人痛心的历史表明，我们的历史是以系统性破坏和限制大多数人的财富为特征的，这种破坏和限制随着黄金和钻石的发现而深入全球资本主义经济的核心。黄金和钻石的发现尤其使白人从中受益，却又尤其恶化了黑人作为经济农奴的状况。这种情况对人们生存的影响必须在南非社会得到更积极的关注和应对，南非的经济范式也需要被重新认真评估。

种族隔离时期的黑人居住区（"保留地"）和城镇基本上仍未重建，而且处于重要经济活动的边缘，我认为这一点是关于南非发展过程中的失败之处的最痛苦的评论。我们需要一个重大的范式转变。在我看来，这并不意味着要破坏正规经济的成功，而是需要它们在整个经济中产生经济活动。南非是幸运的，它拥有制造能力，能够通过利用第四次工业革命的机会为这些地区的重建提供基础。

正如作者在结论中所建议的，需要更加强调各方共同的责任，就让组织工作从我们社会的方方面面开始吧。未来掌握在我们手中！

艾历克·欧文（Alec Erwin）
南非国有企业部前部长

目 录

第三部分　经济

第四部分　社会

2018 年的南非：关于贫困和不平等的讨论状况

克雷恩·苏迪恩 （Crain Soudien）

瓦苏·雷迪 （Vasu Reddy）

英格丽德·伍拉德 （Ingrid Woolard）

引言及理念

从 1994 年的第一个《重建和发展计划》（RDP）到 2012 年的《国家发展计划》（NDP），南非在种族隔离后的所有重大社会改革举措，都是以该国所面临的贫困和不平等状况为出发点的。尽管各自的方式不同，但每一种举措都是从这样一个前提出发的，即：这些贫困和不平等状况是不可接受的，让南非走上包容性发展的道路是当务之急。在包容性发展需求的驱使下，引入了一种定性和定量的转变，这种转变集中于这样一种观点，即：被边缘化和被排斥的群体是发展计划中不可或缺的利益攸关方，而他们又是由一系列相互交叉的身份标志所塑造的。例如，《国家发展计划》是基于这样的理念：

> 我们的历史是一段痛苦的历史，殖民主义、种族隔离、性别歧视和压制性的劳工政策主导着我们的历史。其结果是，贫困和退化与现代城市和发达的矿业、工商业基础设施并存。我们的收入被种族因素扭曲，是世界上收入最不平等的国家——奢侈的财富和赤贫成为我们社会的特征……因此，解决贫困和匮乏问题必须成为民主政府的首要任务。（African National Congress 1994：2、4）

18 年后，雅各布·祖马总统建立了南非国家计划委员会（NPC），以分析和应对国家的成就与挑战。在一份诊断报告中，国家计划委员会指出了南非面临的九大挑战。首要的优先事项是失业和教育问题。该诊断报告用于与南非民众进行广泛协商。《国家发展计划》即是这一协商过程的具体成果。《国家发展计划》指出，虽然南非在后种族隔离时期取得了很多成就，但它仍然是一个高度不平等的社会。还有太多人生活在贫困中、没有工作；大多数黑人学生所接受的学校教育质量很差；种族隔离的空间鸿沟继续主宰着整个国家的面貌；很大一部分年轻人认为他们没有享有有利的机会；种族隔离的遗留问题继续决定着绝大多数人的生活机遇。这些严峻的挑战只能通过国家层面的重大改变来解决（NPC 2012：24）。

《国家发展计划》还提道："为加快进步、深化民主、建设一个更加包容的社会，南非必须将政治解放转化为所有人的经济福祉……要实现建设这样一个社会，需要进行经济转型和集中力量建设国家能力。要消除贫困和减少不平等，经济必须要以更快和更有利于所有南非人民的方式增长。"（NPC 2012：24）该政策承诺指出了关于我们的共同责任结构的一个严重问题，特别是在复杂的社会经济和更广泛的发展挑战、种族隔离历史的影响以及这样一个民主项目的压力等因素的交错背景之下。

本引言的目的是指出并讨论南非在制定这一复兴议程的过程中出现的一些概念性问题，并提供一个分析框架，以涵盖该议程拟解决的处在同一环境中的多个元素。我们认识到有几个生成工具可以帮助我们重新思考该议程。虽然本文是从理论上展开对该框架的阐述的，但其目标是通过讨论针对贫困和不平等产生与再生产的复杂性，为有关贫困和不平等问题的讨论和政策制定提供参考。

对于南非在恢复、复兴和再生的社会政治和经济计划中的基本道德立场，没有、也不应该有争论，因为贫困和不平等是不可接受的。然而，鉴于南非贫困和不平等的复杂性，特别是它背后的多重因素在南非社会经验的一系列结构和心理社会层面上互相交叉的方式，我们必须提供一个解释，说明贫困和不平等问题为何会如此持久、如此棘手。当然，这样的解释必须先厘清贫困和不平等问题的多个方面，还要说明它们是如何对南非人民的日常生活施加影响的。这就要求我们从现有解释的基础上出发，努力从南非特有的角度和现实去描述与解释贫困和不平等问题。南非对贫困和不平等的解释是否有与其他背景和国家的解释中不同的要素？在编写本书的过程中，我们思考了这次对南非贫困和不平等问题的研究的特别之处，例如与近五年进行的研究可能有何不同。我们在此建议，目前对这一问题的研究应首先对贫困和不平等问题的结构和心理特征的内部表达进行更深入的阐述和认识。我们认为，这种阐述的核心是厘清结构和心理因素之间的相互作用。经济因素在造成贫富差距方面起着决定性的作用。然而，经济因素依赖于并伴随着强大的意识形态过程，历史学家基思·布雷肯里奇在他的著作《生物特征国家》（*The Biometric State*）（Breckenridge 2014）中有力地描述了这些过程。这些过程包括：种族分类和种族排序——出于殖民和种族隔离统治的利益对机构进行管理与部署。

本章主要分为三个部分。第一部分简要回顾了全球讨论中应对贫困和不平等的主要方法，并对经济学在话语中的主导地位进行了简短的述评。第二部分简要梳理了这种讨论在南非展开的方式，其目的是通过同时考虑经济、社会和文化层面，为本书所讨论的交叉部分的因素提供一个框架，以强调有必要认识到和应对贫困与不平等问题所涉及的多个层面。第三部分概述了本书的范围和布局，并承认存在许多被忽略的讨论维度。例如，我们意识到，本书的讨论没有像目前许多重要的全球讨论那样，审视全球许多南方国家的背景，这些国家的历史与南非相似，具有可比之处。与这些国家的情况进行的深入比较将会对南非的讨论大有裨益。同样，本书的讨论没有关注贫困和不平等的关键日常领域，如社会福利、劳动力市场、教育、医疗服务、住房和交通。本书的讨论也没有深入涉及流行病学家、教育社会学家、精神病学家、社会心理学家的真知灼见，但这些领域的学者为这些情况的研究贡献了重要的讨论（例如，参见社会心理学家关于贫困和不平等问题的非常有意义的研究：McLeod，Schwalbe & Lawler 2014）。因此，本书作为一部介绍性著作，应被视为一个初步的尝试，旨在将一些学者的深入见解综合在一起，这些学者或是一直在参与一般性讨论，或是至少在理论上持续提供描述和分析，来推进对贫困和不平等问题更综合、清晰的理解。

制定解决贫困和不平等问题的方法

正如瑟伯恩（Therborn 2013：42）所说，贫困和不平等在概念上是不同的。贫困是缺乏基本条件的状况，其特征是个人或群体缺乏"最低限度或社会可接受的生活标准所必需的基本商品和服务"（Yang 2017：2）。森（Sen 1999：20）将其描述为"基本能力的剥夺"。正如许多学者所认为的那样，如何理解贫困，在任何地方都将取决于明确用于定义贫困状态的标准。与贫困不同，不平等是涉及"资源和机会在个人之间、群体之间或国家之间在一定的时间点或时间段的不均衡分配"（Yang 2017：4）。这两个概念虽截然不同，但又高度相互依存，贫困既是不平等的产物，又是构成其本质特征的必要条件。

因此，我们认识到，贫困和不平等的特征是由熟悉的常量来表征的，特别是在全球化的背景下。第一个常量是设定贫困和不平等的现代全球金融体系，它无处不在。现在，特别是自第二次世界大战结束以来，世界上没有任何一个地方在经济上是独立的、孤立的和自给自足的，这在过去的六十多年中一直如此。即使是世界上最反西方的组成部分，在其系统内部的运作也处于依赖全球经济的金融结构的状态。这关系到第二个常量，即全球经济在过去三十年中所呈现的形式。过去三十年的全球经济，几乎处处以现代国家某些部分的撤退和市场的崛起为特征，市场成为商品和服务分销的主要机制。这种经济形式被广泛描述为"新自由主义"（Neo-liberalism，见 Giddens 1998；Harvey 2005；Plehwe，Walpen & Neunhöffer 2006；Rapley 2004；Touraine 2001）。新自由主义是一种权力和财富集中在精英集团和跨国公司的主导意识形态。世界各地的经济体，特别是那些曾自称共产主义的国家，几乎所有人都与这种市场"常识"的广泛信条保持一致，而财政审慎通常被认为是它的相应要求。中国的例子便证明了这一趋势。得益于这些发展，世界范围内的绝对贫困已经减少；但同时，所有主要经济体和新兴经济体都出现了经济不平等加剧的状况。南非也不例外，事实已经表明了南非是如何全面且几乎是典型地体现了这一全球经济轨迹的特征（Leibbrandt et al. 2010）。

然而，援引现代经济发展的这些全球特征来解释南非的贫困和不平等问题是不够的。在南非，有独特的、关键的因素以及围绕着各种形式的贫困和不平等的社会力量，它们在历史上业已形成并继续在南非发挥作用，这些都使得南非的情况有别于其他国家（见 Wilson 关于黄金和钻石的发现以及移民劳工制度发展的讨论，Wilson 2010）。虽然南非政府制订的各种计划隐性地包含了这些独特的因素，但它们需要进一步阐述。有必要首先描述南非贫困和不平等的本质与特征，其次阐述其背后的原因和构成因素，并解释贫困与不平等何以成为如此持久的社会现象，这一点对消除贫困和不平等的进程也是最为关键的。

在《2012—2013 南非国家状况》（Nyamnjoh、Hagg & Jansen 2013）的引言中，有学者为理解南非贫困和不平等的独特本质做出了重要贡献，提出"不平等的复杂本质以及采取多焦点方法的必要性（意味着）需要先入为主地采取一个单一政策框架和政策发展过程"（Nyamnjoh & Hagg 2013：23）。他们是以马西莱拉（Masilela 2013）的观点为基础的。

罗斯（Ross 2013）和《2012—2013 南非国家状况》其他章节的作者对经济方法在扶贫措施中的主导地位提出了质疑，指出"不平等远远超出获得服务或就业机会的范围，还包括不平等和贫困的社会心理状态、人们遭遇不平等的方式及其对日常生活的影响等"（Nyamnjoh & Hagg 2013：23）。本书的论述是对这种方法的进一步发展。本书寻求更加明确地阐述一种解决贫困和不平等的方法的概念含义，这种方法考虑了经济不平等，汲取了解决经济不平等的经验，但又超越了经济不平等。本书旨在提出一种方法的框架，这种方法认同经济在确定和分析贫困和不平等状况方面的关键甚至决定性作用，但比纯经济学的方法更加注重人们遭遇贫困和不平等的多种方式，包括如上文所述的意识形态层面。考虑到像《2012—2013 南非国家状况》这样的出版物在南非的公共和决策领域将发挥的作用，我们以更加自觉的方式参与这一讨论，这意味着我们的一个核心任务就是让人们更清楚地认识到，在理解贫困和不平等方面，应该正确认识意识形态因素（如种族主义和父权制）的作用。因此，如前所述，本书是将南非的贫困和不平等讨论放在更复杂的交叉背景下的一次战略性尝试。

全球概览

贫困和不平等及其对人类福祉的影响是世界面临的最严峻的问题之一。然而，"贫困"和"不平等"的含义是什么？人们是如何理解它们的？这些定义并不十分明确，明确的只是该领域的主导机构、政府和民间社会组织经常把贫困和不平等作为紧迫的问题提出来。人们对"贫困"和"不平等"的使用十分随意，并且没有觉得有什么不对，因而经常存在一系列的表达不到位，有时甚至带有完全不同的和不一致的含义，属于不同的语域。出现这种不明晰现象的原因有很多，尤为重要的是各种定义的来源和出处。这一点在我们最近在国际层面上进行的对贫困和不平等的研究中可见一斑。说话人是谁很重要，例如，经济学家和社会学家的话语不同，金融机构和非政府组织的分析角度也不同。威尔金森和皮克特（Wilkinson & Pickett 2009）、瑟伯恩（2013）、世界经济论坛（World Economic Forum 2014）和乐施会（Oxfam 2014、2016）的文献中就会出现这些差异。正如下文将要显示的那样，每一个例子中都含有对"贫困"和"不平等"的不同理解和阐释。我们有必要认识到，"贫困"和"不平等"本身就有浓厚的政治色彩，带着各种各样的包袱。

从物质上讲，贫困和不平等是经验性的现实。人们发现自己无时无刻不处在这样的背景下：获得和享有任何被认为是权利的东西，都存在差异和不平等。这些差异和不平等的状态是经验事实。它们是真实的、有形的、客观存在的。在人类生活的公共空间中，人们所占据的位置是不同的，不仅在地理意义上的空间中如此，在社会和权利意义上的空间中也是如此。有些人能够获得物质资源，有些人则不能。有些人能够拥有物质之外的一种无限的机会，使他们能够有信心成为自己想成为的人、做自己想做的事；相比之下，另外一些人则只感觉到无力的痛苦，这种痛苦会影响他们的自我认知、自我价值感和对机会的认识。他们强烈地怀疑自己。

有些人享有身体健康和精神健康的良好状态，而这对许多人来说都是奢侈。赋能和权利的剥夺的分布都具有很大的差异性。正是在这些不同的物质和心理状态的交叉处，困难出现了。应如何描述和理解这些人所处的状态？应如何识别、命名和划分这些人群？需要强调的是，所需的指标不是预先给定的、自然的或不言自明的。因此，就其所代表的意义而言，这些指标并不是单纯地说明它们所暗示的条件。当然，人们使用的经济和社会指标也不是没有意义。这些指标是在它们所指的话语秩序的影响下出现的，反过来又影响着该话语秩序。但这些指标总是有争议的，在以多样性为特征的背景下尤其如此。南非是一个具有高度多样性的国家，因而尤其值得研究。

在南非，我们几乎可以看到构成身份特征的所有变量，这些变量同时也是我们目前所了解的关于人类的特征，即种族、阶级、宗教、性别、性取向、语言、文化、年龄、地点、安全、健康，等等。这些都可以在南非看到。这些变量的差异在南非既起到了推动作用，也有阻碍作用。它们都会同时出现并发挥作用，使南非在现代世界中成为一个独特的国家。

贫困和不平等问题受到全球关注。世界经济论坛（WEF 2014）就将贫困和不平等、水危机和气候变化称为全球最大的风险。世界经济论坛认为，风险就是系统性崩溃。世界经济论坛（WEF 2014：12）认为，不平等是系统中的一个阶段，即一个因素的略微失衡首先会导致许多不同种类的疾病、混乱和社会并发症，随后开始萎缩和解体，接着就像传染病一样不断扩散，导致大规模的问题和随之而来的崩溃。最初的问题会引发一连串的事件，最终导致致命的失衡。这就是世界经济论坛认为的风险。乐施会等组织用不同的术语解释了这种危险："后果会腐蚀每一个人。极端的不平等会腐蚀政治，阻碍经济增长，扼杀社会流动性。极端的不平等会助长犯罪，甚至导致暴力冲突。极端的不平等浪费人才，阻碍潜力，破坏社会基础。"（Oxfam 2014：4）

经济是主要因素

托马斯·皮凯蒂（Piketty 2014）为关于贫困和不平等的讨论带来了新的关注点和角度。他研究了二十多个国家过去三个世纪以来的大部分经济档案（税收和收入记录）的数据，得出了解释不平等的重要结论。他将解释提炼成一个简单的公式：$r > g$。这个公式代表以百分比表示的资本投资平均年回报率 r 与经济增长率 g 之间的关系。"在全球范围内，最大额的财富（包括继承的财富）在超高速增长（每年增长 6%—7%），远远高于财富的平均增长率。"（Piketty 2014：431）皮凯蒂发现，全球成年人口中最富有的 2000 万人的平均财富[1]从 1987 年的略高于 15 亿美元增加到 2013 年的近 150 亿美元，年均实际增长率为 6.4%，而同期全球人均平均财富年增长率为 2.1%（Piketty 2014：434 – 435）。

皮凯蒂认为，这些财富的增长可能是来自于那些继承了财富的人，但过去几十年全球高增长率表明，世界新兴经济体正在创造新的财富，这些新财富也是上述数字增长的重要部分。尽管皮凯蒂谨慎地指出这些财富增长的来源多种多样（"真正的创业劳动……纯粹的运气……彻头彻尾的偷窃"），他认为财富积累本身的逻辑才是世界面临的风险。

皮凯蒂讲述了托尔斯泰的著作《涅夫佐罗夫或伊比库斯的奇遇》中的人物涅夫佐罗夫的故事，其中描绘了资本主义的恐怖。涅夫佐罗夫杀死了他的老板圣彼得堡古董商，并窃取了他的财富。在六个月内，他就将最初的资本增加了十倍："涅夫佐罗夫是一个卑鄙、渺小的寄生虫，从他身上我们可以看到财富与价值完全无关：有时财产始于盗窃，而任意的资本回报很容易使最初的罪行永久化。"（Piketty 2014：446 - 447）这一体系产生了极端的冲击效应，如果没有干预（比如增加对超级富豪所征的税），不平等就只会复制和恶化。

皮凯蒂的研究、威尔金森和皮克特的著作《精神层次》（Wilkinson & Pickett 2009）以及围绕这些著作展开的讨论所产生的效应都强调了收入不平等这一概念的中心地位。正如《精神层次》试图表明的那样，收入不平等即使与全球各地出现的一系列问题没有绝对因果关系也一定与其有关。《精神层次》认为，在不平等程度高的国家，健康和社会问题更为严重，例如，预期寿命、数学和识字能力、婴儿死亡率、凶杀、监禁、青少年生育、信任、肥胖、精神问题（包括吸毒和酗酒）和社会流动性。该书作者认为，这些问题在富裕国家有一定程度的独立性，而在穷国和新兴经济体中是没有的。例如，健康和社会问题与富裕国家的平均收入无关。不过，与不平等程度较低的富裕国家相比，不平等程度较高的富裕国家更容易受到社会和其他问题的影响。乐施会（Oxfam 2016：1）也指出，挑战十分严峻。

全球不平等危机正在走向新的极端。世界最富有的 1% 人口拥有的财富比其余 99% 的人口拥有的财富还要多。权力和特权被用来扭曲经济体系，扩大了最富有的人和其他人之间的差距。全球避税天堂网络又能使最富有的个人隐藏 7.6 万亿美元。只有解决了不平等危机，才能真正取得消除贫困斗争的胜利。

对经济决定论的批评

在分析不平等现象时，人们可能会就经济的重要性达成一致看法。然而，来自不同学科（包括批判种族理论和性别领域）的学者提出，必须重新认识不平等现象及其运作方式（见 Chant 2010；Evans 2017；Grusky & Szelényi 2006；Rothman 2016）。当前最具代表性的批评是艾森斯坦（Eisenstein 2014）对皮凯蒂《21 世纪资本论》的批评。她认为：

> 在研究阶级不平等时也应考虑种族和性别。资本具有交叉性，它总是与产生劳动的人相关。因此，财富的积累根植于促进财富积累的种族化和性别化结构中。皮凯蒂的《21 世纪资本论》读起来好像劳动没有实际的人，没有创造它的源泉。它仍然是抽象的，因此像白人一样无视肤色，像男性一样无视性别。（Eisenstein 2014：1）

艾森斯坦对《21 世纪资本论》的描述并不完全准确，皮凯蒂在书中有很多地方都直接提到了种族主义在塑造不平等中的作用。不过，艾森斯坦的分析框架是完全正确的。她的框架不允许父权制和种族主义进入其逻辑，而皮凯蒂只是简单地将这些因素称为复合因素。艾森斯坦（Eisenstein 2014：2）指出："是时候对经济、资本、利润、不平等有更全面的认识了。没有这样的认识，就不可能有人类（所有肤色、性别的人类）的完整正义。不平等问题是由种族主义的劳动分工和文化以及（她强调的）父权制的暴力和剥削构成的。"

当然，艾森斯坦的论点并不新鲜，而是受到 20 世纪 60 年代新马克思主义者的著作及其中关于经济决定论的辩论的影响。这场辩论由法兰克福学派的学者及活动家领导，主要是阿多诺和马尔库塞，后来是阿尔都塞、萨特、福柯、德里达和德勒兹等法国学者，讨论的焦点落在上层建筑上，即意识运作的社会生活领域（见 Anderson 1976：76 - 77）。这些学者提出了如下问题：经济基础（涉及特定分工形式和生产资料所有权的生产方式和生产关系）与上层建筑（文化、体制和权力结构）之间的关系是什么？主流的马克思主义观点认为，社会上的一切都可以用结构和基础来解释，包括人的思想和意识。这种讨论在 20 世纪 80 年代达到了一个高峰。在弗朗茨·法农从精神分析角度对殖民关系的剖析和"1968 年巴黎五月风暴"、各国争取独立的斗争等背景下，斯图亚特·霍尔等后结构主义者试图说明人类意识是以复杂的方式在日常生活中形成并得以表达的。人是主体，又具有主观能动性。思想和意识可以在经济之外独立存在。人的主体性来自于自身所处的经济基础和上层建筑之间的复杂关系，但人同时具有主观能动性，能够根据周围的经济和意识形态条件采取行动，而不仅仅是受其支配。这是经典的关于结构和主观能动性的辩论，仍然是各国社会学家讨论的话题。

正如我们将在下文看到的，这场关于结构和主观能动性的辩论是在 20 世纪 70 年代和 80 年代在南非以批判性方式进行的。尽管如此，问题的关键在于社会分析已经开始反对基于经济还原论（或称"本质主义"）的论点，且这种转变是持久的。例如，霍尔（Hall，转引自 McCarthy & Crichlow 1993）认为，反对种族主义的斗争需要认识到经济基础和上层建筑之间的辩证关系。

> 如果你提出一个理想化的"多元文化"或"种族多元化"的社会，不考虑种族主义是如何在工人阶级内部发生作用的（如种族主义与性别歧视在黑人群体内部的结合方式）；如果你叙事的方式就好像在某个角落，某个完整的阶级正在等待前进的绿灯来取代种族主义敌人；那么，对于学生的政治理解，你完全没有做任何事情。（McCarthy & Crichlow 1993：XXI）

许多学者都采用了这种思维方式，其中最具说服力的或许是女权主义者关于交叉性的著作（Carastathis 2016；Collins & Bilge 2016；Crenshaw 1994）和社会学家瑟伯恩的著作（Therborn 2006a，2013）中提出的观点。法学家弗雷德曼（Fredman 2007）的著作也起到了重要作用，使相关讨论更加清晰。在弗雷德曼的著作中可以明显看到弗雷泽（Fraser 1995）的影响。弗雷泽呼吁，关于平等的讨论不能仅仅停留在经济层面的不公正上。弗雷德曼（Fredman 2007：215 – 216）由此区分了社会经济不平等和地位不平等，而地位不平等使从属身份、种族、阶级、性别、性取向等特征开始显化。

瑟伯恩（Therborn 2013）的初始论点也与弗雷德曼的论点相似。不平等不仅仅是由财富来衡量和塑造的，而是产生于一系列背景（"杀戮场"），有三种不同的形式：生命不平等（预期寿命、死亡率）、存在性不平等（人格、权利、尊严）、资源不平等（人无法实现自己的能力）。他认为，这些形式的不平等是累积形成的，实为多种复合机制："排除机制变得非常重要，因为排除障碍或阻碍是由那些在某种意义上比其他人领先和更有利的人设置的。"（Therborn 2006a：13）瑟伯恩揭示了这些机制的细节，并描述了四种机制。

- 疏离：涉及人与人之间的原始距离，包括"有关自信和抱负的社会心理机制"。
- 剥削：包括在结构上处于劣势和优势的人之间的分类划分，后者可以从前者中获取价值。
- 排斥：指禁止或拒绝某些被视为外部群体的人的接触或机会。
- 等级化：一种正式的制度，由信仰、价值观或其他形式的意识形态所塑造，它正式地将社会中人们的等级划分为高低等级。（Therborn 2006a：12）

上述四种机制的价值在于，它们指出了社会因素会在不同层面上产生结构影响和心理影响。瑟伯恩特别指出了心理影响的重要性，也将相应的不平等形式称为存在性不平等。他指出，存在性不平等涉及缺乏认可和尊重。这也是我们南非相关讨论中特别关注的一点。有必要引用他的话来说明其中的问题：

> 这方面几乎没有任何定量基准，但只要有羞辱的地方，就有不平等。当存在性不平等背后不再有强有力的差异规范和明显的资源不平等时，反应往往是爆炸性的。在富裕国家，大量的当代青年暴力似乎源于对不尊重的认知。布什总统和布莱尔首相发动的战争在世界各地的穆斯林（尤其是在穆斯林青年）当中激起了巨大的怨恨，这似乎源于一种深深地被羞辱、不被认可和不被尊重的感受。与过去不幸的人相比，这些失意的青年人有一定的资源，包括认知方面和传播方面的资源。存在性羞辱不是儿戏。（Therborn 2006a：8）

瑟伯恩采取的方法与本章关于南非的讨论直接相关，尤其与南非多种形式的差异相关，这些差异产生于疏离、剥削、排斥、等级化，又同时是这些机制发生作用的场域。该方法有助于进行这样一项分析：通过分析种族主义的关键因素来揭示种族主义通过种族分类和种族剥削在南非的贫困和不平等产生的过程中发挥着中心作用。该方法还为引入性别等重要因素创造了概念空间，以便了解南非贫困和不平等的具体形式，例如非洲妇女的境况。

从交叉的角度看贫困与不平等

在弗雷德曼和瑟伯恩等学者的支持下，女性主义者或许是在从概念上揭示贫困和不平等复杂性这一挑战中走得最远的群体（见 Bassel 2014；Collins 1998；Crenshaw 1994；Kabeer 2014；Stewart 2014；Verloo 2006；Winker & Degele 2011）。推动这项运动的是一种见解，即人拥有权力的多寡会体现在其生活状态中（或是享有财富和福祉，或是在贫困和困苦中挣扎），权力是多种因素相互关联的结果，而这些因素相互之间从来就不是自主的、自决的、独立的或在逻辑表达上是自给的。这些因素在相互依存的关系中运作，以动态且不那么明显的方式加强、削弱或影响彼此。

当然，女性主义贡献的价值在于，它追寻并发展了经济与社会其他层面关系的观念，其多种观点落在了经济基础与上层建筑争论的一方或另一方。不过，此处强调其交叉出发点就足以解释人际关系，特别是理解和解释贫困和不平等。正如艾森斯坦（Eisenstein 2014：1）所说，"财富的积累植根于促进财富积累的种族和性别结构中"，这种关系有时被描述为结构交叉。弗罗（Verloo 2006：213）也解释道，当交叉点与人的实际经历直接相关时，就会产生结构交叉。例如，它解释了为什么一名黑人女性找不到工作，因为她是黑人，而"标准员工"是白人女性，而其他工作机会也不对她开放（因为种族和阶级因素）（Eisenstein 2014：1）。

交叉性的另一个重要贡献是研究方法，它意味着以实证方式理解不平等的状况。温克勒和迪格里（Winkler & Degele 2011）的研究使我们对交叉性可能代表的机遇和挑战有了一个清晰的认识。他们用独特的方式描述了社会空间，认为社会空间是在社会结构（包括阶级、种族、性别）、符号表征、身份建构这三个能够产生不平等状况的层面之间构成的交叉系统。为了研究这些结构产生的不平等，他们把重点放在生活在这些不平等体制（小到家庭，大到社会秩序）中的行为者的社会实践上。他们认为，把社会实践作为主要的分析单位有助于他们从经验的角度来理解不平等。

> 从一个人的社会实践出发，我们能够重建他们所建构的身份以及他们所借鉴的结构和规范；在主体化的过程中，社会行动者涉及哪些范畴？哪些规范和解释模式会影响他们？他们的主观能动性所在的结构环境是什么？提出这些问题是为了将三个层次的研究联系起来，同时还考虑不同差异范畴之间的相互关系。（Winkler & Degele 2011：57）

他们将社会实践分析作为研究方法，首先从身份和表征的具体关系开始，接着在所研究的个体或群体的生活和关系的结果中对社会结构进行识别、定位和解释。这种方法所做的是认识话语（人们的思想和实践），确定话语的位置，然后在没有具体化的情况下，从构成方面解释话语的交叉性。由此看来，最重要的是，贫困和不平等不仅被理解为人们在社会秩序中占据特定位置的主体地位，而且还被理解为通过这些条件并在这些条件下构成的主体地位。主观构成过程中的"我是谁"的问题至关重要。在这种解释中，不平等不仅仅是一个定位的结构性过程，还构成了一个人。一个人在这种定位中生活，并通过这种定位产生真正的、决定命运的后果。人从这个定位中获得东西，并在脑海中用它们做其他事情。人是社会归属的结果。

这种研究方法还提供了强调交叉性挑战的机会。虽然温克勒和迪格里（2011）提出的是有关身份问题的一个有用的指导思想，但从主观领域开始，仍然可以提出一些问题。正如批判现实主义者所说（见 Bhaskar 2008），这些问题中最紧迫的是，现实从何处开始？他们的论点是，描述现实（如不平等）的出发点必然始于本体的概念，但本体并不总是可以反映在人身上。巴沙卡（2008：4）批评说这是对现实的拟人化。这一批判隐含着一种观点，涉及对经济基础与上层建筑之间的关系（或经济与意识形态之间的关系）的讨论，即在人类对其进行建构之前就存在着一种客观现实。关键是，经济是本体论现实中最突出的领域吗？我们在此提出这场辩论，并没有自称能够解决它，但必须明确指出，这直接关系到南非关于贫困和不平等问题的讨论。

南非的贫困和不平等

在这种背景下，核心问题是：南非关于贫困和不平等的讨论在哪里？其主要特点是什么？下文我们会简要回顾主要的辩论路径，并将其与我们上面围绕交叉性和批判现实主义的讨论联系起来。

南非学界对贫困和不平等进行了大量的分析工作，其历史可追溯到1932 年卡内基委员会的报告，这些工作持续至今，并在一系列研究中都有代表（见 African National Congress 1994；Bromberger 1974；Carnegie Commission 1932；Horwitz 1967；Leibbrandt et al. 2010；May 2000；NPC 2012；Seekings & Nattrass 2005；Terreblanche 2002、2012；Van der Berg et al. 2005；Van der Horst 1942；Wilson 2010；Wilson & Cornell 2012；Wilson & Ramphele 1989）。这些工作极具影响力，且研究方法和分析渐趋复杂。近年来，此类研究得益于对家庭和其他较小的社会单位进行的纵向和定量调查以及微观定性研究。

在最近的调查中，以国民收入动态研究（NIDS）最为重要。NIDS 是第一个通过几次迭代研究南非"贫困面貌"变化的全国性小组研究。自2008 年[2]以来，它已经在五次浪潮中追踪了 7000 多个家庭中的 28000 多人。NIDS 展现了使南非人陷入和摆脱贫困的社会因素。它特别关注的一个重要因素是住房所有权。

从种族隔离时代到 20 世纪 80 年代末，被归类为"非洲人"的人无权在城市中获得永久业权。他们无法以自己的名义获得财产，因此也无法将物质资产留给子女。最近在南非人文科学研究理事会（HSRC）和其他机构进行的单亲家庭定性研究也很重要（见 Wilson & Ramphele 1989；Cornell 2012）。在莱布朗特等人（Leibbrandt et al. 2010）为经合组织编写的一份简报文件中以及在威尔森和康奈尔（Wilson & Cornell 2012）的讨论情况摘要中，对这些工作进行了适当的整合。正如威尔森和康奈尔（2012：1）所说，这些数字清楚地表明了当代南非的四个特征：

1. 贫困现象普遍且严重。2008 年，一半以上的人口生活在人均每月 515 兰特的贫困线以下。

2. 1993—2008 年间，贫困人口占总人口的比例从 55% 小幅降至 54%。

3. 南非的基尼系数为 0.70，为世界最高。

4. 1994 年后，不平等似乎在加剧，这主要是由于以前处于劣势地位的群体内部的不平等现象日益扩大。

这里的每个结论都很重要。然而，总体而言，它们都突出显示了对贫困和不平等的程度和复杂性进行讨论的重要性。民主显然给这个国家带来了进步，但也增加了南非的复杂性和解决问题的能力。贫困是有所减轻，但不平等加剧了。威尔森和康奈尔（2012）的研究在回顾我们对这一情况的了解时很有帮助，他们提醒我们注意哈内科姆（Hanekom 2012）对这一情况产生的四个结构支柱因素的识别，即：

- 结构原因；
- 教育；
- 心理原因；
- 社会的道德结构和价值观。

这一报告之所以重要，是因为它将经济置于一个由性别、空间和种族关系构成的网络中。他们引用伊万·图罗克（Ivan Turok）的话说，"空间不仅是经济的产物，而且影响着经济"（Wilson & Cornell 2012：5）。他们认为，不平等的原因是"复杂的、相互作用的，且有着深刻而动态的根源……南非的穷人仍然是以女性、非洲人和农村居民为主。考虑到妇女在社会（特别是经济领域）中的不平等地位，通常认为女性户主家庭更容易受到外部冲击"（Wilson & Cornell 2012：4、7）。

从交叉视角看南非的贫困与不平等

如上所述，人们认识到南非贫困和不平等的多因素性质。值得注意的是，这种认识在很大程度上是"曼德拉倡议"（Mandela Initiative，MI）多种方法的一部分。"曼德拉倡议"是一个重要的全国性运动，旨在将政治、经济、学术和民间社会团体聚集起来，推动减少南非贫困和不平等的进程。[3]"曼德拉倡议"体现了对经济、社会、文化和心理的相互联系与相互依赖的理解。尽管这种认识很重要，但仍然存在一些问题。

问题出现在两个层面。这两个层面都对描述、分析和解决贫困和不平等问题具有方法论意义，一是将贫困和不平等看作单独的现象；二是将二者看作与社会密不可分的社会现实。贫困可能比不平等更容易被识别和表征。我们谨慎地使用"可能"一词，并意识到了一种从本质上用经济术语来解构贫困的霸权思想。事实上，在更广泛的词汇语域中描述贫困是可能的。贫困也可能表现在智识、社会和文化方面。规范性的问题出现在一个人用作资本的东西上，而丰裕、充足和匮乏正是针对这些资本而言的。这些导致了分类、命名、排名和排序的问题。尽管这些问题很有挑战性，但当涉及不平等时，它们就更加严峻了。这些问题首先表现在识别方面；其次表现在校准方面。

第一个问题是关于南非社会学性质的基本特征，这个问题一直困扰着相关的描述、分析和行动。它的主要社会动力是种族还是阶级？这个问题的渊源可追溯到南非的社会学分析中，亚当（Adam 1971）对此进行了阐述，沃尔普（Wolpe 1988）的著作从理论上将这个问题提到了最复杂的层面。西金斯（Seekings 2008）再次提到该问题。亚历山大和沃尔普的研究成果能够顺应概念框架，使之不至于退化为南非状况的二元典型。种族和阶级的互相碰撞对理解南非的本质很重要。但亚历山大和沃尔普的研究并没有提供使用这种联合方法的方法论指导。西金斯（2008：20）的研究则在很大程度上证明了这一点是如何实现的。

该研究是有益的，因为它将我们带到南非文献中的第二个困难层次，并为我们提供了构建解释贫困和不平等更全面的分析框架和基本工具。西金斯表明，利用前人研究（如 Moll 1998；Leibbrandt 2010）可以解释经济影响和种族影响，他提到了莫尔（Moll 1998）对南非薪资差异的分析。该分析表明，种族歧视对非洲平均薪资的影响权重从 1980 年的 20% 下降到 1993 年的 12%。这一结果是有价值的。种族歧视或种族主义可以在产生不平等的制度中被识别出来。更重要的是，这有助于表明"种族"作为一种影响因素是可以被衡量的。莫尔和西金斯随后的研究又分离出了在实际情况中起作用的各种社会因素及其相对权重。这大大推动了关于南非贫困和不平等状况的讨论。人们不仅开始看到不平等的内在联系，而且在特定的环境和背景下，也开始意识到不平等背后因素的相对比重。从这些方面理解南非的贫困和不平等状况对于制定更加明确的应对政策是至关重要的。

贫困和不平等的多重维度

这就够了吗？在结束上节讨论时，必须认识到南非讨论的复杂程度以及它如何在方法论上为交叉性讨论做出了贡献。西金斯等学者的著作给我们指出了一个中肯的观点，即我们不仅能够认识到经济以外的因素，而且能够看到这些因素是如何与经济互动的。这对于理解南非贫困和不平等状况的独特性非常重要，但也存在一些问题。这些问题都与具体化和提供实证内容有关，如瑟伯恩的疏离指数以及艾森斯坦、温克勒和迪格里所说的规范秩序（人们在这种秩序中表现出主观能动性）。瑟伯恩（Therborn 2006b：13）评论说，不平等产生机制的某些方面缺乏定量基准。这一点诚然重要，但人们更需要理解疏离过程的方式。从实际内容和效果来看，产生性别歧视和种族主义等歧视的过程是如何起作用的？瑟伯恩的论点已经引起了人们的注意，这些社会心理影响是如何被识别和评估的？

思考如何回答这个问题时，首先要说明一下这种进步在西金斯等学者的著述中的情况。关于"种族"，西金斯帮助我们定位了其影响的一个维度，即结构性结果。通过回归分析，他展示了如何区分个人遭受歧视之后的各类影响。阶级影响从种族影响中"脱颖而出"。这是一个结构性分析。根据瑟伯恩的机制，它明显属于排斥机制的范畴。但是，结构如何形成、如何受到人的主观能动性的影响又是另一回事。我们看不到那些被看作是受害者的人群（有色人种、黑人、妇女和其他人）如何利用、管理、应对他们所处的环境。这就是瑟伯恩所说的疏离机制。如果我们研究交叉性，并且认为人不仅仅是经济环境的主体，如果我们开始赋予心理和意识形态一定程度的独立性，即使是有条件的独立性，那么我们如何开始将种族影响解释为不仅仅是发生在人们身上的事情，而是人们需要做出反应的事情？他们是如何行动的？当事件涉及黑人的痛苦经历时（就像在南非学生抗议中那样），我们通过何种分析来理解这一现象？

更直接的问题是，我们如何回应这种定位感的唤起？我们如何证明社会中的结构性力量不仅产生社会影响，还会产生心理和认知影响？结构性现实是如何内在化的，从而成为人们生活中一个独特的、几乎自我运作的领域？我们如何回应比科（Biko 2004：30）的如下警告？

> 人们不应该浪费时间来讨论黑人物质匮乏的种种情况。关于这个问题已经有大量的文献。而对于精神上的贫乏，也许应该说点什么。是什么让一个黑人无法正常生活？他确信自己的无能完全是他自己造成的吗？是他的基因构成中缺少那种甘愿为实现自己的抱负献身的罕见品质吗？或者他只是一个失败者？……在很大程度上，恶人已经在他们的机器输出端成功地生产了一种黑人，一个仅仅是有人形的人。

正是在心理状况这一点上，需要进行更多南非和全球的讨论。根据西金斯等学者的实证研究，我们可以说，我们能够从物质层面看到南非贫困和不平等状况给人们带来的痛苦，但我们面临着如何使相关讨论更进一步的挑战。这些挑战在语言、描述方式和分析中表现得最为明显。我们通过这些语言、描述方式和分析来理解物质影响（主要是经济影响）和意识形态的全部心理影响是如何产生风险规避和能力缺失的，但它们同时也刺激了主观能动性，我们决定从心理和认知层面讨论从属力量的复杂性（这也是至关重要的，在这一点上我们比比科的观点更进一步）。

玛格丽特·阿彻（Archer 2007）的见解在这里非常重要。她的开创性著作《行走世界：人的反身性和社会流动性》（*Making Our Way Through the World：Human Reflexivity and Social Mobility*）提供了几个例子，讲述那些身处恶劣环境（充满性别、阶级和种族偏见的环境）中的人们如何通过主观能动性寻找自己的人生方向。这里我们要强调的一点是，瑟伯恩所指的疏离是一个复杂的从属和主观能动性的领域。从属显然是定位和描述贫困和不平等的性质与影响的关键词，在这里必须看到贫困和不平等所产生和表征的一切的不可接受性及其全部影响，但同样重要的是要超越结构，进入人类主体如何经历、生活以及对自身物质生活做出决定的领域。如果南非情况的结构性影响（特别是在种族化的经济中）是使南非人的身体和头脑丧失能力，那么必须正视这种复杂性。

南非人，或者直白地说，南非黑人，在过去几百年中承受着复杂的从属过程带来的冲击。这些影响是如何深深嵌入人们的生活当中并被再生产，人们又是如何带着这些影响生活以及如何应对这些影响的？理解了这些，我们就会理解为什么贫困和不平等如此难以克服这一问题的核心。关于南非人遭受压迫和排斥的痛苦，有没有正视和讨论这种痛苦，这是贫困和不平等的再生产和持续存在这一谜题的重要组成部分。

如果要在南非进行结构改革，如果要向民众提供舒适的住房、体面的工作和良好的教育，还有什么其他的事情要做吗？仅仅提供物质补偿就足够了吗？改变人们的物质环境会带改变他们的社会心理吗？南非当前的形势，特别是 2015 年和 2016 年的学生抗议，迫使人们更加关注种族问题。这很有必要，但如果我们要深入分析南非贫困和不平等的交叉性，则同样重要的是，所有其他削弱性的疏离机制，尤其是多层面的性别歧视体制，都必须得到明确的关注。在南非，一个人的生理性别、社会性别身份、性取向等现实聚集在一起产生定位、等级、包容或排斥感，这是至关重要的。种族问题现在可能是这个国家的当务之急。

然而，我们几乎没有触及性别复杂性的表面，也没有触及其结构和心理要素借以定位南非人和激发其从属地位与能动性的深层方式。它是如何巩固使贫困和不平等长期存在的条件，同时又为人们提供掌控生活的机会的？这一点表明我们需要尽快做出新的重要努力。基于西金斯等学者的实证研究和瑟伯恩的理论框架，我们认为我们有理论手段对南非的贫困和不平等进行更深入的分析，可以更清楚地了解造成贫困和不平等的机制。瑟伯恩提出的疏离、剥削、排斥和等级化过程使我们能够对经济因素如何与意识形态因素共同发生作用进行更深入的解释。当这些因素单独起作用或共同起作用时，我们就能看到它们并评估它们的权重和比例。我们承认，这是一种探索性的尝试，目的是将南非贫困和不平等的一些复杂性结合起来，而进一步的分析还需要大量的实证工作。本书汇集了南非一些著名学者在这方面的研究贡献，并呼吁采取一种综合方法，能够超越物质层面，研究在南非人生活中起作用的意识因素的意义。

本书的结构和布局

一个国家在其社会、政治和经济框架中的地位对于理解当代趋势至关重要，而这对于理解一个国家的身份及其意义也至关重要。从这个意义上说，"国家状况"不仅仅是一种描述，而是对其性质和属性的一种的表征，即国家在其多方面关系中的内部机制、地位、定位、结构和表现。如果说贫困是当下的主流叙事，那么不平等就是它的一个弱势的近亲。不平等不是预先给定的，而是许多复杂因素共同作用的结果。虽然在大多数关于不平等的讨论中，人们有时会明确或含蓄地讨论贫困问题，但使用"贫困"一词应被视为更大意义结构的一部分，以突出其关系层面（Schwalbe et al. 2000）。贫困不是不平等的同义词，而是不平等的一个特征。不平等当然是多维的。有学者（Nyamnjoh & Hagg 2013：23）的观点颇有说服力："不平等远远超出了获得服务或就业机会的范围，还包括不平等和贫困的社会心理状态、人们遭遇不平等的方式及其对日常生活的影响。"

有必要解释一下本书的副标题"诊断、预测与应对"。如果我们将国家和国家状况概念化，将其看作一系列行动或事件的一个过程或一部分的影响，而不是简单的静态事实，那么我们的副标题就相应地为此提出了视角，指出了剖析贫困和不平等的特定路径。换言之，诊断使我们能够确定问题的性质和相关情况，预测则提供了针对症状的意见和预测，应对使我们能够用新的角度和方法来审视这些问题。

除了关注事实、材料、实证和概念，本书没有采取共识和单一的立场，而是以一种综合了社会、人、文化和经济层面广泛交叉性的方法来理解贫困和不平等的多样性和复杂性。本书旨在提出有助于思考贫困和不平等的变革可能性和潜力的研究问题和路径。换言之，有了这些新的见解和知识，有可能进行哪些改变？与此相关的是保持问题和答案开放的能力以及看到一些答案（或结果）的局限性和不足的能力。

本书包含四个相互关联的部分。我们意识到，在编辑本书时，衔接性常常是一个挑战。我们邀请读者关注各篇文章作者在方法、思想和视角方面的多样性和独特性。我们认为这将使我们能够深入了解贫困和不平等的多维性。南非贫困和不平等的复杂性，特别是其背后的多种因素在南非社会经验的一系列结构、社会心理和人文方面结合起来的方式，需要作出细致入微的解释，不仅应说明贫困和不平等的多个方面，还应解释它们是如何影响南非人的日常生活的。

第一部分"南非与世界"将南非置于全球背景下，并将各国关于贫困和不平等的讨论与非洲大陆和国外的讨论联系起来。第二篇文章作者戈兰·瑟伯恩（Göran Therborn）首先列出当下的现实：南非实行民主已有二十多年，但目前仍然是世界上收入最不平等的国家，种族主义和资本主义

似乎都无法解释这一现状。瑟伯恩强调了政府对不平等问题的应对办法的
两个主要组成部分：一个是优化旧有结构中不同种族的代表性；另一个是
通过针对贫困人群的社会补助和公共资助对结构性不平等进行再分配补
偿。瑟伯恩指出，除贫困外，还有其他诸多方面的不平等问题，例如获得
营养饮食、健康医疗、尊重、自主以及获取充足资源的平等权利。与解决
这些问题最直接相关的社会经济体系是政治经济体系，涉及财产关系、资
本积累模式、劳动力市场和资本—劳动关系，而工会实力和权利是其中一
个非常重要的方面。瑟伯恩认为，如果南非不采取激进的措施来建立一个
包容性的经济体系，那么南非将仍是世界上最不平等的国家。概言之，南
非独特的不平等问题的根源在于该国的殖民主义、贫富二元经济、人类发
展和人类封闭并存的社会空间，这些结构既保护了殖民者后代核心家庭结
构的稳定，又对廉价劳动力储备人群的家庭生活造成破坏，同时塑造了征
服者和被征服者的身份。瑟伯恩对种族和资本主义交织在一起的问题进行
了部分历史审视，并认为后种族隔离时代的政策未能正视殖民主义的遗留
问题，未能解决贫困和不平等的根源。

杰里米·西金斯（Jeremy Seekings）在第三篇文章中将南非放在更广
阔的非洲背景下，分析了贫困和不平等的历史演变、目前的程度和特点，
以及公共政策在产生、复制和缓解贫困与不平等方面的作用。作者对比了
种族隔离时期和后种族隔离时代南非的"分配制度"和非洲其他地区的各
种"分配制度"，并简要考虑了非洲的贫困和不平等的比较政治。

第四篇文章作者马克西·舒曼（Maxi Schoeman）认为，全球不平等问
题以及以多种方式解决这一问题的承诺是南非后种族隔离时期外交政策的
缩影。南非的"新"外交政策致力于解决国际和国内的不平等问题。本文
探讨了南非在何种程度上利用其在非洲大陆以外和全球层面的外交政策来
追求一种使权力和资源得到更加公平和公正的分配的"新全球秩序"。南
非如何实现其核心外交政策目标，即建设一个"更美好的世界"？这种理
想主义（或理想的、思想驱动的）外交政策面临哪些挑战？通过关注这些
问题，并运用"地位不平等"和"排斥机制"等概念，作者将读者引向了
南非和其他南方国家面临的棘手问题：如何推动二战后国际体系的深刻
变革。

第二部分"政治、道德伦理与国家"将镜头转向南非，集中探讨国家
政治的前景和道德伦理、意义和能力问题。第五篇文章作者科林·邦迪

（Colin Bundy）对南非的贫困和不平等状况进行了历史概述，指出该问题
由来已久。虽然作者认为历史有助于理解南非当代的不平等现象，但本文
的主要目标是解释为什么南非的不平等现象自 1994 年以来很可能有所加剧
（充其量是保持不变）。失业和贫困诚然是种族隔离遗留问题的一部分，但
其持续存在在一定程度上是后种族隔离时代经济政策的性质和进程造成
的。本章批评了非国大不愿寻求以结构性解决方案来解决结构性问题。

第六篇文章由乌尔里克·基斯特纳（Ulrike Kistner）、古莱莎·伊斯梅
尔·索利曼（Quraysha Ismail Sooliman）、卡琳·范马尔（Karin van Marle）
撰写，他们将社会经济权利（SERs）看作对贫困的回应。在经济、技术或
管理方法中，贫困常被看作单一的社会问题，但在司法的范畴内对公民身
份和权利的重新审视中则不能抱有这种观点。作者研究了过渡时期司法的
自由框架对第一代、第二代和第三代权利中的作用，并揭示了这一基于时
间的线性结构框架的局限性。

第七篇文章作者纳尼亚·博勒 – 穆勒（Narnia Bohler-Muller）、加里·
皮纳尔（Gary Pienaar）、尤尔·德里克·大卫（Yul Derek David）、史蒂
文·劳伦斯·戈登（Steven Lawrence Gordon）进一步关注权利问题，特别
是通过实现社会经济权利来消除贫困和不平等的方式，并探讨如何改进此
类做法。与日俱增的危机感和社会动荡程度似乎集中在"服务提供"方
面。在实现宪法变革愿景的项目中，关键角色通常被认为是国家的三个分
支，即行政、立法和司法部门。然而，作者质疑这些角色扮演者是否是唯
一可以扮演重要角色的行为者。基于"宪法公正"项目的数据和调查结
果，作者指出，需要重新审视"宪法对话"（当前人们的理解是"国家各
部门之间的宪法对话"）这一概念，促成更加协调一致和深思熟虑的集体
努力，以确定和描述一个能够充分并妥善解决不平等和贫困问题的社会的
最终目标。

第八篇文章《不平等中的移民和未来的考虑：与开放的距离》的作者
是坦巴·马西莱拉（Temba Masilela）、斯蒂芬·鲁尔（Stephen Rule）、雷
切尔·亚当斯（Rachel Adams），他们讨论了与难民、经济移民和寻求庇护
者的社会价值相关的人权问题，特别是那些来自南部非洲发展共同体（南
共体，SADC）地区的相关人群。移民在很大程度上已经从关于南非贫困
和不平等的更广泛的交叉叙事中被抹去。同样，旨在促进政府在贫困和不
平等战略中的开放性和问责制的政策和方案也都没有包含非公民和移民的

边缘地位和潜在贡献，从而造成了这一叙事中的实际"疏离"。作者认为，不论是在移民问题上的零散的社会态度和政策立场，还是对非公民、难民、寻求庇护者和移民的数据缺乏有效调查的做法，这种缺失都很明显。通过对政府移民政策和数据集的分析以及对政府对待非公民、民间团体和本地社区的象征性价值的批判，作者证实了相关观点。作者认为，移民群体的知识、创造力和社会资本必须在政策中得到承认，并将其作为社会变革的工具加以利用。

第三部分"经济"，第九篇文章由萨姆森·姆贝威（Samson Mbewe）、英格丽德·伍拉德（Ingrid Woolard）、丹尼斯·戴维斯（Dennis Davis）共同撰写，以后种族隔离时代南非巨大的收入、财富和消费不平等为出发点，探讨了将征收财富税作为减少财富不平等的一种手段的可能性。南非是世界上收入分配最不平等的国家之一。尽管累进个人所得税旨在实现再分配目标，如为穷人创造机会、促进经济稳定或提供公共产品，但巨大的收入差距仍在继续扩大，而财富不平等甚至更为严重。作者在这一背景下探讨了南非是否应征收某种形式的财富税，在直接减少财富极端不平等现象的同时，增加用于再分配预算支出的税收。

第十篇文章由杰拉德·哈格（Gerard Hagg）、内德森·波菲瓦（Nedson Pophiwa）撰写，他们揭示了历史和结构因素的交叉性如何增加了解决南非传统社区赤贫、失业和不平等问题的复杂性（即使在有资源可用的情况下也是如此）。历史上，种族隔离的空间安排将传统社区置于经济潜力小的空间，从而使其边缘化。这种情况仍然影响着居住在距离经济中心25—250 公里范围内的大约 1500 万人。自 1994 年以来，地方政府提供的服务不足，加剧了这些人群的困境。南非宪法和立法规定了传统领袖在发展和提供服务方面的作用。然而，作者以皇家巴福肯部落为例，指出由于历史和结构因素，即使是享有较充足资源的传统治理机构也难以解决贫困、不平等和失业问题。矿产资源使巴福肯走上了基于习惯法、服务提供、投资意识形态和部落建设相结合的社区发展轨道，在某种程度上结合了现有的宪法和法律框架。该路径在一些领域取得了重大进展，包括土地权、制度建设、服务提供以及对传统领袖主导话语的挑战。尽管如此，仍然存在一些挑战，如对习俗和现代主义的概念理解、基于等级遗产和权利的文化和民族框架、排斥和包容机制。此外，作者认为，巴福肯遇到了宪法和法律方面的限制、心理社会和代际反应以及实际和环境制约因素。

　　第十一篇文章的作者黛博拉·詹姆斯（Deborah James）提醒人们注意令人头疼的债务问题及其对长期贫困和不平等的影响。作者认为，消费主义的生活方式和伴随而来的社会地位加剧了社会底层和顶层之间的分化。本文记录了向上流动的愿望的不稳定性和脆弱性以及债务和过度负债的经济关系。作者从地方和家庭的视角观察经济危机，探索农村和乡镇居民的实际借贷经历，提请人们关注信贷监管不力、贷款机构无视法律等因素如何使现状变得更糟。

　　第四部分"社会"从历史、文化和社会经济的角度更直接地转向贫困和不平等。有人说，南非的贫困和不平等之所以持续存在，是因为好的政策执行不力，且矛头通常指向政府官员，这种说法几乎已经成了陈词滥调。第十二篇文章的作者雷利波西尔·莫利萨内（Relebohile Moletsane）和瓦苏·雷迪（Vasu Reddy）认为，这些论述中往往缺少关于社会体制和制度如何反映普遍接受的文化价值观的细致入微的解释。作者研究了南非各体制和制度中普遍存在的文化价值观的性质及其对减少贫困和不平等的政策的影响。该文通过分析一系列减贫政策，提供了对贫困和不平等的诊断、预测和应对措施，强调了取得的进展以及与文化价值观有关的挑战。

　　第十三篇文章作者凡妮莎·巴罗尔斯基（Vanessa Barolsky）、戴安娜·桑切斯－贝当古（Diana Sanchez-Betancourt）、尤尔·德里克·戴维斯（Yul Derek Davids）讨论了贫困和不平等的社会经济背景以及国家项目如何在地方层面应对挑战。本文介绍了一项评估主要城市升级项目（"通过城市改造预防暴力"，简称 VPUU）影响的研究结果。该项目的目的是在卡雅利沙镇预防暴力和促进社会包容，该镇的特点是高度不平等和贫困。作者通过个人和利益相关者群体的日常经历描绘了贫困和不平等的环境，指出在南非城镇环境中，城市升级项目的概念化、开发、实施和维护过程对于理解此类干预措施的作用至关重要。虽然城市升级可能是旨在减少暴力和提高社会凝聚力与福祉努力中的一个积极因素，但干预措施需要关注社区参与的做法和挑战，并以符合地方规范和价值观的方式实施。

　　第十四篇文章的作者约翰·希金斯（John Higgins）探讨了学术自由这一主题，将作为抽象人权的学术自由和作为物质实践的学术自由之间的矛盾置于一个严重不平等的社会背景下进行讨论。他指出，这一矛盾的根源在于南非暴力和不平等的残酷历史，并在种族隔离后继续存在，最终在2015 年和 2016 年学生抗议活动中反映的挑战中浮出水面。作者认为，学术自由是自我批判性社会秩序的重要组成部分，必须得到保护和捍卫，这既是一项人权，也是一种物质实践和制度实践。

第十五篇文章由莱斯利·班克（Leslie Bank）、格伦达·克鲁斯（Glenda Kruss）撰写，提请人们注意南非的大学在地方（尤其是城市）层面拥有的能够融入当地环境和解决不平等方面的机会。南非的高等教育领域颇受争议，几乎完全与非洲民族主义、去殖民化和种族补偿等更广泛的"民族问题"有关。该文借鉴了最近对研究密集型传统大学的一些批评观点，探讨了政策和规划部门为什么会越来越关注大学与其所在城市社区和区域的融合问题。本章展示了如何通过城市、大学和公私实体之间的动态伙伴关系来创造可观的经济价值和机会。作者对比了纳尔逊·曼德拉大学与所在城市合作的方式与东开普省的福特哈尔大学和沃尔特·西苏鲁大学与南非东伦敦内城和南非布法罗市的大都市背景脱节的方式，证明了上述观点。本章对高等教育在地方、学生生计和社会意义的更广泛的交叉性相关讨论做出了贡献。

在《贫困与不平等：初步的后记》中，编者回顾了本书的概念基础，提供了反思性和前瞻性的观点，并指出本书的一些局限性以及在诊断国家状况时，我们应该考虑的与贫困和不平等有关的其他问题。

结　语

综上所述，本书的贡献以独特和多样的方式对贫困和不平等提出了富有挑战性的问题。各篇文章的真知灼见证实了贫困和不平等作为研究、行动和政策变化的场域所涉及的诸多复杂因素。各篇文章提出的意见和建议表明，尽管南非在消除贫困和不平等方面取得了一些进展，但仍有许多工作要做。本书推动了对贫困和不平等进行专门的实证研究和理论研究，这不仅因为贫困与不平等是我们当代的问题，更因为它们是历史性的一个关键方面。正如我们一再阐释的那样，本书提供的视角能够促使人们认识到社会和物质不平等的情况是持续存在的，意味着不平等仍然是南非发展轨迹中的一场进行中的危机。本书各篇文章的观点不尽相同，但都旨在理解南非状况的复杂性。尽管如此，我们意识到该领域还有很多本书未能涉及的重要问题。

注　释

1. 意味着在 20 世纪 80 年代初期 45 亿人中有 225 人；目前的人口估计为 74 亿。

2. 见 http：www. nids. uct. ac. za，也见德·维利尔斯等人（De Villiers et al. 2013）的文章。

3. 见 http：//www. uct. ac. za/sites/default/files/image _ tool/images/2/ NelsonMandelaFoundationThomasPikettyDialogue_Invitation. pdf.

参考文献

Adam H（1971）*Modernizing Racial Domination.* Berkeley：University of California Press.

African National Congress（1994）*The Reconstruction and Development Programme.* Johannesburg：Umanyano Publications.

Anderson P（1976）*Considerations on Western Marxism.* London：Verso.

Archer M（2007）*Making Our Way through the World.* Cambridge：Cambridge University Press .

Bassel L（2014）Intersectionality. *Maitreyee：E-Bulletin of the Human Development & Capability Association* 24（July）：14 – 18.

Bhaskar R（2008）*Dialectic：The Pulse of Freedom.* London and New York：Routledge.

Biko S（2004）*I Write What I like.* Johannesburg：Picador.

Breckenridge K（2014）*The Biometric State.* Cambridge：Polity Press.

Bromberger N（1974）Economic Growth and Political Change in South Africa. In A Leftwich（Ed.）*South Africa：Economic Growth and Political Change.* London：Allen and Busby.

Carastathis A（2016）*Intersectionality：Origins，Contestations，Horizons.* Lincoln & London：University of Nebraska Press.

Carnegie Commission (1932) *The Poor White Problem in South Africa: Report of the Carnegie Commission: Joint Findings and Recommendations.* Stellenbosch: Ecclesia.

Chant S (Ed.) (2010) *The International Handbook of Gender and Poverty: Concepts, Research, Policy.* Cheltenham, UK & Northampton, MA: Edward Elgar Publishing.

Collins PH (1998) *Fighting Words: Black Women and the Search for Justice.* Minneapolis: University of Minnesota Press.

Collins PH and Bilge S (2016) *Intersectionality.* Cambridge, UK & Malden, MA: Polity Press.

Crenshaw K (1994) Mapping the Margins: Intersectionality, Identity Politics, and Violence Against Women of Color. In M Fineman and R Mykitiuk (Eds.) *The Public Nature of Private Violence.* New York: Routledge.

De Villiers L, Brown M, Woolard I, Daniels R and Leibbrandt M (2013) National Income Dynamics Study Wave 3 user manual. Cape Town: SALDRU.

Eisenstein Z (2014) An alert: Capital is Intersectional: Radicalizing Piketty's Inequality. *The Feminist Wire*, 26 May. Accessed 22 March 2016, http://www.thefeministwire.com/2014/05/alert-capital-intersectional-radicalizing-pikettys-inequality.

Evans M (2017) *The Persistence of Gender Inequality.* Cambridge, UK & Malden, MA: Polity Press.

Fraser N (1995) From Redistribution to Recognition? Dilemmas of Justice in a "post-socialist" Age. *New Left Review.* 212 (July/August): 68 –93.

Fredman S (2007) Redistribution and Recognition: Reconciling Inequalities. In *Southern African Journal on Human Rights.* 23 (2): 214 –234.

Giddens A (1998) *The Third Way. The Tenewal of Social Democracy.* Cambridge: Polity Press.

Grusky, DB and Szelényi S (Eds) (2006) *Inequality: Classic Readings in Race, Class, and Gender.* Boulder, CO: Westview Press.

Hanekom B (2012) *Defining the pillars of poverty.* Carnegie 3 Conference: Strategies to Overcome Poverty & Inequality, University of Cape Town (3 –7 September).

Harvey D (2005) *A Brief History of Neoliberalism*. Oxford: Oxford University Press.

Horwitz R (1967) *The Political Economy of South Africa*. Oxford: Oxford University Press.

Kabeer N (2014) The Challenges of Intersecting Inequality. *Maitreyee: E-Bulletin of the Human Development & Capability Association*. 24 (July): 5 – 10.

Leibbrandt M, Woolard I, Finn A and Argent J (2010) *Trends in South African Income Distribution and Poverty since the Fall of Apartheid, 1993 – 2008*. Paris: OECD Publishing.

Masilela T (2013) A Review of the National Development Plan: Introducing Politics and the State in South Africa. In U Pillay, G Hagg and F Nyamnjoh (Eds.) *State of the Nation: South Africa 2012 – 2013*. Cape Town: HSRC Press.

May J (Ed.) (2000) *Poverty and Inequality in South Africa*. Cape Town: David Philip.

McCarthy C and Crichlow W (1993) Introduction: Theories of Identity, Theories of Representation, Theories of Race. In C McCarthy and W Crichlow (Eds.) *Race, Identity and Representation in Education*. New York and London: Routledge.

McLeod J, Schwalbe M and Lawler E (2014) Introduction. In J McCleod, M Schwalbe and E Lawler (Eds.) *Handbook of Social Psychology and Inequality*. Dordrecht: Springer.

Moll P (1998) *Discrimination is Declining in South Africa, but Inequality is not*. SANER Working Paper No. 5. Cape Town: South African Network for Economic Research.

No Sizwe (1979) *One Azania, One Nation*. London: Zed Press.

NPC (National Planning Commission) (2012) *National Development Plan: Executive Summary*. Pretoria: The Presidency.

Nyamnjoh F and Hagg G with Jansen J (2013) General Introduction. In U Pillay, G Hagg and F Nyamnjoh (Eds.) *State of the Nation: South Africa* 2012 –2013. Cape Town: HSRC Press.

Oxfam (2014) *Even it up: Time to End Extreme inequality*. Oxford, UK: Oxfam.

Oxfam (2016) *An Economy for the 1%: How Privilege and Power in the Economy Drive Extreme Inequality and how this can be Stopped.* 210 Oxfam Briefing Paper, 18 January. Oxford, UK: Oxfam.

Piketty T (2014) *Capital in the 21st Century.* Cambridge, MA: Belknap Press.

Plehwe D, B Walpen and G Neunhöffer (Eds.) (2006) *Neoliberal Hegemony-A global Critique.* London: Routledge.

Rapley J (2004) *Globalization and Inequality: Neoliberalism's Downward Spiral.* Boulder, CO: Lynne Rienner Publishers.

Ross F (2013) Ethnographies of Poverty. In U Pillay, G Hagg and F Nyamnjoh (Eds.) *State of the Nation: South Africa 2012 – 2013.* Cape Town: HSRC Press.

Rothman R (2016) *Inequality and Stratification: Race, Class, and Gender.* New York: Routledge.

Schwalbe M, Godwin S, Holden D, Schrock D, Thompson S and Wolkomir M (2000) Generic Processes in the Reproduction of Inequality: An Interactionist Analysis. *Social Forces.* 79 (2): 419 – 452.

Seekings J (2008) "Just Deserts": Race, Class and Distributive Justice in Post-apartheid South Africa. *Journal of Southern African Studies.* 34 (1): 39 – 60.

Seekings J and Nattrass N (2005) *Race, Class and Inequality in South Africa.* Pietermaritzburg: University of KwaZulu-Natal Press.

Sen A (1999) *Development as Freedom.* Oxford: Oxford University Press.

Stewart F (2014) Horizontal Inequalities and Intersectionality. *Maitreyee: E-Bulletin of the Human Development & Capability Association.* 24 (July): 10 – 13.

Terreblanche S (2002) *The History of Inequality in South Africa: 1652 – 2002.* Pietermaritzburg: University of KwaZulu-Natal Press.

Terreblanche S (2012) *Lost in Transformation: South Africa's Search for a New Future since 1986.* Johannesburg: KMM Review Publishing Company.

Therborn G (Ed.) (2006a) *Inequalities of the World: New Theoretical Frameworks, *Multiple Empirical Approaches*. London: Verso.

Therborn G (2006b) Meanings, Mechanisms, Patterns and Forces: An Introduction. In G Therborn (Ed.) *Inequalities of the World*. London: Verso.

Therborn G (2013) *The Killing Fields of Inequality*. Cambridge: Polity Press.

Touraine A (2001) *Beyond Neoliberalism*. Cambridge: Polity Press.

Van der Berg S, Burger R, Burger R, Louw M and Yu D (2005) *Trends in Poverty and Inequality since the Political Transition*. Stellenbosch Working Papers No. 1/2005, University of Stellenbosch.

Van der Horst ST (1942) *Native Labour in South Africa*. Oxford: Oxford University Press.

Verloo M (2006) Multiple Inequalities, Intersectionality and the European Union. *European Journal of Women's Studies*. 13 (3): 211 – 228.

Wilkinson R and Pickett K (2009) *The Spirit Level: Why Equality is better for Everyone*. Harmondsworth: Penguin.

Wilson F (2010) Historical Roots of Inequality in South Africa. *Economic History of Developing Regions*. 26 (1): 1 – 15.

Wilson F and Cornell V (Eds.) (2012) *Rough Guide to Carnegie 3. Conference draft Report*. Cape Town: SALDRU.

Wilson F and Ramphele M (1989) *Uprooting Poverty: The South African Challenge*. Cape Town: David Philip.

Winker G and Degele N (2011) Intersectionality as Multi-level Analysis: Dealing with Social Inequality. *European Journal of Women's Studies*. 18 (1): 51 –66.

Wolpe H (1988) *Race, Class and the Apartheid State*. London: James Currey.

World Economic Forum (2014) *Global Risks* 2014, *Ninth Edition*. Geneva: World Economic Forum.

Yang L (2017) The Relationship between Poverty and Inequality: Concepts and Measurement. CASE Papers No. 205, Centre for Analysis of Social Exclusion, London School of Economics.

第一部分

南非与世界

从全球视角看南非的不平等

戈兰·瑟伯恩（Göran Therborn）

南非有很多社会科学领域的学者，他们对本国情况的了解程度是外人难以企及的。我就是这样一个外人，既不是南非的学者，也不是研究南非的外国专家。不过，我有机会参与了南非斯泰伦博斯高级研究所（STIAS）发起的一个关于种族影响的研究项目，从北欧来到南非，在南非工作了四年。在此期间，我对这个迷人的国家了解颇多，不过仍远远不够。南非就像一个世界实验室，在这里能看到不平等状况及减少不平等的各种尝试。著名剧作家贝尔托·布莱希特（Bertolt Brecht）所说的"陌生化效果"（Verfremdung），即距离能够使外人有机会以质疑或批判的眼光去了解其他人熟视无睹的事物。我拥有的正是这样一次机会。

与世界其他国家相比，南非的不平等情况有多严重？

种族隔离废除近 25 年来，南非成为世界上收入差距最大的国家，紧随其后的是南非曾经的殖民地纳米比亚。南非不仅国家境况充满挑战，人民也生活在水深火热之中。约翰内斯堡居民的贫富差距不仅在南非是最大的，在全世界也可能是最大的。

不同种族的贫困状况也存在差异。据官方统计，2011 年，南非 40% 的黑人、22% 的有色人种、3% 的印度人以及 0.4% 的白人属于贫困群体（Stats SA 2014：41）。不平等是资本主义的产物。南非黑人及有色人种的收入差距与巴西、印度等国民众的收入差距相当或更大；南非印度人和南非白人之间的收入差距则介于美国和俄罗斯的水平之间，但远远高于俄罗斯以西的欧洲国家水平。表 1 显示，收入分配总是比消费者支出更加不平等，这是因为富人们的积蓄更多，拥有更强的消费能力。

表1　　　　　　　　世界各国居民收入差距：基尼系数（2011 年）

约翰内斯堡市场收入	0.75
世界	0.67
南非可支配收入/支出	0.67/0.65
巴西	0.56
南非黑人，支出	0.55
中国	0.54
印度	0.54
南非有色人种，支出	0.53
美国	0.49
南非印度人，支出	0.45
南非白人，支出	0.42
俄罗斯	0.42
英国	0.33
挪威	0.25

注：除非另有说明，否则收入均视作可支配；南非市场收入 = 0.77。涉及"好评民意调查"（good opinion polls）的收入数据应谨慎解读。由于方法和预测的变化，数据可能会出现偏差，但它们仍提供了有关社会概况的有价值的信息。

数据来源：Milanovic（2016）；Stats SA（2014）；Therborn（2013）；UN Habitat（2013）；World Bank（2014）。

　　虽然基尼系数是一个常见的指标，从 1.0 代表的"绝对悬殊"到 0 代表的"绝对平等"来衡量收入分配，但对大多数人而言其含义还是过于抽象。英国剑桥大学经济学家加布里埃尔·帕尔玛（Gabriel Palma）是我的一位同事，他发明了一种新的衡量指标——帕尔玛比值，日益受到关注。帕尔玛比值是一个国家最富裕的 10% 的人口的收入比例与最贫穷的 40% 的人口的收入比例相除所得的数值。用帕尔玛比值来衡量南非的收入平等状况，得到的结果是 7.1，仍然是世界上收入最不平等的国家。紧随其后的是海地（6.4），接着是南非邻国纳米比亚和博茨瓦纳（均为 5.8），之后是赞比亚（4.3）。巴西的比值是 3.8，美国是 2.0，欧洲国家的比值大多在 0.9 和 1.5 之间（World Bank 2016）。

关于全球收入分配情况，我们只能先看看 2007 年的五分位数据，这些数据最有可能显示出比今天更加严重的收入不平等情况。通过购买力平价法计算得出，2011 年，南非的五分位比值是 27.6，而全球的比值是 34.7，这说明当时南非的收入差距低于全球水平（Ortiz & Cummins 2011：16；World Bank 2016）。这样的比值对分母大小十分敏感。南非最贫困的 20% 的人口获得的收入仅占全国人口总收入的 2%，而世界最贫困的 20% 的人口所获得的收入则占到世界人口总收入的 2.5%。类似地，南非和世界最富有的 20% 的人口的收入则分别占南非和世界总收入的 68.9% 和 69.5%。换言之，值得注意的是，南非收入不平等水平与世界收入不平等水平之间的差距很小。

然而，人类不平等不能被简单地认为只存在于收入与财富分配，或其他资源（如教育）分配方面。实际上，它还包括多方面的不平等，如有机体发展、健康与疾病、预期寿命等，简言之，就是"生命不平等"。

此外，不平等还包括认可、尊重、自主及其对立面（忽视、蔑视、控制）等要素的不均分布，统称为"存在性不平等"（Therborn 2013）。

南非的生命不平等（以预期寿命差距为指标之一）程度很高，尽管其他方面的不平等程度也"不甘落后"。整个非洲的生命不平等程度很高，而南非的状况远比印度和巴西严重。在存在性不平等方面，种族仍然是南非无法忽视的"特色"，但在官方制度化的种族主义（即种族隔离制度）被废除后，我们还没有足够好的比较指标去研究种族不平等的现状。根据联合国开发计划署发布的性别不平等指数，南非的性别平等状况比印度和巴西要好，但不如俄罗斯和中国（UNDP 2017）。

南非的经济不平等为何如此极端？种族主义无疑是其根源之一，但南非黑人群体内部就存在经济不平等，那么南非的不平等就不能简单地归结为种族影响。况且，种族隔离制度废除后，南非的收入不平等也并没有随之改善，也就是说，南非的不平等也不能只归因于噬人血肉的反社会资本主义政权。恰恰相反，当今的南非制定了推动社会进步的政策，影响了相当大的一部分收入再分配。据世界银行估算，由于南非的公共转移支付以及税收，其市场收入不平等降低了 0.08 个基尼系数点，降幅比整个拉丁美洲（包括卢拉总统领导的巴西）和其他新兴经济体都大，不过仍然低于经合组织设定的平均水平（即 0.11 到 0.15 基尼系数点之间），但这主要取决于采用何种计算方式（OECD 2008：109）。正如经合组织成员国的做

法一样，南非通过提供公共服务进行大量的收入再分配。世界银行
（World Bank 2014：44）估计南非的基尼系数将降至 0.60，但并不十分确
定。即便如此，南非仍是世界上最不平等的国家。

种族主义或现行的资本主义似乎都不能解释南非不平等的根源。在我
看来，为找到源头，我们必须要回溯南非的历史架构，而种族主义和资本
主义在其中都占据了重要的地位。

移民殖民主义的深远影响

在没有进行任何适当的历史研究的前提下，我先提出一个假设，仅供
讨论或预想未来（可能）的试验。我认为，严重的经济不平等源自于移民
殖民主义，源自于其历史脉络及影响深远的遗留问题。移民殖民主义指的
是外来殖民者征服并占领某块非其所属的领土。尽管移民殖民主义本身不
属于种族主义，但只要这块殖民地被外来者占领，就会引发种族主义式的
傲慢轻狂以及针对当地人的横眉冷眼。各地的各色人种都在不同时期以不
同形式从他们的祖国被迫外迁，以逃离殖民主义的迫害。

从 17 世纪开始，殖民者与殖民地的当地人在财富与武力上就存在着极
大的差距。殖民扩张和地区间的人口流动意味着海外殖民者侵占着大片大
片的南非土地，在这些土地上，土著人其实远远多于殖民者，这与北美和
澳洲的殖民情况形成鲜明的对比。到了 19 世纪，挖掘钻石、黄金和矿藏使
一小部分殖民者完成了大量资本的快速积累，为发展工业和金融资本主义
奠定了基础，而土著人则被排斥在发展之外。不仅如此，殖民者还占据了
土著人的矿藏和大量肥沃的农田。在飞速发展的工业经济中，法律禁止土
著人参与现代农业生产和技术类工作。这些对土著人的蓄意压迫在种族隔
离制度出现之前就存在已久。

占领土地、操纵资产、垄断机遇刺激着移民殖民主义的发展，由于外
来殖民者的人数相对于当地人要少得多，因而他们更有一种"紧迫感"，
使得上述做法愈演愈烈。种族主义是区分移民殖民者和非移民殖民者的首
要标准。种族主义大大加剧了滥征强占。到 1910 年通过合并英国殖民地成
立南非联邦时，种族主义已成为一种根深蒂固的意识形态了。

南非移民殖民主义与北美和澳洲殖民主义之间最大的差异在于殖民者

与当地人的人口平衡。巴西的殖民主义与北美的类似，只是由于大量奴隶的输入而复杂化，导致殖民规模远超北美。被西班牙移民殖民的拉丁美洲与被欧洲移民殖民的南非状况相同，不过拉美地区的西班牙殖民地存在至少两个决定性的差异。其一，美洲土著人即使在武器装备和军事基础设施方面存在不足，但他们在财力上优于征服者，土著贵族至少与殖民者处于平等的地位。因此，虽然阿兹特克人和印加人被击败了，但他们的后代都得到了殖民者及其后代的认可和尊重，统治墨西哥和秘鲁的殖民者后代也从这些土著后代身上借鉴和学习当地文化。其二，伊比利亚国家种族主义在早期就发展出了种族分类的特征。伊比利亚人的社会是分等级的，从欧洲出生的白人到美洲当地的美洲印第安人，或被奴役的黑人等，中间还有几个没有明确界限的、相互流动的等级——这与英国与荷兰的人种二分观念（只有白人和非白人之分）形成鲜明对比。

在我的假设中，尽管南非通过艰难的谈判废除了种族隔离制度，政府也在社会政策层面进行了再分配的巨大努力，但目前南非的收入和资源仍普遍存在严重的不平等，因为移民殖民主义没有得到清晰的认识，遗留下不少未破之困。20世纪90年代通常被看作废除制度性种族主义和建立自由民主的转折节点。这种说法是对的，但并没有反映出隐含的划时代剧变。时代剧变远比国家民主化和去种族化更加激进，影响也更加深刻，例如美国20世纪60年代后期发生的社会重大变革。南非社会发生了根本性的改变，形成了一个新的、不同性质的国家：从一个英荷（将欧洲文明带到南部非洲）殖民地国家转变成一个从占领和压迫中解放出来的多民族国家。非洲人国民大会（非国大，ANC）将自己视为民族解放运动的领导者，带领南非从殖民地国家转变为前殖民地国家。

南非的转变是史上罕见的。与之唯一有些相似的是沦为法国殖民地的阿尔及利亚，其移民殖民者规模和影响力都与南非的情况类似。2000年至2009年间，只有另一个殖民地国家变成了前殖民地国家，即玻利维亚，不过该国的转变要轻松而直接得多，因为1952年玻利维亚国内的梅斯蒂佐革命已经为其奠定了基础。

在20世纪90年代的地缘政治背景下，南非民众十分支持种族平等的自由民主制以及南非新的政府管理层对经济的审慎态度，但同样，南非民众对新分配制度的不满和怨恨也在激增，阅读弗朗茨·法农（Frantz Fanon）的人也明显多了起来。前种族隔离时期的殖民经济结构和二元化的空间结构仍保持完好无损，不平等现象仍无处不在。对此，新政府采取的措施似乎包含两个主要部分。

其中之一是优化旧有结构中不同种族的代表性。除了实施黑人经济赋权法案这一突出例子，还有很多其他法案，以确保拥有实权和高薪的黑人代表在公共行政、大学、专业和企业管理等领域占据一席之地。另一个主要部分是通过针对贫困人群的社会补助和公共资助对结构性不平等进行再分配补偿。这两个主要部分的根源都能追溯到平等主义思想及实践，前者涉及自由主义的机会平等，后者是对社会民主福利原则的应用。然而，上述的经验性证据显然还远远不能改变不平等的现状，甚至有人认为强调优势地位的种族分类代表会带来意想不到的后果，可能会加剧公共服务工具化以及贪污腐败，转移公众注意力和政府力量，使其无法关注精英和平民之间巨大的经济鸿沟。

不平等的产生

作为外人，无论我如何崇尚人类平等，我也没有资格向南非提出政策建议。与之相反，我将结束上述话题，转而提出关于产生不平等和平等的一般观点，或者更准确地说，关于促进平等或减少不平等的观点。

不平等意味着对人权的践踏，破坏每个人享有人格尊严及得到尊重的权利，阻碍他们的自我实现。对于平等，则应从多维度去理解，包括享有营养饮食、健康医疗、尊重、自主以及获取充足资源（例如教育和收入）的平等权利。

平等（或不平等）是通过四种平行机制产生的。从不平等的角度来看，这些机制分别是：疏离——意味着领先、远离、落后；排斥——意味着阻碍他人，最好被视为变量，而非单一、绝对的范畴；等级化和剥削——意味着 A 的地位来源于 B 的贡献和/或从属。相应地，从平等的角度来看，则分别是和解或类似的机制，例如：平权行为或平衡配额、包容、去等级化、再分配以及恢复（见 Therborn 2013：54ff）。

平等（或不平等）的产生过程要从两个层面来看：一个是（社会）整体系统的层面，涉及主要的社会学隐性概念；另一个是心理学家和（一些特殊的）经济学家强调的代际和人际层面（Cunha & Heckman 2009；Heckman & Mosso 2014）。这两个层面都应受到人们的关注。

不平等的系统化产生

与不平等的系统化产生关系最密切的是政治经济体系，这个体系中包括财产关系、资本积累模式、劳动力市场、资本—劳动关系（其中工会的力量和权利十分重要）及管理经济的政治制度（包括财政和社会政策制度、维护公民和劳工权利的意愿和能力，以及宏观调控的政策取向）。

南非拥有非常进步的宪法，对有关种族、宗教、性别的存在平等给出了清晰的阐释，宪法的内容还包括可诉性社会权利、广泛的社会保障以及具有权利和影响力的重要工会等。鉴于近来各种追逐私利、贪污腐败和企业卷入"国家俘获"等丑闻甚嚣尘上，人们对现任政治领导层是否有能力以更加平等的方式治理国家提出严重质疑。然而，整个体系的根本问题在于排斥经济仍然存在。排斥经济在种族隔离之前就已经产生，是移民殖民主义的产物。如今，排斥经济最直接的体现就是失业率。2017 年第一季度失业率为 26%（狭义），不到一半（49%）的劳动年龄人口拥有工作，而排斥性主要表现在黑人身上：仅有五分之二的黑人劳动年龄人口拥有一份工作，而 2/3 的殖民者后代都有工作（Stats SA 2017），达到了经合组织（OECD）的平均就业率。南非经济的排斥性也体现在就业结构中。金融行业从业人员比例占到整个劳动力队伍的 26%，超过制造业和采矿业从业人员比例的总和（25%）。南非人口的三分之一是农村居民，但整个劳动力队伍中仅仅有十分之一的人选择从事农业生产，因此大部分农村地区看起来仍是廉价劳动力的生息之地，绝大多数农村人口仍生活在绝对贫困中（Stats SA 2014：46；UNDP 2014：27ff）。

有一点值得注意，排斥经济还包含了新的空间维度，也就是新的区域，而不仅仅存在于种族隔离时期的"班图斯坦"和其他落后城市。2003 年至 2013 年间，南非三大最富裕省份的经济一直大幅增长，而其他六个省份的经济则不断下滑（OECD 2015：24）。

我的假设是，如果南非不努力推行包容经济，那么它将一直是世界上最不平等的国家。

从人际与代际层面看不平等个体的产生

然而，要想了解不平等为什么会（再）产生，单靠经济学和宏观社会学是远远不够的，我们要从微观角度来分析。微观角度侧重研究通过个体之间的互动和代际互动而产生的不平等个体。这意味着我们要关注成为正常人的两个必经的过程，即能力发展和自我塑造。前者是新不平等经济学研究的一个焦点（Heckmanhe & Mosso 2014），后者是社会心理学的一个经典议题。

能力可视为技能，例如运动、认知、社交方面的技能。能力和技能都具有遗传基因赋予的发展潜力，但技能的实现和发展程度取决于个人与其父母或身边其他人的互动。众所周知，能力发展从胎儿时期起就会受到影响，例如母亲营养不良导致婴儿体重不达标，进而造成婴儿的能力发展迟缓甚至停滞，婴儿长大后也更容易患上心脏病和糖尿病（Risnes et al. 2011）。

最近有生物学研究开始把这种胎儿与母亲互动的机制解释为表观遗传过程。这种表观遗传过程指的是孩子基因表现形式的变化，且这些变化并非源自孩子的基因，而是来自于外部社会因素，例如孕妇营养不良、身处受污染的环境、滥用违禁药物和遭受社会创伤等。研究发现，这些外部因素可能会影响胎儿发育，改变孩子的基因排列（Kaur et al. 2013；Resendiz 等人 2013）。

人非生而平等。不平等是社会的产物，存在于每个人出生之前，造成人们的健康水平和预期寿命各不相同。孩子出生后，能力发展的过程非常迅速，三岁时基本能奠定能力的基础。虽然三岁后也能很好地提升能力，但如果早期发展欠佳，就会形成阻碍，很快会使能力的发展变得日益困难，即使到青春期也难以得到改善（Cunha & Heckman 2009：327ff）。成年后因为能力的差异，不同人会获得不同程度的资源，更何况有人会继承遗产并拥有更好的社会关系，从而获取更多优质资源。

自我塑造是儿童发展的第二个基本面。儿童在与他人社交中塑造自我，反思自己的性格缺陷，并意识到自我的存在以及自身在社会环境中的位置。从存在（不）平等的角度来说，自我塑造最重要的两个方面在于能否顺利形成个体的自尊和自信。种族主义和父权制否定黑人（或其他目标种族）和女童的自尊及自信，并向其灌输耻辱感、自卑感和恐惧感。这些手段不教而诛，虽不能说百分百有效，但通常会对个体及其自我认知烙下长期苦痛的印记。

偏见和羞辱会对上述受害者施加巨大的压力，并因此影响到他们的生理和心理状态（详见 Williams & Mohammed 2009）。偏见和羞辱也会导致他们的表现不能尽如人意。实验心理学表明，无论受试者是男孩或女孩、黑人或白人还是不同阶级的人，假如他们在某个实验中被告知低人一等，他们就会在指定任务中表现不佳；反之，假如告诉他们被人看好，他们则会在任务中发挥出色（Hoff & Pandey 2006；Mass & Cadinu 2003）。

深受贫困、压迫或歧视威胁的人群的子女背负着两大沉重的负担，导致他们中（绝）大多数人表现拙劣。负担之一来自社会因素，例如体弱多病、发育迟缓、情绪安全感和认知刺激的缺失等，这些都会影响能力发展。另一种负担产生于羞耻、羞辱及惶恐不安的经历中，并对自尊和自信以及追求志向造成负面影响。这两种源自童年的负担往往影响终身，让孩子一开始便输在起跑线上（详见 Therborn 2015；见 Schafer et al. 2011）。

家庭是社会与个体之间的纽带，是与自我塑造和能力发展关系最紧密的社会环境，而父母与孩子的关系是孩子成长的核心。将家庭与政治经济学的社会系统联系起来，意味着要对同一时期的不同家庭进行研究，观察这些家庭如何培养出统治阶级或移民殖民者，或是其后代如何成为土著人、农民、奴隶或劳动阶级，并探讨这些家庭如何分别培养出拥有不同未来的后代以及如何塑造出他们的自我和能力。近年来，美国进行的研究和公共讨论凸显了家庭结构和抚育子女的条件日益两极化所带来的严重后果（Murray 2012；Putnam 2015）。

从微观角度研究南非的不平等也让我们开始关注这个国家的儿童及其父母和家庭以及他们的生活和彼此间的互动。即使不是专家学者也能一眼看出，他们的生活条件和社会互动无法促进社会平等，也难以实现能力发展，几乎对创造幸福生活毫无助益。在东开普省和夸祖鲁－纳塔尔省，将近三分之二的儿童生活在绝对贫困（低于官方贫困线的上限）中；在林波波省，四分之三的儿童也是同样的情况。在南非，30% 的儿童生活在没有任何一个成年人拥有工作的家庭中，而在东开普省这个比例接近 50%（见 Delany et al. 2016：111、113）。2012 年，南非有四分之一的三岁儿童发育不良，即身形异常矮小（UNDP 2014：44），而身高是判断是否长期营养不良的有效指标。实际上，发育迟缓可在儿童成长后期得到改善，但如果问题迟迟不解决，就可能给儿童带来精神或身体上的终生残疾，甚至可能导致下一代的发育不良。

2014 年，南非最贫困的 20% 人口中，仅有 17% 的儿童与双亲生活在一起，而在最富裕的 20% 人口中则有 76% 的儿童与父母同住。在西开普省，56% 的儿童与父母一起居住，但在东开普省，与父母同住的儿童比例不到 22%，有三分之一的儿童独自生活。在整个南非，只有三分之一的儿童与父母生活在一起，有五分之一的儿童独自生活（见 Delany et al. 2016：107）。儿童遭受性虐待和家暴的案例频频发生，至少三分之一的儿童遭受过类似的经历，在某些省份甚至有超过一半的儿童曾深受折磨（见 Jamieson et al. 2017：7）。在 18 岁到 49 岁的女性中，18% 的人表示她们在过去 12 个月内曾被伴侣施加过暴力（Stats SA 2016：55）。

这就是种族隔离废除后南非学前儿童的家庭背景。南非民主政府采取了十分积极的教育政策，成功实现了学有所教，甚至针对学前儿童早期发展中心制订了广泛的计划。尽管如此，以国际标准来衡量，取得的成果总体而言仍不尽如人意——南非学生的数学和科学成绩低于比其落后的东非国家，95% 的南非学生成绩低于俄罗斯或韩国学生的平均水平（World Bank 2014：38）。2013 年，教育研究专家尼克·斯波尔（Nic Spaull）和其他专家发现南非学校的教育成绩呈双峰状，最高峰值位于最富裕的四分之一学生中，另一个峰值位于四分之三学生中，次高峰的中心值远远低于最高峰值的中心值，说明其他学生所在的学校教育质量普遍不高。如果我们把南非历史上的白人学校和黑人学校作对比，可以看到更加突出的呈类似模式的双峰状数据。

南非学校不平等的教育质量恰当地反映出南非社会的不平等现状。社会上有家庭暴力，学校里也存在暴力事件。2008 年，一项全国调查显示，南非 16% 的高中学生曾被武力威胁过，27% 的学生感到学校并不安全（UNICEF n. a.：47，见"2008 年医学研究委员会关于青年风险行为的调查"）。

结　语

南非的不平等是世界上少有的，溯其根源，主要是因为：南非经历了移民殖民主义；南非经济结构具有双重性，富人经济和穷人经济并存；南非既有促进人类发展的社会空间，又有压制人类发展的社会空间；南非既保护殖民者后代世袭的稳定核心家庭结构，又因廉价劳动力储备对贫困人口的家庭生活造成破坏；南非既促成征服者的自我塑造和能力发展，也促成被征服者的自我塑造和能力发展。即使国家向一部分幸运儿打开了丰富的赋权和致富渠道，也通过社会补助和服务提供了补偿，这些二元结构仍然有负面影响。南非必须从根源上解决问题，而根源不仅仅存在于政治和经济层面，还存在于个人和心理层面。

参考文献

Cunha F and Heckman J (2009) The Economics and Psychology of Inequality and Human Development. *Journal of the European Economic Association.* 7 (2－3)：320－364.

Delany A, Jehoma S and Lake L (Eds) (2016) *South African Child Gauge* 2016. Accessed 22 July 2017, http：//www. ci. uct. ac. za/ci/child-gauge/2016.

Heckman J and Mosso S (2014) The Economics of Human Development and Social Mobility. *American Review of Economics.* 6：689－733.

Hoff K and Pandey P (2006) Discrimination, Social Inequality, and Durable Inequalities. *American Economic Review.* 96 (2)：206－211.

Jamieson L, Sambu, W and Mathews S (2017) *Out of Harms Way?* Cape Town：Children's Institute.

Kaur P, Shorey LE, Ho E, Dashwood RH and Williams DE (2013) The Epigenome as a Potential Mediator of Cancer Prevention by Dietary Psychochemicals：The Fetus as Target. *Nutrition Review.* 71 (7)：441－447.

Mass A and Cadinu M (2003) Stereotype Threat：When Minorities Underperform. *European Review of Social Psychology.* 14 (1)：243－275.

Milanovic B (2016) *Global Inequality.* Cambridge MA：The Belknap Press.

Murray C (2012) *Coming Apart.* New York：Crown Forum.

OECD (Organisation for Economic Co-operation and Development) (2008) *Growing Unequal?* Paris：OECD.

OECD (2015) *OECD Economic Surveys South Africa*. Paris: OECD.

Ortiz I and Cummins M (2011) *Global Inequality: Beyond the Bottom Billion*. Unicef Social and Economic Policy Working Paper, United Nations Children's Fund, New York.

Putnam R (2015) *Our Kids*. New York: Simon & Schuster.

Resendiz M, Chen Y, Öztürk NC and Zhou FC (2013) Epigenetic Medicine and Fetal Alcohol Spectrum Disorders. *Epigenomics*. 5 (1): 73 – 86.

Risnes K, Vatten LJ, Baker JL, Jameson K, Sovio U, et al. (2011) Birthweight and Mortality in Adulthood: A Systematic Review and Meta-analysis. *International Journal of Epidemiology*. 40: 647 – 661.

Schafer M, Ferraro K and Mostillo S (2011) Children of Misfortune: Early Adversity and Cumulative Inequality in Perceived Life Trajectories. *American Journal of Sociology*. 116 (4): 1053 – 1091.

Spaull N (2013) Poverty & Privilege: Primary School Inequality in South Africa. *International Journal of Educational Development*. 33: 436 – 447.

Stats SA (Statistics South Africa) (2014) *Poverty Trends in South Africa*. Pretoria: Stats SA.

Stats SA (2016) South Africa Demographic and Health Survey. *Key Indicator Report*. Pretoria: Stats SA.

Stats SA (2017) Quarterly Labour Force Survey. *Quarter* 1: 2017. Pretoria: Stats SA.

Therborn G (2013) *The Killing Fields of Inequality*. Cambridge: Polity Press.

Therborn G (2015) Life-curves of Inequality. *Korean Journal of Sociology*. 49 (6): 47 – 61.

UNDP (United Nations Development Programme) (2014) *The Impacts of Social and Economic Inequality on Economic Development in South Africa*. New York: UNDP.

UNDP (2017) *Human Development Report* 2016. New York: UNDP.

UN Habitat (2013) *State of the World's Cities* 2012/2013. London: Routledge.

Unicef (n. a.) *Children's Rights to an Adequate Standard of Living*. Accessed 24 July 2017, https://www.unicef.org/SouthafricaSAF_resources_factschildren.

Williams D and Mohammed S (2009) Discrimination and Racial Disparities in

Health: Evidence and Needed Research. *Journal of Behavioral Medicine*. 32 (1): 1 – 20.

World Bank (2014) *South Africa Economic Update*. Washington DC: World Bank.

World Bank (2016) *World Development Indicators*. Accessed 24 July 2017, http://data. worldbank. org/data-catalog/world-development-indicators.

从非洲大陆背景看南非的贫困与不平等

杰里米·西金斯（Jeremy Seekings）

南非的贫困程度引起了人们极大的关注。鉴于该国的人均国内生产总值情况，我们通过货币收入的标准指标可以计算得出，南非的绝对贫困率长期处于极高的水平，而只有比南非更贫穷的国家才会出现类似的贫困率。分析研究南非的相对贫困率，可以从中了解南非公共政策的前世今生以及这些政策对南非贫困程度的影响：种族隔离制度下的政策加剧了贫困，但民主制度建立后制定的政策又不足以改善贫困。如果一个政策的成果"非同一般"，那么这个政策本身肯定也是"非同寻常"的。显而易见，种族隔离就有别于普通政策，它全面而系统地隔离和歧视有色人种。更令人惊讶的是，种族隔离制度废除后，政府推出的一些减贫政策也"非比寻常"（尽管作用有限），例如南非的社会援助计划，它通过调节税收等手段，将国内生产总值中富人所占的巨大份额进行再分配，将富人的部分收入转移给许多贫困家庭。为研究这些特殊的政策，南非许多研究贫困的优秀学者表现出陷入狭隘的窠臼，但这一点也不奇怪，因为他们只分析南非的贫困率，研究出台的政策会加剧还是改善贫困，却鲜少参考对比其他国家的减贫经验，包括非洲其他国家的经验。

通过分析南非减贫的表现和过程，本文将探讨撒哈拉以南非洲（以下简称"非洲"）的贫困现状和减贫政策。第一节先回顾非洲贫困的趋势和模式。非洲各国的减贫努力因为时期不同而呈现出很大差异，南非也不例外。非洲大部分地区的贫困率一直下降缓慢。同样，在非洲许多地区，经济发展助长了不平等，而并没有减少（绝对）贫困。第二节讨论非洲独立后的"分配制度"，展示各国政府如何出台分配制度，却难以引导经济走上康庄大道，更遑论为低收入和中等收入家庭带去巨大收益。农业生产者一向不受重视，但因为"社会保障"政策，农村和城市地区的贫困人口享受着通过再分配得来的巨大收益，精英阶层则对此怀有不忿甚至是敌意。在非洲大部分地区，如南非，国家在很大程度上决定着各类人群获得收益的方式，而这些方式对于减贫的效果微乎其微。

贫困趋势

1994 年以前，南非从来没有完整收集过有关全国整体贫困的有效数据。南非投入大量资金收集了白人的数据，却没有关注黑人的情况。各种数据来源（包括收入贫困的最佳估计值、预期寿命、婴儿死亡率和定性研究等）都表明 1933 年至 1945 年的繁荣时期以及其后十年里南非贫困率有所下降，但因为 20 世纪 50 年代中期种族隔离制度恶化，贫困率的下降速度减缓。20 世纪 60 年代和 70 年代，最贫困的群体几乎没有享受到经济增长带来的福利。直到 70 年代以后，南非黑人身上的经济限制才逐渐减少至消失，于是有部分黑人的收入逐渐提高，但贫困人口仍然无法享受社会福利，特别是 20 世纪 80 年代南非经济发展停滞不前，他们的境况更为凄惨（Feinstein 2005；Nattrass & Seekings 2011）。1993 年，南非进行了第一次全国收入和支出调查，精确地揭示了南非的贫困程度——比任何其他中等收入经济体（除巴西外）的情况都要糟糕。基于国际极端贫困线的标准（即以 2005 年的物价计算，每人每天生活费为 1.25 美元，并考虑了购买力的跨国差异），1993 年南非的极端贫困率是 24%，远低于非洲整体水平（59%），而非洲的极端贫困率如此之高是因为赞比亚等国的极端贫困率极高（65%）。不过，与拉丁美洲和加勒比地区相比，南非极端贫困率仍然很高。巴西的极端贫困率仅为 17%，也比南非低。哥斯达黎加的极端贫困率也只有 7%。伴随着南非的民主制度化进程，南非的贫困人口似乎仍在增加，直到 2000 年至 2009 年间，极端贫困率才有所下降。总体而言，南非的贫困人口并没有从经济增长中获利（Seekings & Nattrass 2015）。

在南非向民主制过渡后不久，全球"千年发展目标"正式制定，以 1990 年的贫困水平为标准，旨在将全球极端贫困率在 2015 年之前降低一半。大部分国家都取得了巨大的进展。全球生活在极端贫困（即每人每天生活费低于 1.25 美元，考虑了购买力差异）中的人口比例据估计下降了三分之二，从 47% 下降到 14%。尽管人口总数在持续增长，但极端贫困人口数量预计从1990年的将近20亿减少到2015年的不足10亿（UN 2015）。

不过，并非只有南非在减贫方面鲜有成效，非洲其他国家亦是如此。非洲是世界上减贫效果最差的地区，1990年至2015年贫困率降幅不到三分之一。1990年，57%的非洲人口生活在极端收入贫困线以下。据世界银行估算，到2012年，非洲的极端贫困率只会下降至43%（尽管仔细审查后数据可能会再降一点）。非洲极端贫困人口的绝对数量从1990年的2.8亿增加到2012年的3.3亿（见Beegle et al. 2016）。据联合国估算，到2015年，非洲的极端贫困率将进一步下降至41%左右，但这个数值仍然比世界第二贫困地区（即南亚）高两倍以上。这意味着非洲人口占全球极端贫困人口的比重不断上升。1990年，全球七分之一的极端贫困人口居住在非洲，据联合国估算，到2015年，这一比例将超过三分之一（UN 2015）。目前不仅非洲极端贫困人口的绝对数量在增加，而且极端贫困率也很有可能自2015年后开始猛增。

在非洲贫困状况持续恶化的同时，其他地区的贫困现状却在迅速改善，这意味着非洲绝大多数人的收入在世界收入分配中是垫底的。拉克纳和米拉诺维奇（Lakner & Milanovic 2016）根据尼日利亚的"收入十分位数"（每个收入十分位数占国家总人口的十分之一）分别在1988年和2008年全球收入分配的排名来说明这一点。1988年，尼日利亚位于第五个十分位数（平均收入略低于国家平均收入的中位数）的人口的平均收入位于全球收入的第四个十分位数。2008年，同样是位于尼日利亚国内收入的第五个十分位数的人口，其平均收入却位于全球收入十分位数的最后一位。这意味着虽然尼日利亚人的收入在这20年间可能略有上升，但他们的收入增速已经被三分之一的世界人口所赶超。

非洲对于收入贫困的数据收集不够专业，远不能令人满意。这些数据来自家庭调查，通常采用非标准化的方法，调查也并未覆盖整个非洲。事实上，截至2015年，非洲最新的贫困率数据实际来自2012年，即43%，而2015年的贫困数据是基于已知的分配现状和经济增长做出的预测。不过，自从采取了措施来填补缺失数据和纠正非标准测量方法，非洲收入贫困数据的覆盖面和准确度都得到了改善（见Beegle et al. 2016）。现在人们对收入贫困趋势的预测充满信心，其中一个重要的原因就是儿童死亡率等其他指标出现了类似良性的发展趋势。千年发展目标的第四个目标就是把儿童死亡率降低三分之二。1990年至2015年，整个发展中国家的儿童死亡率（即每年每1000名活产婴儿中5岁以下儿童的死亡人数所占比例）下降了一半以上，死亡人数从每1000人中的100人降到了47人。在非洲，儿童死亡率的降速远快于贫困率，降幅约为50%，但2015年非洲的儿童死亡率（死亡人数为86人/1000人）仍远高于世界其他任何地区（UN 2015）。另一个数据来源也证明非洲的贫困率下降缓慢。"非洲晴雨表"（Afrobarometer，一个调查机构）进行的民意调查要求非洲大部分地区的受访者上报"生活贫困"，也就是缺乏食物、清洁用水以及医疗用品等生活必需品。2000年至2009年间的该项调查中没有任何证据表明非洲民众的生活贫困得到了明显改善，但2010年以来的生活贫困率似乎有所下降。不过，尽管贫困率近期有所下降，但在33个非洲国家中，几乎有一半的受访者表示他们在过去一年中经历过食物匮乏的状况。类似数量的受访者还表示经历过与食物短缺相似的清洁用水和医疗服务缺乏的情况（见Mattes et al. 2016）。

2000年至2009年间非洲的经济增长速度之快是前所未有的（尽管仍比不上中国、印度或其他国家），但令人失望的是，1990年至2015年间非洲的减贫速度却十分缓慢。据世界银行估计，非洲贫困的增长弹性仅为 −0.7，而其他地区为 −2.0，意味着非洲每1%的经济增长只能带动0.7%的减贫，而在其他地区每1%的经济增长则可减少2%的贫困（见Bicaba et al. 2015：10，转引自World Bank）。简言之，非洲经济增长并没有为广大非洲民众带来好处，反而加剧了不平等。经济增长疲软的国家（如南非、肯尼亚）在减贫方面表现欠佳，而一些经济快速增长的国家（如埃塞俄比亚、加纳、卢旺达、乌干达）则成功减贫，但也有一些经济发展强劲的国家未能顺利减贫，例如尼日利亚、坦桑尼亚、赞比亚（见Arndt et al. 2016）。造成这种情况的原因之一显而易见。2000年至2009年间，非洲经济增长主要由采矿业推动，但采矿业并非劳动密集型产业。矿产资源匮乏的非洲国家的减贫速度比矿产资源丰富的国家要慢得多（见Arndt et al. 2016）。另外一个原因是，政府本应通过再分配将富人的部分收入转移给穷人，但这样的再分配做得少之又少。

2000年至2009年间，非洲就取代拉丁美洲成为全球收入差距最大的地区。根据拉克纳和米拉诺维奇（2016）的计算，2008年，非洲的基尼系数为0.58，而拉丁美洲则略低于0.53，其他地区是0.45或更低。长期以来，南部非洲的中等收入国家一直是世界上收入分配最不平等的国家，而东非国家正迅速加入这些国家的行列，不平等日益加剧（见 Bicaba et al. 2015）。虽然随着这些地区人均国内生产总值的增加，贫困状况确实出现了改善的趋势，但贫困率仍然居高不下，不仅是在萨赫勒地区的低收入国家，在非洲中等收入国家也是如此，特别是南部非洲的国家。

上述描述凸显了非洲减贫所面临的严峻挑战。可持续发展目标（SDGs）的目标 1 把消除极端贫困的期限定在了 2030 年，当时还有批评人士指责说这样的速度不够快。然而，非洲开发银行（AfDB）的一份报告指出，即使到 2030 年，非洲仍无法消除极端贫困。在非洲，"贫困差距"（即贫困家庭收入与社会总收入贫困线的差距百分比）仍然非常大；1990年的贫困差距估计值为 25%，而到 2010 年才下降到 21%。相比之下，2010 年亚洲的贫困差距只有 3%，拉丁美洲的贫困差距也是 3%（UNECA 2015：4）。非洲各国政府本应通过经济增长或收入再分配来给贫困人口分配更多的资源，但政府并没有这么做，待分配的资源仍盈千累万。

分配制度、经济增长与贫困

公共政策、不平等和贫困之间的关系可以从"分配制度"的角度来考虑（见 Seekings & Nattrass 2005）。公共政策以直接和间接的方式影响着人们的所得。各国政府实行其偏好的发展战略，引导其经济走上特定的"增长道路"或"发展道路"。政策不仅决定经济增长的速度，而且影响经济增长的形式和方向，包括利益的分配。政府还直接通过预算和间接地通过监管（特别是对农业和劳动力市场的监管）进行再分配。"分配制度"包括直接或间接影响分配或再分配的所有政策。

无论是在种族隔离时期还是种族隔离制度废除之后，南非都没有采取总体上有利于穷人的分配制度。南非的分配制度是在系统性的土地征用和种族歧视的基础上形成的。大多数非洲黑人没有土地，在赚取最低生活工资中遭遇着种族歧视，身处贫困之中。到了 20 世纪 70 年代，土地和农业在经济中的重要性有所下降，种族歧视也在逐渐消除。尽管如此，分配制度仍然有利于富人。教育、劳动力市场和产业政策共同将经济引向一条越来越趋向资本密集和技术密集的增长道路，这能确保拥有较高技能的工人和富人（主要是白人）拥有高收入，同时减少对技能较低的工人（主要是黑人）的需求。对提高生产率的不断追求为技能较高的少数群体带来了好处，却在很大程度上将技能较低的工人排除在外（Feinstein 2005；Seekings & Nattrass 2005）。到种族隔离结束时，南非的底层阶级或是全家无一人有工作，或是即使有人有工作，所供职的行业也都是最不重要的部门，如农业、家政和非正式商业，往往只是做兼职或间歇性的工作；许多贫困家庭依赖亲属的汇款或政府发放的养老金，在种族隔离的快结束的那几年政府发放的养老金更多（Seekings & Nattrass 2005）。其后 20 年，穷人在经济上的参与几乎没有变化，尽管亲属汇款有所减少，政府补助金和养老金却大大增加了（Seekings & Nattrass 2015）。

乍一看，过去 50 多年里，非洲其他地区的公共政策和分配制度似乎与南非大相径庭。南非的经济政策更多地侧重于大型正规经济的增长，其基础是大型、完备且受到严格监管的工业部门。大规模且日益机械化的商业农场主导着农业部门。南非政府提高了税收，并将更多的支出用于社会项目，包括社会援助项目。相比之下，非洲其他大部分地区，至少直到最近才开始关注小农农业和初级的工业化。尽管非洲大陆大部分地区受到战争或掠夺性政权的困扰，但在摆脱帝国主义统治后的非洲，发展通常意味着试图挪用小农或农民生产的盈余，为基本公共服务和管理这些服务的公共官僚机构提供资金以及促进适度的工业化，通常是生产在关税壁垒保护下的国内市场的消费品。一些国家效仿南非依靠采矿业谋求发展。博茨瓦纳算是一个最成功的例子了。该国的私营采矿业带来了巨额收入，投资于公共服务、基础设施和经济多元化，所有这些都是在一个明确的非社会主义政党的领导下进行的（Andreasson 2010）。然而，在东部和南部非洲的大部分地区，发展植根于小农农业，并受到小农农业的限制。

非洲各国政府采取了不同的发展战略，但结果大都令人失望。在坦桑尼亚，尼雷尔总统（Julius Nyerere）曾试图通过强制实行乡村化和集体生产来提高农业产量，并将剩余资金用于公共教育、医疗保健和新兴产业，但结果却是灾难性的：农业产量下降，贫困加剧。国家非但没有完成自力更生，反而开始依赖外国援助（Coulson 2013）。即使是肯尼亚，其政府最初鼓励商业自由和企业家精神，尽管有"非洲社会主义"的言论，之后也退化为一种极端的裙带政治和腐败现象（Bates 2005）。到 20 世纪 80 年代，大多数非洲国家都面临着庞大而昂贵的官僚机构和政治裙带网，并且支付这些费用的资源严重不足。在相当大的外部压力下，大多数国家放松了经济政策，明确了扩大生产的目标，并缩减了公共项目，以控制公共开支。在 20 世纪 80 年代，整个非洲的家庭人均支出有所下降，并在 90 年代陷入了停滞（Arndt et al. 2016：8）。

非洲国家的发展经验与东南亚国家的经验形成了对比。20 世纪 60 年代，东南亚人总体上比非洲人穷得多，而到 2005 年，他们几乎比非洲人富裕 2.5 倍（Van Donge et al. 2012：s6）。高速增长的亚洲经济体与增长较慢的非洲经济体的区别首先并不在于前者强调了出口导向型的工业化，而是它们采取了农业和其他农村发展政策，为农民创造了更多收入。东南亚的"绿色革命"要求国家大力支持小农引进水稻新品种和其他作物，并通过化肥补贴和其他投入来支持小农。东南亚各国政府避免通货溢值和独家垄断买方的农业营销，并积极投资于农村基础设施，其结果是农村地区的生产、就业率和收入都提高了。相比之下。在非洲，政府未能促进化肥的使用，还经常限制农民生产作物种类的选择，并向其征税（主要通过半官方营销委员会）（Henley 2012；Van Donge et al. 2012：s6）。

仔细观察就会发现，南非种族隔离时期和后种族隔离时期的国家政策与 20 世纪下半叶非洲大部分国家的政策之间有一些相似之处。在南非，种族隔离时期的政策对农民阶层造成了很大破坏，包括班图斯坦（非洲人定居地）和白人拥有的农场（那里的劳动租赁制和佃农制基本被取消了）（Seekings & Nattrass 2005）。即使在种族隔离结束后，南非政府仍未能推动大规模的土地改革（Cousins & Walker 2015）。非洲其他国家很少对农民采取如此系统性的残忍及无视的行动，但通常会破坏农民的生产。非洲领导人总是将农民视为落后、懒惰、需要管束的群体，而不是充满活力和锐意进取的生产者。

此外，南非和非洲其他国家的政府往往忽视了大多数背井离乡、外出谋生者的需求和能力。种族隔离时期的南非并不是唯一一个通过控制人口涌入来限制城市化的政府：殖民后期非洲其他一些地方采取了直接的外来人口控制（见 Burton 2005），后殖民国家也采取间接措施限制城市化，这加剧了城乡的不平等。更重要的是，非洲政府极少鼓励劳动密集型和出口导向型工业化形式，而这些形式在东亚和东南亚非常重要。即使在南非，虽然政府采取了一系列旨在压低非洲劳动力成本的压制措施，但还是错过了参与 20 世纪六七十年代全球服装和其他劳动密集型制造业蓬勃发展的机会。这些产业的繁荣带动了中国香港、中国台湾、韩国经济的快速增长，后来更促进了中国内地和东南亚的经济发展。无论是在南非还是非洲的其他地方，政府都过于看重自给自足的发展模式，并优先考虑进口替代而不是生产出口。此外，相比于东亚和东南亚，南非和非洲其他国家的劳动力成本较高（Nattrass & Seekings 2019；Seekings 2018a）。造成这一状况的原因尚不完全清楚。有学者（Karshenas 2001）认为与土地的持续可获得性有关，但农民生产的低价值和劳动力的高迁移率证明这一点不大可能。另一个因素是非洲大部分地区对教育的高度重视，很多人认为教育是高薪白领阶层的敲门砖。公共部门的高薪资似乎更加强化了这种观念。

在 21 世纪的第一个十年，经济增长和减少贫困都在加速进展，部分原因是公共政策和分配制度的变化。在此过程中出现了两个广泛的战略，第一个是扩大面向农民生产者以及城镇较低技能工人的激励措施和机会，第二个是增加向特定类别贫困人群的直接现金转移。

东亚和东南亚国家在经济增长和减贫方面的成功影响了一些（但不是大多数）非洲国家的政策和分配制度。南非政府热衷于效仿东亚发展中国家，将其视为国家监管和指导下的工业化典范。不幸的是，南非恰恰吸取了那些错误的经验教训，认为东亚的经验就是要跳跃到资本密集型和技术密集型生产（Seekings 2018a）。非洲其他国家的政府则更有洞察力。在 21 世纪的第一个十年，肯尼亚的技术专家型领导人开始关注马来西亚和新加坡的经验（Fourie 2014），而埃塞俄比亚领导人则将目光转向中国（Fourie 2015）。在这两种情况下，引人注意的是东亚和东南亚各国政府对发展实行的坚决的（有时是威权的）政治控制。无论动机是什么，一些政府似乎已经认识到，成功的工业化需要通过有利于农民的农业和农村发展的政策来扩大农民生产。例如，在印度尼西亚和马来西亚，经济增长和减贫之后才有了出口导向型的工业化（Henley 2012）。在这十年中，埃塞俄比亚、卢旺达和乌干达都在农业生产持续增长的基础上实现了惊人的经济增长和减贫。正如阿恩特等人（Arndt et al. 2016）所言，农业是 21 世纪初非洲经济增长和减贫的驱动力。在战略转变方面，埃塞俄比亚是一个很好的例子。2000 年至 2011 年间，埃塞俄比亚的农业生产翻了一番，在一定程度上反映了埃塞俄比亚政府部署了 45000 名农业技术推广人员的举措（Arndt et al. 2016：26）。

非洲其他一些国家政府选择将其分配制度的重点重新放在小农身上，而不是直接效仿东亚和东南亚的模式。在马拉维，以穆塔里卡总统为首的政府通过其"农场投入补贴方案"（FISP）在化肥补贴和其他投入方面进行了大量投资，一是为了提高产量和改善国家粮食安全，二是为了构建广泛的政治支持，增加连任的机会。该方案似乎实现了这两个目标，不仅大幅促进了生产力，减少了贫困（Pauw et al. 2016），还促成了穆塔里卡2009年的连任及其兄弟2014年的连任。

阿恩特等人（2016）指出，"历史经验强烈表明，农业干预措施如果设计得不好，极有可能浪费大量资源"，但这些国家的案例表明，"重视农业，特别强调提升小农的生产能力的有效政策很有可能带来高回报"。相反，像坦桑尼亚这样的国家，一直无法摆脱贫困的原因恰恰是农业生产率在20世纪60年代至21世纪初的时间里并没有显著增长，尽管有一些正面的宣传。即使坦桑尼亚在21世纪初总体经济增长有所回升，但农业生产增长依旧缓慢，尤其是玉米，收入贫困率也下降缓慢（Kelsall 2013；Pauw & Thurlow 2011）。

一些试图效仿东南亚或东亚发展中国家的政府不仅制定了有利于农民的政策以促进劳动密集型的工业化。在这方面，埃塞俄比亚就是一个最佳的例子。该国农业生产率的提高和劳动密集型的工业化的结果是经济的增长贫困的减少。相比之下，坦桑尼亚的经济增长有时略快于埃塞俄比亚，但减贫进展十分有限（Martins 2013；见Kelsall 2013）。南非的邻国莱索托和斯威士兰，利用美国和欧洲的优惠关税制度，鼓励发展劳动密集型产业，但新增就业的规模却一直很小，且鲜有证据表明这是一个持续的积累过程（Kaplinsky & Morris 2008；Morris et al. 2011）。尽管失业率很高，但南非继续奉行资本和技术密集型的工业和劳动力市场政策，这意味着贫困的增长弹性很低。

像埃塞俄比亚和马拉维这样的国家已经重新审视了其分配制度，并着眼于小农和技能较低的工人的发展。这些国家只是例外，而不代表整个非洲的普遍做法。在这方面，南非的表现乏善可陈。南非的分配制度中与生产和分配有关的部分更有利于技能较高、收入较高的少数群体，几乎完全忽视了农村和城市贫困人口的需求。南非的分配制度对穷人的考虑仅通过再分配和预算来体现，而不是通过经济机遇的分配。南非政府通过"社会工资"的多个方面来支持穷人，即教育、医疗和住房等公共服务补贴，以及向特定类别的穷人提供社会援助（或"现金转移"）（Seekings & Nattrass 2015）。尽管现金转移已经成为解决贫困问题的一种比较流行的机制，特别是在北方国家捐助者和国际机构中（Von Gliszczynski & Leisering 2016），但南非在主要中低收入国家中仍然是个例外，因为它通过社会援助方案重新分配了约 3.5% 的国内生产总值。

在社会保护方面，尽管南非的支出巨大，但它与非洲大部分地区仍有着惊人的相似之处。在 21 世纪的头十年，现金转移方案在许多非洲国家激增（Garcia & Moore 2012）。《直接给穷人发钱》（*Just Gave Money To The Poor*）一书（Hanlon，Barrientos & Hulme 2010）的作者认为，现金转移不仅是立竿见影、减缓贫困的有效机制，也是刺激发展的有效机制。2014年，国际劳工组织（ILO）宣布，社会保护处于发展议程的首要位置："社会保护政策在实现人人享有社会保障的人权、减少贫困和不平等以及通过促进人力资本和生产力、支持内需、促进国民经济结构性转型以促进包容性增长方面发挥关键作用"（ILO 2014：xix）。没有社会保护，不仅穷人的权利无法实现，社会发展也会受到阻碍："缺乏社会保护阻碍了经济和社会发展。社会保护覆盖面的缺失与以下几个方面有关，包括：贫困的长期持续、经济的不稳定、不平等的日益加剧、人力资本和能力投资不足以及经济衰退和缓慢增长时期的总体需求疲弱。"（ILO 2014：xix）国际劳工组织、世界银行和其他国际机构对非洲国家的社会保护一揽子计划成本进行了预算，得出的结论认为，适度宽厚的社会养老金和儿童福利一揽子计划的成本通常约为国内生产总值的 2% 至 3%（见 Seekings 2017）。

在非洲大部分地区，社会保护计划是在早期的抗旱和恢复计划的基础上发展起来的。干旱时有发生，但因干旱死于饥饿的人却越来越少；饥饿死亡的发生越来越多的是由于战争，而非天灾。事实上，抗旱或许是非洲自独立以来在减贫方面做得最成功的一件事。第一个全面应对干旱和饥荒挑战的国家是博茨瓦纳，该国于 1966 年在一场严重的旱灾中赢得了独立。当时，博茨瓦纳新政府与刚刚成立的世界粮食计划署（WFP）一道（以及英国的财政援助），启动了抗旱方案，向特定类别的贫困人口，特别是母亲和儿童以及老年人提供免费粮食，并以劳动力换粮，因此这些穷人能够为公共就业方案提供劳务。在博茨瓦纳，许多家庭即使在不干旱的年份也难以养活自己，因此，抗旱和恢复方案很快成为一项长期的固定方案，增加了老年养恤金、孤儿支助和类似的方案（Seekings 2016）。抗旱方案同样影响了埃塞俄比亚、厄立特里亚和马拉维正在实施的方案，它们成为世界上在社会援助上支出最多的国家（以某些指标衡量）（Weigand & Grosh

2008）。学校供餐方案在非洲大部分地区已非常普遍（Drake et al. 2016）。南非和纳米比亚长期发放老年养恤金，博茨瓦纳、莱索托和斯威士兰分别于1996年、2004年和2005年开始发放老年养恤金。在21世纪的头十年，赞比亚、乌干达和肯尼亚扩大了针对特困家庭的实验性现金转移方案。桑给巴尔于2016年引入了养老金项目。在世界银行和联合国儿童基金会的大力支持下，几乎所有东非和南部非洲国家都向有子女的贫困家庭提供了现金转移资助（Hickey et al. 2018）。南非和毛里求斯开创的扩大社会援助方案的模式已在非洲广泛传播。不过，这一模式在社会保险方案（公共部门的工作人员除外）上却十分薄弱。

在分配方面，社会援助的对象不是小农，而是那些无耕种能力的家庭中的个体，无论这是暂时的（如在干旱时期）还是长期的（如缺乏劳动能力）。现金转移通常流向劳动力缺乏的家庭（如因年龄或残疾导致家中无一人能够工作）以及公共就业方案。因此，政府有时可以选择通过现金转移将稀缺资源分配给特困人群（通常不是农民），或者通过像马拉维的农场投入补贴方案（FISP）向小农分配稀缺资源。捐助者和国际机构通常更倾向于前者，而非洲国家的政府则更倾向于支持后者，并常常抵制捐助者所推行的社会保护计划。例如，在马拉维，农场投入补贴方案作为社会保护的替代方案得到了推广和捍卫，但在该国，现金转移被贴上了施舍的标签，因此精英阶层对此十分敌视，他们也鄙视穷人（Kalebe-Nyamongo & Marquette 2014）。即使在捐助者和国际机构说服政府引入社会保护方案的非洲国家，政府通常也会将此方面的支出限制在捐助者和国际机构原本所主张的一小部分（Seekings 2017）。

最近，关于施舍、依赖、工作尊严和家庭重要性的保守言论在南非再度流行起来，这使南非与非洲其他各国政府和精英阶层的主流言论趋向一致。现金转移方案被人们认为是在干旱（以及亲属支助减少而导致的社会变化）情况下一种无可奈何却又必要的选择。现金转移方案是由国际机构和捐助者推动的，因而有时在推动选举支持方面还具有政治价值，但在很大程度上，政府和精英阶层往往认为穷人（包括贫穷的农民和特困的非农家庭）需要纪律的管束。因此，只有在捐助者的推动下、选举的竞争中或持不同政见者的威胁下，政府才会采取大量现金转移或有利于农民的方案（Hickey et al. 2018；Seekings 2018b）。

结　语

在 20 世纪，几乎整个非洲都处于农业社会。即使在快速工业化的地区，包括南非的威特沃特斯兰德和赞比亚的铜带，工人也经常返回农村，或想着返回农村。南非的特别之处在于，种族隔离制度系统性地摧毁了农民的利益，把一个主要的农业社会转变成了后农业社会。在非洲其他地区，人们通常从工业化和城市化的角度来理解发展，但减贫要求分配制度关注于小农的需求。在南非，20 世纪末和 21 世纪初的贫困问题本可以通过土地的重新分配得到解决，即大规模土地改革和对重建高效农业所需的支持。无论这是否可行，都未曾付诸实践。在非洲其他地区，支持小农是减贫的先决条件。在某些情况下，政府尝试过这种方案，并且取得了成功。但通常情况下，就如同在南非一样，它没有得到充分的实践。随着非洲人口的增加，通过发展农业减贫的范围缩小了。南非长期以来一直面临着后农业社会中减贫的挑战，但又一直在回避该挑战。越来越多的其他非洲国家现在也面临着同样的挑战。

非洲各国政府并没有始终如一地支持小农，反而常常将目光投向工业化，通常采用资本密集型和技术密集型的工业化模式。直到最近，一些国家的政府才开始真正推动劳动密集型产业。为了减少贫困，政府需要通过促进劳动密集型农业和工业就业来扩大对技能较低的劳动力的需求。这对失业率居高不下以及就业不充分的社会来说尤为重要，无论是在城镇还是在农村。南非的高失业率和匮乏的土地使其成为一个极端的例子，但也只是非洲大陆上一个最为极端的例子，因为非洲大陆的去农业化日益加剧，而工业或服务业的就业增长却没有得到补偿。通过扩大社会援助，分配制度可以更加有利于穷人，特别是那些没有土地或没有工作的家庭；但这些方案缺乏精英的有力支持，因此无法取代那些有助于工人提高生产效率的政策，无论是通过农业还是就业。

考虑到南非作为一个中等收入经济体，其绝对收入贫困率或许是极高的，收入不平等也是非常严重的，但贫困和不平等现象在整个非洲都十分普遍。南非贫困和不平等的原因之一是种族隔离制度所产生的种族歧视，但非洲各地的后殖民政府往往忽视农民，近年来也忽视农村和城市的穷人。要转变分配制度使其更有利于穷人，就需要进行改革，这些改革在南非和其他地区大体相同，主要包括：为穷人提供高质量的教育和医疗服务，扩大对农民的激励，推动劳动密集型工业化，实行适当的社会援助计划以及推动经济增长。

注　释

1. 见"世界发展指标"，变量 SL. POV. DDAY。

2. 见 http://www. worldpovertyclock. io。

3. 南非统计局后续的一份报告称，2009 年 45% 的人口处于贫困线以下，当时的标准为每人每月 416 兰特。有 32% 的人口处在粮食贫困线以下，即处于极端贫困（Statistics South Africa 2014）。

参考文献

Andreasson S （2010） Botswana：Paternalism and the Developmental State. In *Africa's Development Impasse：Rethinking the Political Economy of Transformation*. London：Zed.

Arndt C，McKay A and Tarp F （2016） Synthesis：Two Cheers for the African Growth Renaissance （but not Three）. In *Growth and Poverty in sub-Saharan Africa*. Oxford：Oxford University Press and UNU-WIDER.

Bates R （2005） *Beyond the Miracle of the Market：The Political Economy of Agrarian Development in Kenya* （new edition）. Cambridge：Cambridge University Press.

Beegle K，Christiaensen L，Dabalen A and Gaddis I （2016） *Poverty in a Rising Africa*. Washington DC：World Bank.

Bicaba Z，Brixiová Z and Ncube M （2015） *Eliminating Extreme Poverty in Africa：Trends，Policies and the Roles of International Organisations*. Working Paper Series No. 223，African Development Bank.

Burton A （2005） *African underclass：Urbanisation，Crime and Colonial Order in Dar es Salaam.* Oxford: James Currey.

Coulson A (2013) *Tanzania: A Political Economy* (2nd edition). Oxford: Oxford University Press.

Cousins B and Walker C (Eds.) (2015) *Land Divided, Land Restored: Land Reform in South Africa for the 21st Century.* Johannesburg: Jacana.

Drake L, Woolnough A, Burbano C and Bundy D (2016) *Global School Feeding Sourcebook: Lessons from 14 Countries.* London: Imperial College Press.

Feinstein C (2005) *An Economic History of South Africa: Conquest, Discrimination and Development.* Cambridge: Cambridge University Press.

Fourie E (2014) Model Students: Policy Emulation, Modernization and Kenya's Vision 2030. *African Affairs.* 113 (453): 540 – 562.

Fourie E (2015) China's Example for Meles' Ethiopia: When Development "models" Land. *Journal of Modern African Studies.* 53 (3): 289 – 316.

Garcia M and Moore CMT (2012) *The Cash Dividend: The Rise of Cash Transfer Programs in Sub-Saharan Africa.* Washington DC: World Bank.

Hanlon J, Barrientos A and Hulme D (2010) *Just Give Money to the Poor: The Development Revolution from the Global South.* Sterling, VA: Kumarian Press.

Henley D (2012) The Agrarian Roots of Industrial Growth: Rural Development in South-East Asia and Sub-Saharan Africa. *Development Policy Review.* 30, Issue s1: s25 – s47.

Hickey S, Lavers T, Niño-Zarazúa M and Seekings J (2018) *The Negotiated Politics of Social Protection in Sub-Saharan Africa.* UNU-WIDER Working Paper 2018/34. Helsinki: UNU-WIDER.

ILO (International Labour Organization) (2014) *World Social Protection Report 2014/15: Building Economic Recovery, Inclusive Development and Social Justice.* Geneva: International Labour Organization.

Kalebe-Nyamongo C and Marquette H (2014) *Elite Attitudes Towards Cash Transfers and the Poor in Malawi.* DLP Research Paper 30. Birmingham: Developmental Leadership Programme, University of Birmingham.

Kaplinsky R and Morris M (2008) Do the Asian Drivers Undermine Export-oriented Industrialization in SSA? *World Development.* 36 (2): 254 – 273.

Karshenas M (2001) Agriculture and Economic Development in Sub-Saharan Africa and Asia. *Cambridge Journal of Economics.* 25 (3): 315 – 342.

Kelsall T (2013) *Business, Politics, and the State in Africa: Challenging the Orthodoxies on Growth and Transformation.* London: Zed.

Lakner C and Milanovic B (2016) Global Income Distribution: From the fall of the Berlin Wall to the Great Recession. *World Bank Economic Review.* 30 (2): 203 – 232.

Martins P (2013) *Growth, Employment and Poverty in Africa: Tales of Lions and Cheetahs.* Background paper prepared for the World Development Report. Washington DC: World Bank.

Mattes R, Dulani B and Gyimah-Boadi E (2016) Africa's Growth Dividend? Lived Poverty Drops across much of the Continent. *Afrobarometer Policy Paper* 29. Afrobarometer.

Morris M, Staritz C and Barnes J (2011) Value Chain Dynamics, Local Embeddedness, and Upgrading in the Clothing Sectors of Lesotho and Swaziland. *International Journal of Technological Learning, Innovation and Development.* 4 (1 – 3): 96 – 119.

Nattrass N and Seekings J (2011) The Economy and Poverty in the Twentieth Century. In R Ross, A Mager and B Nasson (Eds.) *The Cambridge History of South Africa*, Volume 2: 1885 – 1994. Cambridge: Cambridge University Press.

Nattrass N and Seekings J (2019 forthcoming) *Inclusive Dualism: Labour-intensive Development, Decent Work, and Surplus Labour in Southern Africa.* Oxford: Oxford University Press.

NPC (National Planning Commission) (2012) *The National Development Plan.* Pretoria: The Presidency.

Pauw K, Beck U and Mussa R (2016) Did Rapid Smallholder-led Agricultural Growth Fail to Reduce Rural Poverty? Making Sense of Malawi's Poverty Puzzle. In C Arndt, A McKay and F Tarp (Eds.) *Growth and Poverty in Sub-Saharan Africa.* Oxford: Oxford University Press and UNU-WIDER.

Pauw K and Thurlow J (2011) Agricultural Growth, Poverty, and Nutrition in Tanzania. *Food Policy.* 36 (6): 795 – 804.

Seekings J (2016) *Building a Conservative Welfare State in Botswana.* CSSR

Working Paper 388. Cape Town: Centre for Social Science Research, University of Cape Town.

Seekings J (2017) *"Affordability" and the Political Economy of Social Protection in Contemporary Africa*. UNU-WIDER Working Paper 2017/43. Helsinki: UNU-WIDER.

Seekings J (2018a) The "Developmental" and "Welfare" State in South Africa. In T Halversen, C Tapscott and T Cruz-del Rosario (Eds.) *The Democratic Developmental State: North-South Perspectives*. New York: Columbia University Press and Stuttgart: Ibidem Press with CROP.

Seekings J (2018b forthcoming) The Politics of Welfare in Africa. In N Cheeseman (Ed.) *Oxford Encyclopedia of African Politics*. Oxford: Oxford University Press.

Seekings J and Nattrass N (2005) *Class, Race and Inequality in South Africa*. New Haven: Yale University Press.

Seekings J and Nattrass N (2015) *Policy, Politics and Poverty in South Africa*. London: Palgrave Macmillan.

Statistics South Africa (2014) *Poverty Trends in South Africa: An Examination of Absolute Poverty between 2006 and 2011*. Pretoria: Statistics South Africa.

UN (2015) *The Millennium Development Goals Report*. New York: United Nations.

UNECA (2015) *MDG Report 2015: Lessons Learned in Implementing the MDGs*. Addis Ababa: United Nations Economic Commission for Africa.

Van Donge JK, Henley D and Lewis P (2012) Tracking Development in South-East Asia and Sub-Saharan Africa: The Primacy of Policy. *Development Policy Review*. 30, Issue s1: s5 – s24.

Von Gliszczynski M and Leisering L (2016) Constructing New Global Models of Social Security: How International Organizations Defined the Field of Social Cash Transfers in the 2000s. *Journal of Social Policy*. 45 (2): 325 – 343.

Weigand C and Grosh M (2008) *Levels and Patterns of Safety Net Spending in Developing and Transition Countries*. SP (Social Protection) Discussion Paper No. 0817. Washington DC: World Bank.

南非和争取国际平等的斗争

马克西·舒曼 (Maxi Schoeman)

南非的"复兴议程"是本书的核心主题。在"复兴议程"背景下，祖马总统任期结束后，人们呼吁对南非解决顽固的不平等现象所采取的政策方法进行总结和反思，不仅是在国内背景下反思，还应该考虑全球体系下不平等的表现。全球不平等问题以及南非对解决这一问题所做的承诺从很多方面体现了南非在后种族隔离时代的外交政策。关于这一点，最早的论述是曼德拉1993年在《外交政策》（*Foreign Policy*）杂志上发表的著名文章，他在其中写道，"要实现全球和谐，全球社会就必须寻找消除贫富差距的机制。南非在这方面可以发挥重要作用，因为它处于世界事务的特殊交汇处"（Mandela 1993：89）。也是在该文中，曼德拉明确指出，不平等和贫困也是南非种族隔离的遗留问题，在解决这些问题时必须同时考虑解决全球贫富差距问题。

因此，南非的"新型"外交政策将解决国际和国内的不平等问题，而该外交政策将无法摆脱映射在国际体系结构中的内部分歧的调解任务（Alden & Schoeman 2016：188）。1994年，南非经历了历史性转变；在其后的25年中，可以通过这样一个视角来看待南非的国际参与，即追求更加平等和公平的国际秩序，这种秩序也将解决南非国内的不平等和贫困问题。这一视角的核心是权力的斗争，这种斗争在很多领域通过多边主义和诸边主义展开，是南非参与国际事务的主要外交模式。

本章将探讨、评估和分析南非在何种程度上利用其外交政策来寻求建立一种"新的全球秩序"，以使权力及其衍生出的（有形和无形的）资源能够被（更加）平等和公正地分配。我们不会详细讨论南非如何利用外交政策来解决国内贫困、不平等和社会不公正问题，而是主要关注南非在全球治理体制中的作用。本文重点探讨的问题有两个：第一，南非如何实现其建立"更加美好的世界"的核心外交政策目标；第二，这种理想主义和雄心勃勃的外交政策面临哪些挑战？通过关注这些问题，并利用"地位不平等"和"排斥机制"（见 Therborn 2012）等概念来进行阐释，可以清楚地了解南非以及其他全球南方强国长期以来所面临的棘手挑战，即：第二次世界大战后，国际体系的权力基础深深植根于西方国家的世界观和价值观，在此背景下，如何才能推动国际体系的改变？本文第一节从全球国家体系的层面讨论不平等的概念，以说明南非政府所在的结构背景，这部分内容参考了其他学者（Winkler & Degele 2011：57）的论述。第二节概述并解释南非主要通过全球治理改革来解决国际不平等问题的一些尝试。因篇幅所限，第二节无法全面阐述南非的"全球行动"，因此所选择的行动必须具有代表性。本文结语部分将评估南非的国际贡献，并说明南非在解决全球不平等、不公平和不公正问题中面临的障碍和挑战。

南非国际交往的演变可大致分为三个时期，这三个时期构成了本文的潜在脉络，大致但不完全与三位总统的任期相吻合：1994 年至 1999 年的曼德拉时期，1999 年至 2007 年的姆贝基时期，以及 2007 年后至 2017 年12 月的祖马时期。简言之，曼德拉领导下的外交政策的特点是：南非重返国际舞台，并致力于多边主义（通过国际合作解决整个全球议程中存在的国际问题）。姆贝基奉行的外交政策受到不少批评，尽管它仍然侧重于与北方国家的合作，但在全球体制、规范和实践改革方面的表现却越来越令人失望。对于姆贝基而言，"数百万非洲人口都处于不发达状态，解决这一问题的关键并不在于市场"（Mbeki 2003）。祖马执政时期则表现出倾向于南方国家的外交政策方向，与"金砖国家"（巴西、俄罗斯、印度、中国、南非）的关系构成了其外交政策的基石，与全球机构（北方国家主导的）的关系也出现了更为彻底的分离。南非曾打算在 2015 年巴希尔事件后退出《国际刑事法院罗马规约》，这可能是其改变外交政策方向的最明显体现，也同时表明，曼德拉关于使南非在全球机构内倡导全球改革的主张（"特殊交汇处"）后来已经完全被放弃了。继姆贝基的"非洲复兴"政策后，祖马特别强调了"非洲议程"，并不断在国际论坛（例如 20 国集团和金砖国家）上将南非塑造成非洲大陆的"代表"[2]，并且在这些论坛中，南非曾经且一直都是唯一的非洲成员。

全球国家体系核心的不平等

越来越多人将国家视为国际社会等级体系中社会实体（Towns &
Rumelili 2017：2、5）。各个国家在这些等级体系中的地位很大程度上决定
了其利用外部环境影响力来实现自身目标的能力（也即外交政策的目的）。
这种等级的确定与权力和不平等有关：等级最高的国家是最强大的国家，
其权力不仅取决于有形资源（例如经济体量、人口、军事力量以及以自由
主义经济标准衡量的发展水平），更取决于其决定全球议程并普及自身规
范的能力（这些能力主要源于资源，但也源于资本主义增长和扩张的特定
历史轨迹）。希尔（Hill 2016：191 - 192）指出，"'国家等级制度'的强
烈压迫是自上而下的，很难推翻这种秩序原则。这个体系拥有一种隐含的
压迫秩序和一系列的统治原则，导致那些不支持该制度的国家感到挫败，
并受到这种制度的剥削"。

本文提到的等级和等级化（参见 Therborn 2012）常见于国家内部，是
导致不平等的原因，也是不平等的产物，同时又是反思不平等和不公正现
象的有效概念，因为它们不断提醒我们：富有者与贫穷者之间没有"脱
钩"关系（无论是国家、社会、人口、阶级还是种族群体）。相反，富有
者在很大程度上依靠贫穷者来保持领先和掌权地位，也使得产生不平等的
其他方式成为可能，即疏离、隔离和剥削（Therborn 2012：580 - 581）。李
斯（Lees 2012：210）指出，国际关系中的等级化是一个过程，在此过程
中，"等级的产生基于主体间地位、对政治权力场的影响和对重要社会资
源的有效控制，它造成有组织的社会性不平等"，而这种不平等仍然是当
代国际关系最突出的特征之一。根据李斯（2012：210）的说法，这是
"人类社会中有组织的社会性不平等的主要形式之一"。鲁杰（Ruggie
1986：135 - 136）认为，不平等通常被视为一种"表面"现象，由各个国
家的特征和相对能力差异所致，但实际上，不平等现象是构成和塑造国际
关系深层结构的组成部分。

这种不平等的国家体系以各种各样的方式表现出来，并植根于一种特
殊的权力结构。巴奈特和杜瓦尔（Barnett & Duvall 2005：46）认为，这种
权力结构借以发挥作用的社会关系"在行为者的社会或主体地位形成之前

就已存在，并把行为者塑造成社会行为者"。在联合国系统内，这种不平等体系通过安全理事会得以制度化：安理会的五个常任理事国（"五常"）具有重要的历史影响力（时间本身就强化了实践、习俗、规范）；这些国家是体系的设计者，拥有否决权，包括否决任何企图挑战其作为安理会常任理事国地位的议案。在世界银行、国际货币基金组织（IMF）等国际金融机构（IFIs）中，成员资格与按比例缴纳会费和投票权重挂钩，从而提高了富裕国家（美国和欧盟）的权力，使其有权决定该机构的政策和实践，更重要的是，它们由此有权决定这些机构的思想和基本理念[3]。对这些全球机构进行改革的尝试（实际上是试图重新分配权力以建立更公平的国际体系的尝试）在很大程度上是无效的，以下两个事件即可为证：意欲对安理会进行改革的诸多国际努力遭到各常任理事国强烈抵制；长期以来，国际金融机构改革仅取得了"微小的胜利"，只带来了表面变化（见 Guven 2017；Scott 2017）。

布鲁克斯和赫林纳（Brooks & Helleiner 2017）在对 2008 年全球金融危机后主权债务重组机制改革尝试的分析中，对这一"微小的胜利"进行了概述。在政府债务重组的体制安排显现出不可持续性（主要是发展中国家面临的问题）之后，旨在改革特别提款权的国际倡议之一是七十七国集团（G77）和中国的呼吁建立"主权债务重组的多边法律框架"（UNGA 2014），当时南非作为该集团主席推动了这一努力。最终，G77 不得不妥协，建立了一些不具约束力的原则，这些原则几乎没有任何作用。布鲁克斯和赫林纳（Brooks & Helleiner 2017：1102、1105）指出，这一举措和其他举措失败的原因是美国和英国这两个最重要的主权债务市场拒绝支持七十七国集团和中国的决议，因为"尽管关于全球经济治理中的权力转移有很多讨论，但主权债务重组机制的结果仍在很大程度上受到美国和欧洲主要国家偏好的影响，因为后者在该领域的持久权力有着强大的体制和结构基础"。

实力较弱的国家在挑战制度化的国际不平等方面的努力往往看起来似乎是成功的，但其结果恰恰又进一步巩固了那些强国的力量、利益和思想。以下两个例子足以证明这一点。第一个例子来自斯科特（Scott 2017）：在世贸组织多哈回合中，发展中国家拒绝接受发达国家对农业贸易自由化的要求，这导致了 2015 年内罗毕部长级会议上多边方案遭拒（这一方案将所有成员包括在内，允许通过"协议"获得任何利益），取而代之的是诸边主义方案，只允许组织中某些成员之间达成协议，结果"最强大的国家制定了议程，而大多数发展中国家则被抛在后面"（Scott 2017：1168）。第二个例子来自马佐尔（Mazower 2012）：20世纪70年代初，发展中国家呼吁建立国际经济新秩序，但在此过程中它们的呼声被篡改、操纵并最终导致一个新的"无管制的市场和无休止的金融化"的秩序，该秩序把发展与安全结合起来，共同确保发展的最终目标是"为致力于发展的人（无论是美国人还是欧洲人）创造一个更安全的世界"（Mazower 2012：373）。南非等新兴大国往往一厢情愿地期待能在"体制顶层"谋得一席之地，以大力促进构建一个更加公平公正的国际社会。但布鲁克斯和赫林纳在上文中提到的北方国家在制定全球议程方面的持久权力是对此种期望的一个重要打击，也说明瑟伯恩关于不平等产生机制的理论在很大程度上也适用于作为社会实体的国家。

以上对国际体系中不平等现象的简短讨论旨在为在下一节对南非的反思做好铺垫。用已故的阿尔弗雷德·恩佐（Alfred Nzo）的话说，自1994年以来，南非渴望创造"更加公平的国际秩序"，"对多边机构的改革与革新仍然是我们的优先事项之一"（引自 Nel et al. 2001：13）。

全球行动

回到曼德拉在1993年发表的关于南非后种族隔离时代外交政策的文章，显然，他很好地认识到了南非国内和国际现实之间的联系：建设南非，就必须改变国际环境，这也是因为他不仅了解国际条件在促进南非恢复和重建方面的重要性，还对公正和公平的国际秩序作出了历史性的承诺。不太明确的是对改革局限性的理解，或许是把改革与转型混为一谈的某种不太成熟的想法：南非所认为的"改革"，实际上将涉及国际体系的大规模转变，可能威胁到北方国家的权力基础，特别是美国作为后"冷战"时代的超级大国的权力基础。用外交政策术语来说，曼德拉不仅区分了沃尔福斯（Wolfers 1962：23）所称的"占有性"和"环境"目标[4]，还明确认识到了二者的联系，并认识到这样一个事实——"自我利益确实可以演变为普遍原则"。该事实是"对外人的道德责任"以及"建立具有约束力的关系"的基础（Hill 2016：312）。早在伊万斯（Gareth Evans

2008）基于实际决策制定提出"良好国际公民素养"概念之前，1994 年，南非就准备好了对国内和国外建设进行改革，用一个后来广受南非外交部门青睐的口号来说，就是"一个更好的南非，一个更好的非洲，一个更好的世界"（Allison 2015）。

曼德拉和姆贝基早期取得过惊人成就，南非在消除全球不平等和全球国家等级制度中根深蒂固的不公正现象所做的努力，在很大程度上是通过促进达成新的国际规范和有利于和平、安全与发展规则而完成的，或是以领导角色参与促进南方国家或南方国家主导的机构发展。南非最早的一次成功是在 1995 年重新谈判《核不扩散条约》（NPT）期间促成了一项协议的达成，尽管当时传统的核武国家与无核国家之间已陷入僵局（详细讨论参见 Masiza & Landsberg 1996）。南非自愿放弃其核武能力，并在 1996 年《佩林达巴条约》的谈判中发挥了重要作用，该条约宣布非洲为无核武器区。对于南非来说，《核不扩散条约》有（且一直具有）固有的歧视性，尤其体现在有核武器国家不遵守该条约的条款（Minty 2007）。1995 年，南非在维也纳娴熟地发挥了外交作用，取得了一些成功：不顾美国的反对，在全球范围内禁止使用杀伤人员地雷运动（即 1996—1997 年的"渥太华进程"）中发挥了作用（详细讨论参见 Nel et al. 2001）；支持 20 世纪 90 年代后期的全球债务减免运动；大力支持全球贸易制度改革，以便同时建立南方国家团结协会，代表发展中国家与北方国家进行交流（详细讨论参见 Taylor 2001）。

1995 年，尼日利亚奥格尼活动家肯·萨罗－维瓦揭露了荷兰皇家壳牌石油公司在尼当地造成的严重生态破坏，却被尼日利亚政府处决。在当年于新西兰举行的英联邦首脑会议上，南非呼吁对尼日利亚进行制裁，但这次人权尝试以失败告终，南非感到十分沮丧（详细讨论参见 Van Aardt 1996）。曼德拉在 20 世纪 90 年代中后期东帝汶问题上发挥了作用，并在 1998 年为调停扎伊尔时任总统蒙博托及其对手卡比拉之间的争端做出了努力，尽管其动机是出于促进人权和民主制度的原则立场，但是也没有取得成功（参见 Taylor 2001）。不过，更重要的是，南非从曼德拉时代吸取了一个非常实际的教训：要通过多边主义实现其目标，而不能"单枪匹马"地解决人权领域中的敏感问题。多边主义是中等强国在涉及环境目标的外交关系中首选的外交模式，但由于其本质是建立在寻找"最小公倍数"的基础上依靠共识来实现变革，因而其作为一种外交政策行为模式的效果往往不尽人意。

作为在国际上促进人权多边努力的一分子，南非在 20 世纪 90 年代后期《罗马规约》的制定中发挥了领导作用，为 2001 年 7 月国际刑事法院（ICC）的建立以及 2006 年 3 月联合国人权理事会的成立开辟了道路。类似地，2005 年，在南非的支持和倡导下，"保护责任"（R2P）得以成为一项防止灭绝种族罪、战争罪和危害人类罪的全球政治承诺，得到联合国世界首脑会议所有成员的赞同。重要的是，保护责任原则是一个罕见的准则"向上"演变的早期实例，因为保护责任的概念实质上是为国际关系中不干涉国家内政的核心原则创造了例外。不干涉国家内政的国际原则首次正式表述见于 2000 年《非洲联盟组织法》第 4（h）条。同样，南非也在《非洲联盟组织法》的制定中发挥了主导作用（见 Africa & Pretorius 2012；Smith 2016）。

姆贝基的外交政策以"非洲复兴"为基础，在精神上与曼德拉"南非无法逃脱其非洲命运"的论断和有关"非洲大陆边缘化"（尤其是经济方面）的提法相呼应（Mbeki 1993：89）。姆贝基的目的是改革全球治理体系，以应对非洲大陆的边缘化并促进非洲的发展，但对于姆贝基而言，这种改革不仅涉及解决全球种族隔离问题的社会经济努力（即减少贫困），而且至关重要的是，在（全球）决策层面将南非纳入其中。[5]2000 年，姆贝基、尼日利亚总统奥巴桑乔、阿尔及利亚总统布特弗利卡受邀参加了在日本冲绳举行的八国集团（G8）首脑会议，他们为债台高筑的南方国家辩护，呼吁债务减免。两年后，八国集团在卡纳纳斯基斯峰会上通过了《非洲行动计划》，以支持"非洲发展新伙伴关系"（NEPAD），姆贝基再次发挥了领导作用（Schoeman 2015）。到 2007 年，八国集团与几个南方国家（即所谓的外展五国"O5"：巴西、印度、中国、南非、墨西哥）领导人之间的互动已成为例行程序，被称为"海利根达姆进程"（Shaw et al. 2009：29），但该倡议的基础是八国集团"加上"其他国家，而非其他国家"加入"八国集团。姆贝基认为这样的倡议是不能接受的。有人引用姆贝基的话说 O5 国家"仅被邀请去品尝甜点，无缘享用正餐"（Heine 2010：1）。最终，八国集团将二十国集团（G20）从财长会议"升级"为国家领导人峰会，而南非是这个极具影响力的高端"非正式"诸边组织的唯一非洲国家成员（详细讨论参见 Cooper & Thakur 2013：19 – 32）。尽管人们的关注重点通常是南非在"正式"或"非正式"全球治理机构中的作用，例如在努力解决贫困、不发达、和平与安全问题等方面，但重点应该是南非参与的行动都是基于对平等的郑重承诺：这不仅关系到南非通过谈判和改革可以取得的实际成果，而且也关系到南非如何成为实际议程设置和决策的一部分：参与"正餐"，并使这些论坛更具代表性。

南非为建设更加美好的世界做出了许多努力，这里还要提及另外两个例子。1996 年联合国贸发会议在南非举行第九届贸发大会（UNCTAD Ⅸ），南非工贸部长当选大会主席，这是南非涉足全球首脑会议的初期尝试，此次尝试充分体现了南非参与国际活动的三个不变的主题，那就是：第一，不断要求重组国际组织；第二，坚持将南方国家纳入全球治理活动；第三，引入"伙伴关系"的概念，即发达国家与发展中国家之间以及发展中国家之间的合作（Alden & Schoeman 2016：194；Carim 1996）。南非于2007—2008 年和 2011—2012 年两次担任联合国安理会成员国，第二个例子与此有关。尽管这两个任期都有很大争议，但重点是，在南非开始其任期时，其中一个优先事项是加强安理会与非盟和平与安全理事会之间的战略合作，以《联合国宪章》关于促进联合国与区域组织之间关系的第八章为"媒介"，以促进在处理非洲和平与安全事务方面建立更有效的关系（Brand South Africa 2013）。在评价南非作为安理会成员国的做法时，人们经常会忽略这一点：南非一方面致力于通过谈判提高非洲大陆和平与安全制度的效率；另一方面仍坚持促进国际法治的原则，并确保了这一领域若干决定和决议的通过。

在争取获得高级别政治场合充分认可的同时，南非三位总统任期内都表现出对全球领导力核心要求的敏锐意识。全球领导力意即接受并承担提供全球公共产品的责任，而全球公共产品指能够服务于人类共同利益的商品、服务和资源（Thalwitz 2000），包括维护国际金融稳定、减缓气候变化、控制疾病、促进人类健康及全球和平与安全（Sandler 2001）。南非是多个国际组织的主席国，担任多次全球峰会的东道主，在将非洲统一组织（OAU）改革为非盟方面扮演了重要角色，并在任联合国安理会成员国的两个任期内（2007—2008 年和 2011—2012 年）发挥领导作用，所有这些举措都表明南非十分渴望并已做好充分准备加入全球决策。姆贝基和祖马抓住每次机会呼吁进行全球治理改革，建立一个更公平的国际体系。

然而，南非的呼声弱小，改革进展缓慢，五个常任理事国（特别是美国、法国、英国）继续主导和操纵着安理会，导致南非对安理会的疑虑不断累积，逐渐打消了改革的幻想。阿富汗战争、伊拉克的战争、允许入侵利比亚的第 1973（2011）号决议，以及其他一系列在南非看来并不适合列入安全理事会议程的事务（见 Habib 2009），这些都使南非日益认识到安理会改革的进程将是缓慢的，改革成功的希望渺茫。安理会（及其他全球机构）结构中存在固有的不平等，全球不平等日益严重，西方强国仍为其自身利益以 19 世纪末和柏林会议类似的手段瓜分势力范围、肆意打压弱国，这些现象都让南非认为国际体系改革几乎不可能实现，给南非带来了深深的挫败感和不满，并使南非日益转向"双层博弈"：一方面继续（并重申）支持联合国，但一方面也开始探索其他领域的（潜在）行动，以解决南非眼中的紧迫的全球问题和关切，特别是发展、融资、减贫。

南非寻求全球平等的替代模式和渠道的动力与其所了解和接触的安理会西方"三常"（即所谓的"P3"：美、英、法）的做法有很大关系，姆贝基将其称为"双重说辞"。姆贝基在回忆他任总统期间的外交经历时讲到了一个这样的实例，他引述基辛格的话说：

> 从里根就职时起，（他和他的顾问）同时追求两个目标（在地缘政治影响和战略军备方面超越苏联）。角色转换的意识形态工具是人权问题。……里根和他的顾问们进一步将人权视为推翻共产主义和使苏联民主化的工具。（Mbeki 2016a）

至少对于姆贝基而言，当然也对于其他决策者和官员在内，这样的评论使人们日渐认清全球决策机构在被那些有权力的人利用和滥用，仅仅是出于对他们自己国家利益的考虑。几个月后，姆贝基从伊拉克战争（2003年）和利比亚入侵（2011 年）切入分析了国际体系中的权力问题。他讲述了安理会"三常"如何使非盟边缘化，并提升了阿拉伯联盟作为首选伙伴的地位，得出以下结论：

> 因此，广大非洲领导人必须……了解这场战争一直在捍卫（自决）权利，并确保所有国家在国际事务秩序中的平等地位和对国际法治的尊重。（Mbeki 2016b）

姆贝基试图通过争取西方国家对非洲发展新伙伴计划（NEPAD）的支

持来对抗非洲的边缘化。2003 年，八国集团峰会在法国埃维昂举行。期间，姆贝基与巴西总统和印度总理共同决定建立 IBSA（印度、巴西、南非三国的英文首字母缩写）对话论坛，旨在促进全球南方国家利益，更具体地说，要"按照绝大多数人期望和需要的方式重组世界"（Stuenkel 2015：1）。2010 年，南非受邀加入专门面向南方国家的国际机制"金砖四国"（南非加入后为"金砖国家"），其成员国有巴西、俄罗斯、印度、中国、南非。外界已有大量文章介绍金砖国家，此处不再赘述。[6]

在这里提及金砖国家是因为它不仅是南非祖马总统时期外交政策的核心，还表明了南非正在建立替代机构和制度的努力。金砖国家开发银行（BRICS Development Bank）就是此类替代机构之一。该银行将致力于为新兴市场国家的基础设施发展提供资金，以当地货币提供贷款，通过应急储备协议来防范全球流动性压力，而此前，这些功能传统上都是由世界银行和国际货币基金组织提供的（Templeton 2014）。接受采访的专家认为，金砖国家银行将设定比世界银行和国际货币基金组织更为宽松的条件，寻求弱化西方对全球金融的控制的方法，并提供与世界银行和国际货币基金组织抗衡的潜在力量。金砖国家银行的重要性首先体现在它对现状的潜在挑战，即过去几十年来为改革传统的国际金融机构而进行的游说之后，终于产生了这一切实可行的南方国家主导的替代选择。同时，设立金砖国家开发银行的决定一方面表明金砖国家对自己推动南方国家利益的能力抱有相当大的信心；另一方面也表明它们对"主流"机构内部改革的失败感到沮丧。

在祖马的领导下，与全球机构和体制脱钩的战略转变更加明显，并超越了前述"双层博弈"。2010 年南非受邀加入"金砖国家"，即是对这一转变的一种解释，由此转向更加明确的反北方外交政策取向（而姆贝基主张南方国家立场）。在南非决策者眼中，加入金砖国家带来了这样的机会：减少南非对北方国家贸易和投资的依赖，在一些增长最快的经济体（如中国、印度）中开辟新的可能性，与全球政治关键国家（如中国、俄罗斯）建立政治团结。可以说，转折点是 2011 年的利比亚危机，当时南非屈服于来自美国的巨大压力：美国要求其投票赞成安全理事会第 1973 号决议（而同为金砖国家的俄罗斯和中国以及德国等安理会其他非常任理事国投了弃权票）。南非最初对这个决议是支持的，南非国际关系与合作部于 2011 年 3 月 18 日宣布"南非欢迎并支持……关于利比亚禁飞区的决议"

（DIRCO 2011），而随着南非国内和整个非洲地区的反对呼声越来越大，加之北约滥用该决议证明其发动空袭的合理性并鼓励逮捕和处死卡扎菲，南非迅速改变了立场。对南非而言，不论是针对该决议的投票后果和消极影响，还是后来的事实所展示的对利比亚原本运作良好的政府的破坏，都不过是再次证明——用南非时任外长恩科阿纳 - 马沙巴内的话来说——"联合国无法遏制强国的单方面行动"（Government of South Africa 2017）。同时，她强调，联合国仍然是主要的多边机构和全球治理中心，南非仍然致力于推进改革议程，使联合国更具代表性。

不过，后来的实际情况是，利比亚瓦解之后，看到安理会"三常"的虚伪、对国际问题的选择性处理以及利用手中的权力强行通过决定或以特殊方式将一些问题纳入安理会议程等等行径，南非的态度开始强硬起来。2015 年 6 月，根据《罗马规约》的要求，南非拒绝逮捕在该国出席非盟峰会的苏丹总统巴希尔，随后，南非宣布退出国际刑事法院。时任非盟委员会主席的德拉米尼·祖马（Dlamini-Zuma）表示愿意将非洲人权与民族权法院作为"审判侵犯人权行为的领导人"的机制，并引述 2016 年对乍得前总统哈布雷的审判和定罪，认为可将其视为该机制的一个实例（Gallens 2016）[7]。无论该决定是否合法、是否符合程序，退出国际刑事法庭的决定根本上意味着南非彻底对国际体系失去了信心，因为有些国家滥用自己的权力，为实现本国利益操纵国际机构，肆意惩罚反对或批评它们的国家（见 Towns & Rumelili 2017；另见 Ngari 2017）。

南非贡献于建设更美好世界的最后一个例子是其致力于向南方国家（特别是非洲国家）提供发展援助的承诺。乍看之下，这似乎与建立一个更加公平的世界没有直接关系，但是回到瑟伯恩的存在性不平等概念（Therborn 2012：8），应该注意到他的评论："当存在性不平等的背后不再是强烈的差异规范和明显的资源不平等时，对不平等的反应往往是爆炸性的。"同样，我们需要从"国家主义者"的角度来理解瑟伯恩的观点，因为国家被认为是社会实体，具有能动性。对南非而言，效仿大国行为，为建设更美好的世界做出切实贡献并成为"良好国际公民"的责任是一种产生平等的机制，更具体地说是一种以包容和去等级化为形式的机制。南非对国际发展援助的贡献超过了其国内生产总值的 0.7%，这一指标是联合国官方设定的目标（Alden & Le Pere 2010），而北方国家几乎没有一个国家达到这一水平（除斯堪的纳维亚各国和荷兰外）。实际上，考虑到南非的经济规模，这当然不是一个很大的数字，但南非对其他国家的援助和贡献的重要意义在于其整个过程中所涉及的创新以及背后的基本原则和思想（Vickers 2012：547－550）。

Vickers 评论说："南非的援助议程反映了一种根深蒂固的国际主义承诺。"这种承诺源于南非对南部非洲地区以及在反对种族隔离斗争中表现出团结一致的其他非洲国家和发展中国家（特别是 20 世纪 80 年代遭到种族隔离政府破坏的南部非洲国家）所欠的道义债务（Vickers 2012：547；另见 Mandela 1993：90）。此外，南非正在推动一种新的发展援助形式，即在"相互联系和相互依存"的原则基础上建立发展伙伴关系（DIRCO 2012：2），并要求发展中国家和发达国家在援助、贸易、安全和政治领域进行合作，以促进发展中国家的经济和社会福祉。

结语：挑战与障碍；教训与调整

上述关于南非试图改变全球权力平衡的讨论得出了一些结论，这些结论是关于非"核心"（或处于统治阶层顶端）国家是否可以利用其机制来独立或共同应对不平等。

首先，将曼德拉（Mandela 1993）及南非外交政策文件中阐明的南非对促进以规则和权利为基础的国际体系的承诺局限于第一代人权（即公民权利和政治权利）是错误的。本文认为，这种狭义的解读恰好解释了南非外交政策为什么会饱受诟病且未能达到预期目标。[8]对于非国大政府而言，人权包括第三代和第四代权利（即社会经济权利），特别是在国际上促进人权方面，或许反映出南非日益明显的南方取向以及中国对南非在认知国际环境过程中的影响——在主权这一核心国际原则下的群体权利已经成为南非权利承诺的焦点。南非决策者在某种程度上已经把群体权利和国家主权混为一谈，认为美国和一些欧洲国家的干涉主义政策是对主权国家（伊拉克、阿富汗、叙利亚、利比亚、津巴布韦、苏丹、伊朗等）的攻击，对公民或这些国家的权利、安全和生存产生了可怕的影响。从这一角度来看，与一些南方国家政府（同样是叙利亚、津巴布韦、苏丹、伊朗）对其人民人权的侵犯相比，北方国家所犯下的罪行有过之而无不及。然而，按照北方国家的说法，正是因为在那些南方国家出现了侵犯人权的行为，北方国家才对其采取了"政权更迭"干预或其他形式的制裁措施。

这种做法再次提醒人们注意各国对威斯特伐利亚国家体系中至少一项核心原则的坚定承诺：主权和不干涉国际体系成员国内政的规则。从南非的角度来看，大国对"保护责任"等国际规范的操纵导致了国际社会从早期试图通过超国家治理安排来削弱国家主权的努力，转向近乎新威斯特伐利亚式的强化主权原则，使其成为一种保护强国主权不受干涉的形式。它还揭示了许多发展中国家政治精英的一种信念特征，即"国家"是要保护的终极价值，而所有其他社会价值（财富创造、安全、保护、自由和独立）都受制于并取决于国家行使内部主权而不受外部干涉的能力。

其次，南非对全球机构改革的承诺超越了其对促进人权（不论是哪一代人权被考虑在内）的承诺，同时也是对改造一个被认为会制造和再现大规模不公正、不平等和人类苦难的国际制度的承诺。然而，重要的是，随着时间的推移，南非在国内外进行改革的努力未能成功，南非与国际社会互动的方式也发生了变化。这一点首先通过姆贝基 1998 年关于"两个民族的国家"的思想得到了南非国内人士的广泛关注（DIRCO 1998）。他宣称，南非是"一个由两个民族组成的国家"：一个是白人社会，"相对繁荣"；另一个"更大的社会"是黑人社会，贫穷落后。在这段时间里，他对他所称的"全球种族隔离"以及不平等和不公正的持续存在感到沮丧，他认为，关于种族歧视的问题也在加剧（Bond 2004）。姆贝基的立场，至少就他对全球种族隔离的观点而言，[9]使我们回想起早些时候将国家看作社会实体的观点，即在国际论坛上，国家是被决策精英所"体现"或代表着的，至少从这个意义上来说，国家也像民族和个人一样，拥有被认同的需要。

对认同、尊重、尊严和真实性的需要往往被视为个人或团体的固有需求，或者说，在某种程度上，人们在讨论中将"国际"作为一个大的超越国界的阶层，没有考虑到世界作为一个由不同国家组成的政治体系实际意味着什么。如果把国家看作社会实体，就是把国家看作以政治方式组织起来的实体，它不仅体现了统治者和被统治者之间的国内政治契约，而且，在本文视角下，国家还是一个与国际体系相互作用的实体。这个国际体系也有自己的"社会契约"，这些"社会契约"已经延续了几个世纪，产生了一定的价值观和规范，但至关重要的是，在它们的等级制度中，也存在着明显的差别和不公平的"定位"。这并不是把国家拟人化。相反，正如温特（Wendt 2004：289）所指出的那样，国家人格是一种"有用的虚构……有其他目的……国家人格实质上是塑造它的那些个人的行为和话语。"查尔斯·泰勒在其《承认的政治》一文中谈到了南非在与强国关系中所面临的两难困境的核心，"我们是由承认构成的"（Taylor 1992：64），并且"不承认或误认可能造成伤害，可以是一种压迫形式，把人囚禁在一种虚假的、扭曲的、简化的存在模式中"（Taylor，1992：25）。泰勒（Taylor 1992：65）援引法农（Fanon）的思想来讨论对被殖民者（这里指的是团体，也就是政治上组成国家的社会）造成的损害的想法：法农认为，殖民者的主要武器是"强加给被殖民者的形象"，而法农的自由（从强加的形象中摆脱出来）是"清除这些贬低自我的形象"。泰勒（1992：26）认为，"适当的认可……是人类的一项至关重要的需求"，这让人想起瑟伯恩提到的"存在性不平等"，即否认平等的认可和尊重（Therborn 2012：580）。

对南非而言，特别是在姆贝基的领导下，以及在祖马时代，国际领域的承认的政治（不承认或以错误的方式承认）构成了一种存在性不平等，这种不平等已经变得非常令人沮丧和具有羞辱性，以至于南非似乎正在转向，或者至少有意转向把"破坏"作为一种互动模式。南非打算退出《罗马规约》就是一个例子，但要断言南非将越来越多地在国际事务中扮演搅局者的角色还为时过早。

瑟伯恩提出了相应的平等机制，以解决或对抗不平等的机制（Therborn 2012：587－588），即和解、包容、去等级化、再分配和再补偿。虽然瑟伯恩含蓄地承认当代全球资本主义体系中强大的力量在起作用，但他似乎暗示，应该利用斯堪的纳维亚国家在其社会中促进平等的成功经验，即保障平等和消除贫困在很大程度上取决于国家。国家当然具有这些义务，因为它们是社会追求的核心价值的一部分，但国家融入全球政治经济的程度和方式（以沃勒斯坦主义的说法来诠释）对其解决国内不平等并挑战国际现状的能力产生了巨大影响。南非对国际评级机构的判断、国际市场上大宗商品的价格以及外国投资和市场的巨大依赖，在解决其不平等、贫困和失业三重危机方面起着决定性作用。国内与国际在国际体系的"深层结构"中纠缠不清。重点是，国际制度的结构（即权力的分配和确立的方式）使得变革虽然有可能发生，但也很难实现，前文已经说明了这一点。

不过，上述情况并不意味着无法对国际制度进行改革。为了避免这样的误解，有必要首先简短地提到一项似乎有希望实现的战略。即使这不是一个改革战略，也至少可以建立一些能够更有利于实现南非环境目标的备选领域。本文第二节提到，金砖国家开发银行的成立可能会抵消国际货币基金组织和世界银行在经济危机时期对需要援助的国家持续设置的苛刻条件，以及这些国家在以合理条件获得信贷方面的困难。奥尔登（Alden 2015）指出了南非在其两次担任联合国安理会成员国期间采取的另一项不断发展的战略，即利用《联合国宪章》第八章所述的辅助性原则来加强非洲大陆在处理和平与安全事务方面的立场。在这方面，南非通过游说成功促成了安理会第1809（2008）号决议的通过，该决议建立了安理会与非盟和平与安全理事会之间正式和正规的沟通渠道。这听起来似乎不是很大的成就，但是承认辅助性（即事务应在权力机构的最低等级或最相关部分处理）确实为非洲处理危机提供了更多的余地。从长远来看，在推动对现状的改革和促进辅助性原则的实施的同时，建立替代行动领域的战略可能在促进全球治理改革方面更为成功。

姆贝基和祖马两位总统虽然在处理全球不平等问题的方法上有很大的不同，但在优先事项和政策方面大体上仍然忠于曼德拉1993年提出的关于的"新"南非外交政策的设想，并对南非致力于促进国际秩序的公平性保持谨慎的乐观态度。[10]与这种根深蒂固的不对称现象的对抗显然将是一场艰苦、漫长和持久的斗争，需要对迄今所使用的战略和资源进行冷静的批判性的评估，并有勇气采取更加积极主动的行动。

在这方面，有学者指出，南非往往倾向于批评大国的政策和行动，指出其对全球议程的操纵，但却没有真正跟进并推动"要遵循的规则"（Habib 2009）。哈比卜（Habib 2009：146）认为，批评和反对是可以接受的；不能接受的是未能在相关机构中推动重要事务。这是南非的一个明显弱点：南非批评美国和欧洲国家把问题提交给不合适的机构并选择性地让一些国家成为安理会审查的对象，批评其违反了联合国规则。这或许表现出南非致力于促进建立一个基于规则的国际体系，但也同时意味着南非在这个过程中对侵犯人权等问题保持了沉默。哈比卜（Habib 2009：153）建议，南非应该在合适的机构中"带头反对不法行为"，以这种方式表明南非致力于领导争取人权和体制改革的斗争。

杜普莱西斯（Du Plessis 2017）认为，南非宣称要离开国际刑事法院是"浪费展现真正的领导力的机会"的另一个例子。杜普莱西斯承认有必要认真关注国家元首的豁免权问题，但他认为，这恰恰是南非应该带头进行法律和政治辩论的领域：不仅是围绕豁免权难题的辩论，而且是围绕与国际刑事法院职能有关的其他问题领域的辩论，其中最重要的是安理会的转介问题（鉴于美国未加入《罗马规约》，这一要求很不合理）。考虑到哈比卜和杜普莱西斯的批评和建议，尽管南非不断呼吁进行全球治理改革，但似乎经常未能坚持到底，因为许多旨在解决三重危机的国内政策并没有为解决社会中的深层次结构性分歧起到实质性作用。

注　释

1. 邦德早在2004年就在一篇有关南非参与"解决全球种族隔离"的努力的文章中讨论了"姆贝基的国际改革受挫"（Bond 2004）。

2. 南非在非洲大陆的同行经常以强烈的不信任和愤世嫉俗的态度看待南非在全球论坛上代表非洲的主张及其非洲议程（即"非洲优先"政策），他们指出南非的仇外心理和该国在非洲的经济扩张是出于个人利益而不是大陆团结（参见 Hamill 2018：47-78）。由于篇幅所限，本文未探讨这些看法。

3. 约瑟夫·斯蒂格利茨的著作 *Globalization and Its Discontents* 非常著名，讨论了"全球化对发展中国家的后果是……国际货币基金组织和其他国际机构……推动了一种特殊的意识形态，即市场原教旨主义"（Stiglitz 2002：126）。

4. "拥有性"目标是指某些特定国家的外交政策目标，旨在实现与国家特定利益直接相关的某些目标，例如奉行以出口为导向的贸易政策；而"军事目标"是一般性的，旨在实现共同目标，例如加强联合国作为国际秩序支柱的作用。这些目标不是相互排斥的，环境目标（milieu goals）通常与国家创造有利于其特定国内利益的国际环境的目标间接相关。

5. 随着时间的流逝，姆贝基寻求进入国际决策主桌的努力将使南非在国内外遭到许多西方国家和人权组织的斥责，因为他的方法被认为是以牺牲内部关系的民主化为代价来寻求国家间的民主化关系（Hamill 2018：29）。

6. 2017 年 11 月，谷歌上"BRICS"（"金砖国家"）的搜索点击量约为 253 万次。

7. 南非退出国际刑事法院这一决定的合法性不构成本讨论的一部分。有关详细讨论参见 Sibiya 和 Nel 的著作（2017）。

8. 不过，南非外长林迪威·西苏鲁（Lindiwe Sisulu）确实承认了南非推动人权的决心有所退缩，并表示将重返这一外交政策目标（请参阅：西苏鲁列出南非外交政策重点，《比勒陀利亚新闻》，2018 年 5 月 15 日。2018 年 6 月 25 日获取自 https://www. iol. co. za/pretoria-news/sisulu-out-lines-sa-foreign-policy-priorities-15038949）。

9. 尽管"两个民族的国家"和"全球种族隔离"这两个概念是紧密相关和相辅相成的，关于"两个民族的国家"的"表现"问题，特别是种族社会经济的不平等，本书各篇文章均有涉及，此处不再讨论（参见 Alden & Schoeman 2016）。

10. 2018 年 5 月，被拉马福萨总统任命为南非外长的西苏鲁在首次议会预算演讲中宣布对南非外交政策进行全面评估（Sisulu 2018）。

参考文献

Africa S and Pretorius R (2012) South Africa, the African Union and the Responsibility to Protect: The Case of Libya. *African Human Rights Law Journal*. 12 (2): 394 – 416.

Alden C (2015) South Africa's Foreign Policy and the UN Security Council: Assessing its Impact on the African Peace and Security Architecture. *Policy Insights*. 20: 1 – 8.

Alden C and Le Pere G (2010) Strategic Posture Review: South Africa 2010. *World Politics Review*, June. Accessed 30 November 2017, http://eprints. lse. ac. uk/28177/.

Alden C and Schoeman M (2016) Reconstructing South African Identity through Global Summitry. *Global Summitry*. 1 (2): 187 – 204.

Allison S (2015) Zuma does Damage Control as he Explains SA's Foreign Policy. *Daily Maverick*, 16 September. Accessed 7 February 2017, https://

www. dailymaverick. co. za/article/2015-09-16-zuma-does-damage-control-as-he-explains-sas-foreign-policy/#. WjabHiOQ32Q.

Barnett M and Duvall R (2005) Power in International Relations. *International Organization.* 59: 39 – 75.

Bond P (2004) Against Global Apartheid? *The South Atlantic Quarterly.* 103 (4): 817 – 839.

Brand South Africa (2013) SA Steps down from UN Security Council. 3 January. Accessed 23 November 2017, https://www. brandsouthafrica. com /invest ments-immigration/ international-news/car-030113.

Brooks S and Helleiner E (2017) Debt Politics as Usual? Reforming the Sovereign Debt Restructuring Regime after 2008. *International Affairs.* 93 (5): 1085 – 1105.

Carim X (1996) *South Africa and UNCTAD* Ⅸ: *New Beginnings?* Occasional Paper No. 7, Institute for Security Studies. Accessed 5 July 2015, https://www. africaportal. org/contributors/xavier-carim/.

Cooper A and Thakur R (2013) *The Group of Twenty* (*G20*). London: Routledge.

DIRCO (Department of International Relations and Cooperation) (1998) Statement of Deputy President Thabo Mbeki at the Opening of the Debate in the National Assembly, on "Reconciliation and Nation Building". Accessed 1 December 2017, http://www. dirco. gov. za/ docs/speeches/1998/mbek0529. htm.

DIRCO (2011) Why SA voted for UN Resolution 1973 – DIRCO. Accessed 12 December 2017, http://www. politicsweb. co. za/documents/why-sa-voted-for-un-resolution-1973-dirco.

DIRCO (2012) *Building a better world*: *The Diplomacy of Ubuntu.* White Paper on South Africa's Foreign Policy. Accessed 8 August 2015, https://www. gov. za/sites/www. gov. za/files/ foreignpolicy_0. pdf.

Du Plessis M (2017) *South Africa's Squandered Chance to Show Real Leadership.* Accessed 14 December 2017, https://issafrica. org/iss-today/south-africas-squandered-chance-to-show-real-leadership.

Evans G (2008) *The Responsibility to Protect*: *Ending Mass Atrocity Crimes once and for all.* Washington, DC: Brookings Institution.

Gallens M (2016) *African States can Try Their Own Leaders-Dlamini-Zuma*. Accessed 13 December 2017, https://www. news24. com/SouthAfrica/News/african-states-can-try-their-own-african-leaders-dlamini-zuma-20161024.

Government of South Africa (2017) Opening Remarks by Minister Nkoana-Mashabane at the Meeting of the BRICS Ministers of Foreign Affairs, Beijing, People's Republic of China. Press release, 19 June. Accessed 10 December 2017, http://allafrica. com/stories/201706200996. html.

Guven AB (2017) Defending Supremacy: How the IMF and the World Bank Navigate the Challenge of Rising Powers. *International Affairs*. 93 (5): 1149 – 1166.

Habib A (2009) South Africa's Foreign Policy: Hegemonic Aspirations, Neoliberal Orientations and Global Transformation. *South African Journal of International Relations*. 16 (2): 143 – 159.

Hamill J (2018) *Africa's Lost Leader: South Africa's Continental Role since Apartheid*. Abingdon: Routledge.

Heine J (2010) Will They Have Table Manners? The G20, Emerging Power and Global Responsibility. *South African Journal of International Affairs*. 17 (1): 1 – 10.

Hill C (2016) *Foreign policy in the Twenty-first Century* (2nd edition). London: Palgrave.

Landsberg C (n. d.) *Caught between Afro-Southern Solidarism and Liberal Cosmopolitan Values: A Few Turning Points in South Africa's Human Rights Foreign Policy*. Occasional Paper series, Friedrich Ebert Stiftung. Accessed 31 October 2017, http://www. fes-southafrica. org/ fileadmin/user_upload/documents/FES-Occasional-Paper-Series-Landsbergfinal-004. pdf.

Lees N (2012) The Dimensions of the Divide: Vertical Differentiation, International Inequality and North-South Stratification in International Relations Theory. *Cambridge Review of International Affairs*. 25 (2): 209 – 230.

Mandela N (1993) South Africa's Future Foreign Policy. *Foreign Affairs*. 72 (5): 86 – 97.

Masiza Z and Landsberg C (1996) Fission for Compliments? South Africa and the 1995 Extension of the Nuclear Non-Proliferation Treaty. *Policy: Issues and Actors*, 9 (3): 1 – 29.

Mazower M (2012) *Governing the World: The History of an Idea, 1815 to the Present.* New York: Penguin Group.

Mbeki T (2003) Letter from the President: Towards a People-centred World Order. *ANC Today* 3 (43), 6 November. Accessed 26 June 2018, http://www. anc. org. za/docs/anctoday/2003/at43. htm.

Mbeki T (2016a) Propaganda and the Pursuit of Hegemonic Goals-the Myanmar and Zimbabwe Experience. (48) Thabo Mbeki Facebook Posts, 29 February. Accessed 13 December 2017, https://www. facebook. com/permalink. php? story_fbid = 10153772084944713& id = 38131714712.

Mbeki T (2016b) *The Libyan Tragedy: Power in the Contemporary Geo-political setting.* Thabo Mbeki Foundation, September. Accessed 13 December 2017, https://www. mbeki. org/2016/11/19/the-libyan-tragedy-power-in-the-contemporary-geo-political-setting/.

Minty AS (2007) Speech Delivered by Ambassador AS Minty at the First Session of the Preparatory Committee for the 2010 Review Conference of the Parties to the Treaty on the Non-Proliferation of Nuclear Weapons. Vienna, 1 May.

NelP, Taylor I and Van der Westhuizen, J (2001) Reformist Initiatives and South Africa's Multilateral Diplomacy: A Framework for Understanding. In P Nel, I Taylor and J van der Westhuizen (Eds.) *South Africa's Multilateral Diplomacy and Global Change.* Aldershot: Ashgate.

Ngari A (2017) *The Real Problem Behind South Africa's Refusal to Arrest al-Bashir.* Accessed 16 July 2018, https://www. dailymaverick. co. za/article/2017-07-11-iss-today-the-real-problem-behind-south-africas-refusal-to-arrest-al-bashir/.

Ruggie J (1986) Continuity and Transformation in the World Polity: Toward a Neorealist Synthesis. In RO Keohane (Ed.) *Neorealism and its Critics.* New York: Columbia University Press.

Sandler T (2001) Understanding Global Public Goods. *OECD Observer* No. 228, September.

Schoeman M (2015) South Africa as an Emerging Power: From Label to "Status Consistency"? *South African Journal of International Affairs.* 22 (4): 429 – 445.

Scott J (2017) The Future of Agricultural Trade Governance in the World Trade Organization. *International Affairs*. 93 (5): 1167 – 1184.

Shaw T, Cooper A and Chin G (2009) Emerging Powers and Africa: Implications for/from Global Governance? *Politikon*. 36 (1): 26 – 39.

Sibiya V and Nel M (2017) Withdrawal from the International Criminal Court: Does Africa have an Alternative? *African Journal on Conflict Resolution* 17 (1): 79 – 103. Accessed 3 December 2017, http://www. accord. org. za/ajcr-issues/withdrawal-international-criminal-court/.

Sisulu L (2018) Speech by LN Sisulu, Minister of International Relations and Cooperation on the Occasion of the Budget Vote of the Minister of International Relations and Cooperation, Parliament, 15 May. Accessed 26 June 2018, http://caucus. anc. org. za/show. php? ID = 5617.

Smith K (2016) South Africa and the Responsibility to Protect. *International Relations*. 30 (3): 391 – 405.

Stiglitz J (2002) *Globalization and its Discontents*. New York: WW Norton.

Stuenkel O (2015) *India-Brazil-South Africa Dialogue Forum (IBSA). The rise of the global South*? New York: Routledge.

Taylor C (1992) The Politics of Recognition. In A Gutman (Ed.) *Multiculturalism and "The Politics of Recognition": An Essay by Charles Taylor*. Princeton: Princeton University Press.

Taylor I (2001) The "Mbeki Initiative" and Reform of the Global Trade Regime. In P Nel, I Taylor and J van der Westhuizen (Eds.) *South Africa's Multilateral Diplomacy and Global Change*. Aldershot: Ashgate.

Templeton L (2014) Friend or Foe? What does the BRICS New Development Bank Mean for South Africa? *GSB Business Review* No. 2 (Summer). Accessed 3 December 2017, http:// www. gsbbusinessreview. gsb. uct. ac. za/friend-or-foe-what-does-the-brics-new-development-bank-mean-for-south-africa/.

Thalwitz M (2000) *Global Public Goods*. World Bank Development Committee Paper on Poverty Reduction and Global Public Goods. Washington DC: World Bank.

Therborn G (2012) The Killing Fields of Inequality. *International Journal of Health Services*. 42 (4): 579 – 589.

Towns AE and Rumelili B (2017) Taking the Pressure: Unpacking the Relation between Norms, Social Hierarchies, and Social Pressure on States. *European Journal of International Relations*. 23 (4): 1 – 24.

UNGA (United Nations General Assembly) (2014) Towards the Establishment of a Multilateral Legal Framework for Sovereign Debt Restructuring Processes. Resolution A/RES/68/304, 9 September. Accessed 4 September 2018, http://www. un. org/en/ga/search/view _ doc. asp? symbol = A/RES/68/304.

Van Aardt M (1996) A Foreign Policy to Die for: South Africa's Response to the Nigerian Crisis. *Africa Insight*. 26 (2): 107 – 119.

Vickers B (2012) Towards a New Aid Paradigm: South Africa as African Development Partner. *Cambridge Review of International Affairs*. 25 (4): 535 – 556.

Wendt A (2004) The State as Person in International Theory. *Review of International Studies*. 30: 289 – 316.

Winkler G and Degele N (2011) Intersectionality as Multi-level Analysis: Dealing with Social Inequality. *European Journal of Women's Studies*. 18 (1): 51 – 66.

WolfersA (1962) *Discord and Collaboration: Essays on International Politics*. Baltimore: Johns Hopkins University Press.

第二部分

政治、道德伦理与国家

后种族隔离时期的不平等及历史遗留问题

科林·邦迪（Colin Bundy）

本文的核心前提是，贫困和不平等与人类社会的其他现象一样，都有自己的历史。贫困和不平等有其成因和影响，会随着时间的推移而变化，它们的过去影响着现在。在试图理解当代南非贫困和不平等问题的普遍性和持续性时，如果不清楚其历史成因以及历史原因对缓解这两个社会问题所造成的阻碍，就不可能有连贯的或建设性的思路。要创造更加美好的未来，就必须处理"过去制造"的问题。

一个社会如果不平等问题突出，绝对和相对贫困形势严峻，则必然与其多个连续的历史时期和过程分不开。尽管贫困和不平等会相互作用，双双恶化，但作为社会和经济条件，它们是两个截然不同的概念。贫困是无法满足基本的住房和生计需求；贫困是多方面的，包括发病率和死亡率较高、难以获得教育和其他基本服务以及遭受社会歧视和排斥。不平等本质上是某个群体中收入、资源和机会分配的差距。瑟伯恩（Therborn 2013：50，38）提出，不平等有三个核心方面：关键方面（健康和良好的身体状况）、存在方面（尊严和能动性）和资源方面。不平等是由社会造成的。正如皮凯蒂（Piketty 2014：20）所说，不平等这一问题的历史是由"经济、社会和政治的参与者对于公正的理解以及这些参与者的相对权力"所造成的。

本文旨在概述南非不平等问题的历史、不同时期不平等现象的表现形式以及造成这些表现形式的种种因素。当然，贫困和不平等不只存在于南非。在有文字记载的历史中，在社会和经济生活中排斥穷人一直是人类社会的一个特征。但在南非，贫困和不平等具有独特的一面：从历史上看，贫困、无权、脆弱和被忽视都是与种族联系在一起的。南非的贫困问题已经深深地种族化了，其原因包括征服和剥夺、立法、社会和空间隔离、系统性歧视和根深蒂固的偏见。由于 350 多年来城乡贫困人口的主体一直是有色人种（即使在南非实现了现代化和工业化及经济繁荣之后仍然如此），不平等现象的轴心和模式已经反映出了南非贫困问题的种族化。

现代意义上的南非是在 1910 年形成的，自那之后，偏向少数南非人（即"白人"）的历史传统被写入法律，变得根深蒂固。白人公民更容易获得资源，实际收入不断增长，并能作为优势劳动者成为工人或赚取时薪。到 20 世纪 30 年代，白人公民已经获得了国家保护，具体表现为他们在教育、医疗、福利、住房和就业机会方面获得的不平等的优势利益（Bundy 2016：40 - 41，47 - 53，148 - 149）。这直接导致南非的黑人[1]被排斥在这一现代国家的社会和政治体系之外，大多只能沦为卑微的、没有技能的低薪劳动力，且绝大多数黑人的受教育程度、健康程度和安全感也较低。很难想象还有什么模式能比由政策、社会惯例和一种创造并延续种族不平等的资本主义秩序所形成的模式更容易滋生社会不平等问题了。

但是，南非社会如此不平等的原因究竟是什么？其过程又是怎样的？不平等问题的根源有多深？受历史遗留问题的影响有多大？只谈"历史"远不足以完全解释清楚贫困和不平等问题。正如基根（Keegan 1996：281）所说："统治和从属的结构经历了不同的阶段，推动该结构变化的主要因素随着时间的推移而改变。"本文将这一结构的变化分为五个主要阶段（在某种程度上，任何划分阶段的做法都是武断的、探索性的）。这五个阶段政治和社会权力的行使有关，因此也与每个阶段导致统治、从属和剥削关系变化的因素有关。本章对于阶段的划分与特里布兰奇（Terreblanche 2002）提出的六个"系统时期"不同，但借鉴了他的方法。特里布兰奇的概述范围广泛，影响深远，对所有从历史角度对南非不平等问题展开的研究都有帮助。

殖民和扩张（1652—1800）

奴隶劳动是荷兰殖民地初期经济发展的基础，特别是在斯泰伦博斯和德拉肯斯坦的小麦农场和葡萄园。1658 年起，荷兰东印度公司（VOC）开始将奴隶运到新的殖民地；在奴隶制被废除前夕，开普共有 3.8 万名奴隶。奴隶制给开普的上流人士带来了好处，却让奴隶世世代代一贫如洗。奴隶没有房产，个人物品也非常少，没有劳动报酬。奴隶、被释放的奴隶和他们的后代在西开普省的穷人中也是很显眼的一个群体。

随着游牧的布尔人向北部、东部迁徙，殖民定居区扩大了，布尔人没有让奴隶去放牧或做家务，而是让以放牧为生的科伊人（Khoikhoi）和以狩猎采集为生的桑人（San）去干这些活。到18世纪初，由于战争失败、疾病肆虐、牲畜损失，最靠近开普西南部的科伊人部落已失去了独立地位。他们的社会凝聚力瓦解了。尽管整个18世纪一直存在反殖民扩张的斗争，但科伊桑人（Khoisan）却因战争失败、凝聚力瓦解而逐渐成为殖民地劳动力，融入了边境地区的经济。伊力夫（Iliffe 1987：98）认为科伊桑人是"撒哈拉以南非洲地区第一个因被剥夺了资源而变得贫困的群体"。

在前殖民时代，失去牲畜的科伊人会投靠比他们幸运的亲戚，希望能再逐步拥有自己的畜群。没有牲畜的科伊人也有着同样的目的，他们会选择为迁徙的布尔人劳作（Penn 2005：45）。但是他们所处的地区是充满暴力的、种族关系紧张的边境地区。布尔人的突击队每次击败科伊桑部落之后，他们对土地、牲畜和劳动力的渴望都不断加码，他们也因此拥有了一批独特的劳动力。许多迁徙的布尔人十分贫穷，雇不起自由劳动力，所以就强迫他们获得的劳动力去劳作。在布尔人群体中的科伊人不是雇佣劳工，他们不能自由地选择为出价最高的人服务，也不能选择从一个雇主转到另一个雇主；他们实际上是被俘虏的劳动力。这些科伊人的报酬通常是食物和衣物，他们受契约束缚而隶属于主人，无法自由行动，需要遵守严苛的规矩，实质上是依附于他人的农奴（Newton-King 1999）。

18世纪奴役劳动力的另一个重要来源是童工。西部耕地区的殖民者"合法拥有奴隶的后代"；在东部，那些在边境地区和边境之外土著部落的突袭中所俘获的儿童也要参加劳动（Van Sittert 2016：744）。被俘虏的儿童、科伊族与其他种族通婚所生的后代以及签订了契约的奴仆所生的孩子都被"登记"为契约劳工。这种将孩童登记为契约劳工的程序使一系列被迫建立的劳动关系合法化了（Malherbe 1991；Penn 2005）。

奴隶制是殖民经济的基础；在边境地区，奴隶制先是变得更加残酷，后来被强迫劳动制度取代。在整个殖民扩张时期，土地资源丰富且相对容易获得，而劳动力比土地稀缺。殖民者为了经济利益而剥夺了当地人的自由并强迫他们劳动（Terblanche 2002：6-7）。奴隶和不自由劳动力的共同点是，他们都认为有色人种与白人之间是从属关系，这对殖民时代及其后的贫困和不平等问题产生了持久的影响。

英国殖民统治的建立（1795—1860）

接替荷兰东印度公司的英国殖民地行政管理人员一心想着扩张大英帝国势力范围，坚信他们是在履行"教化使命"，并且迫不及待地要用自由贸易和自由企业取代荷兰实行的重商主义。19 世纪 20 年代，英国殖民者开始在东开普实行一种涉及经济、政治和军事的新做法：他们向东扩张获取土地和劳动力，以开办有利可图的养羊业；通过这种方式，他们把殖民地扩张到了开展混合农业的非洲土著人的土地上（Crais 2011；Keegan 1996）。英国殖民者扩张过程中遇到的第一个土著民族是科萨人，殖民者对科萨人发动了一系列残酷战争。凯河以西的科萨王国被摧毁，一大批贫困的农场工人因此产生。在英军的支持下，殖民地武装力量摧毁了科萨人的势力，占领了科萨人的土地，科萨族的成年人和儿童也都沦为殖民者的劳动力。

斧头战争（1846—1847）和姆兰杰尼战争（1850—1853）十分激烈，但最终以科萨人恩奇卡部落的惨败告终。他们的牲畜成了战利品，庄稼和房屋被烧毁，为了生存他们只能找活干。"科萨人不能进入殖民地的自由市场找工作，只能被迫与特定雇主签订工资都不明确的契约，甚至在他们进入殖民地之前就签好了"（Legassick & Ross 2010：303）。姆兰杰尼战争这场"19 世纪最激烈、最残酷的殖民战争之一"（Crais 2011：39）结束之后，科萨人社会瓦解，为 1856 年灾难性的"屠牛事件"埋下了祸根。"屠牛事件"中幸存下来的人们没有了资源，被"带到开普殖民地的城镇和农场进行随地拍卖，在这种拍卖会上农场主可以买到仆人"（Crais 2011：43）。边境战争不仅夺走了科萨人的财产，而且创造了新的生产关系。著名历史学家德基维特（de Kiewiet 1941：180）道出了这一事件的本质："这些土地战争也是劳工战争。"

战争为开普殖民地各种形式的贫困和依赖现象留下了血腥的烙印，但法律的影响也同等重要，尤其是《主仆条例》（1841 年第 1 号）和《主仆法》（1856 年第 15 号）巩固了劳资关系中的种族等级现象。设立这两部法律是为了通过纪律和强硬手段（而非"供求法则"）来让黑人农场劳工

（科伊人、有色人种和科萨人）与雇主建立雇佣关系。这两部法律的关键内容是：雇员违反合同的行为构成刑事犯罪；违反合同的行为包括不服从、疏忽、侮辱行为和开小差。殖民地农场主只愿意出很少的工资，却一直抱怨"劳工短缺"。这两部法律代表这些农场主使用了国家力量：以往控制劳工和规定纪律只是个别农场主毫无章法的行为，而这两部法律出台后，则成了由法庭机构系统地、公开地进行管理的做法（Sachs 1973：40）。纳塔尔殖民地和两个布尔共和国后来也颁布了类似的法律。南非联邦一直实行主仆法律，直到 1974 年才废除（Bundy 1975）。

在开普殖民地以外的地区，布尔人还向北部、西部迁徙，尤其是在 1834—1838 年的"大迁徙"期间。大迁徙中的布尔人自称"开拓者"，他们抵达了高地草原腹地，建立了一些分散的布尔人社区。尽管他们宣示了对大片土地的所有权，但面对当地部落，他们既未能迅速取得胜利，也未能完全统治后者。布尔人和当地部落酋长之间的较量错综复杂，没有任何一方能长久处于上风，纷争一直持续到 19 世纪 80 年代。进行殖民活动的布尔人认为他们遇到了劳动力严重短缺的问题，为了解决该问题，他们效仿开普殖民地的做法，把儿童掳为契约劳工，通过突袭实力弱小、组织薄弱的部落来俘虏儿童。布尔人还通过交换、买卖和纳贡的方式获得儿童。布尔人负责为这些契约儿童劳工提供食宿和培训。男工 21 岁时、女工 25 岁时会获得解放，但是由于他们从小到大一直都在农场做工，不知道离开农场该如何生活，即使解放以后他们也通常继续在农场干活。因此，1840 年至 1870 年间，高地草原地区白人家中和农场中失去自由的仆人形成了一个新的下层阶级（Delius & Trapido 1982：214；Etherington et al. 2010）。

19 世纪中叶，帝国主义在非洲南部的势力出现了部分收缩，这有利于布尔共和国的发展。伦敦的殖民地部实际上放弃了高地草原：1852 年的《沙河公约》承认了德兰士瓦布尔人的独立；1854 年的《布隆方丹公约》使奥兰治自由邦共和国得以建立。此次帝国主义势力收缩的持续时间很短暂，尤其是 1867 年发现钻石后，帝国主义势力迅速涌向金伯利地区，使得该地区的大规模采矿业飞速发展。

19 世纪的前 60 年，英国殖民统治得到巩固，高地草原上各个布尔共和国初步建立，非洲部落也首次大规模损失土地。在下一个历史阶段，帝国主义势力进一步加强，各个布尔共和国得到发展，非洲部落面临更猛烈的侵略。

矿产革命和帝国干预（1860—1910）

19 世纪最后几十年，两个独立发生但又相互关联的因素大大改变了非洲南部地区。首先是 19 世纪 60 年代后期钻石的发现和 1886 年威特沃特斯兰德金矿的发现。钻石带来了迅速致富的机会，许多国家的寻宝者闻风而至，外国投资大批涌入，相关技术迅猛发展。小型采矿作坊无力抵抗大型采矿机构的竞争，因为这些大型机构组成了卡特尔垄断联盟来维护其利益并形成了一批独特的劳工队伍。这批劳工队伍中有技术娴熟的（白人）工匠还有大量的外来（黑人）劳工，黑人劳工住在专门建造的、实行专制管理的居住区。金伯利体系代表着"南非前工业化时代复杂的种族秩序向 20 世纪残酷的简单化种族状况的过渡"（Iliffe 1999：91）。

威特沃特斯兰德大金矿的发现对南非经济和历史的影响更大。这里的丰富矿藏深埋于地下，开采难度很大，因而主要是那些能进行资本密集型生产的大型垄断公司在开采。这些公司认为黄金价格不会下跌，于是想方设法压低劳动力成本。钻石和黄金改变了非洲南部地区与世界经济的联系，并使南非国内的经济重心从沿海城市转移到了高地草原（Lester 1998：47）。黄金带来的财富被用于新兴产业和基础设施的发展。国有铁路建设迅速进行，于 1885 年连通了金伯利，之后不到十年又连通了约翰内斯堡。

另一个因素是帝国主义进行了一系列具有决定性意义的干预，包括部署英军以及设置英军在殖民地的代理人，还包括急于建立"邦联"的英国政客。帝国主义的扩张使白人居民对土地和劳工的渴望变得更加强烈。在殖民地实行帝国主义政策主要是因为殖民者想控制采矿渠道以及确保采矿劳动力的供应。英国殖民大臣亨利·赫伯特（加拿芬伯爵）的邦联政策力图用一个单一的、强大的现代化国家来取代南非众多软弱、贫穷、落后的政体，从而终结非洲人在政治和经济上的独立，将其整合为工人阶级，融入英国统治的新政体（Cope 1986、1989）。通过战争和吞并，英国征服了南非的非洲人各群体，将以前的独立政体变为"原住民保留地"或"受保护国"。南非战争（1899—1902）是 1914 年之前英国最大的军事行动，终结了布尔人的独立。1870 年时南非境内还有多个分散的独立小国，到 1902 年时南非已成为英国统治下的统一领土。1909 年，英国议会通过《南非法案》；1910 年该法案生效，南非联邦作为英国自治领成立了。

这两个大事件重塑了南非的政治地理和经济，加剧并重新定义了社会和经济不平等，主要体现在三个方面。首先，在采矿工地、城市和铁路沿线，对劳动力的需求已经出现了重大变化，雇主和国家直接利用征服过程中形成的各种控制手段来强制性地从农村获得雇佣劳动力，并培训新形成的大规模劳动力。劳动报酬极低，非洲农民不愿去做工，出现了劳动力短缺，进而导致了一些劳工法的产生。矿主们为满足对劳动力的无尽需求而借助法律手段，包括与通行证和流浪相关的法律以及《主仆法》，这些法律都是前工业化时代遗留下来的（Lonsdale 1983）。南非的早期工业生产关系受到殖民征服关系的很大影响。外来劳工的种族界限已制度化并根深蒂固。

其次，在快速征服时期接近尾声时，南非的白人统治者已经接受了"原住民保留地"的存在，这些保留地由愿意配合的"传统"统治者管理。这种制度是把保留地完全并入殖民地并进行直接统治的可行替代方案。曾由祖鲁人、科萨人、腾布人和姆蓬多人在纳塔尔和开普建立的王国虽然面积减少了，但作为保留地得以继续存在。在曾经的布尔共和国中，索托人、文达人、茨瓦纳人、佩迪人和聪加人的政体也成了保留地，其面积更小。该制度在 1913 年的《原住民土地法》（第 27 号）中正式确立，在 1936 年的立法中得到了些许加强。该制度迫使大量非洲人生活在人口过多的地区，而这些地区生活水平和生产力连年下降。

最后，19 世纪最后几十年中，种族歧视现象急剧恶化。殖民主义者的观点反映了欧洲宗主国的"科学种族主义"，他们从种族差异的角度看待人类进化的发展，认为进步和文明是欧洲的特征，而落后和停滞则是黑人社会的特征。20 世纪初，这种观点在城市地区流行开来，新出现了一些严格的种族隔离主义思想和做法。在开普敦和伊丽莎白港，市政府官员以维护公共卫生为由，将"非洲人"从内城区转移到了城市边缘专门建造的设施中。这些做法其实是其后几十年中实行的城市政策的主要内容："在城区生活的外来黑人劳工应当与白人社会保持隔离……因此，必须强制黑人搬迁或驱逐他们，让他们住在特定区域的专门设施中"（Swanson 1977：396）。

南非土著事务委员会（1903—1905）全面阐述过这些趋势。该委员会由英国殖民地行政官员米尔纳任命，负责设计南非联邦政治和社会秩序。

该委员会提出的主要建议明确了种族隔离的目标和手段，为南非联邦成立初期的许多立法工作绘制了蓝图。该委员会将所有农村土地划分为白人拥有的财产和"原住民保留地"，并建议将城区的"非洲人"限制在接受专门资金和管理的特定"区域"内，以通行证法限制他们的活动。该委员会还明确建议政府中不应当有"非洲人"的直接代表。在农村、城市和城镇，贫困的黑人都应被隔离在特定的空间。

这三种倾向（对外来劳工的严格管理、认为非洲人应住在保留地的观点、明确的种族主义意识形态）牢固确立并延长了贫困和不平等的各种表现形式。五十年的帝国主义干预和战争，再加上矿产革命的变革性影响，为南非进入 20 世纪后的状况定下了基调。

国家形成、工业化与种族隔离（1910—1980）

这一时期沿袭了之前的一些制度，它们成为南非在 20 世纪的关键制度：原住民保留地、大规模外来劳工、外来劳工居住区和城市区域隔离，以及按技能、薪酬和种族划分的劳动力群体。每项制度都以法律形式确立了下来，在这个新形成的国家实施。新秩序的基石是《矿业与工作法》（1911 年第 12 号），该法律把针对某些种族劳工的歧视合法化了；《土著劳工管理法》（1911 年第 15 号）确立了《主仆法》的违约条款；《土著土地法》（1913 年）确立了原住民保留地政策；《土著人城市区域法》（1923 年第 21 号）规定城市中的"非洲人"应住在隔离区（后来乡镇也开始实行这一制度），这些隔离区的管理和出资都是单独的。此外，几乎只有（从 1936 年开始确实只有）白人才享有政治权力，才能在政府中有自己的代表。

1902 年的军事胜利巩固了英国在南非的统治，《南非联邦法案》生效后，一个新的国家在这片领土上成立了，即南非联邦。南非联邦的经济一度几乎完全依赖深度采金业。但到了 1970 年，南非已在多方面实现了巨大发展，经济多元化程度大幅提升，成为中等工业化国家。不过，这段经济多元化大发展的历史有着黑暗而怪异的一面。在能够为经济活动创造和吸引足够多资本的工业强国中，南非是唯一一个没有将大部分工人阶级纳入其社会和政治体系的国家。大多数工业化进程中的资本主义国家都会通过给予新兴工人阶级普通公民待遇并将其纳入政治、法律、教育和福利体系来保证该阶级的服从。但在南非，黑人劳工并没有享受到这一点（Trapido 1971：313）。

在本节所讨论的70年的时间跨度中，不平等问题不仅根深蒂固，且变得更加严重。1948年，即这70年过去约一半时，主张实行种族隔离制度的南非国民党赢得了当年的大选。有必要指出的是，虽然隔离制度并不是歧视和不平等问题的开端，但该制度影响深远。在南非国民党的统治下，隔离变得更加体系化，歧视问题也更加突出；国民党更为专制，充分利用了国家的官僚体系和强制力量，特别是在20世纪六七十年代，为实行种族隔离，政府开展了广泛而残酷的社会工程以及向班图斯坦自治区"传统"统治者下放了部分权力的繁复程序。在种族隔离时期历届政府的统治下，南非的资本主义经济形成了一些自己的特点，直接加剧了不平等。

第一，20世纪70年代之前，采矿业和农业这两个主要部门非洲工人的实际工资一直没有增加，有时甚至会下降。采矿行业白人与黑人的平均工资之比由1911年的12：1上升为1971年的20：1。在这段时期，制造业和建筑业的白人和黑人的实际工资大约增长了两倍，但白人与黑人平均工资之比始终保持在5：1的水平。不同人群的收入存在巨大差异，一些黑人工人受到的待遇与其他人相比更加不平等。外来劳工、契约劳工以及妇女处于收入的最底层。

第二，农场劳工不仅要忍受贫困，还要面临残酷的暴行。在20世纪头几十年，用现金或劳动支付土地租金的佃户在经济上获得了一定程度的独立，但是这种形式的土地使用权在20世纪五六十年代被终止了。受此影响的家庭要么不再从事农业生产，要么与其他农场工人一同沦为"极度悲惨的无产阶级"（Iliffe 1987：127），他们受教育程度低下，没有资源，收入微薄，生活无望，没有权利。这些人不能自由行动，受制于雇主，常常受罚，深陷贫困。

第三，在原住民保留地（后来这些保留地变成了班图斯坦自治区、黑人家园和虚假的"自治国"），更多的非洲人遭受了贫困。1948年，39%的非洲人生活在原住民保留地。以建立种族隔离制度为目标的社会工程完成之后，特别是各种形式的强迫搬迁完成之后，生活在保留地的非洲人比例大幅上升：1970年达到47.4%，1980年达到惊人的52.7%。各保留地情况恶化速度和粮食产量下降的速度不尽相同，但到了20世纪60年代，在保留地内，"劳动已变成对抗贫困的唯一途径"（Iliffe 1987：126）。1956年至1969年，保留地平均人口密度几乎翻了一番，而人均粮食产量却急剧下降，这是因为没有耕地的家庭越来越多。到1980年，在保留地从事粮食生产的大多是兼职农民，主要是妇女和老年人，他们的生存主要依赖汇款和养老金（Feinstein 2005：194；Nattrass & Seekings 2011：559 – 560）。

第四，即使在原住民保留地普遍出现发展停滞的情况下，20世纪60年代、70年代初期也出现了新形式的贫困和不平等现象。农场主因实行机械化生产而驱逐了成千上万的劳动租户和劳工；"黑点"扫除行动清理了那些贫民聚集区，被视为"剩余"劳动力的人，即"年老者、体弱者、寡妇、需要照顾子女的妇女"被迫搬离城市地区。南非的失业人群都聚集到了本身是农村地区的班图斯坦自治区。这场大约350万人的搬迁是南非不平等历史上最黑暗的一页：它记录着赤裸裸的暴力、支离破碎的社区、荒凉的营地和浅埋的坟墓。

第五，非洲城市生活发生了重大变化："新型城镇"建设，"迁移城市化"现象，以及市郊非正式定居点的激增。大规模城镇住房建设为居民的物质生活和福利水平带来的改善十分有限，却使这些住区成为疏离和暴力的城市环境。黑人城市居民内部的收入增长和社会分化为1980年后新中产阶级的出现创造了一定的基础。20世纪七八十年代，"黑人家园"中出现了迁移城市化，巨大的农村贫民窟聚集了数百万南非黑人。这些地区的人口密度使其在人口普查数据中被显示为城市人口，但那里缺少城市应具备的基础设施、服务和工作机会，这就意味着它们成了新农村贫困区（Murray 1988，1995）。20世纪70年代南非减少住房建设，导致城镇中非正式转租案例急剧增加，非正式定居案例也迅速增长。绝望的农村人口违反规定涌入城市，许多人非法占据空地，形成了一些新棚户区。

第六，国家一方面抑制黑人经济地位的提升，另一方面支持白人特权，从而扩大了收入和财富的种族差异。白人殖民者和外来人群当中，贫困人口一直存在（Bundy 2016：29 – 31，40 – 48），但在南非战争前后，大量没有土地、技能低下的阿非利卡人是最焦虑的人群。"白人贫困问题"主要通过三种方法解决。其一，20世纪20年代的"劳动文明化"政策承诺在工作方面对有色人种进行限制，禁止非洲工人享受新型劳资关系，从而提高白人职工的薪资。其二，大萧条期间，大规模的公共工程计划为没有专业技能的白人工人提供了工作。其三，国家为白人家庭提供的服务不断扩展，特别是在教育、医疗和住房方面，提供的社会福利也大幅增加。1948 年后，在种族隔离制度下，白人和黑人之间的结构性不平等进一步加剧。

不过，到了 20 世纪 70 年代，种族隔离制度实际上已经暂停了，尽管当时还不明显，但种族隔离制度在几个方面的削弱意味着种族隔离时代后期和后种族隔离时代的南非具有一些共同特征。

再分配、阶级形成、结构性失业和转变（1980—2017）

考虑到 1994 年大选和曼德拉总统所领导的政府开始执政具有十分明显的里程碑意义，把种族隔离时代后期和后种族隔离时代划在同一个时期（1980—2017）似乎是错误的。尽管这样的划分有可能夸大了 1994 年前后情况的相似性，但这一时期确实存在着一些重大而持久的连续性方面。从政治角度来看，1994 年是一个分水岭；但经济和社会方面的变化则在 1994 年之前就开始了，并且一直持续到现在，影响着贫困和不平等问题的现状。研究发现，通常被认为是"后种族隔离时代"的种种现象，其实可以追溯到该时代之前。

以福利支出为例：非洲人国民大会（以下简称非国大，ANC）社会政策的一项主要成果是大幅提升了社会福利。南非目前在退休金和补助金上的投入超过了国民生产总值的 3%，逾 1800 万人受益。这可以说是非国大政府最重要的收入再分配举措，且主要受益的是贫困人口中最贫困的人群。社会援助大大减少了贫困人口数量，缩小了贫困差距（Seekings & Nattrass 2016：153–156），但这种转变实际上并不是后种族隔离时代的政客们开启的：增加南非黑人社会福利的举措 40 多年前就开始了。随着种族隔离制度的削弱，南非国民党增加了非洲人养老金的实际数额，而大幅下调了白人养老金的实际数额。1966 年，非洲人的养老金仅为白人养老金的 13%；1980 年为 39%；1993 年，所有人享有同样数额的养老金。1975 年，南非社会总支出中白人获得的比例达一半以上，而 1993 年时该比例仅为六分之一。白人与黑人的人均收入之比在 20 世纪 60 年代时差距最大，为 12.3：1；到 1994 年，该比例已降为 8.6：1（Feinstein 2005：11）。因此，1994 年当选的政府"沿用了再分配特点已经很明显的预算"（Seekings &

Nattrass 2005：356）。非国大的确加快了利用国家财政进行再分配的步伐，但这种再分配方式是在种族隔离时代后期确立的。

此外，非国大的一个重点项目是支持和促进黑人中产阶级的壮大。为此，非国大利用国家就业机会来奖励和帮助其支持者，为他们提供政府部门和半官方机构中的职位。非国大还实行黑人经济振兴政策（BEE），提升董事会中黑人股东所占比例。自 1994 年以来，增加黑人资本家、专业人士和官员的数量成为非国大社会工程的关键任务，但这一任务不是在毫无基础的情况下开始的。"尽管很多人没有认识到这一点，但这些着意促进黑人中产阶级发展壮大的措施是建立在 20 世纪 70 年代以来种族隔离政府和大规模资本所推行的战略之上的"（Southall 2016：65）。种族隔离时代后期的几十年里，分化更明显的阶级结构是一种强大的动力，这部分是因为受过良好教育的黑人越来越多，部分是因为技术水平更高（薪酬也更高）的工人的增加符合行业需求，部分是因为政策的施行。1948 年，非洲人中产阶级人数极少，主要包括律师、教师、神职人员等专业人员。到 20 世纪 70 年代中期，"受薪雇员和商人"的数量增至 9.4 万，到 1987 年增至 22 万。

20 世纪七八十年代，越来越多的非洲人成为白领和有技能的制造业工人。此外，在班图斯坦自治区和"改革后的"城镇政府机构中公共服务岗位上的非洲人也增多了。还有一小部分人在城镇创业或从事零售业（Crankshaw 1997；Hindson & Crankshaw 1990；Southall 2016）。1976 年索卫托起义之后，培育并团结黑人精英成为博塔总统"总体战略"的一个重要部分，其中包括支持黑人置业。受益者获得了长期摆脱贫困和向社会上层流动的宝贵机会。在此期间，黑人群体内部的不平等现象加剧：到 1993 年，种族内收入不平等基尼系数急剧上升，非洲人群体基尼系数超过 0.6，不比整个南非的基尼系数低多少（Nattrass & Seekings 2011：562）。

但是，在种族隔离时代后期和后种族隔离时代，导致新型贫困和不平等问题的首要因素是大规模结构性失业。有两位经济学家于 1978 年发表了一项具有前瞻性的研究，提请人们注意经济的变化。失业人口从 1960 年的 124 万急剧上升到 1977 年的 230 万。非洲人群人口数量快速增长带来了劳动力供应的增长，但就业的增长速度却下降了。一个"关键的结构性趋势"是，随着雇主用资本代替劳动力，生产中的劳动力普遍被取代（Simkins & Clarke 1978：41-42，71）。这些趋势在 20 世纪 80 年代更加明显。南非经济经历了从劳动力短缺到劳动力过剩的历史性转变。在此之前，贫困在历史上一直与低工资密切相关；从 20 世纪 80 年代开始，贫困与失业的联系越来越紧密。结构性失业急剧恶化。20 世纪 70 年代末，在劳动局、工厂门外、无数城市街道和路旁的队伍便是结构性失业的表现。这些景象是两个重要因素共同作用的结果：一是 1973 年后，南非经济状况很差；二是采矿业、农业和制造业出现用资本替代劳动力的趋势。非洲人人口数量的急剧增长也给劳动力市场带来了压力。尽管统计数据不完善，但范恩斯坦等学者经过仔细研究后发现，1970 年到 1980 年，失业人数从53 万上升至 470 万，且另有 140 万"极度沮丧的工人"不再积极寻找工作。无论这一失业群体的确切规模如何，它都是一场"巨大的人类悲剧"（Feinstein 2005：238；Nattrass & Seekings 2011；Seekings & Nattrass 2005；Terreblanche 2002）。

如此规模的结构性失业有着巨大影响。到 1994 年，南非大约有400 万—600 万人找不到工作。全国有一半以上的人所在的家庭中至少有一名成年人失业。这些家庭中，有一半的家庭中没有一名成员有正式工作。在失业人群中，受教育程度低、技术水平低、城市化程度低的人在中长期内也很难找到工作。如前所述，贫困在空间上的分布是有历史渊源的，因此对许多居住在农村地区（这些地区以前是"保留地"，后来成为"黑人家园"）的非洲人来说，他们在经济上的机会很少。这一情况是后种族隔离时代政府面临的种族隔离时代遗留问题的一个关键部分。

非国大是如何应对结构性失业以及在历史过程中形成的贫困和不平等问题的其他方面的呢？本书其他文章详细讨论了当代南非贫困和不平等的诸多方面，这里仅讨论一些宽泛的研究发现。

首先，在应对多维贫困方面，已经取得了一些实际进展。以养老金和社会补助金的形式提供的福利迅速增加，特别是 2003 年之后，使更多最贫困的南非人直接受益。领取养老金和社会补助金的人数从 1994 年的约 240万人增加到 2014 年的 1600 万人，现在约有 1860 万人每月收到政府的现金转账。非国大在社会保障方面的支出约为 GDP 的 3.5%，在全球主要的南方国家中，南非的社会保障项目在支出和覆盖面上都是无与伦比的。社会保障项目减少了极端贫困或赤贫现象：南非处于生活水平最低段的成年人比例从 2001 年的 11% 降至 2011 年的 1%。政府提供的现金转账大幅缩小了贫困人口规模和贫困差距（缩小的确切程度取决于所采用的贫困线标准）。如果没有养老金和社会补助金，2006 年南非最贫困的 40% 的人口所得到的收入份额是 3.3%；养老金和社会补助金将这一比例提升到了 7.6%（Seekings & Nattrass 2016：153－155）。有了社会补助金，人们也有更多机会获得教育、医疗等其他服务。

来自政府的现金转账主要影响以收入或金钱衡量的贫困。此外，改善卫生条件，提供住房、清洁水、电力和其他服务都能提高穷人的生活水平和福祉。对于这些服务，有人提出过一些合理的意见：政府提供的新房屋质量不佳且远离工作场所（几乎所有新房屋都建在城市外围，因为那里的土地最便宜）；贫困家庭付不起水电费，最后会被断供。尽管有这些不足，自 1994 年以来的每次人口普查都表明为穷人提供的资产和服务有显著增长，特别是在城镇地区。的确，与促进贫困人口收入增加相比，为贫困人口提供资产和服务方面的改善更加显著。

但是，这些成就的影响受到了以下三个主要方面的限制。虽然南非的社会保障系统是一个覆盖面积很大的网，但它非常松散。大量没有资源的人根本得不到社会保障。南非的社会福利体系始于 20 世纪 30 年代，在 20 世纪 80—90 年代进行了去种族化，这一体系基于以下假设：大多数处于工作年龄的人都能找到工作；有工作的人会办保险，以应对短期失业的状况；有工作的人会通过缴费型养老金计划为退休做准备。但自 1994 年以来，这些假设一直都不成立。建立在这些假设之上的社会福利体系并不是为了应对长期失业。在南非，长期失业的人几乎得不到国家或私人项目的资金支持。失业的年轻人几乎完全被排除在福利体系之外，而处于工作年龄的南非人当中有三分之一是失业的年轻人，其中绝大多数是 20 多岁和 30 多岁的非洲人和有色人种，他们从未从事过全职工作。有悖常理的是，许多家庭的收入来源是残疾人、病人和老人，而不是正值盛年的年轻男女。与其说南非的社会保障网编织松散，倒不如说它是中间破了一个大洞。

其次，与贫困问题相比，后种族隔离时代的不平等现象令人震惊，更令人沮丧。尽管有些政策对于缓解收入贫困有一定的帮助，但 1994 年之后，南非的不平等更加突出了。基尼系数从 1993 年的 0.66 上升到了 2008 年的 0.70（Leibbrandt et al. 2010：32）。2008 年以来，尽管对数据的分析不尽相同，但其结果显示的不平等程度要么保持不变，要么下降幅度微乎其微。

造成不平等加剧的原因有两个：收入和财富日益集中；非洲人群体内部的不平等急剧上升。在 1993 年的南非，最富有的十分之一人口的收入占全国人口总收入的 54%；到 2008 年，这一比例已超 58%。1993 年，南非人口中较贫穷的那一半人口收入占全国人口总收入的 8.3%，这一比例在 2008 年时降至 7.85%。最富有的十分之一人口的构成也发生了重大变化：到 2008 年，其成员中有一半是非洲人。一部分黑人收入和地位提升，成为了中产阶级的新成员，其中有公共服务部门的高级成员，该部门经过结构调整且人员不断增多；有经商的黑人，男性和女性都有，形成了黑人企业家阶层的核心，该阶层在种族隔离后期已有发展；还有黑人经济振兴政策的直接受益者（Southall 2016：74-92）。在后种族隔离时代的南非，富裕人群已经去种族化了，但贫困人群的种族化仍然难以消退。并非所有非洲人都是穷人，但绝大多数穷人仍然是非洲人。自 1994 年以来，非洲人内部的不平等程度急剧上升，已成为加剧整体不平等的最重要的单一变量。

最后，后种族隔离时代社会的一个核心特征是结构性失业率居高不下。2017 年南非统计局表示，失业率为 27.7%（按狭义失业或官方数据计算）或 36.8%（按广义失业计算，包括那些不积极找工作的人）[2]。这一庞大的失业规模与 20 世纪 70—80 年代的趋势有关联：雇主将生产方式从劳动密集型转变为资本密集型，并解雇了技能低下的工人。因此，到 2000 年，正规部门的就业人数比 1990 年少了 96.3 万人；私营部门的就业人数减少了 80 万人，其中采矿业和制造业削减的正规岗位数量均超过 30 万个（Mohr 2010：16）。

非国大执政以来一直宣称减少失业是当务之急，但也发现这一任务非常艰难。2003 年后，姆贝基当局同意扩大公共工程，并启动了"扩大公共工程计划"（EPWP）。在其实施的最初 10 年，该计划创造了 530 万个工作机会，但工作机会并不是新工作岗位。在最繁忙时期，该计划创造的就业时长约为 3200 万日，仅占失业总时长的 2%。"社区工作计划"又另外创造了 1% 的就业时长（Seekings & Nattrass 2016）。非国大在实施一系列名称很乐观的政策计划时，坚持认为经济增长是消除贫困的灵丹妙药。然而，旨在实现"亲贫式经济增长"的各项政策都面临着同一个根本性问题，那就是南非过去 20 年的 GDP 增速远低于缓解失业所需的 GDP 增速。

结 语

本文概述了南非不平等问题的历史，指出了不同时期结构性不平等的不同表现形式及导致其变化的原因。

第一个研究发现是南非当代严重的不平等问题深深植根于历史。缓解这一问题尚且十分困难，更不用说彻底解决了。不平等源于殖民时期的掠夺，后来不断被其他进程重塑，不论是采矿业、工业革命，还是 1910 年后更彻底的排斥和边缘化。1910 年以来，资本主义的发展和不平等问题的演变一直密不可分。要真正解决不平等就必须彻底改变经济结构、特征和增长模式，或者至少进行重大改革。

但实际情况并非如此，特别是 1994 年以来。贫困、失业和不平等之所以持续存在，并不是因为增长"不足"，而是因为增长方式错误。自 1994 年以来，南非经济一直在增长，年均增速约为 3%，但这种增长是沿着既有轨道或增长路径实现的。后种族隔离时代政府领导下的经济继续受大型公司的主导，资本高度集中且垂直整合。非国大并没有对此进行任何改革，反而巩固了这种经济的地位。非国大并没有对主导经济的大型公司进行限制或监管，而是取消了对它们的管制并允许大规模的资本外逃。迄今为止，还没有一个国家能在"不具备蓬勃的劳动密集型制造业"的情况下从中等收入国家跃升为高收入国家（Bhorat et al. 2015：3）。如果规律如此，那么南非就犯了一个严重错误，因为它提升了制造业的资本密集程度。非国大未能解决贫困和失业的结构性问题，很重要的一个原因是黑人经济振兴政策和提升董事会中黑人股东所占比例这两项措施的受益者在现有经济增长模式下处境很好。

从很多方面都能发现南非没有创造出新的增长模式，这也意味着南非贫困和不平等现状没有摆脱历史的影响。西金斯和纳特拉斯（2005，2016）展示了从种族隔离时代到后种族隔离时代分配制度与增长模式的连续性，这有助于我们的理解。改变种族隔离时代社会地理的措施几乎是不存在的。1994 年以来，住房建设虽然规模宏大，但几乎都是在现有城镇的边缘地带建设，离工作地点很远，且所用土地通常是种族隔离制度下购买或划定的用于城镇发展的土地。南非实施了诸如"国家发展计划"之类的政策，继续"微调和推动"正规经济，而没有采取多少措施将非正规经济打造为整体经济中的创造就业或就业密集型的组成部分（Fourie 2013）。即使非国大在 2017 年 3 月发布的政策文件中声称经济发生了根本性转变，非国大"也并没有寻求一种可以再吸纳数百万人的新发展模式；相反，它抱着一个不可能实现的愿望，即希望被排除在经济体系之外的人们可以进入到一个本身就排斥他们的经济体系中……非国大没有解决关键的现实问题，即正规经济仍然是一个属于内部成员的俱乐部……由很小一部分人主导，这些人拥有很多舒适的关系网"（Friedman 2017）。

与减少不平等相比，非国大政府在减少贫困方面的成就更大。众所周知，"与贫困相比，不平等问题解决起来更为复杂，在政治上争议也更大，因为解决不平等问题意味着'调整'穷人和富人的地位"（Leibbrandt et al. 2011：15）。社会福利理论家理查德·提特姆斯（Richard Titmuss）阐明了区分贫困和不平等的意义："认识到不平等问题的存在，就意味着要认识到需要进行结构变革，需要大多数人做出牺牲。意味着要同意发放那些我们至今尚未同意发放的社会福利。简言之，这意味着一场痛苦的战争"（Titmuss 1972：318）。

减少不平等需要重新分配资源，缩小财富差距和收入差距。对于南非而言（其他地方也一样），这需要转变政策，例如对个人所得采用累进程度更高的税制，提高边际税率；对遗产和赠予征收累进终身资本收益税；基于最新评估征收累进房产税。此外，还必须打击腐败并加强问责制。这些措施虽然显而易见，但实施起来确实需要政治意愿。需要政治意愿和社会想象力的措施可能包括实施"基本收入补助"政策（或其他形式的类似做法，例如向年轻人提供普遍收入补助金或国家在公民成年时发放捐赠金）；扩大社会保障范围，为失业成年人提供一些救济；开展大型基础设施建设项目来系统地创造就业；遏制企业集团每年大量向国外转移资本。显然，要实施这些措施需要在提特姆斯所说的"痛苦的战争"中进行一系列的战役。那些为实现这些变革而战斗的人如果对南非不平等问题的历史有一些了解的话，很可能会宣布这是一场正义的战争。

注　释

1. "黑人"一词是指在种族隔离制度下被划定为"非白人"的群体：

非洲人、有色人种、印度人。

2. 参见南非统计局（Statistics South Africa）季度劳动力调查，2017年第三季度（Quarterly Labour Force Survey，Q3：2017），http://www. statssa. gov. za/? p = 10658。

参考文献

Bhorat H, Naidoo K, Oosthuizen M and Pillay K (2015) *Demographic, Employment and Wage Trends in South Africa*. UNU-WIDER Working Paper 2015/141. Helsinki：UNU-WIDER.

Bundy C (1975) The Abolition of the Masters and Servants Act. *South African Labour Bulletin*. 2 (1)：37 – 46.

Bundy C (2016) *Poverty in South Africa：Past and Present*. Johannesburg：Jacana Media.

Cope R (1986) Strategic and Socio-economic Explanations for Carnavon's Confederation Policy：The Historiography and the Evidence. *History in Africa*. 13：13 – 34.

Cope R (1989) C. W. de Kiewiet, the Imperial Factor, and South African "Native Policy". *Journal of Southern African Studies*. 15 (3)：486 – 505.

Crais C (2011) *Poverty, War and Violence in South Africa*. Cambridge：Cambridge University Press.

Crankshaw O (1997) *The Changing Division of Labour under Apartheid*. London：Routledge.

De Kiewiet C W (1941) *A History of South Africa：Social and Economic*. London：Oxford University Press.

Delius P and Trapido S (1982) *Inboekselings* and *Oorlams*：The Creation and Transformation of a Servile Class. *Journal of Southern African Studies*. 8 (2)：214 – 242.

Etherington N, Harries P and Mbenga B (2010) From Colonial Hegemonies to Imperial Conquest, 1840 – 1880. In C Hamilton, B Mbenga and R Ross (Eds) *The Cambridge History of South Africa, vol. 1, From Early Times to*

1885. Cambridge: Cambridge University Press.

Feinstein CH (2005) *An Economic History of South Africa: Conquest, Discrimination and Development.* Cambridge: Cambridge University Press.

Fourie F (2013) Reducing Unemployment: Waiting for High Growth? Waiting for Godot? *Econ3X3.* Accessed 9 September 2018, http://www. econ3x3. org/ sites/default/files/articles/ Fourie% 20March% 202013% 20Unemployment% 20-% 20Waiting% 20for% 20growth% 20 or% 20Godot% 20FINAL. pdf.

Friedman S (2017) The ANC isn't Ready to Radically Transform the South African Economy. Accessed March 2017, https://theconversation. com/the-anc-isn't-ready-toradically-transform-the-south-african-economy-75004.

Hindson D and Crankshaw O (1990) New Jobs, New Skills, New Divisions: The Changing Situation of South Africa's Workforce. *South African Labour Bulletin.* 15 (1): 23 – 31.

Iliffe J (1987) *The African Poor: A History.* Cambridge: Cambridge University Press.

Iliffe J (1999) The South African Economy, 1652 – 1997. *Economic History Review.* 52 (1): 87 – 103.

Keegan T (1996) *Colonial South Africa and the Origins of the Racial Order.* Cape Town: David Philip Publishers.

Legassick M and Ross R (2010) From Slave Economy to Settler Capitalism, 1800 – 1854. In C Hamilton, B Mbenga and R Ross (Eds.) *The Cambridge History of South Africa, vol.* 1, *From Early Times to* 1885. Cambridge: Cambridge University Press.

Leibbrandt M, Wegner E and Finn A (2011) *The Policies for Reducing Income and Inequality and Poverty in South Africa.* SALDRU Working Paper 64, University of Cape Town.

Leibbrandt M, Woolard I, Finn A and Argent J (2010) *Trends in South African Income Distribution and Poverty since the Fall of Apartheid.* OECD Social, Employment and Migration Working Papers, No. 101. Paris: OECD Publishing.

Lester A (1998) *From Colonization to Democracy: A New Historical Geography of South Africa.* London: I B Tauris.

Lonsdale J (1983) From Colony to Industrial State: South African Historiography as Seen from England. *Social Dynamics*. 9 (1): 67 – 83.

Malherbe VC (1991) Indentured and Unfree Labour in South Africa: Towards an Understanding. *South African Historical Journal*. 24: 1 – 30.

Mohr P (2010) Overview of the SA Economy and Policy in the 1990s. In S Jones and R Vivian (Eds.) *South African Economy and Policy*, 1990 – 2000. Manchester: Manchester University Press.

Murray C (1988) Displaced Urbanisation. In J Lonsdale (Ed.) *South Africa in Question*. Cambridge: University of Cambridge African Studies Centre.

Murray C (1995) Structural Unemployment, Small Towns and Agrarian Change in South Africa. *African Affairs*. 94 (374): 5 – 22.

Nattrass N and Seekings J (2011) The Economy and Poverty in the Twentieth Century. In R Ross, AK Mager and B Nasson (Eds) *The Cambridge History of South Africa*, *Vol* 2, 1885 – 1994. Cambridge: Cambridge University Press.

Newton-King S (1999) *Masters and Servants on the Cape Eastern Frontier*. Cambridge: Cambridge University Press.

Penn N (2005) *The Forgotten Frontier*. Athens, Ohio: Ohio University Press.

Piketty T (2014) *Capital in the Twenty-first Century*. Cambridge, Mass: Harvard University Press Sachs A (1973) *Justice in South Africa*. Berkeley: University of California Press.

Seekings J and Nattrass N (2005) *Class*, *Race and Inequality in South Africa*. New Haven: Yale University Press.

Seekings J and Nattrass N (2016) *Poverty*, *Politics and Policy in South Africa*. Johannesburg: Jacana Media.

Simkins C and Clarke D (1978) *Structural Unemployment in Southern Africa*. Pietermaritzburg: University of Natal Press.

Southall R (2016) *The New Black Middle Class in South Africa*. London: James Currey.

Swanson M (1977) "The Sanitation Syndrome": Bubonic Plague and Urban Native Policy in the Cape Colony 1900 – 1909. *Journal of African History*. 18 (3): 387 – 410.

Terreblanche S (2002) *A History of Inequality in South Africa 1652 – 2002*. Pietermaritzburg: University of Natal Press.

Therborn G (2013) *The Killing Fields of Inequality*. Cambridge: Polity Press.

Titmuss R (1972) Poverty versus Inequality. In K and L Loach (Eds.) *Poverty*. London: Penguin Books.

Trapido S (1971) South Africa in a Comparative Study of Industrialization. *Journal of Development Studies*. 7 (3): 309 – 320.

Van Sittert L (2016) Children for Ewes: Child Labour in the Post-emancipation Great Karoo, c. 1856 – 1909. *Journal of Southern African Studies*. 42 (4): 743 – 762.

贫困与权利：哲学、历史和法学视角

乌尔里克·基斯特纳 (Ulrike Kistner)

古莱莎·伊斯梅尔·索利曼 (Quraysha Ismail Sooliman)

卡琳·范马尔 (Karin van Marle)

本文作者从批判的角度对应对贫困的措施提出质疑，这些措施的根据来源于一种阶段性的权利概念、政府对"需求"的响应以及"贫困管理"政策。作者从司法角度对"公民权"和"权利"进行了反思及重新定义。有人将贫困视作单一的社会问题，需要通过经济、技术或管理手段平衡个体需求来解决贫困，我们反对这样的观点。理解这一点需要从第一代权利、第二代权利和第三代权利的角度看待权利构成之外的问题。本文作者也质疑按照线性结构或时间顺序构成的自由框架来研究权利的做法，并将揭示该框架的局限性。本文以德拉德拉诉约翰内斯堡市案为例，重新审视了物质不平等导致的贫困与历史上种族统治和压迫下的存在性不平等之间的关系。因此，本文的研究对象为权利话语，指出其中存在性不平等和物质不平等的相互依存所带来的负面影响，同时也指出其对理解平等的复杂性和意义所具有的积极作用。

本文由三位研究人文科学不同领域的作者合作撰写，使用不同的研究视角、措辞和资料来源。尽管只是推测，但这些论述的出发点都强调物质不平等的连续性而非突变性，即使在主张建立平等的宪法下亦是如此。本文三节均提及"人"（作为公民和居民）的含义、规则的作用及其在贫困管理战略中的具体实施。

第一节从哲学角度出发，广泛探讨贫困所反映出的各种社会经济权利；第二节从历史角度反思贫困问题；第三节基于前两节的论证，讨论一则涉及需要临时庇护所的人群的个案。

哲学观点："神话"与"幽灵"

不论是马歇尔（Marshall 1992/1950）有关权利与公民的经典"神话"，还是南非宪法以渐进方式实现社会经济权利的构想，当中都蕴含着"权利的逐步实现"这一思想。尽管这一"神话"的核心是通过社会经济权利来解决和消除贫困，但它却一直被贫困这个"幽灵"所困扰。从本文第二节可以看到这种循环具有历史的连续性。作者将仔细研究权利的可分割性和差异性，旨在提出一种不同的"权利"概念，即将其理解为一种规范视域，这一概念将对第三节所述的情况和案例产生影响。

马歇尔在其开创性的论文《公民权和社会阶级》（*Citizenship and Social Class*）（1992/1950）中提出"公民权"和"权利"的历史划分，现已成为经典。权利的发展有如下几个阶段。

• "民事权利"：实现个人自由所必须具备的权利，包括人身自由，言论、思想和信仰自由，拥有财产和签署有效契约的权利以及（平等的）法律权利。18 世纪在西欧各国确立。

• "政治权利"：参与行使政治权力的权利（参与选举，并因此参与议会机构和地方政府议会的活动）。19 世纪在西欧各国确立。

• "社会权利"：从少量的经济福利和保障，到完全分享社会遗产，并依据社会普遍标准过上文明生活的一系列权利。20 世纪在西欧各国确立（Marshall 1992/1950：9）。

马歇尔认为，19 世纪，随着政治权能的分配逐渐扩展，即通过"将旧权利赋予……人口中的新群体"（Marshall 1992/1950：12），权利随之得到发展，而这又取决于"经济发展的成果"（Marshall 1992/1950：13）。

在马歇尔的论述中贯穿着这种历史划分及"公民权"与"权利"跨越三个世纪之久的逐渐扩展。事实证明，社会权利被认为是持续三个世纪之久的政治启蒙运动的顶点，而其前提是"乡村社区、城镇和行会的解散，仅剩《济贫法》"（Marshall 1992/1950：9）。

马歇尔关于公民权和权利类型中的"发展"这一线性概念一直被贫困问题所困扰。政治启蒙叙事被认为推动了跨越三个世纪之久的公民权和权利发展，而与此同时，由政府构想、地方实施的《伊丽莎白济贫法》也取得了"进步",马歇尔认为这是社会权利的前提（Marshall 1992/1950：14）[1]。他解释说，《伊丽莎白济贫法》的目标不是"创造新的社会秩序，而是让必要的改变降至最小，以维护现有的社会秩序"（Marshall 1992/1950：14）。然而，《伊丽莎白济贫法》所设想的计划社会保障经不起经济竞争的蹂躏，被迫废除。在这一逆转过程中，"社会权利极少与公民身份脱节"（Marshall 1992/1950：15）。在 1918 年以前，贫穷（pauperism）指的都是从制度上剥夺权利，也就是赤贫（destitution）。针对这种情况，马歇尔的概述颇具见地："《济贫法》没有将穷人的权利主张作为公民权利的组成部分，而是作为公民权利的一个替代——只有权利主张者不再是真正意义上的公民时才能满足的权利主张"（Marshall 1992/1950：15）。马歇尔认为这是一种"功能障碍"——是计划（或样板化）社会和竞争性经济之间的冲突，导致"公民权利的分裂"（Marshall 1992/1950：14）。在他看来，公民权利的重新整合始于 20 世纪的社会权利。尽管《伊丽莎白济贫法》在历史上开创了"社会权利与公民身份的分离"，按照马歇尔的说法，这造成了无法解决的矛盾，但他同时也认为，这仍然是"对公民社会权利的积极倡导"（Marshall 1992/1950：15）。

然而，随着新自由主义治理的出现，马歇尔关于 1950 年英国公民权利重新整合的说法受到了越来越多的质疑。新自由主义治理表现在自 20 世纪 80 年代初开始的私有化和放松管制，以及从 20 世纪 90 年代开始日益推进的金融化。

在南非，从基于种族和阶级的剥削角度来看，"贫困"以前属于政治经济范畴，而"极贫"则是指"比贫困更贫困"，且引发了人们对于"极富"的思考。世纪之交以来，"贫困"与"极贫"的区别变得更加明显。"极贫"脱离了贫困的结构性社会政治参照点，脱离了与贫困之间的关系，似乎也脱离了与公民权利的关系，被降到了人类的最低限度。

权利逐步"发展"和社会权利最终整合所面临的挑战在于，政治经济和贫困是两种密切相关的现象。早在 1786 年，汤森（Townsend）就观察到贫困和权利剥夺的增速与慷慨扶贫的增速相当（Townsend 1971/1786：20）。启蒙运动政治哲学认为公民权利不容否认，而与之不同的是，社会权利从一开始就受到严格限制。这些权利仍受制于经济情况调查，需确定"原则上认可的权利在实际中又有多少可以享受"（Marshall 1992/1950：10）。

16 世纪以来的贫困救济制度引入了规则和福利两种方式。贫困救济制度的构成部分包括：经济状况调查，应得到救助的穷人和不应得到救助的穷人之间的区别，极贫（需要同情和救济）与贫困（不需要救济）之间的区别，法律规定的工作义务，严格执行的工作纪律、监督。

过去十年来，南非的社会政策实际上重新实行了一些早期的扶贫模式。1996 年《南非共和国宪法》中规定的社会经济权利的逐步实现是与这一进程同步的：服务的商品化供应不断深化（见 Davis 2008），服务的提供不仅与家庭收入挂钩，也与服务使用过程中的限制程度挂钩。政府为穷人获得基本服务提供更多的机会，但遇到穷人没有付费的情况又会禁止他们获得服务；一方面满足人们的基本需求，一方面又让穷人受到各种形式的限制或排挤，这种双重举措实际上表达了对待穷人的矛盾心理（Veriava 2013）。深度扶贫战略从制度上划分出获得服务的不同层级，"规定了极度贫困人群所能获得服务的最低标准和基本标准……，只允许有支付能力的人获得更高标准的服务"（Naidoo 2010：192）。

穷人又被分为"不值得救助"和"值得救助"两类。不值得救助的穷人指"继续要求政府增加援助（施舍），不愿自己脱贫的人"（Naidoo 2010：185）。值得救助的穷人指愿意遵守监督制度的人，他们在贫困登记册上签名，并安装预付费水表和电表，以换取一点基本服务（Naidoo 2010）。只要政府看到他们的状态没有变化并继续认为贫困并不是他们自身的过错（如孤儿、残疾人），他们就会继续得到政府的帮助。政府承诺为这类穷人提供优惠政策扶持，帮助"他们自己脱贫"（Naidoo 2010：193）。这是一种"责任化"，即他们服从政府规定，有义务通过自己的努力摆脱贫困。

因此，如果一些人的贫困是"由其自身行为造成的"（如懒惰、软弱），他们就被归为"不值得救助"的那一类；而"贫困不是他们自己的过错"是"值得救助的穷人"这一定义中的一个条件，只有在救助之后政府才会为这类人灌输一种贫困与其自身关系的理念："愿意为自己的福祉承担责任的人……能够支付基本服务费用，因此应该得到政府最基本的援助。"（Naidoo 2010：185）不值得救助的穷人往往与所谓为了逃避支付服务费用而假装贫穷的人有关，因此他们必须受到监督和控制；值得救助的穷人因为签署了贫困登记册并遵守了扶贫政策的规定和纪律，所以获得了社会安全网的保障（Naidoo 2010：193）。

"贫困救济"在地方治理的扶贫战略中的影响是显而易见的。"贫困"

再次被降格为一种惰性的"自然"状态，与社会关系和结构、政治主体性和公民身份无关。在政治秩序的"内部"和"外部"之间划分界线，权利成为"接受主导秩序的回报"（Douzinas 2010：96）。这导致人们无法对政治主体提出不同意见，马歇尔关于"社会权利即是社会参与权"的观点也遭到质疑，随之遭受质疑的还有权利逐步扩展的整个叙事。

马歇尔关于权利的历史划分最终提出了公民和社会公民身份融合的假设，而这一观点很难站得住脚，不仅因为马歇尔的论述难以自圆其说，而且从社会历史的角度来看，贫困治理的理论和措施也有漏洞。马歇尔的论证建立在这样假设出来的融合之上，而该假设的核心观点是 20 世纪的社会权利不仅在内容上，而且在形式（即"权利"的概念）上都与 18 世纪的公民权利不同。

这一观点也是将社会经济权利作为可由法院审理的权利纳入 1996 年《南非共和国宪法》的原因，该宪法的独特之处在于其所载的最全面的社会经济权利保护体系（Heyns & Brand 1998）。第一代权利体现在获得住房、医疗、教育、工作、营养供给等权利（Sachs 1993：xii）。然而，这种理解立即遇到了一个问题，重新拉开了不同代（或类型）权利之间的鸿沟：尽管第一代权利（自由）作为合法权利可以通过消极不作为得以实现，但马歇尔划分的第三代权利却无法通过直接的积极作为实现。在为南非制定民主宪法的讨论中，最初提出了两种主要方法。一是涉及司法审查的行政法概念："使经济权利成为传统司法审查所赋予的第一代权利，即衡量法律和决策正当性的标准。"（Mureinik 1992：473）二是基于法条解释的指令性原则，将第一代权利定义为平等权利。

旨在实现实质性平等的"融合"被认为得到了加强，其方式是通过承认国家在实现 1996 年《南非共和国宪法》第 26 条和第 27 条中规定的社会经济权利方面的积极义务，但这须考虑到"可用资源"和"合理性"，即所谓的框架权利。框架权利的内容被认为是可扩展的。"南非共和国政府等诉格鲁特布姆等"案（2000 年）中就采用了框架权利并产生了实质性效果。"利尼迪威·梅兹布克等诉约翰内斯堡市等"案（2009 年）中也采用了框架权利，司法顺从原则的效果从中得到了体现。后种族隔离时代社会经济权利判例的进一步发展是在"贝利亚镇奥利维亚路 51 号及约翰内斯堡大街 197 号占用者诉约翰内斯堡市等三方"一案（2008 年）（Davis 2008：705）的判决中体现的《南非共和国宪法》规定的有意义的参与。

戴维斯（Davis 2008：706）认为，"法院在试图平衡财产权和无家可归者的权利时提出了'参与'这一概念，尽管它可能非常模糊，但却代表了问责和参与原则的进一步发展，无家可归者可以利用这些原则来对抗迄今为止的绝对财产权力"。这里提出的"平衡"同样强调了不同概念的权利之间的冲突。

不过，有人把社会经济权利看作一种在各方面都有别于18世纪公民权利的权利形式，这是值得怀疑的。很多时候（包括古希腊和古罗马时期及14世纪中叶以前的中世纪政治神学）人们都将"权利"概念界定为依法应得利益的份额（权利要求的公正内容基于其规范力量），但与之不同的是，西方政治现代性确立的权利形式是指使用应得份额的权力。被认为属于自己的物品（"私人的""正当的"）的合法要求成为任何与他人有关的法律诉讼的基础和目的。这描述了公民权利最初的消极权利形式，只针对外部障碍而设定，并没有明确规范性义务。"合法要求"变成了私权，在数量和范围上取决于其他个体或集体相同性质平等权利要求的数量、程度及彼此关系方面的考虑（Menke 2015：59）。

在西方政治现代性开创的权利概念中，私有财产是指个人拥有的财产，将所有其他人排除在外，意味着所有者要通过行使个人意志来决定对财产的使用。私有财产被认为是个人主体的私人领域。所有者对其财产的排他性决定了任何外部干涉不仅是对其权利的限制或挑战，也是对其自身的侵犯（Menke 2015：213）。

根据马歇尔的设想（以及南非宪政主义者的讨论所暗示的），根本的分歧在于公民权利（保护私有财产）和社会权利（要求政府对"被剥夺权利者"的这种剥夺进行积极补偿）的区别。实则不然。从长期来看，根本的分歧在于，是按照经典概念依法分配利益份额，还是通过与个人身份有关的私有财产、以"拥有"的名义对利益进行剥夺。

社会权利没有违背权利剥夺的形式，而恰恰相反，社会权利是其中的一部分（Menke 2015）。社会权利同样基于个人意愿：社会经济权利的目的是发展个人能力，根据个人决定追求自己的利益。这些框架的规定在1996年《南非共和国宪法》中得到了体现。

在国际层面上，社会经济权利的出发点是个人：在适当的有利环境下，个人能够为自己获得这些权利所隐含的社会产品。因此，国家在权利方面的最初义务是创造适当的环境，使自给自足的个人能够为自己获得社会产品……而不是直接提供社会产品，除非是在某些特殊情况下。1996 年《南非共和国宪法》将这些权利表述为"获得"社会商品的权利，这表明其采用了上述对国家义务的理解（Heyns & Brand 1998：159）。

个人社会参与的法律保障旨在形成负责任公民的个人能力。在南非，"正常化"战略[3]已经成为后种族隔离时代地方治理的一部分；此类战略将社会权利视为行使自由意志为自己获取社会商品和能力的权利，而社会参与的条件是由这种权利决定的。

从这个意义上说，可以批评性地看待社会经济权利：社会经济权利既不是对财产私有化概念的补偿（而财产私有化概念是马歇尔主张的权利历史类型划分中民权的标志），也不是一种完全不同的权利形式，而是占有社会利益的一种方式和在社会化过程中形成的一种能力形式。

基于这一认识，对社会权利的批判将始于借关系构想的权利之名重建公正秩序的设想，而非始于要求恢复被剥夺的、受到侵害的所谓"社会经济权利"。

历史观点：种族掠夺

20 世纪 90 年代初，在争论南非《人权法案》通过的可能性时，阿尔比·萨克斯（Albie Sachs）指出，"南非《人权法案》的大多数支持者认为其作用旨在阻止而非促进任何重大社会变革"（Sachs 1990：12）。其他人则希望获得一个更彻底且更具变革性的结果，将法律文化和法律解释引向社会正义。这一憧憬之所以未能实现，主要是因为本文第一节所述的原因，即根深蒂固的统治和剥削（通过种族资本主义得以巩固）仍在继续。

自 1910 年以来，"国家的作用在于保证和发展资本主义生产方式"（Wolpe 1972：429），而企业支持了种族政治统治。制度化的剥夺和对非洲农民的摧毁构成了贫困的历史基础，而这与商业领域施加的影响和权力是分不开的。持续的剥削相当于一种新的种族隔离制度，影响着大多数贫困的黑人人口；尽管黑人资本主义阶级日益壮大，但 1994 年后贫困依然存在。国家促进了阶级（尤其是在黑人当中）的发展，但黑人中产阶级的崛起仅限于那些处于政治秩序"内部"的人。获得机会、奖励和资产（工作、投标、职位）需要各种利益交换，而这些都需要对政治企业家忠诚。在这种情况下，公民身份的益处以及个人的发展和福祉既不是基于"权利"，也不是基于变革的愿景或正义。因此，受益的只是少数人，大多数人仍停留在边缘地带。

因此，尽管在向普选过渡后的头十年，南非经济稳步增长，社会阶级向上流动，富人积累了财富（Seekings & Natrass 2016：28），但原先基于种族因素的贫富差距仍在扩大。这种差距与因种族主义和剥削掠夺历史产生的"需求主体"有关。在种族隔离时代的南非，虽然黑人人口占大多数，但他们被种族主义划分为次等人。尽管 1994 年后取消了种族隔离政策，但官方统计数据显示，收入和种族不平等现象反而加剧了，黑人仍然处于贫困当中，生活变化甚微（Leubolt 2014：1）。1995 年国家对教育的投入占国内生产总值的 7%，而这一数字在 2016 年下降至 5.9%，因此教育遗留问题加剧了失业和技术工人短缺。同时，教育改革被认为有利于多种族构成的中产阶级。贫困黑人社区的教育基础设施仍然处于混乱状态。尽管住房和教育政策被认为是有利于穷人的，但国家投资力度自 1995 年以来一直在下降（Leubolt 2014：15）。

然而，如果只是关注当下或产生"需求主体"的新的治理战略，或只关注政府机构的腐败，就忽视了历史因素的延续，即殖民主义、种族隔离和种族隔离过程中的剥夺和社会混乱。评论人士将这种历史延续称为"新种族隔离"，即"一种通过种族隔离遗留下来的社会关系来过滤和维持资本积累的制度"，或是"实际上通过宪法固化历史不公"而实现的"一种隐性的或民主的种族隔离制度"（Madlingozi 2017：125，140）。

与非洲其他国家相比，非国大领导下的南非多数派政府并未广泛推动土地或农业改革。此外，1994 年以后的资本主义积累延续了以前固有的种族化不平等，使得各类结构不断促生贫困，黑人的贫困状况几无改善。土地剥夺产生的影响一直存在。臭名昭著的 1913 年《土著土地法》（1913 年第 27 号）将黑人土地占有率大幅减少到 7%。社会分化（划分出班图斯坦自治区，从空间上实行种族隔离）的历史影响也持续存在。

向"新"南非的过渡产生了对政治启蒙的叙事，在关于社会正义的话语中推进公民权和权利的理念，但同时又保留了种族资本主义的一些基础。梁将种族资本主义定义为"从另一个人的种族身份中衍生出社会价值和经济价值的过程"（Leong 2013：2151）[4]。南非的廉价劳动力推动了种族和族群层面的"补贴积累"(Padayachee 2013：15)。特雷布兰奇认为，"白人政治优势和种族资本主义的政治经济体系……使白人（尤其是白人企业）以不正当方式积累财富并使他们获得权利，同时也以不正当方式减少和剥夺黑人的权利"(Terreblanche 2012：67，保留了原作者的强调标记)，导致黑人日益感到自己的权利被剥夺且被社会疏离。

特雷布兰奇解释说，这种"转变"是"积累危机"的结果。当种族隔离制度已明显不再可行，使白人企业主导的商业部门陷入"积累危机"时，他们精心策划了干预措施，以说服非国大修改其社会主义倾向以及国有化和再分配计划，并找到维持企业主导地位的有效战略（Terreblanche 2012：59）。大多数黑人将继续受到政策的影响，而这些政策原本已经在异化和剥削黑人，但这一现实几乎没有受到任何关注。经过秘密谈判，1996 年南非推出了"'增长、就业和再分配'（GEAR）政策的雏形"，该提议采取软硬兼施的策略。黑人候任政府受到诱惑，接受了增加外国直接投资的"承诺"（这促进了国内资本的外流），同时被威胁道，如果新的执政党仍然顽固不化，不接受新自由主义经济体系，"美国有能力扰乱南非经济"(Terreblanche 2012：63 - 65)。

事实上，最终的妥协有利于白人主导的企业进行自我保护，这证明了自 1910 年南部非洲关税同盟成立以来，种族资本主义制度导致的贫困问题一直存在并日趋严重。过渡时期的政治妥协并保护了从种族剥削时代就一直存在的企业和私有财产。

在南非，贫困救济制度与财产剥削和无家可归现象密切相关。获得扶贫权利的分类和计算掩盖了这样一个事实，即权利的获得受到种族剥削体制的暴力制约，而这属于宪政中的历史遗留问题：

> 当人类权利的话语和实践遭遇所谓非人的要求时，就会崩溃。对那些遭受非人待遇和社会性死亡的人来说，人权话语毫无意义，这是处于政治社会围墙内部的人以及他们的人性所决定的。（Madlingozi 2017：139）

与贫困做斗争不是为了人权，而是为了南非穷人的人性。对贫困话语的重新设想需要从人权话语转向政治解放。

法学视角："德拉德拉诉约翰内斯堡市"案

最高上诉法院（SCA）在"德拉德拉诉约翰内斯堡市"案（第 403/2015 号）中的判决突出了在扶贫背景下采用规范性策略的方式。

该案案情如下：在先前的"约翰内斯堡市诉蓝色月光房产"案（City of Johannesburg v Blue Moonlight Properties）［2012（2）SA 104（CC）］中，有一群人即将被私人房产产权人（蓝色月光房产）从约翰内斯堡市中心废弃的工业建筑中驱逐，因此宪法法院令约翰内斯堡市向即将被驱逐的人群提供"临时替代住所"，以落实 1996 年《南非共和国宪法》第 26 条规定的住房权。约翰内斯堡市为执行法院的命令，最终将 11 名被蓝色月光房产驱逐的居民安置在一个私人经营的无家可归者救助站中，让他们在此得到了临时庇护，其中的一系列条件显示出该市的规范力并突出了需要救助的人群的不确定性。该市让救助站制定了一系列规定，要求：救助站居民在工作日上午 8 点和周六周日上午 9 点离开救助站，并只能在下午 5 点半后返回；晚上 8 点以后大门上锁，任何人不准进入；晚上 8 点以后回来的人不能进入室内；男女分开；不允许任何人与其伴侣共用一个房间或一张床（这条规则适用于所有居民，无论其婚姻或家庭状况如何）。

该市指出这些规定是其"管理式看护"政策的一部分，认为是合法。这种"管理式看护"政策也将在该市其他为被驱逐者提供临时住所的救助站实施。该市解释说，采取这项政策是为了帮助那些需要临时住所的人对自己的生活负责，并且不要太过依赖这些临时住所。该市明确表示打算敦促居民尽快离开救助站，以防止他们长时间停留在这里。显然，该市认为被驱逐者不值得救助，并把道德制度强加给他们。

这些规定对居民产生了负面影响。他们表示感觉失去了对自己生活的所有掌控，也失去了保持日常生活节奏的能力和权利。约翰内斯堡市则否认了这些规定给居民带来的不适，但证据表明，许多上夜班的居民白天无法回到救助站休息。一些人在就医后也无法回到救助站。因被禁止出入救助站，许多人不得不选择待在公园。有时他们不能继续照顾孩子，被迫将其遗弃。该市禁止救助站中的一对已婚夫妇合住一个房间，而这对他们来说"和离婚一样"。这样一来，原本法院是出于保护居民获得适足住房的宪法权利的理由，命令该市为居民提供临时住所，而市议会据此设定的条件却恰恰损害了居民获得适足住房的权利。其他一些宪法权利也因此受到影响，如尊严权、隐私权、人身自由和安全权以及家庭生活权等。

居民们向法院表达了对这些限制条件的强烈反对。高等法院发布临时命令，允许居民白天出入救助站，允许夫妻合住一个房间。之后居民的生活环境有所改善，让他们重新获得了一点点主动权和归属感。然而，该市就高等法院的裁决向最高上诉法院提出上诉，最高上诉法院认可上诉并撤销了高等法院的裁决。接着，这一决定被上诉到宪法法院，居民一方再次胜诉，宪法法院宣布超出承受限度的规定侵犯了居民的宪法权利，并命令允许居民白天出入救助站，允许家庭成员或长期伴侣合住。

从该案件中可以看出，地方治理机构制定的贫困治理战略虽然名为保障社会经济权利，实则是如何"限制"需求主体。至少在最高上诉法院的裁决中，1996 年《南非共和国宪法》所载的人权制度未能正视、质疑和改变那些使公民受制于刻板印象和道德化规范的规定。

这种失败在何种程度上来说是先前第一代、第二代和第三代权利分类法的残余？按照财产所有权是第一代权利（即使不属于基本权利）的逻辑，它将始终优先于第二代权利，在本案中则指获得适足住房的权利。从财产所有权中除去社会权利之后，剩下的则是国家有义务通过道德规范制度来扶贫。按照资本主义自由意志的逻辑，每个人都应该照顾好自己，国家的作用在于减少干预，不应承担社会供给的责任。需要补充的一点是，一些最初与获得庇护的人一起被驱逐的人被安置在一个公寓楼里，每个人都有一个小公寓，不受救助站规定的约束，因为他们有能力支付每月 600 兰特的租金。

"德拉德拉诉约翰内斯堡市"一案代表了其他许多弱势群体及其岌岌可危的生活条件，凸显了权利关系方式的缺失。权利的关系方法不仅试图从抽象角度看待权利，同时研究权利如何对个人产生具体影响。这种方式还会考虑各种权利是如何共存的，这与传统的权利方法不同。在传统的权利方法中，不同当事方之间存在利益冲突，各方权利是对立的，一方（在本案中是拥有财产的那一方）的利益凌驾于另一方的利益之上（Nedelsky 2011）。

有人可能会问，在蓝色月光房产一案中，既然被驱逐者已经是非正式定居者或"仅是居住人"，法院为什么只判给他们临时住所，为什么没有向市议会下达命令为他们提供永久住所或住房。法院工作的前提是，国家是站在公正或中立的立场，而不是正义或关心公民的角度；国家没有义务解决超出技术决策之外的问题。杨（Young 1987：62）解释说，这种公正性需要一种超越欲望、情感和感官的道德推理，因为这是公正性"实现统一"的唯一途径。一般而言，现代国家、现代法律和法律逻辑都接受这个公正的概念。

根据列斐伏尔（Lefebvre 1991）提出的空间理论，现代性意味着从居住到居所的转变。"居所"只关注"住房供应的经济和技术问题"（Butler 2012：115-116），而"居住"注重积极深入地参与社会生活，因此更具包容性。巴特勒（Butler 2012：105）强调了列斐伏尔"以空间居住定义生活经验"的观点。列斐伏尔认为，身体的中心性、姿势和节奏是"居住"概念的核心。这种从"居住"到功能主义"居所"概念的转变是现代主义（尤其是技术现代主义）的核心。新的城市规划者开始着手解决犯罪、传染病和公共赤贫等社会弊病，使用了附带有"官僚理性"的居所概念，充满功能主义、形式主义和结构主义倾向。这种理性的一个重要结果是将"技术和科学专业知识强加于人"，这不利于空间规划和发展决策的民主参与（Butler 2015：119）。

德拉德拉一案暴露出约翰内斯堡市议会的反应与列斐伏尔的空间规划概念密切相关。市议会起诉宪法规定的社会经济权利条款，以官僚管理的方式提供"居所"，以此作为对法院命令提供临时住所的回应，阻止居民参与社会生活。"死板的规定"否定了居民的身体和节奏。

这一案例凸显了将某些具体权利归为社会经济权利时存在的问题。获得适足住房的权利不仅仅涉及解决技术性或功能性住房方面的"基本需求"；在根本上，它还涉及身体、隐私和尊严问题，也涉及参与权、民主和政治问题。

结　语

在本文中，作者讨论了在面临贫困（即物质不平等）时，南非宪法（致力于促进生存平等）所载的权利的变迁。第一代、第二代和第三代权利的区别、层级和目的论结构遗留的痕迹依然存在。问题始终是：人类是如何被划分等级的？或者更确切地说，谁被现代法律和现代治理置于人类界限之外？贫困和反对地位降级的斗争本身不是社会经济权利的问题，而是政治斗争的问题。

注　释

1. 值得注意的是，马歇尔对斯宾汉姆兰体系（Speenhamland System）的解释不同于波兰尼的解释。马歇尔在引用波兰尼的解释时，没有强调他们明显不同甚至完全相反的立场。对波兰尼来说，该体系（自 1795 年起）和 1782 年《托马斯·吉尔伯特法案》（改善贫困救济和就业的法案）抹杀了穷人的权利，造成大范围贫困，破坏了社会规范（Polanyi 2001/1957/1944），而马歇尔认为该体系提供了"大量的社会权利"，"该体系试图根据公民的社会需求和社会地位调整实际收入，而非仅仅根据其劳动的市场价值来衡量；这是该体系留下的最后产物"（Marshall 112/950：15）。

2. 2009 年出台的扶贫政策的贫困评分因素包括个体申请人的社会经济地位和地理区域以及家庭贫困人数。需求水平由家庭的总体状况决定，福利也据此相应分配（Naidoo 2010）。设定了不同的贫困等级，对申请人（通过指纹识别个人身份）进行相应等级划分，每六个月进行一次监测（Veriava 2013；另见 Black Sash 2017）。

3. 福柯在 1976 年 1 月 14 日法兰西学院的演讲中，解释了从主权派生出来的司法规则在"关于自然规则或规范的话语"下出现的衰退：在我们这个时代，权力是通过权利和规训来行使的，规训的技巧和由规训产生的话语正在侵犯权利，而规范化的程序正在日益侵蚀法律的程序，这也许可以解释我所称为"规范化社会"的整体运作（Foucault 2003/1975—1976：38‑39）。

4. 在关于种族资本主义的定义中，重点强调了"白人个人或以白人为主的机构通过与非白人种族身份的个人交往获得社会价值或经济价值"（Leong 2013：2154）。

参考文献

Black Sash (2017) *Local Government：Indigent Support in the City of Johannes-burg Metro*. Accessed 23 April 2017, http://www. blacksash. org. za/index. php/your-rights/local-government/item/ indigent-support-in-the-city-of-johan nesburg-metro.

Butler C (2012) *Henri Lefevbre. Spatial Politics, Everyday Life and the Right to the City*. London：Routledge.

City of Johannesburgv Blue Moonlight Properties [2012 (2) SA 104 (CC)].

Davis DM (2008) Socio-economic Rights：Do They Deliver the Goods? *ICON*. 6 (3&4)：687 – 711.

Dladla v City of Johannesburg (Case No：403/2015).

Douzinas C (2010) Adikia：On Communism and Rights. In C Douzinas and S Žižek (Eds.) *The Idea of Communism*. London：Verso.

Foucault M (2003) *Society must be Defended. Lectures at the Collège de France, 1975 – 1976* (trans. D Macey). London：Allen Lane/Penguin.

Heyns C and Brand D (1998) Introduction to Socio-economic Rights in the South African Constitution. *Law, Democracy, and Development*. 2 (2)：153 – 167.

Lefebvre H (1991) *The Production of Space*. Oxford：Blackwell.

Leong N (2013) Racial Capitalism. *Harvard Law Review*. 126 (8)：2151 – 2226.

Leubolt B (2014) *Social Policies and Redistribution on South Africa*. Global La-bour University Working Paper No. 25, Global Labour University, Berlin.

Madlingozi T (2017) Social Justice in a Time of Neo-apartheid Constitutional-ism：Critiquing the Anti-black Economy of Recognition, Incorporation and Distribution. *Stellenbosch Law Review*. 28 (1)：123 – 147.

Marshall TH (1992/1950) *Citizenship and Social Class*. London：Pluto Press

Menke C (2015) *Kritik der Rechte*. Berlin：Suhrkamp.

Mureinik E (1992) Beyond a Charter of Luxuries：Economic Rights in the Con-stitution. *South African Journal on Human Rights*. 8 (4)：464 – 474.

Naidoo P (2010) Indigent Management: A Strategic Response to the Struggles of the Poor in Post-apartheid South Africa. In J Daniel, P Naidoo, D Pillay and R Southall (Eds.) *New South African Review*. 2010: *Development or Decline?* Johannesburg: Wits University Press.

Nedelsky J (2011) *Law's Relations: A Relational Theory of Self, Autonomy, and Law*. Oxford: Oxford University Press.

Padayachee V (2013) Introducing Varieties of Capitalism into the South African Debate. *Transformation*. 81/82: 5 – 32.

Polanyi K (2001/1957/1944) *The Great Transformation: The Political and Economic Origins of Our Time*. Boston, MA: Beacon Press.

Sachs A (1990) *Protecting Human Rights in the new South Africa*. Oxford: Oxford University Press.

Sachs A (1993) *Advancing Human Rights in South Africa*. Oxford: Oxford University Press.

Seekings J and Nattrass N (2016) *Poverty, Politics & Policy in South Africa*. Johannesburg: Jacana Media.

Terreblanche S (2012) *Lost in Transformation*. Johannesburg: KMM Review Publishing Company Townsend J (1971/1786) *An Essay on the Poor Laws*. Berkeley: University of California Press.

Veriava A (2013) The South African diagram: The Governmental Machine and the Struggles of the Poor. PhD thesis, University of the Witwatersrand.

Wolpe H (1972) Capitalism and Cheap Labour-power in South Africa: From Segregation to Apartheid. *Economy and Society*. 1 (4): 425 – 456.

Young IM (1987) Impartiality and the civic public: Some Implications of Feminist Critiques of Moral and Political Theory. In S Benhabib and D Cor (Eds.) *Feminism as Critique*. Cambridge: Polity Press.

实现社会经济权利：重构宪法对话

纳尼亚·博勒－穆勒（Narnia Bohler-Muller）

加里·皮纳尔（Gary Pienaar）

尤尔·德里克·大卫（Yul Derek David）

史蒂文·劳伦斯·戈登（Steven Lawrence Gordon）

背景："穷人的叛乱"？

经历了数百年的压迫之后，南非人民以极大的热情迎接了废除种族隔离制度的政治转型。民意调查显示，民众的生活满意度和对未来的总体乐观度有显著提高（Moller 2013；Moller Roberts 2017）。政治转型后的 25 年，舆论反映出民众对长期深层的社会经济不平等现象日益不满。尽管南非宪法被誉为全球最先进的宪法之一，且政府已实施了许多政策方案和倡议，但许多人仍感到这些举措不足以实现政府维护基本人权的承诺，也无法减少收入不平等和贫困现象，人们不能得到全面发展也不能均等地享受服务。与此同时，南非民主制度显得越来越脆弱。[1]南非拟退出国际刑事法院的提议引起了人们对南非人权承诺的质疑，而之后不再退出的决定又来得太晚，不足以打消这些疑虑。2016 年和 2017 年发表国情咨文时发生的议会动乱似乎也显示了人们对民主制度的尊重（或信任）有所减弱。

南非示威抗议活动频发，最近的一场大规模抗议吸引了全球关注。这次抗议中，人们喊出"学费必须下降"（Fees Must Fall）的口号，抗议高等教育收费过高。在国际特赦组织《2016—2017 年全球人权状况报告》约翰内斯堡发布会上，该组织的区域主任德普罗斯·穆切纳（Deprose Muchena）称，"贫困、失业和不平等让越来越多绝望的人走上街头进行抗议。"[2]他还表示，"普通民众已不再恐惧，而是在政府未能满足宪法保障的需求时行使自己的抗议权利。"尽管高涨的抗议活动被形容为"穷人的叛乱"，但要求财政部长普拉温·戈登（Pravin Gordhan）下台的抗议显示出民众的绝望情绪甚为普遍，存在于各个社会经济群体当中。

人们普遍认为，南非在实现宪法所述的变革愿景的过程中，国家的三个部门（即行政部门、立法部门、司法部门）起着至关重要的作用。但只有这些是至关重要的吗？事实上，上述这种传统模式忽视了实现愿景过程中的其他关键参与者，如普通公民、社区、民间团体（包括工会）、学术界、私营部门以及根据南非《宪法》第九章设立的各机构（即"第九章机构"）。每个参与者可以采取什么不同的措施来推动宪法所述的变革愿景（即让所有人的生活更美好）？基于最新研究，我们认为，我们需要重新审视"宪法对话"（当前人们的理解是"国家各部门之间的宪法对话"）这一概念，以期使各方更加齐心、协调、慎重地采取行动。有了这些共同的努力，我们才能规划出一条明确的前进之路，才能明确社会变革的目标。这些目标的识别应基于社会经济权利的规范性的、最核心的内容，而社会经济权利则必须是能充分并妥善解决不平等和贫困问题的。

本文将首先对南非人文科学研究理事会（HSRC）近几年发布的南非社会态度调查（SASAS）中出现的最新数据和趋势进行分析讨论，之后将讨论由人文科学研究理事会和福特哈尔大学（UFH）纳尔逊·曼德拉法学院近期共同实施的"宪法公正"项目（CJP）。最后，本文将讨论传统概念下的"宪法对话"并提出建议，说明新构想下包容各方协调一致的"宪法对话"将在帮助实现社会经济权利的同时，减少南非的贫困和不平等现象。[3]

民众对社会经济权利的评价

南非宪法通过为生活在南非的每个人确立享有基本住房、医疗保健、教育、食品、水和社会保障的权利，来保证社会经济权利的实现。《人权法案》第 7（2）条规定："国家必须尊重、保护、促进和实现《人权法案》中的权利。"有关个人是否获得这些重要社会经济权利方面的数据很难获得，但本文通过研究民意调查结果为读者提供了重要启示。这些民意调查的内容涵盖了人们对不平等、资源短缺和政府治理的态度，这些信息有力地显示了民众对政府的不满和怨恨。下节将引用南非社会态度调查的数据，讨论南非成年公民对基本服务、种族平等和抗议活动的态度。[4]我们的分析提供了一种新的角度，能够帮助读者理解南非民众对民主、政府治理和服务提供等关键问题的态度。

服务质量评价

种族隔离制度废除后，南非投入大量资源为弱势群体提供基本服务和便利，例如"人类住区计划"，这是世界上政府补贴力度最大的住房计划之一。2016年，南非时任人居部长琳迪韦·西苏鲁（Lindiwe Sisulu）在一次向议会发表的演讲中表示，自1994年以来，国家已提供430万套房屋及住房补贴，惠及逾2000万南非民众。此外，20世纪90年代末以来卫生设施、水、电的普及情况也显示出国家干预措施的成功（图1）。例如，有电力供应的家庭比例从1996年的65%增长到了2016年的88%。

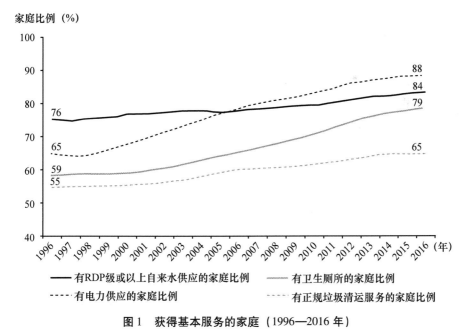

图1　获得基本服务的家庭（1996—2016年）

数据来源：IHS Markit（2018）。

以南非统计局的粮食贫困线[5]来衡量，相当一部分南非成年人口的生活水平已在粮食贫困线之上（图2）。特别是在过去的15年中，很大一部分黑人似乎摆脱了贫困。到2011年，只有26%的黑人生活在粮食贫困线以下，而2001年这一数字为35%。图2所示的贫困下降趋势也显示出国家干预政策在社会福利方面的成效。[6]现在，越来越多的人享受到基本住房、医疗保健、教育、水，这样的覆盖率是前从未有的。然而，2016年，贫困人口却增加了：有30%的黑人生活在粮食贫困线以下。但是，仅仅依靠这些图表中的数据来看待社会经济权利的实现情况是不够的。有必要指出，政府提供的公共服务方面的数据具有局限性。从民众对公共服务中断或效率低下的抗议中，可以看出政府的公共服务项目仍然存在缺陷。因此，在评价公共服务时，只看简单的数据点（如供电家庭数量）是远远不够的。

不同种族人群占比（%）

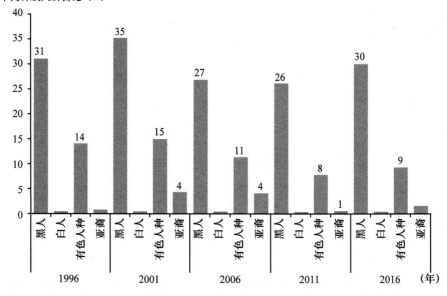

图2　处于粮食贫困线以下的人口比例

资料来源：IHS Markit（2018）。

　　图2所示数据无法说明服务质量，但当地居民的评价能够提供有关服务质量的信息。因此，我们使用了民意调查数据，进一步了解民众对基本服务的看法。2003年以来，南非社会态度调查一直在跟进受访者的

反馈，询问他们对当地政府提供的一系列服务是否满意。这些反馈显示，民众对当地政府提供的服务非常不满意。自来水和卫生设施的供应就是一个例子。总体而言，2017年，民众对自来水和卫生设施的供应服务基本满意，其中52%的成年人口对政府在这些服务上的表现感到基本满意，但这一统计数据掩盖了深层的地域差异（图3）。2017年，在传统农村地区，只有33%的民众对自来水和卫生设施的供应感到满意；在非正规住区，这一比例为32%；而相比之下，有62%的城市居民对此项服务感到满意。这种地域差异持续存在，充分反映出贫困地区的服务质量问题。

对服务满意的民众比例（%）

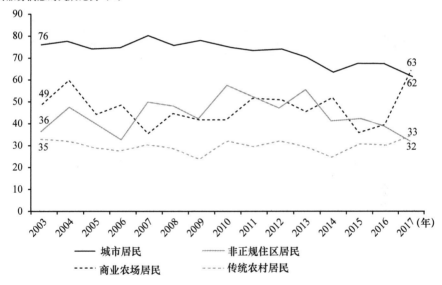

图3 对自来水和卫生设施供应满意的成年人比例（按地域划分类，2003—2017年）
资料来源：南非人文科学研究理事会（HSRC 2018）。

客观数据可能无法反映普通民众的真实生活情况。另一个明显案例是，许多社区都在批评政府在住房领域的作为及其质量。图4说明了黑人和有色人种成年人口对政府在经济适用住房供应服务的认可程度。黑人和有色人种在种族隔离制度废除前属于弱势群体，而现代住房政策的目的就是为这些弱势群体提供帮助。图4显示，2003—2017年，人们对政府在社区提供的经济适用房的满意度尽管有所提升，但仍然偏低。2017年，只有30%的黑人成年人和34%的有色人种成年人对政府在提供社区低成本住房方面的努力感到满意。这两个重要的例子也显示出民众对基本服务的失望情绪。

对服务感到满意的民众比例（%）

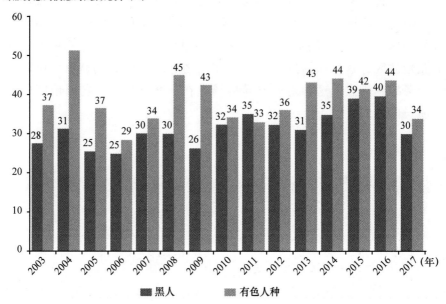

图4　对政府在社区的经济适用户住房供应感到满意的成年人口比例
（按种族划分，2003—2017 年）

资料来源：南非人文科学研究理事会（HSRC 2018）。

种族不平等和不断增加的愤怒情绪

为了解民众社会经济权利的实现情况，我们需要的数据应该是能够反映地方层面影响个体生活的各种不平等现象的数据。我们用 2017 年南非社会态度调查的结果来定位个体在社区（或村庄）经济层级中的位置。如表1所示，受访者将回答这一问题："您认为您的家庭收入与社区中的其他家庭相比处在何种水平？"近一半（47%）的成年人认为自己的经济状况比邻居差，只有41%的人认为自己和邻居的收入差不多。这表明，许多人生活的社区（或村庄）都存在经济不平等。对比南非不同种族的家庭状况，黑人成年人更有可能比他们邻居贫穷，而白人成年人更有可能认为自己比邻居富有。

表1　　　　　　　　　社区/村庄经济层级中的自我定位

（按人口、种族和生活水平衡量标准分列，2017 年,% ）　　　　　单位:%

	种族				生活水平衡量标准			总计
	黑人	有色人种	印度人	白人	低	中	高	
远高于平均收入水平	0.9	0.9	1.4	5.8	0.8	0.4	2.9	1.4
高于平均收入水平	5.5	5.6	18.3	18.0	4.1	2.9	13.7	7.0
平均收入水平	37.6	44.6	50.8	57.6	20.4	35.0	55.5	40.5
低于平均收入水平	33.8	25.7	8.9	13.5	39.5	38.7	16.1	30.5
远低于平均收入水平	18.9	14.3	0.8	1.4	31.4	19.6	6.1	16.3
不清楚	3.3	9.0	19.9	3.8	3.8	3.5	5.7	4.4
总计	100	100	100	100	100	100	100	100

数据来源：南非人文科学研究理事会（HSRC 2018）。

反种族隔离运动的主要承诺之一是为南非所有人创造更多的经济和社会机会。宪法规定，各种族民众应享有平等的就业、住房和教育机会。在过去 20 年中，政府通过立法促进种族社会经济平等，例如《南非学校法》（1996 年第 84 号法案）、《就业平等法》（1998 年第 55 号法案）、《广义黑人经济赋权法》（2003 年第 53 号法案）。政府为弱势群体分配了大量经济资源，以改善他们的经济和教育条件。尽管政府采取了许多政策和措施，但很多人认为政府在解决种族不平等方面的作为甚少。在 2017 年南非社会态度调查中，受访者需回答这个问题："在保障各种族民众享有平等的就业、住房和教育机会方面，政府做出了多少努力？"

表2　　对政府在提供平等就业、住房及教育机会方面的努力程度的评价

（按种族和生活水平衡量标准划分，2017 年）　　　　　单位:%

	种族				生活水平衡量标准			总计
	黑人	有色人种	印度人	白人	低	中	高	
无	24.7	30.6	50.7	26.3	29.1	26.9	23.9	26.1
些许	42.0	48.1	26.4	28.8	42.1	41.7	39.2	40.9
较多	23.3	17.5	11.0	27.6	17.6	22.7	25.1	22.9

续表

	种族				生活水平衡量标准			总计
	黑人	有色人种	印度人	白人	低	中	高	
很多	8.3	2.1	8.9	10.0	8.6	7.2	8.7	7.9
（不清楚）	1.0	1.5	0.6	5.0	1.5	1.1	1.8	1.4
（拒绝回答）	0.6	0.3	2.5	2.3	1.1	0.3	1.3	0.8
总计	100	100	100	100	100	100	100	100

数据来源：南非人文科学研究理事会（HSRC 2018）。

抗议与民主运行

　　十多年来，南非社会态度调查的受访者每年都被问及他们对南非民主运行的满意程度如何。2017 年南非民众对民主运行的满意度非常低。如图 5 所示，当年仅有 23% 的成年人对民主运行感到满意，而 2004 年时这一比例为 60%。2017 年中产阶级和不甚富裕群体对民主运行的不满程度几乎没

南非成年人口比例（%）

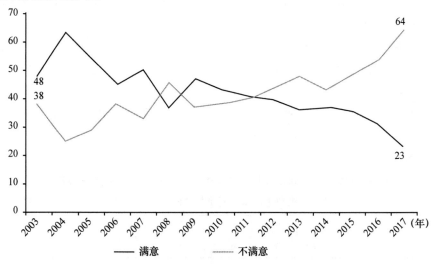

图 5　对民主运行感到满意/不满意的成年人口比例（2003—2017 年）
资料来源：南非人文科学研究理事会（HSRC 2018）。

有差异。生活水平衡量标准为"低"的群体中约有69%的民众对民主运行感到不满，而中产阶级和生活水平衡量标准为"高"的群体中分别约有64%和63%的民众对此感到不满。

穷人对政府的治理感到不满是显而易见的。表达不满的方式之一就是日渐频繁的抗议活动。2004年以来，约翰内斯堡大学的一个研究小组就一直在观察和分析南非国内的抗议活动。他们的分析结果表明，近年来全国各地针对社区和政府服务质量的抗议活动越来越多（Alexander et al. 2015、2018）。尽管自2008年以来，抗议活动中发生暴力行为的可能性呈上升趋势，但大多数抗议都是有序的。抗议的升级使人们发问：南非民众是如何看待抗议的？我们在分析中发现，很大一部分南非民众认为，群众抗议是一项应该受到保护的民主权利。

表3　　认同"抗议是民主国家可接受的一种表达意见的方式"这一
说法的民众比例（按种族和生活水平衡量标准分列，2017年）　　单位：%

	种族				生活水平衡量标准			总计
	黑人	有色人种	印度人	白人	低	中	高	
强烈赞同	30.4	16.1	27.8	14.2	29.8	30.3	22.9	27.5
赞同	37.9	36.9	26.3	32.7	41.0	39.5	32.2	37.0
中立	14.0	24.8	19.2	22.8	14.1	12.2	21.7	16.0
反对	11.1	13.3	13.7	19.5	8.6	11.1	14.9	12.1
强烈反对	5.3	7.3	9.2	8.1	4.8	5.3	6.9	5.8
不清楚	0.7	1.5	3.9	2.7	1.2	0.7	1.4	1.0
拒绝回答	0.7	0.0	0.0	0.0	0.5	0.9	0.0	0.5
总计	100	100	100	100	100	100	100	100

数据来源：南非人文科学研究理事会（HSRC 2018）。

表3显示了认同"抗议是民主国家可接受的一种表达意见的方式"这一说法的南非成年人口比例。黑人（约68%）、印度人（约54%）和有色人种（约53%）更可能同意这一说法，而认同这一点的白人（约47%）相对较少。也有部分人（少数白人和印度人）强烈反对抗议活动，尽管抗议的权利受宪法保护。他们的反对可能是由于最近几次抗议活动中出现了暴力行为和财产破坏。

如上所述，过去 10 多年，南非大规模抗议活动数量激增，但这些抗议大多是有序的。尽管大规模示威的升级有诸多原因，但人们对政府治理和服务质量的不满情绪肯定是其中之一。本节用南非社会态度调查的数据清楚表明了 2003—2017 年南非民众日益增加的失望情绪。这也使人们开始质疑国家在减贫、维护种族间正义和民主运行等关键领域的作为。显然，很多人担心他们受宪法保护的社会经济权利得不到尊重，甚至无法实现。他们的不满情绪表明，政府有必要进行改革，还应做出更加协调一致的努力，才能实现宪法所述的变革愿景。我们认为，这一愿景应当通过重新构想的宪法对话来实现，这是我们从为司法和宪法发展部（DoJCD）进行的一个为期两年的项目中得出的结论。

"宪法公正"项目

南非司法和宪法发展部于 2013 年 4 月 12 日发布了"宪法公正"项目（Constitutional Justice Project，CJP）的招标书和职权范围（ToRs）。2012 年发布的初版职权范围充满争议，且有人怀疑它试图让法院顺从行政部门的思维。

这些担忧源于前总统祖马 2012 年初发表的声明，祖马表示有必要"重新审查宪法法院的权力"（Monare 2012）。[7]祖马称国家的立法、行政、司法部门没有孰轻孰重之分，从中可以看出他的沮丧。这种状况令人担忧，因为它似乎对南非这一以宪法为最高法律的法治国家提出了质疑。[8]同样，前惩教署副署长拉马特洛迪（Ramatlhodi）曾写道，在宪法谈判过程中，为平衡各方势力，作为南非人口大多数的黑人被迫将立法部门的过度权力移交给司法部门、第九章机构和民间团体（Ramatlhodi 2011）。非国大秘书长曼塔西（Mantashe）也曾将法官称为"反革命分子"。[9]

面对这些争议，第 27 节[10]、应用法律研究中心[11]和社会经济权利与行政司法研究小组[12]提出了三份关于拉德贝（Radebe）部长 2012 年讨论文件的公开意见书，这些文件构成了该研究项目的基础。尽管在研究重点和视角上存在分歧，这些文件对法院的"审查"或"评价"存在以下担忧：

● 该部门没有提供明确的评价依据。评价目的不明确，人们对行政部门如何利用这些研究成果表示担忧。

- 讨论文件和评价提案实际上是同时发布的，人们担忧公众参与是否有效。
- 职权范围宽泛且模糊不清，所用的方法存在问题（特别是由于最高上诉法院的加入）。
- 这种评价有一定风险，会威胁到司法和法院的独立性以及法治和三权分立的原则。

公众人物也评论了这项研究的性质。前宪法法院法官雅库布（Yacoob）表示：

> 我认为，对宪法法院或任何其他法院的工作进行评价绝对没有错。我也会极其严肃地对待评价结果。我们所有人都十分重视合理意见，包括真诚指出评价结果中某些错误的意见。我也相信南非的每位法官都会认真对待任何司法审查程序结束时提出的任何意见。（Yacoob 2012）

雅库布大法官指出，他所理解的"动态的"宪法就是能满足所有南非人需求的宪法。他说，他并不担心法院和法官"总是受到审查，总是成为学者、律师和民众激烈讨论的话题"。在他看来，这些讨论大有裨益，能够对司法决策产生积极影响。雅库布重申了人们的普遍观点，即宪法不是一成不变的，而是鲜活的、灵活的、适宜的。在任何意义上，宪法都是一个政治文件。

根据德沃斯（De Vos 2012）的说法，司法部修订后的职权范围包含了两点新内容：第一，将最高上诉法院纳入授权范围内；第二，囊括了一些对宪法法理学发展至关重要的问题，而这些问题往往缺少讨论和关注。德沃斯提到了一些与方法有关的问题，比如如何衡量国家、省、地方各级政府服务质量水平，以及项目的艰巨性。麦凯泽尔在一篇评论文章中提到法律界普遍对此有些敌意，但他总结说，由于审查范围和重点的转变，人们对这次审查的担忧有些"小题大做"（McKaiser 2012）。他还表示，我们所拥有的"鲜活的"宪法意味着对法院判决的（社会经济）影响进行评估不会对三权分立和司法独立产生不利影响。

莱本伯格（Liebenberg 2012）则对此很不看好。作为社会经济权利法理学领域的专家，她认为"政府的立法部门或行政部门不应规定，甚至不应建议法院该如何履行自己裁决宪法争议的责任"。

后来协助指导了人文科学研究理事会和福特哈尔大学共同实施的"宪法公正"项目团队（HSRC-UFH CJP）的弗里德曼认为，虽然法官数量的变动有助于增强和维持人们对法院的信任，但改革议程应更加广泛，体系也应更高效、更方便、更透明（Friedman 2010）。

与雅库布大法官不同，已退休的宪法法院法官克里格勒（Kriegler）严肃批评了此项审查动议。他在安全研究所发表的一篇论文中提道：

> 这种询问看起来客观且无害，其实一点都不公平。鉴于最近司法部门因反对行政部门而遭到攻击，这显然掩盖了有些人认为法院应该屈服于当今政府政策的意图。（Kriegler 2012）[13]

不过，人们普遍认为，如果以诚信、得当的方式进行，评价将有助于为行政（和立法）部门在执行法院判决过程中的问题找到解决办法，也有助于深入了解寻求司法帮助时遇到的障碍。

尽管南非主流媒体对这一研究项目表示担忧，但该项目为衡量司法影响做出如此多的努力，其实也不足为奇。高里和布林克斯（Gauri & Brinks 2008）指出，法律可以通过对社会经济权利的裁决实现社会变革，而司法审查可以在实现这些权利方面发挥重要作用（他们称之为决策的司法化）。

根据世界银行的研究，五个国家（南非、巴西、哥伦比亚、印度、印度尼西亚）的诉讼结果表明，法院通常倾向于贫困人口，而其中南非法院的情况很好。尽管南非的案件数量较少，但这些案件的影响都比较广泛。高里和布林克斯（Gauri & Brinks 2008）指出，在南非的诉讼模式下，公共政策的修改都基于普遍适用的决策，而不是基于个案的累积。诉讼各方或多或少地自愿采用这些普适决策来解决问题。这种社会经济分析也说明，南非法院的判决影响了很多相关政策领域的受益者，其中就包括贫困人口。

变革性宪政

根据人文科学研究理事会和福特哈尔大学（HSRC-UFH）小组进行的

研究，莫里尼克教授认为临时宪法[14]是从独断到合理的桥梁（Mureinik 1994）。就这种新的且不断发展的法律文化而言，议会在没有确保所有法律都反映宪法所体现的精神、宗旨和目标的情况下，不得再利用其权力颁布立法。

宪法至上已经取代了立法机构至上。就这一点而言，法院成为了宪法的监护者，所有国家机构都受到法治和宪法价值观的约束。南非 1996 年《宪法》[15]第 1（c）条和第 2 条规定，宪法是本国最高法律。我们须将其中第 2 条与第 7 条放在一起看：这两条指出，《人权法案》是南非民主的基石，国家必须"尊重、保护、促进和实现"《人权法案》中的权利。此外，第 8（1）条规定，《人权法案》适用于所有法律，并对立法、行政、司法部门和其他所有国家部门具有约束力。

因此，自 1994 年以来，法院不应再使用"黑体字法条"[16]。"黑体字法条"这种形式化的法律解释方式不再被使用，而是用目的性更强、更为宽容、以价值观为导向的方法来解释宪法和所有其他法律。就这种解释方法而言，法院有义务确保法律程序的公正和公平，并对其判决和做出的选择负责。此外，在司法审查方面，法院有一定的"创造"法律的权力，在这种情况下，法律和政策必须与宪法相一致，如有欠缺，就必须宣布该法律或政策无效或将其废除。简而言之，宪法至上[17]已经取代了腐败的种族隔离制度。本质上，宪法的价值观在于发挥变革作用，因为社会变革的价值观、目标和分析都要体现在裁决之中。

随着南非独特的人权法理学的出现，进步的法律学者和从业者认为，宪法具有后自由主义和变革性的特征（Klare 1998）。变革性宪政强调要实现社会经济正义，以亲贫（或反贫）为导向，专注于解决不平等问题（Brand 2009）。因此，对法律做出解释时，法院必须牢记，要在人权和宪法其他法律要求的框架内改变所有南非人的生活。正如 1996 年宪法序言所说，其目的是通过建立一个"以实现民主价值观、社会正义和基本人权为根本的社会"，并通过提高"所有公民的生活质量"为所有人创造更好的生活。

虽然认识到所有人权都与生俱来、不可分割且相互依存，但在南非广泛的贫困和不平等情况下，社会经济权利显得尤其重要。因此，社会经济权利对受贫困影响最大和享受到的资源、机会、服务十分有限的弱势群体而言尤为重要。尽管宪法法院做出了一些具有里程碑意义的判决，确保国家有义务采取合理措施来保障社会经济权利，但如上所述，很多弱势和边缘化群体仍无法获得一系列社会经济权利。

其中的核心问题是宪法设想了什么样的变革、政府各部门支持什么样的变革，而南非民众（特别是穷人和弱势群体）在生活中是否切身感受到了这种变革。因此，法律和政府政策应遵循宪法及其基本价值观，宪法法院和最高上诉法院有权确保国家尊重、保护、促进和实现人权。

南非的人权法是在国际人权法的框架内运作的，特别是《联合国世界人权宣言》（UDHR 1948）和与之相互依存、相辅相成的《公民权利和政治权利国际公约》（ICCPR 1966）以及《经济、社会及文化权利国际公约》（ICESCR 1966）。《公民权利和政治权利国际公约》与《经济、社会及文化权利国际公约》在以下两个问题上是相同的。第一是自决权，"他们凭这种权利自由决定他们的政治地位，并自由谋求他们的经济、社会和文化的发展"（上述两个《公约》的条款）。第二是平等和不受歧视的必要性（第2条）。这里的自决权意味着每个人，包括社会所有群体，都必须能够参与到影响他们自身的相关问题的决策中。大多数侵犯经济、社会及文化权利的行为都被认为是不平等、不公正的。因此，在像南非这样的发展型国家，法院应该为人们提供帮助，并应该集中精力减少不平等和帮助消除贫困。这被称为实质平等，即：

> 全面重建国家和社会包括按照平等主义思路重新分配权力和资源。在这一变革中实现平等面临着诸多挑战，包括消除基于种族、性别、阶级和其他不平等理由的系统性统治以及物质方面的劣势。此外还需要有发展机会，使人们能够在积极的社会关系中充分发挥自己的潜力。（Albertyn & Goldblatt 1998：249）

在区域层面，《非洲人权和人民权利宪章》也认识到并强调，成员国必须尊重、保护、促进以及实现某些经济、社会和文化权利。

在进一步推动社会经济转型议程的过程中，在"S诉马宽亚尼（Makwanyane）等人"案件（S v Makwanyane and Another）[18]中，法院认为，宪法希望提供"从过去这些无法接受的特征向明显不同的……未来的过渡"。[19]在"杜普林西斯（Du Plessis）等人诉德克拉克（De Klerk）等人"的案件（Du Plessis and Others v De Klerk and Another）[20]中，法院指出，宪法的"目的是在现状基础上建立起新秩序"。前首席大法官兰加（Langa）指出，变革性宪政的核心目标是创建一个真正平等的社会，并"治愈过去的创伤，引导我们走向更美好的未来"（Langa 2006：352）。兰加把法律意义上的"变革"描述为：

> 一场社会和经济革命。南非目前必须解决住房、粮食、自来水、医疗、电力供应不平等和不足的问题。正如前首席大法官查斯加尔森（Chaskalson）在 Soobramoney 案中所写的那样，"只要这些问题继续存在，这种愿望（即实质平等）就会显得空洞不实。"让所有人享受到服务，并使被种族隔离制度严重扭曲的经济竞争环境趋于平等，必须成为任何变革性宪政的绝对核心。（Langa 2006：352）

因此，社会经济权利可以被视作一种工具，为那些仍无法参与南非政治、文化、社会和经济的人们赋权。他们的参与是民主活力的基本要素。然而实际上，法院一再宣布自己不愿定义社会经济权利的最低核心义务[21]，以免使法院被认为打破了三权分立的界限或偏离太远而进入被认为仅属于行政或立法领域的范围。然而，如果对这些权利的基本内容缺乏权威和统一的理解，也没有明确的实现途径和时间安排，只会加剧人们的不满。

在为案件确定适当的补救措施时，法院应牢记，由于南非的高贫困率，需要考虑到分配公平。但是，由于资源限制和有限的国家资源带来的压力，对社会经济权利诉讼的补救措施避免了按需赋予个人权利，而是将权利定义为集体权利，并应逐步实现。儿童群体是个例外。法院已在有关住房权的"Grootboom 运动"[22]和有关医疗权的"治疗行动运动"（TAC）[23]等案件中认识到，国家有保护和维护儿童权利的特殊责任，特别是在父母无法履行其对子女的义务的情况下。

法院的工作及其对社会的影响也在南非《国家发展计划》（NDP）的序言中得到了体现，其中反映了南非人的公正观：

我们制定了自己的生活规则：
- 我们以宪法作为建立公平社会的盟约。
- 自 1994 年以来，我们修改了法律，使其与宪法相一致。

● 当前我们实现了：司法至上，公正的法律为社区带来更多可能。

● 法律让我们能够共同生活，在我们共属的公共空间中履行我们共同的义务和责任。（NPC 2012：18）

《国家发展计划》的"2030 年愿景"呼吁将南非建设成为一个发展型和有能力的国家；其中，发展型国家意为旨在解决贫困和不平等问题的国家，有能力的国家指能够为此制定和执行政策的国家（NPC 2012：409）。换言之，一个有能力的国家必须有实现社会愿望的发展目标。南非还需要一个成熟的民主制度，加上健全的治理和强有力的问责制机构和手段，这样才能发展，才能变得有能力。在这种情况下，强制执行和执行机制至关重要，但只有国家具备了有效且高效的资源能力，这一点才有可能实现。这种资源能力包括技术能力、道德感和行为准则。

《国家发展计划》认识到了司法部门与社会其他所有部门在建设发展型和有能力的国家过程中所发挥的重要作用。《国家发展计划》也强调了司法部门要捍卫穷人和弱势群体的利益（NPC 2012：37，354），并促进制度化的制衡体系的建立，以确保问责制和透明度（NPC 2012：446）。《国家发展计划》进一步指出了获取信息、寻求司法帮助、迅速解决案件的重要性，以及增加穷人法律代表的重要性（NPC 2012：446）。相信这些举措都有助于实现对社会转型至关重要的社会经济权利。

加强司法和法治是实现"2030 年愿景"的关键。为此，《国家发展计划》将法律定性为"变革的推动"，同时，必须"以渐进的、变革性的方式对法律进行解释和执行。这就需要司法机构在理念和法律倾向上具有进步性"（NPC 2012：453）。《国家发展计划》还进一步指出司法治理的一些特定方面会如何影响社会经济转型。这些方面包括：司法是否独立，司法成本高低，如何问责司法机构在人员任用、职业道德、领导力、管理者以及法院管理方面的问题（NPC 2012：454）。

宪法对话

根据我们的研究，我们认为，在这个以《国家发展计划》为基础的发展型宪政国家，立法、司法、行政三个部门必须合作来实现宪法的变革性目标。人们普遍认为，这种传统的机构间的宪法对话是在国家各部门之间进行的，具体情形包括：提出证据、法庭辩论、下达判决；行政部门考虑判决结果并调整政策或行动；立法机关辩论、修正和通过立法。这些作用和职能也是权力制衡的特征，体现了宪法所隐含的三权分立。

然而，行政部门有很大的优势，因为它拥有更大的权力，因而也有更大的责任去推动政策和立法改革。相比之下，法院就显得略为被动，只是等待诉讼人把案件送上门。然而，诉讼人提起诉讼的过程还存在着许多障碍，包括宪法权利诉讼费用高昂、缺少发展社会经济权利相关法律的公共资金，且民事诉讼案件中的大多数诉讼人本身就属于最贫穷的弱势群体。

许多人认为，诉讼人面临的另一个障碍是，宪法法院在三权分立背景下对自身作用的解读。宪法法院的立场通常遵循司法顺从原则，也被称为"司法节制原则"[24]（O'Regan 2012：132），赋予行政部门在立法部门支持下制定和实施政策的重要权力。这种做法不仅强调了民选政府的民主合法性，而且突出了司法部门的相对劣势，因为司法部门不适合在没有行政部门提供广泛政策和技术资源的情况下做出复杂的"多中心"决定。[25]许多批评人士都对此提出异议，其中莱本伯格（Liebenberg 2014：30ff）和麦克林（McLean 2009：61ff）认为，这种方法严重限制了法院进行有效变革。

由于行政和司法部门的工作性质和职能不同，公众参与主要可以在国民议会和全国省议会及其委员会的"立法和其他程序"中进行，这是按照宪法[26]以公开方式处理事务的要求规定的。在"国际终生医生组织"一案中（2006 年）[27]，宪法法院裁定，公众参与公共事务的一般权利包括在公开听证会上与当选代表进行公开辩论和对话。但是，参与立法和监督程序的程度实际上仍然受到限制，也受到立法者反应有限的限制，因为立法者大多倾向于听从行政部门。

"宪法公正"项目与宪法对话

接受"宪法公正"项目采访的受访者强调，现在紧迫感越来越强，表明"我们不再是一个年轻的民主国家"，公众对由来已久的严重不平等现象越来越不满，对此我们需要做出协调一致的回应。在三权分立的背景下，研究过程中出现了一些值得注意的想法，认为有必要进行更加深思熟虑、协调一致、包容和持续的"宪法对话"。尽管有人担心这是否有违司法独立和三权分立的原则，但肯尼亚首席大法官威利·穆通加（Willie Mutunga）证明了肯尼亚宪政发展如何从透明和包容的"宪法对话"中受益。[28]

> 我们（肯尼亚）的宪法明确规定，这三个部门是完全独立的，它们有各自独立的任务。但是有一条是共通的，那就是彼此协商，彼此对话，相互合作，相互依赖。这个任务很艰巨，因为目前关于这三个部门如何在保持彼此独立的基础上进行对话也存在很多争论……实际上，我们的宪法也越来越开放，我认为在非洲，基本来说，"宪法对话"透明化是非常好的，我也认为这是一个很好的进步（Mutunga 2015）。

在接受"宪法公正"项目采访时，律师斯坦伯格（Steinberg）表示，评估政府政策的目的之一就是要在国家各部门之间建立宪法对话。这种"宪法对话""最大限度地增加了国家不同部门的参与度"，因此，"审议过程才会尽可能包容"。[29]

一些受访者，包括前宪法法院大法官戈德斯通（Goldstone）在内，都认为实现更深入的"宪法对话"这一设想很有希望，他们也愿意寻找确保政府三个部门通力合作的方法，同时又不会影响司法独立。事实上，接受采访的大部分法官都不反对这种做法。一些受访者支持在三个部门间开展更加协调和持续的对话来协助法院，具体方法就是通过开展研究来帮助法院界定社会经济权利的实质性最低核心义务。

戈德斯通大法官认为，法院有必要与行政部门进行对话（Goldstone 2014）。[30]另一位接受采访的前宪法法院法官补充说，这种性质的沟通在南非并不罕见，因为有这方面的先例，法官、行政部门领导和立法部门领导收集信息，就宪法问题进行辩论，辩论内容包括与寻求司法帮助有关的问题，以及后来包括会议在内的《法律实践法案》。这位前大法官强调，还需要提高参与度以有效实施和执行法院命令，并表示"法院、行政部门、立法部门并不是互相对立的。我认为……宪法对话在一些情况下可以起到协调各个部门的作用，从而确保在此情况下……权利得到落实"（匿名采访，2015）。[31]

　　萨克斯大法官和克里格勒大法官赞同雅库布大法官等人关于一种可行模式的见解，这一模式可能源于"治疗行动运动"（TAC，南非一个预防艾滋病宣传机构）判例中相关的民间团体运动以及宪法法院的诉讼和决策。[32]在这一判例中，宪法法院认可的"高效的行政部门"缺乏宪法正当性证明[33]的决定，未能对艾滋病毒和由艾滋病肆虐造成的悲剧和社会经济破坏做出有效的应对政策。在这种真空中，形成了一个更加广泛的联盟来制定必要的国家发展对策，这个联盟就是"治疗行动运动"领导下的民间团体。它们在全国范围内开展活动，提供相关医疗知识教育，提高民众对艾滋病的认识，大力促进宣传活动。此外，它们还利用医学研究测定了抗反转录病毒（ARV）药物的疗效，在治疗推广活动中提供了专业医疗服务（咨询和配药），并提供制药公司生产的价格合理的抗反转录病毒药物。此外，它们还向法院提供了诸多证据，说明拟议行动方案的预算和影响。因此，这种"意志的结合"确保了法院能够得到足够的证据和信息，从而能够迅速制定方案，指示政府执行特定行动。重要的是，向法院提供的详细信息使法院能够在这种情况下确定获得充足医疗服务的"最低核心义务"内容。这样，法院就可以克服制度上的局限性，放下往常对行政部门的顺从态度，做出另外的多中心的裁决。这一里程碑式的裁决正在对社会经济产生有益影响，它已成为公开记录，可供公众查阅。

　　有人认为，这次运动的特点就是重新构想的宪法对话框架中的一些关键要素。还有人认为，进行这样一种对话（即包含我们设想的协调科学研究和公共协商要素，从而建立可靠的证据库）将有助于推动我们确定社会经济权利的最低核心义务，从而确定需要做什么来确保南非民众获得尊严和实质平等。

　　对持续存在的贫困和不平等问题采取全面、协调和以价值为导向的对策已变得至关重要。事实证明，原本在国家部门间进行的宪法对话[34]低效而拘谨，不足以激发人们为迎接当今时代的挑战做出努力和创新。因此，政府开始直接与商界领袖会面，以寻求紧急解决方案。[35]

　　"宪法公正"项目带来了一种新的趋势，即支持对宪法有更加灵活的解释，允许宪法对话公开化、透明化，国家各部门、学术界、民间团体和私营部门都应就如何创造美好生活这一问题集思广益，进行协调一致、目的明确的行动。这种灵活的解释将更能体现宪法的生命力。现在我们达成的新共识包括：

● 法院的确需要对三权分立这一民主规则保持敏感，应当理解，法院不具备制定政策的条件，甚至不能严格规定政府应该如何做出政策选择。

● 然而，赋予法院的司法审查权和裁判社会经济权利的做法将三权分立局限在了特定的范围内。因此，法院作为宪法的捍卫者，应行使其评估政府政策的权力，并且不应有恐惧或偏袒，但法院也应考虑到政府面临的资源限制。

● 谈到分权原则，人们往往从负面角度看待这个问题，认为它将人们认为的司法侵害排除出民主合法的立法机关和行政机关的专属领域。鉴于宪法的必要性，三权分立不应仅仅被理解为权力制衡，而首先应把"高效的行政部门"看作前提。该原则有一定的灵活性，在努力实现社会经济权利以及公民权利、政治权利和文化权利的同时，更加侧重于国家各部门的工作如何实现互补。

● 要灵活解释三权分立，就应允许进行更包容、更连贯、目的性更强且更加持久的公开宪法对话，从而讨论如何创造如宪法所言的更加美好的生活。法院与行政部门进行必要对话时有一点需要特别关注，那就是有效执行法院命令。

我们还应重点关注一点，即通过协调努力来确定或建立必要的证据库，从而帮助确定社会经济权利的最低核心义务。出于种种原因，法院一直不愿划定或规定社会经济权利的内容，而且随着国家的发展，社会经济权利本身就是不断变化的。[36]但是，南非最近加入了《经济、社会及文化权利国际公约》，因此南非必须报告本国社会经济权利的实现进度。为此，南非需要一个指标来衡量这一进度，包括重要节点和成果。更具包容性和目的性的宪法对话将有助于以透明的方式实现现行宪法的变革目标，这也将有助于增强社会凝聚力。

结　语

"宪法公正"项目实施的成果表明，法律界和学术界日益认识到，人们日常生活中的问题需要及时、协调以及富有同理心的应对措施。社会经济权利方面的诉讼通常是治理失败的标志。在尊重南非的三权分立的同时，人们认识到，在共同追求实现宪法愿景的过程中，还存在进一步思考和采取创造性行动的空间。同时，最近南非自愿承担了重要的国际报告义务，将报告在实现本国宪法所载社会经济权利方面的进展细节。

实际上，如何进行这一新的宪法对话？2011 年，时任首席大法官恩科博（Ngcobo）邀请国家各部门一起召开会议，考虑重构实际现实和政策框架的迫切需要，以增进穷人和弱势群体寻求司法帮助的机会。我们认为，是时候通过召开这样的会议来重新设计南非的"宪法对话"了。会议应考虑制订一个连贯协调的研究计划和包容的对话，以制订详细的计划，更快地实现社会经济权利。持续的对话旨在确定或开发动态证据库，以商定社会经济权利的最低核心义务、相关的预算工作、更加协调的治理框架、更为详细的计划以及实现这些目标所需的其他资源。

2017 年 5 月上旬，作为国家基金会对话倡议（NFDI）的一部分，八家国家基金会联合举办了首次全国公众对话。[37]人们对南非在实现宪法变革愿景方面的进展普遍不满，而这类倡议可为人们提供一个有用的平台，为准备进行的宪法对话献计献策。国家基金会对话倡议注意到了南非继续努力解决"种族和经济上的深度分歧"，鼓励"认真对话和建立共识"。国家基金会对话倡议邀请了"拥有不同背景和信仰的南非人来反思南非过去 21 年的经历"，目的是"正视我们彼此之间以及我们和国家的问题、挑战、担忧和认知，以寻求一个认可宪法保障的共同的公民身份的契约"[38]。

同样，关键立法和加速根本性变革高级别小组（High-Level Panel，HLP）可以就更迅速和公平地实现社会经济权利提出建议，它也可以成为另一个帮助政府更有效地解决社会中存在的严重分歧和持续不平等问题的平台。发言人论坛是南非议会和省级立法机构下属的一个组织，2016 年 1 月，上级为该组织指派了论坛小组，以评估议会和省级立法机构自 1994 年以来通过的关键立法的效力。高级别小组的任务主要集中在三个领域：贫困、失业及财富的公平分配；土地改革、可持续生计和农村发展以及土地保有权；社会凝聚力和国家建设（Motlanthe 2016）。

这种经过重新设计的宪法对话将为法院提供做出变革性决定所需的重要信息，同时明确整个国家的共同责任，即决心采取行动来实现南非充分的民主红利。理想的情况是，这种对话将减少繁复且耗时的诉讼，避免进一步延误贫困人口和弱势群体的迫切需要。

注　释

1. 过去十年，许多民主国家都在保障民众权利的过程中遇到了挑战。根据自由之家（Freedom House）2017 年的一份报告，被自由之家评级为"自由"的许多国家（包括南非），政治权利和公民自由都遇到了困难。尽管在《2017 年世界自由调查报告》中，南非排名仅下降了一位，但最近发生的许多事都可以解释人们的担忧。《2017 年世界自由调查报告》评估了 2016 年内 195 个国家和 14 个地区的自由程度。该调查报告根据 25 项指标对每个国家和地区打分，每个指标分值为 0—4 分，总分 100 分（请参阅 https:freedomhouse. org/report/freedom-world-20/methodology）。

2. 参见 "2016 an awful year for human rights-Amnesty International"，Nation Nyoka and Sisa Canca，*News 24*，2017 年 2 月 22 日。访问时间：2018 年 10 月 5 日，http://www. news24. com/SouthAfrica/news/2016-an-awful-year-for-human-rights-amnesty-international-20170222。

3. 我们认识到贫困和不平等现象具有复杂性和多维性的特点，也认识到不平等现象以不同的形式相互作用和彼此影响，就像瑟伯恩（2012）所描述的那样。用南非宪法中的语句来形容，所有形式的不平等都"损害宪法赋予的尊严、平等和自由的权利（《人权法案》第 7 节），并妨碍实现提高所有公民生活质量和释放每个人潜力的基本宪法目标（宪法序言）。"我们认为，国际公法和南非法律认识到所有人权和基本自由具有普遍性、不可分割性、相互关联性、相互依存和相辅相成的特点，从而认识到我们面临的不平等是非常复杂和多维的。正因如此，人权法案中所包含的权利，不论是关于宗教和民事方面的，还是社会和经济方面的，都是专门用来解决复杂的不平等现象的。快速有效地实现宪法所规定的社会经济权利，意在带来实质性的成效，即让南非所有人过上有尊严、平等、自由的生活。

4. 我们使用的数据来自南非人文科学研究理事会（HSRC）发起的南非社会态度调查（SASAS），调查范围覆盖全国，自 2003 年至 2017 年每年进行一次。该调查旨在衡量南非民众在诸如民主和国家治理等一系列问题上的态度、看法、行为模式和价值观。调查对 16 岁及以上的成年人进行抽样调查，不论其国籍或公民身份。南非社会态度调查对 3000 名居住在私人住宅的成年人进行了问询。为衡量经济状况，调查采用了生活水平衡量标准（LSM），这也是南非使用最广泛的市场调研工具，由南非受众研究基金会设计。该指标从 1 到 10 打分，分数越高则表示财富水平越高。为便于解释，用三个生活水平衡量标准分组来说明：低（1—3 分）；中（4—6 分）；高（7—10 分）。

5. 贫困线是指维持一个家庭所需的最低月收入，根据家庭规模的大小而有所不同。南非统计局划定的粮食贫困线代表了购买维持生活所需粮食的最低月收入。

6. 此处的数据未考虑地理因素。南非统计局根据 2016 年社区调查得出的数据开发了一种有效的方法来研究服务提供中的地理差异。统计局利用调查所得数据，为四项基本服务（卫生、自来水、垃圾处理、电力）制定了质量指标，然后利用这些指标制定了服务提供的总体衡量标准。指标按照从服务质量最低（1）到最高（5）排列。指标得分随不同类型的地理空间而变化。城市地区的指标得分（4.6 分）明显高于农村地区得分（3.3 分）。造成这种差异的主要原因之一是农村地区在综合服务提供指数中的垃圾处理（2.3 分）和自来水（2.8 分）两项得分较低。更多详情参见 Lehohla（2017）。

7. 非国大 2012 年的政策文件显然并未将司法部门视为变革性治理的一部分或参与者，而是将其视为变革的唯一目标（至少近期如此）。

8. 南非宪法第二章《人权法案》第三十四条。

9. 法官不得破坏法院的诚信。*ANC Today*，8（27），11 – 17 July 2008。访问时间：2017 年 10 月 21 日，http://www.anc.org.za/docs/anctoday/2008/at27.htm.。

10. "关于发展型国家南非的司法制度改革和司法机构作用的讨论文件"，2012 年 6 月 9 日。访问时间：2018 年 12 月 11 日，http://section27.org.za/2012/06/ section27-submission-on-the-discussion-document-on-the-transformation-of-the-judicial-system-and-the-role-of-the-judiciary-in-the-developmental-south-african-state/.

11. 应用法律研究中心对司法和宪法发展部 2012 年 2 月 28 日发布的关于发展型国家南非的司法制度改革和司法机构作用的讨论文件发表了评论。

12. 关于发展型国家南非的司法制度改革和司法机构作用的讨论文件以及评估宪法法院和最高上诉法院的裁决对南非法律和判例影响的职权范围，2012 年 4 月。

13. Kriegler（2012）。后来，在该项目主要研究人员的采访中，大法官克里格勒对以学术和客观的方法进行研究的方式表示了赞赏。

14. 1993 年第 200 号法案。

15. 《南非共和国宪法》，1996 年第 108 号修正法案。

16. 即纯粹书面形式的法律，通常没有根据语境解释。

17. 1996 年南非宪法第 1（c）节。

18. 1995（6）BCLR 665；1995（3）SA 391；1995（2）SACR 1。

19. Makwanyane，第 262 段。

20. 1996（3）SA 850（CC）；1996（5）；BCLR 658（CC），第 157 段。

21. 参见 Mazibuko 等诉约翰内斯堡市等案（CCT 39/09）[2009] ZACC 28；2010（3）BCLR 239（CC）；2010（4）SA 1（CC）（2009 年 10 月 8 日）。

22. 2000（11）BCLR 1169（CC）。

23. 2002（10）BCLR 1033（CC）。

24. O'Regan（2012：132）主张："法院在处理我们的历史遗留问题时，需要适度发挥司法作用。法院必须认识到，其责任主要是确保政府在合法性、合理性和遵守《人权法案》的三重框架内开展工作。在这一框架之外，法院不能阻碍政府的运作。"

25. 另请参阅"宪法对话：了解合作治理的框架"，首席大法官恩科博在开普敦大学举行的民主治理和人权部门 2011 年宪法周上的致辞。

26. 《宪法》第 59 节及第 72 节。

27. 国际终生医生组织在国民会议上的讲话。CCT 12/05（2006 年 8 月 17 日）。促进公众参与公共事务的职责包括确保公民能够获取行使政治参与权的必要信息和有效机会。

28. 2015 年 8 月在福特哈尔大学发表的主旨演讲。

29. 就"宪法公正"项目对约翰内斯堡律师事务所律师斯坦伯格的采访，2014 年。

30. 就"宪法公正"项目对前宪法法院大法官戈德斯通的采访，2014

年11月25日。

31. 就"宪法公正"项目对前宪法法院大法官的匿名采访，2015年5月7日。

32. 卫生部等诉"治疗行动运动"等案（第2号）（CCT8／02）[2002] ZACC 15；2002（5）SA 721；2002（10）BCLR 1033（2002年7月5日）。

33. 1996年《南非共和国宪法》正当性证明（CCT 23/96）[1996] ZACC 26；1996（4）SA 744（CC）；1996（10）BCLR 1253（CC）（1996年9月6日）。

34. 例如，见Ngcobo（2011，2016）。

35.《"南非团队"的大错觉》，《商业日报》社论，2016年5月11日。访问时间：2016年5月11日，http://www.bdlive.co.za/opinion/editorials/2016/05/11/EDITORIAL-The-big-%E2%80%98Team-SA%E2%80%99-delusion。

36. 例如，尽管《重建和发展计划》（RDP）为提供权利保障的公共服务设定了短期、中期和长期的目标，但在许多因素的影响下，这些目标已经过时了。这些因素包括城市化进程中的人口增长变化、知识进步、技术进步、气候变化和经济增长，以及社会价值观、态度和期望的改变。政府的中短期战略计划也是如此。换言之，南非的需求和"可用手段"已经改变并将继续改变。考虑到社会经济权利内容的不断变化，宪法并未规定其具体目标，并且宪法法院通常也不愿规定其最低目标。出于同样的原因，《经济、社会及文化权利国际公约》要求根据南非不断变化的现实情况，定期审查本国在实现目标方面的进展。这里我们提出的建议目的是为制定政府计划和评估其执行情况建立一个更加包容、透明和科学的基础。

37. 这些基金会包括：阿尔伯特·鲁图利酋长基金会、戴斯蒙德和利亚·图图基金会、弗雷德里克·威廉·德克勒克基金会、海伦·苏兹曼基金会、杰克斯·格维尔基金会、罗伯特·索布奎托拉斯、塔博·姆贝基基金会、乌姆兰博基金会（由前副总统普希莉·兰博库卡发起建立）。参见http://www.nfdi.org.za/founding-members/。访问时间：2017年5月6日。

38. 参见http://www.nfdi.org.za/。访问时间：2017年5月6日。

参考文献

Albertyn C and Goldblatt B (1998) Facing the challenges of transformation: Difficulties in the development of an indigenous jurisprudence of equality. *South African Journal on Human Rights*. 14 (2): 248 – 276.

Alexander P, Runciman C and Maruping B (2015) *South African Police Service Data on Crowd Incidents: A Preliminary Analysis Report*. Johannesburg. Accessed 27 October 2017, http:// africacheck. org/wp-content/uploads/2015/06/South-African-Police-Service-Data-on-Crowd-Incidents-Report. pdf.

Alexander P, Runciman C, Ngwane T, Moloto B, Mokgele K, and Van Staden N (2018) Frequency and Turmoil: South Africa's Community Protests 2005 – 2017. *South African Crime Quarterly* 63: 27 – 42.

Brand J (2009) Courts, Socio-economic Rights and Transformative Politics. PhD thesis, Stellenbosch University.

CorderH (2012) *An Assault on the Constitution*. Somerset West: Freedom under Law. Accessed 15 February 2017, https://www. freedomunderlaw. org/2012/02/15/an-assault-on-the-constitution/.

DeVos P (2012) Assessment of Judiciary Represents a Retreat for Reactionary Forces in Government. *Constitutionally Speaking*, 27 March. Accessed 28 October 2017, https://constitutionallyspeaking. co. za/assessment-of-judiciary-represents-a-retreat-for-reactionary-forces-in-government/.

Freedom House (2017) *Freedom in the World* 2017. Accessed 27 October 2017, https:freedomhouse. org/report/freedom-world-2017/methodology.

Friedman S (2010) Winning Public Trust: Towards a Wider Agenda for Judicial Transformation. *SA Crime Quarterly* 32: 3 – 6.

Gauri V and Brinks D (2008) *Courting Social Justice: Judicial Enforcement of Social and Economic Rights in the Developing World*. Cambridge: Cambridge University Press.

Klaaren J (2012) Gaps between Judiciary and Developmental State. *Mail & Guardian*, 15 June. Accessed 21 June 2017, https://mg. co. za/article/

2012 – 06 – 15-gaps-between-judiciary-and-developmental-state.

Klare KE (1998) Legal Culture and Transformative Constitutionalism. *South African Journal on Human Rights.* 14 (1): 146 – 188.

Kriegler J (2012) Transforming the Judicial System: Should South Africans be-concerned? Unpublished Paper Delivered at the Institute for Security Studies, Pretoria, 26 April 2012.

Langa P (2006) Transformative Constitutionalism. *Stellenbosch Law Review* 3: 351 – 360 .

Lehohla P (2017) *The State of Basic Service Delivery in South Africa: In Depth analysis of the Community Survey* 2016 *Data.* Pretoria: Statistics South Africa. Accessed 17 July 2017, http://www. statssa. gov. za/publications/Re port%2003 – 01 – 22/Report%2003 – 01 – 222016. pdf.

Liebenberg S (2012) Is the Constitution under Attack? *Politicsweb*, 9 April. Accessed 27 June 2018, http://www. politicsweb. co. za/news-and-analysis/is-the-constitution-under-attack.

Liebenberg S (2014) Judicially Enforceable Socio-economic Rights in South Africa: Between Lightand Shadow. *Dublin University Law Journal.* 37: 1 – 37.

McKaiser E (2012) Much ado about Nothing. *Southern Africa Report*, 29 March. Accessed 6 May 2018, https://allafrica. com/stories/201203300 889. html.

McLean K (2009) *Constitutional Deference, Courts and Socio-economic Rights in South Africa.* Pretoria: Pretoria University Law Press.

Møller V (2013) South African Quality of Life Trends over Three Decades, 1980 – 2010. *Social Indicators Research.* 113 (3): 915 – 940.

Møller V and Roberts BJ (2017) South African Hopes and Fears Twenty Years into Democracy: A Replication of Hadley Cantril's Pattern of Human Concerns. *Social Indicators Research.* 130 (1): 39 – 69.

Monare M (2012) Concourt's Powers Need Reviewing, Says Zuma. *The Star*, 13 February. Accessed 19 April 2017, https://www. iol. co. za/the-star/con courts-powers-need-reviewing-says-zuma-1232428.

Motlanthe K (2016) Kgalema Motlanthe: High-level Panel Provides Public Forum for Restitution of Land. *Business Day*, 9 November. Accessed 16 May

2017, https://www. businesslive. co. za/ bd/opinion/2016 – 11 – 09-kgale ma-motlanthe-high-level-panel-provides-public-forum-for-restitution-of-land/.

Mureinik E (1994) A Bridge to Where? Introducing the Interim Bill of Rights. *South African Journal on Human Rights.* 10 (1): 31 –48.

Mutunga W (2015) Keynote Address at the University of Fort Hare Graduation ceremony, August 2015.

Ngcobo S (2011) South Africa's Transformative Constitution: Towards an Appropriate Doctrine of Separation of Powers. *Stellenbosch Law Review.* 22 (1): 37 –49.

Ngcobo S (2016) *Why does the Constitution Matter?* HSRC public lecture series, Gallagher Estate, 30 June. Accessed 14 September 2018, http://www. hsrc. ac. za/uploads/pageContent/7058/ HSRC% 20Public% 20Lecture% 20 (FINAL)% 20 – % 20Why% 20The% 20Constitution% 20 Matters% 20 (v% 2020% 20July% 202016). pdf.

NPC (National Planning Commission) (2012) *National Development Plan.* Accessed 19 April 2013, https://www. gov. za/sites/default/files/NDP – 2030 – Our-future-make-it-work_r. pdf.

O'Regan K (2012) Helen Suzman Memorial Lecture: A Forum for Reason: Reflections on the Role and Work of the Constitutional Court. *South African Journal on Human Rights.* 28 (1): 116 –134.

Ramatlhodi N (2011) ANC's Fatal Concessions. *Times Live*, 1 September. Accessed 10 June 2018, http://www. timeslive. co. za/opinion/commentary/ 2011/09/01/the-big-read-anc-s-fatalconcessions.

Therborn G (2012) The Killing Fields of Inequality. *International Journal of Health Services.* 42: 579 –589.

United Nations (1948) Universal Declaration of Human Rights. Accessed 10 December 2018, http://www. un. org/en/universal-declaration-human-rights/.

United Nations (1996) International Covenant on Civil and Political Rights. Accessed 10 December 2018, https://treaties. un. org/Pages/ViewDetails. aspx? chapter =4&clang = _en&mtdsg_no = IV –4&src = IND.

United Nations (1996) International Covenant on Economic, Social and Cultural Rights. Accessed 10 December 2018 https://treaties. un. org/Pages/ViewDetails. aspx？ src = IND&mtdsg_no = IV – 3&chapter = 4&clang = _en.

Van der Westhuizen C (2012) Review of the Judiciary：Transformation = Co-operation. *Mail & Guardian*, 16 May. Accessed 27 May 2017, http：//thoughtleader. co. za/ christivanderwesthuizen/2012/05/16/review-of-the-judiciary-transformation-co-operation/.

Yacoob Z (2012) *A Dynamic Constitution.* Speech Delivered During Constitution Week, 12 March 2012, University of Cape Town. Accessed 15 September 2018, https：// constitutionallyspeaking. co. za/justice-zac-yacoob-on-the-dynamic-constitution/.

数据库

HSRC (Human Sciences Research Council) (2018) South African Social Attitudes Survey (2003 – 2017). Available at http：//www. hsrc. ac. za/en/departments/sasas/data.

IHS Markit (2018) Global insight regional eXplorer. Available at：http：//www. ihsmarkit. co. za/ products/rex/.

案件

Certification of the Constitution of the Republic of South Africa, 1996 (CCT 23/96) [1996] ZACC 26；1996 (4) SA 744 (CC)；1996 (10) BCLR 1253 (CC) (6 September 1996).

Doctors for Life International v Speaker of the National Assembly (CCT12/05) [2006] ZACC 11；2006 (12) BCLR 1399 (CC)；2006 (6) SA 416 (CC) (17 August 2006).

Mazibuko and Others v City of Johannesburg and Others (CCT 39/09) [2009] ZACC 28；2010 (3) BCLR 239 (CC)；2010 (4) SA 1 (CC) (8 October 2009).

Minister of Health and Others v Treatment Action Campaign and Others (No 2)

（CCT8/02）［2002］ZACC 15；2002（5）SA 721；2002（10）BCLR 1033（5 July 2002）.

Republic of South Africa v Grootboom and Others（CCT11/00）［2000］ZACC 19；2001（1）SA 46；2000（11）BCLR 1169（4 October 2000）.

S v Makwanyana and Another（CCT3/94）［1995］ZACC 3；1995（6）BCLR 665；1995（3）SA 391；［1996］2 CHRLD 164；1995（2）SACR 1（6 June 1995）.

不平等中的移民和未来的考虑：与开放的距离

坦巴·马西莱拉 (Temba Masilela)

斯蒂芬·鲁尔 (Stephen Rule)

雷切尔·亚当斯 (Rachel Adams)

背景和相关情况

在大量移民从非洲涌入欧洲、许多欧洲国家的选民做出保护主义反应之后，移民对社会发展的价值以及贫困和不平等现象的减轻或加剧的问题在国际上引起了广泛讨论。南非在大规模移民和仇外心理方面有着自己的经历，因而南非如何管理相关话题的讨论对于有关移民、发展和人权的更广泛学术研究具有重要意义。本文旨在为 1994 年后的学术和公共辩论，特别是对那些以想象中的未来为前提并以预测性或规范性方法为基础的辩论元素作出贡献。本文拟以几种方式做到这一点。本文将关注点放在人口流动性、国际移民政策和近期进入本国的移民的价值上。在政治、伦理和国家背景下对不平等现象进行研究时，这些通常不被视作值得重点关注的因素。

在关注人口流动性、国际移民政策和近期进入本国的移民的价值的同时，我们认识到，关于南非的境外出生居民人数的官方统计数据存在很大的差异和疏漏。这一点在对最近几次来自邻国的移民潮的统计方面尤为明显。鉴于南非身份识别、登记、监控和控制系统的历史（Breckenridge 2014）以及 1994 年后移民群体的不稳定性（Schierup 2016），这一异常引起了我们的关注。

在 2018 年世界银行关于南非贫困和不平等的报告中，人口流动性和移民是一个重要因素，主要呈现在从贫困到中产阶级的经济流动性中、代际流动性中、地理隔离和内部移徙的作用的背景下以及南非的"人类机会指数"的构建中。虽然这一视角及相关的实质性考虑非常重要、有用且颇有见地，但本文将探索更广泛的、更多自下而上的和非正统的方法。

我们从社会价值、与实现平等待遇的距离和民主制度中的政治公民权的角度来研究人口流动性和近期移民。在微观层面，我们在移民的主观体验和表演性表达的背景下，考察了达到自主能动性的过程。在宏观层面，达到自主能动性的过程是在以下三个方面的背景下进行研究的：第一，《国际移民白皮书》（*White Paper on International Migration*）对人权的承诺；第二，开放政府伙伴关系（Open Government Partnership）对提高公众参与度和透明度的承诺；第三，在努力使社会从这一代到下一代转变时进行重新政治化的机会和机制。

自 2010 年以来，许多关于贫困和不平等的学术、政策和方案辩论都是从 2030 年想象的未来视角进行的。这在《2030 年国家发展计划》（NPC 2012a）[1]中有非常清晰的概括。该计划（NDP）包含了对 2030 年的美好愿景和预期以及移民在这一想象中的作用，这将是本文中使用的各种概念框架的锚点之一。特里布兰奇（Terreblanche 2012：117）评论道："国家计划委员会正在寄信任于未来几年间将被书写的'新故事'，新故事的目的是创造一个扩展机会的良性循环。"[2]这样的评论有可取之处，而本文试图展示其他类型的故事和表演性表达，以期为理解和创造消除不平等的机会作出贡献。因此，本文对南非关于不平等问题的学术和公共辩论作出贡献的第二种方式就是专注于美好想象和对未来可能性的预期。

关于想象，我们认为，难民、寻求庇护者、移民及其家庭的主体性和社会价值常常以无助于消除不平等的方式被界定、遗忘或看待。本文所考察的界定侧重于这样一个事实：虽然对有组织的移民利益的关切（即来自非洲侨民论坛）在正式的移民公共政策中的表达可能非常有限，但移民的更多具有创意的表达在政治想象和更广义的政治中的认可更加有限。我们认为，在关于"贫困和不平等"的国家话语和公共政策中，对这一动态类别人群的经验和能力的否定，将导致他们的疏离和去政治化，进而催生更多的不平等。

为了进行对南非移民人口的（我们认为是）有限的描述、呈现和评估，我们将讨论置于对南非内政部（DHA）2016 年和 2017 年发布的《国际移民绿皮书和白皮书》的批判性分析的背景之下。我们的贡献侧重于试图在国家想象中重塑移民的概念，扩展霍斯克（Holscher 2014）对误塑和南非难民生活的思考。[3]

本文意图作出新贡献的第三个途径是在政策和方案辩论中注入对移民能力和社会价值的不同思考方式。本文试图回答以下问题：想象力的贫乏、移民的主观经验以及移民通过表演艺术对自己身份和自主能动性的表达，能通过哪些方式来帮助解决南非的不平等问题？本文将研究移民的戏剧表演，它既是对知识生产的贡献，也为消除不平等现象创造了机会。

相对于我们正规化的知识框架和话语、视觉和实践的知识平台，这一贡献旨在更全面、更广泛地理解移民对南非的潜在社会价值。这是对移民在目的地国克服居住、融入和公民身份等困难的过程中的象征、表演实践和自主能动性的审视。

本文认为，通过使用新颖的方法以及透过各种概念框架的视角加以审视，有可能使政策和公共话语重新政治化，有可能实现积极的平等，也有可能实现南非争取在 2030 年实现的平等主义承诺。本文的结论是，这需要进一步的跨学科研究和培养一种 "未来素养"[5]，它超越了情景构建和对政府关于移民和移民模式的公开统计数据进行重新校准和延伸推断。对这些重新校准的移民数据集进行考察可以提供对移民规模、模式和移民的潜在社会（以及经济）价值的新的理解。在长期国家计划和政策议程中，这一价值的优化往往是一个关键的明确目标。

前瞻性研究和开放性

关于南非的未来的情景，已由政府、大企业和各种智库反复构建（最新版本参见 Indlulamithi 2018）[6]，这些构想凸显了一种对日益不平等的未来的不安以及在理解和创造消除不平等的机会方面对新颖性的要求。这种情景将社会不平等视为一种关键驱动力，并承认 "社会（不）连通是南非不平等的一个重要体现"（Indlulamithi 2018：12）。这种对社会不连通的关注呼应了非国大第 54 届全国大会（2017 年 12 月举行）的决议，其中提到 "由于社会隔阂、腐败、裙带关系、傲慢、精英主义、派系主义、操纵组织程序、滥用国家权力和将自身利益置于人民之上，而对非洲人国民大会失去了信心"（ANC 2018：13）。[7]

《国家发展计划》中所想象的未来，情景的反复构建和对未来不平等状况日益加剧的影响所产生的不安不断增长，促使我们探索前瞻性研究中的一些关键争论（预测学科）。[8]《国家发展计划》和 Indlulamithi 所说的情景是预测学科中预测和预见之间区别的例子："许多预测都是依赖于成熟的建模方法，利用过去的数据测试预测性假设……而预见一般要求一个更具创造性和参与性的任务，旨在发现新的选择和利用不同形式的知识。"（Miller et al. 2013：6）

本文不局限于关于移民的绿皮书和白皮书中的预测，而是探索新的选择，利用不同形式的知识生产，敦促人们深入理解新颖性："新颖性取决于对现有意义的重新构建或探索，要求有更强的能力来发明和探索各种形式的开放性"（Miller et al. 2013：9）。在本文中，我们努力审视国家对移民的想象，重新校准关于移民的统计数据，以新的方式研究并产生关于疏离概念的知识，并从跨学科的角度研究这些概念之间的交叉点，将政策和数据分析与社会和政治理论、行为艺术和诗歌的探索结合起来，从而发挥了新颖性。我们从共同的主题、新的想法和不同方法的协同作用中寻找见解。

所有这些探索的基础是使用"疏离"的概念来研究贫困和不平等的问题以及与"开放"（定义为感知和理解新事物的能力）的距离。

本文结构

正如本文标题所表达的，也鉴于三位作者在想象和前瞻性研究、不平等和疏离、公民权与人权、信息与开放数据政策、绩效研究和政治化方面的不同研究兴趣，我们将着重关注解释社会经验的不同叙事方式。"解释"和"叙事"这两个词是一种隐喻，启发了我们对移民所走过的距离的研究方式，并为关于移民和移民模式信息的准确性和预测、移民的主体性与想象力及社会价值、移民的疏离和去政治化提供了参考。作为隐喻，"叙事"一词意味着需要关注、铭记、注意、展示、呈现、列表、登记、记录、列举、评估和统计，强调有必要进行推论、说明，并成为某种前景的一部分。"解释"意味着需要破译、读懂文字背后的深意、归因等，并成为某个场景的一部分。

这些隐喻及其不同的内涵为本文提供了以下方面的参考：关于移民和流动性研究的各种概念化方式，作者对收集到的关于流动性的统计数据的评论[9]，作者对产生关于流动性的知识的各种方式的理解，以及对为规范国际移民而建立的各种制度的审查。本文将这些不同的方法用于对移民和政治的研究，为解决南非未来想象中的不平等问题提供了新的可能性。

虽然关于从非正统的角度来理解不平等的讨论错综复杂，本文主要依次讨论以下话题：

- 长期发展计划和情景中的想象和开放性；
- 对移民的认可、移民获得公民权利和政治参与中所表现出的疏离；
- "开放政府伙伴关系"（OGP）和开放数据政策中所表现出的疏离；
- 需要更精细的移民数据和信息；
- 流入南非的移民规模的国际比较；
- 官方统计数据和关于移民的推断中存在信息不准确和缺失；
- 临时和永久居留许可证作为干扰因素必须予以考虑；
- 从表演研究中可以了解到关于移民的知识生产和关于疏离的什么内容；
- 来自于非正统考虑和相关见解而产生的重新政治化、积极平等和平等主义承诺的可能性；
- 未来研究不平等的进一步可能性。

虽然我们接受特里布兰奇对《国家发展计划》的评价，但本文从审视该计划中的想象开始，因为它们既框定了政府的中期战略性框架和开支框架，也为本国不平等问题的学术和公共辩论提供了视角。

南非全国移民想象中的悖论与碎片化

认识到远见（通常在政策中有阐述）的重要性，本文采用了 Miller（2015：513）的命题："人类识别连续性和不连续性并赋予其意义的能力，有一部分来自于以多种方式运用我们的想象力来预测不存在的事物的能力。在能够区分和讲述关于不同类型的连续性和不连续性的故事方面，永远是想象中的未来起着关键作用。"《国家发展计划》的"愿景声明"中引用了这些连续性和不连续性的故事：

> 现在到了 2030 年，我们生活在一个被我们重塑了的国家。我们摸索着走向一种新的自我意识：
> ……宣称对世界开放，实际却在不断隔绝……
> 我们的新故事的结局是开放式的，其目的地是临时的，只为新的道路再次开通……在这个故事中，我们不断到达，不断重新出发……
> 我们投入努力，而不是在无所事事的期望中等待……
> 我们是当代公民，我们意识到传统与变革之间的密切关系……
> 我们喜欢争论，我们激烈地辩论，我们不断地论争……
> 我们欣赏彼此之间的所有差异。
> 我们穿梭于我们的城市和我们祖先的起源之间。
> 其他人的祖先的源头在我们国家之外。
> 他们有时所去的地方，也是我们家园的一部分……
> 我们欢迎来自遥远国度的人们，他们选择与我们生活在一起……
> 我们是一个由多元的、重叠身份组成的社区，一个国际化的国家。
> 我们的多元文化性是我们本土性的一个首要特征。[10]

对 2030 年的南非的这一想象被放在《国家发展计划》的开头，作为国家转型的愿景。它用一组围绕着"开放""多元文化性""差异"和"亲密关系"等概念的词汇来表达。这部分陈述直接表明欢迎"来自遥远国度的人们，他们选择与我们生活在一起"，并暗示了一种由移民或"他者"占据重要地位的国家想象（在诗意化的政治思想[11]和诗意化的空间中）。虽然南非宪法的序言是 1994 年后国家想象的基石，但可以说，在着眼于未来的《国家发展计划》的"愿景声明"中，国家想象的目标特征得到了充分体现。这一愿景在《国际移民白皮书》中也有反映。该白皮书认识到南部非洲发展共同体（SADC）的"实现该地区人员、货物和资本自由流动的目标"对于"促进发展、减贫和更大程度的融合前景是不可或缺的"（DHA 2017a：14）。尽管如此，这种国家想象典型地将对移民的崇敬与"隔绝性"和"本土性"的概念并列在一起。的确，我们认为这是国家想象对南非移民的正面评价中的一个关键悖论和矛盾，这是将移民群体与关于"贫困和不平等"的国家话语进行疏离，从而造成了进一步的不平等。

我们将依次考察对移民能力的疏离、各方对移民相对缺乏认识中体现的疏离以及非公民的政治参与方面的疏离，从而展开我们的论点。

疏离与公民身份

瑟伯恩（Therborn 2006、2012）使用"疏离"一词来表示一种使不平等扩大的机制：它既是由不平等引起的，也导致不平等的产生。正如瑟伯恩（Therborn 2012：580）所阐述的那样，疏离"意味着有些人跑在前面，而另一些人则落在后面"。然而，从更微妙的理解和应用来看，"疏离"可以用来表示那些生活富裕的人和那些生活贫困者之间在社会经济、结构、主观或其他方面的差异以及那些有信心主张自己的权利的人和那些（可能是因为公民身份不稳定）对主张这些权利迟疑不决的人之间的差异。这种差距或距离的产生和持续（以及被克服）的方式，代表了一种社会、主观意识和结构性不平等的复杂表现，这其中许多不平等都是由个人和群体交叉经历的。正是基于这种理解，我们才认定移民和南非移民群体的经历与关于贫困和不平等问题的讨论实际上被疏离了。

本文对疏离的理解也借鉴了米兰达·弗里克关于"认识论贡献是一种核心的人类能力"的论点。她认为，"无论文化背景如何，'谁能够对那些可能被寻求、收集或在实际环境可以真正运用的共同知识和/或社会理解做出认识论贡献'这一问题，都可以被我们看作是认识论关系平等或不平等的一个核心"（Fricker 2016：77）。此外，"如果一个人或一个群体没有做出认识论贡献，这通常意味着其背后有更广泛的不平等结构，因为不平等的认识论参与往往是表现出不平等关系和其他类型地位的主要方式之一"（Fricker 2016：77）。[12]

波林娜·坦巴卡基关于公民身份和包容性的概念也有助于理解移民群体如何可能在关于贫困和不平等的国家话语中被疏离。坦巴卡基指出了包容性公民身份的三种变体。第一种是多元化变体，是在身份政治的基础上发展起来的，例如寻求解决多元文化社会的挑战。第二种是政治变体，它关注政治共同体的内外边界、政治能动性问题，以及非公民/公民法规的实践。例如，"长期移民因不符合某些规范或条件，只能获得临时的、往往是不稳定的公民权利，甚至几乎没有机会获得这些权利"（Tambakaki 2015：925）。第三种是民主变体，它超越了对政治的关注，同时关注于非公民/公民的参与性/商议实践以及非公民/公民的日常生活体验，例如移民对参与性预算编制或改善公共服务工作的参与和体验。

坦巴卡基提出了扩大非公民身份定义的理由。"非公民不仅是那些被正式和统一的公民身份政治所排斥在外、边缘化、污名化或妖魔化的人，还包括穷人、没有技能的人、受到剥削或不平等待遇的人。非公民即非行为者。"（Tambakaki 2015：927）根据吉登斯（Giddens 1990）的结构化理论，长期移民，其日常生活经历是在身份政治和多元文化的背景下不断协商的，或者由于其非公民身份而难以获得稳定的权利，他们正在努力解决自身"要么存在要么缺失"的长期相互渗透的问题。这在"以高度的相互脆弱性以及自我肯定和依附的部分调和为荣的社区"中是一种常见的现象（Unger 2004：44）。这些疏离的概念与贫困和不平等话语中非公民的重新政治化有关，下文将对此进行探讨。

移民的权利和认可情况

南非政府通过采取各种政策措施应对该国的严重不平等和贫困状况，这源自于国家和全球的承诺。作为国家政策的核心，《国家发展计划》阐明了消除贫困和减少不平等是其中心目标（NPC 2012b：14）。广义上讲，这一目标将通过推进政治权利和经济赋权来实现。然而，在这份政策文件中，完全没有提到"难民""寻求庇护者"和"移民"。此外，在提到"移民"时，仅涉及"放宽对高技能科学和数学教师、技术人员和研究人员的移民要求"（NPC 2012b：61）。因此，移民或非公民类别的概念仅限于他们对南非经济增长的潜在贡献。我们认为，《国家发展计划》缺乏对这一群体的认可是有问题的。生活在南非境内的人口中这一群体占相当大的比例（详见下文）。这一群体充满活力，但其政治贡献和社会价值完全被忽视，而且也没有被给予权利或政策支持，因此仍然在南非面临着疏离和非政治化境地。

在1994年后的民主时代，对难民、寻求庇护者和移民缺乏认可，他们的疏离是建立在斯泰恩认为处于种族等级结构社会之核心位置的"无知契约"上的。"出于截然不同的战略原因，南非白人和黑人在种族隔离时代都构建了各自的无知认识论……虽然经过了重新构建，但这个种族隔离的无知契约仍在后种族隔离时代南非根深蒂固的无知认识论中产生和继续存在。"（Steyn 2012：9，22）[13]因此，虽然在后种族隔离时代，人们可能会认可来自非洲其他国家的一些移民群体的创业技能，但对有数百年历史的"跨境"人口流动、贸易和亲近感仍然不被认可。[14]

下文将更广泛地探讨在"开放政府伙伴关系"（OGP）和开放数据政策中体现出来的移民疏离。虽然与一线官僚的不愉快遭遇可能是最令人痛苦的，但从长期来看，"无权使用"电子政府可能对移民产生更多不利影响。

"开放政府伙伴关系"和移民政策中的疏离

南非移民这一政治团体既受贫困和不平等问题的影响，也有能力为解决贫困和不平等问题作出贡献，但《国家发展计划》并不是唯一一个无视这一群体的政策。其他旨在通过实现公民和政治权利为公民赋能来解决贫困和不平等问题的政策举措也未能对其给予应有的认可。一个此类政策举措的例子是2011年建立的"开放政府伙伴关系"（OGP）。该伙伴关系旨在促进政府活动的透明度和公民参与度，其最近的一份指南提到"开放的政府原则可以加快消除贫困的努力"（OGP 2015：6）。该指南还指出，"开放的政府为公民提供了发言权，以确保公共资金用于社区优先事项，从而使穷人能够从他们最需要的服务中获益"（OGP 2015：6）。该伙伴关系倡导利用创新技术促进电子政务。从理论上讲，这应该会带来一个响应更快、更加民主的政府，能够更有效地应对减贫工作的挑战。值得注意的是，公众参与和透明度的概念以及技术的使用都被认为是平等的民主工具：公众参与为被剥夺权利的社区提供了发言权；透明度能够促进向所有人自由和公平地分发信息；技术通常被认为是中立的工具。然而，该伙伴关系强调成为"公民的代言人"和培养"开放型政府的全球文化，为公民赋能并为公民提供服务",实际上加剧了那些公民身份不安全的人在全球范围内被否定或疏离的状况。

除了《国家发展计划》和"开放政府伙伴关系"外,了解南非移民待遇和地位的一个关键政策文件是《国际移民白皮书》(DHA 2017a),这是一个与《国家发展计划》一致的政策文件(2012a:31-35)。在总结先前于2016年6月公开征求公众意见的《国际移民绿皮书》(DHA 2016)的政策立场时,南非时任内政部长表示,"国际移民是一种自然的、很大程度上积极的现象,如果管理得当,它能够并且正在对我们的经济增长和非洲转型做出关键贡献"(DHA 2017b)。随后的白皮书指出,"南非有权根据其国家利益决定外国国民的入境和居留条件"(DHA 2017a:v)。这种做法确认了两项规范性声明,这两项声明结合在一起(既支离破碎又自相矛盾)就构成了关于移民问题的国家政治想象的一部分。首先,它指出移民的事实超出了国家的控制,但确立了国家"管理"它的"主权权利"(Ghosh 2007)。这通过政策内的各种指令继续下去,实际上要求通过诸如将不遵守驱逐令的行为定为犯罪等做法,将这一群体纳入公共安全体系进行管理(DHA 2017a:68)。其次,它确定了移民最重要的"积极"结果是对国家经济和非洲大陆转型(想必也是经济层面的)的可能贡献。这些悖论进一步体现在这一点上:白皮书声称维护移民的人权,但同时又批评人权组织从事的保护移民权利的工作是在削弱政府,"人权组织和法律从业者滥用制度中的漏洞,以牺牲政府的利益为代价,确保释放非法移民"(DHA 2017a:67)。

上文所引述的时任内政部长关于白皮书政策立场的声明暴露了我们指出的一种自相矛盾和支离破碎的关于移民的国家想象。一方面,南非珍视那些"我们不仅与它们有共同的地理边界,而且还有深厚的关系和共同的未来"的非洲邻国(DHA 2017b:1)。这种情绪似乎呼应了南非宪法和《国家发展计划》的"愿景声明"。此外,白皮书肯定了设想中的新方案的非洲导向,这与非洲发展议程和1991年的《阿布贾条约》相一致,而与之前的与欧洲的历史渊源基础形成对比。非洲联盟的重要长期目标,即"非洲大陆人民更自由的流动"(DHA 2017a:15)以及非盟在有关贸易、和平、安全与稳定、人力资源、人才流失、侨汇和人权方面的"关于移民与发展的非洲共同立场"得到认可[15]。另一方面,在关于贫困和不平等的辩论中,公民身份和移民这一类别在很大程度上被忽视,国家政策未能认识到除了潜在经济贡献之外移民的社会和政治价值。[16]换言之，移民群体被排除在关于贫困和不平等的国家话语与政策叙述之外，这意味着他们的主观体验（特别是不平等）被遗忘，以及这些群体为克服南非的贫困和不平等状况所需的变革所贡献的社会价值被忽略。这种社会价值必然超出移民的经济价值；正如我们所讨论的那样，移民的经济价值在国家政策中得到了规范化的反映。我们认为，关于移民的国家想象的碎片化导致了移民经历和主体性的疏离，进而导致了他们在南非实质上的去政治化。

"开放政府伙伴关系"推动的核心举措之一是开放数据，它被广泛定义为"任何人都可以自由使用、重复使用和重新分发的数据——最多只受到说明来源和同样分享的要求的约束"[17]。"开放政府数据"（OGD）的举措和开放政府数据门户的开发在最近几年变得普遍，特别是在经合组织国家，被认为具有带来各种社会经济效益的潜力。这些潜在益处包括：加强国家的问责制，增强公民和政府雇员的权能，促进政府服务的创新和效率[18]以及在经济中创造额外的价值[19]（Ubaldi 2013）。在对政府数据的利用方面，已经确定了以下几种商业模式（Deloitte Analytics 2013）：

- 发布数据的供应方，包括公共部门的业务单位；
- 将公共可用数据集进行组合的数据整合者；
- 应用程序开发者，例如利用犯罪数据或交通数据的开发者；
- 将专有数据与开放数据相结合以提供服务的数据充实者（例如保险公司、零售商）；
- 提供组合或分解数据集的平台和技术的使能者[20]。

这些模式具有为移民群体创造社会和经济价值的潜力。使用开放政府数据的能力所带来的益处包括：从数据中提取事实或信息，以帮助做出选择或撰写报告和博客；提供服务；改变数据集的格式或合并数据集；使对一个或多个数据集的交互式访问更加便利（Davies 2010）。当然，所有这些都以数据集中信息的准确性和完整性为前提。

需要更精细的移民数据和信息

尽管南非政府对国际"开放政府伙伴关系"作出了承诺，但在向公众提供官方数据方面的进展一直缓慢（OGP 2016）。在《纽约宣言》（UN

2016）的政治宣言和承诺的背景下，开放政府数据倡议所面临的挑战变得更加紧迫。这些承诺包括："努力收集关于难民和移民大规模流动的准确信息"；"正确识别其国籍及流动的原因"；"在任何时候都要保护所有移民的安全、尊严以及人权和基本自由，尽管他们是移民身份"；"在2018年通过了一个《安全、有序和正常的移民全球契约》"（UN 2016：5-6）。这表明需要关于移民的更精细的数据和准确的信息。

虽然不能假定移民规模与其在国家或地方想象中占据地位的重要程度之间必然存在直接关系，但将南非的移民规模与其他国家的移民规模进行比较仍然会提供有用的信息。

南非移民规模的国际比较

最近一份关于国际移民的综合报告（McKinsey Global Institute 2016）计算出，2.47亿人已经从自己的祖国移居外国。他们对全球国内生产总值的贡献达9.4%，总计6.7万亿美元（其中北美2.5万亿美元，西欧2.3万亿美元）。由于移徙趋势是从经济生产力较低的地区和职业转移到经济生产力较高的地区和职业，据估计，这些移民创造的生产总值比若留在原籍国所创造的生产总值多出约3万亿美元。然而，他们的工资却比那些出生在移居目的地国家的工人低20%至30%（DHA 2017b）。此外，正如南非内政部长指出的那样，2015年非洲移民以侨汇的形式将大约350亿美元寄回了家乡，这一数额几乎等于前一年撒哈拉以南非洲国家从经合组织（OECD）国家收到的发展援助资金的总额（2014年为360亿美元），仅比非洲从所有国家收到的资金少25%（2014年为470亿美元）（DHA 2017b）。此外，这些只是官方报告的汇款；如果考虑到非正式和未记录的汇款，实际数字可能会高得多。换言之，在外国生活和工作的非洲人寄回家乡的财政资源等同于或甚至超过了发展援助资金。

大约10%的全球移民是难民或寻求庇护者，他们中有一半的人移民到了与原籍国毗邻的中东或北非国家。全球大约三分之一的移民（8400万）来自于以下10个国家：印度（1600万）、墨西哥（1200万）、俄罗斯（1100万）、中国（1000万）、孟加拉国（700万）、叙利亚（600万）、乌克兰（600万）、巴基斯坦（600万）、菲律宾（500万）、阿富汗（500

万）。有意思的是，这些国家都不是南非移民的主要来源国。反过来看，全球几乎一半的移民（1.27 亿）选择在以下 10 个国家定居：美国（4700 万，最大的移民目的地，人数遥遥领先）、德国（1200 万）、俄罗斯（1200 万）、沙特阿拉伯（1000 万）、英国（900 万）、阿联酋（800 万）、加拿大（800 万）、法国（800 万）、澳大利亚（700 万）、西班牙（600 万）。与南非情况相关的是该报告的一个结论，即目的地国家对移民的融入管理不足（McKinsey Global Institute，2016）。

2017 年南部非洲移民项目（SAMP）的报告（Crush et al. 2017）使用了联合国人口司的数据并指出，在南共体（SADC）15 个国家中南非是移民生活最多的国家。分布在该地区的 440 万移民人口中有 230 万（52%）居住在南非。其中许多是循环移民，将收入汇回原籍国（南共体国家汇出的 8.61 亿美元中有 74% 来自南非），并定期返回原籍国。其他移民人口比例较大的南共体国家包括：津巴布韦（9%）、刚果民主共和国（9%）、坦桑尼亚（6%）、莫桑比克（5%）、马拉维（5%）。

本文的论点之一是，关于南非移民的数据和其他有关移民的数据应该在一个开放的政府数据门户上提供并加以利用，以便更好地了解这一群体的经历以及他们在解决贫困和不平等问题方面的潜在社会价值。虽然全球层面的政策话语（例如联合国公约、麦肯锡报告、"开放政府伙伴关系"倡议）提供了有用的规范性框架，论述了全球移民提供的经济机会和长期红利，并证明了移民融入城市空间和民族国家的价值，但我们认识到，实现促进性的叙述变革仍存在重大挑战。这部分上是因为这些话语及其在国家层面的对应话语，如南非的绿皮书和白皮书，都是以专家知识、可衡量的指标、从具体情况中吸取的经验教训和制定指导原则为基础的。其中的许多话语没有充分考虑到呈现形式、公众叙事、视觉形象、表演、翻译，以及能够提供更深入见解的替代性研究方法。

正是在关于移民的政策话语需要改变这一背景下，下文将阐述研究移民通过表演所作出的认识论贡献的理由。在这方面，我们支持这一观点（Fleishman 2009：116）："质疑认为正统知识范式没有替代物的主流立场，并提出表演构成另一种认识方式的可能性——无论是在表征方面，还是在其具身实践方面。"正如有学者（Conquergood 2002：152）提出的那样，下文认为表演既是一种探究方法，也是一种干预策略（另一种抗争空间）[21]。

在探讨这些问题之前，我们认为首先有必要关注关于南非移民的官方统计数据的差异。

官方移民统计数据中的差异

官方统计的数据和后续的公共和私营部门推断的数据以及对境外出生的南非居民人数的估计之间有着很大的差别。这一点在有关最近来自邻国的移民潮的数据方面尤为明显。南非统计局（Stats SA）是负责让国民了解与国家人口的社会经济状况有关的统计数据的法定机构，已经发布了各种相关文件。

南非于 2011 年进行的全国人口普查（Stats SA 2012）表明，2199871人（占全国总人口的 4.4%）出生在南非境外（见表 1）。我们对该出版物中的数据进行的推断显示，超过一半（51.6%）在国外出生的人居住在豪登省，其余大部分人居住在西开普省（11.9%）、夸祖鲁 – 纳塔尔省（7.7%）、林波波省（7.5%）、姆普马兰加省（7.0%）或西北省（6.9%）。在人口最多的豪登省，外国出生的人口比例也最高（9.5%），在西开普省（4.5%）和西北省（4.4%）也相对较高。在其他 6 个省，国外出生的居民人数占总人口的 1.2%—3.7%。

表1　　　　　2011 年人口普查显示的在南非以外出生的人口

省份	在南非以外出生人口（人）	占总人口的百分比（%）	占省份人口的百分比（%）
东开普省	75319	3.4	1.2
自由邦省	68896	3.1	2.5
豪登省	1134587	51.6	9.5
夸祖鲁 – 纳塔尔省	169377	7.7	1.7
林波波省	165351	7.5	3.0
姆普马兰加省	153115	7.0	3.7
西北省	152504	6.9	4.4
北开普省	19770	0.9	1.7
西开普省	260952	11.9	4.5
总计	2199871	100.0	4.4

资料来源：根据南非统计局 2012 年数字推算。

2011 年人口普查还收集了关于公民身份的数据，数据显示人口普查中统计的 3.3% 的人不是南非公民，约占非南非出生的人数的四分之三。然而，并不是所有在南非出生的居民都一定是南非公民，而许多在南非以外出生的人现在都是南非公民，因此分母将有所不同。在这些数据中，居住在南非的其他国家公民的实际人数并不清楚。

2016 年基于样本的社区调查（CS）（Stats SA 2016）发现，在南非以外出生的人口数量出现明显下降，从 2011 年的 220 万下降到 2016 年的仅 160 万。该调查报告得出的重要结论是："2016 年社区调查的数据中，移民人数的减少可能显示出人们对披露自己出生地的顾虑。"（Stats SA 2016：24）这很大程度上反映出了公众和个人对移民的情绪。此外，有学者（Meny-Gibert & Chiumia 2016）指出，2016 年社区调查数据也与联合国经济和社会事务部（DESA）2015 年的估计数据有很大差异。另有学者（Sally Peberdy 2017）指出，由于仇外情绪的增加和兰特相对美元出现贬值，津巴布韦移民的数量很可能已经下降。[22] 这种下降趋势也反映在 2015 年豪登省城市地区观察调查报告中。2015 年联合国经济和社会事务部的估计数据和 2016 年社区调查均表明，南非前三大移民群体来自津巴布韦（CS：574047，DESA：475 406）、莫桑比克（CS：293 405，DESA：449 710）、莱索托（CS：160 749，DESA：350 611）（见表 2）。然而，对于来自英国的移民来说，两个数据来源之间的差异超过 25 万人（CS：56 412，DESA：318 536）。

表 2　　　　　　　南非国际移民主要来源地估计数据　　　　　　单位：人

国家	2011 年人口普查	2015 年 DESA 估计	2016 年社区调查
津巴布韦	672308	475406	574047
莫桑比克	393231	449710	293405
莱索托	160806	350611	160749
马拉维	86606	76605	78796
英国	81720	318536	56412
斯威士兰	36377	91232	38038
刚果民主共和国（DRC）	25630	70077	31504
纳米比亚	40575	133282	30701

续表

国家	2011 年人口普查	2015 年 DESA 估计	2016 年社区调查
尼日利亚	26341	17753	30314
其他国家	649815	1159288	284575
总计	2173409	3142500	1578541

资料来源：根据南非统计局 2015 年、2016 年的数据推算；Meny-Gibert 和 Chiumia（2016）。

在南非的邻国中，移民来源国一般与主要移民路线有关。克拉奇等人（Crush et al. 2017：16）确定了以下进入南非的四个主要移民走廊：

• 从津巴布韦（哈拉雷）经贝特布里奇，到达林波波省的农场、豪登省（约翰内斯堡）和西开普省（开普敦）；

• 从津巴布韦南部（布拉瓦约）经普拉姆特里，到达博茨瓦纳（弗朗西斯敦、哈博罗内）。一些移民继续从博茨瓦纳到达南非；

• 从莫桑比克南部（农村和马普托）经雷萨诺加西亚镇，到达姆普马兰加省的农场，到豪登省（约翰内斯堡和比勒陀利亚）和各金矿与铂矿；

• 从莱索托（农村和马塞卢）经马塞卢大桥，到达自由州的农场和矿山，西开普省和夸祖鲁－纳塔尔省的农场，以及布隆方丹和豪登省（约翰内斯堡）从事家政工作。

本文并不探讨"移民走廊"的性质、想象和社会影响的问题，尽管相关的主题在流行文化中占有重要地位。更具相关性的是临时和永久居留许可证问题，这是理解和研究南非移民问题的一个干扰因素。

临时和永久居留证是干扰因素

居住在南非的大约 25 万津巴布韦人[23]持有津巴布韦特别许可证，大量来自莱索托的移民也持有莱索托特别许可证。政府正在重新考虑这些许可证，更希望移民使用标准签证和工作许可的选项。自津巴布韦脱离英国获得独立的 35 年间，为躲避政治和经济动荡，一拨又一拨津巴布韦人移民到南非。南非有几十万津巴布韦人，其中许多人从事专业或服务业工作，形成了巨大的互动网络。网络报纸 ZIMSINSA. com（最近一次访问于 2017 年 3 月 28 日）自称为"姆赞西地区津巴布韦人之声"，它是津巴布韦侨民之间联络活动的一个例子。

南非统计局（Stats SA 2014）利用来自内政部（DHA）的数据，公布了关于获批准的临时居留许可（TRP）和永久居留许可（PRP）申请的信息。有报告表明，《移民法案》（2002 年第 13 号）的目标包括"方便和简化许可证的发放"和"通过吸引外国投资和有技能的符合要求的外国人来到南非的方式来管理外国人的流入"。此外，2017 年的白皮书中提供了南非内政部从 2014 年 6 月至 2016 年 1 月之间发放的签证数据。内政部发放十类临时居留许可，即商务、交换、医疗、亲属、退休人员、学习、条约、访客、豁免及四种工作许可（配额、一般、特殊技能、公司内部）。在持有工作许可证至少五年的基础上，被认为有能力"为拓宽南非经济基础做出有意义贡献"的人（及其配偶和受抚养人）会被授予永久居留许可。其他有资格获得永久居留许可的人包括：获得永久工作或具有特殊技能和资历的人；打算创办企业或投资现有企业的人；根据《难民法案》（1998 年第 130 号）第 27（C）条符合难民资格的人；退休人员；经济独立的人；以及南非公民或永久居留许可持有者的近亲属。白皮书（DHA 2017a：25 – 26）表明，2014 年 6 月至 2016 年 1 月，重要技能签证和商务签证仅占工作许可签证（17.1%）的 4% 和临时居留签证的 1%（见表 3），以上两者分别占永久居留许可的 9% 和 3%。

南非统计局（Stats SA 2014）从内政部文件中提取了 2011 年至 2013 年所有获批准的永久居留许可和临时居留许可的申请数据。从每次批准中提取的变量有申请类型、国籍、出生日期和类别名称，不包括向企业发放的允许企业招聘外国工人的许可证类别。统计过程中还进行了一些数据清理，以便使国家名称和出生日期格式标准化，这有助于创建与申请人的年龄、全球区域（海外或非洲）和次区域（欧洲、北美、中南美洲、澳大拉西亚、中东、亚洲、南共体、东非和中非、西非或北非）有关的新变量。

表3　　　按类型分列的临时居留签证/许可证获得者（2011—2016年）

	2011		2012		2013		2014年6月1日至 2016年1月14日	
	数量 （人）	百分比 （%）	数量 （人）	百分比 （%）	数量 （人）	百分比 （%）	数量 （人）	百分比 （%）
访客许可	28468	26.8	44828	31.7	33186	32.5	38579	31.8
工作许可 （包括重要技能）	20673	19.5	33253	23.5	24027	23.6	20748	17.1
亲属许可	36135	34.0	37612	26.6	23845	23.4	35135	29.0
学习许可	16928	15.9	20087	14.2	15378	15.1	22074	18.2
商务许可	1346	1.3	1585	1.1	1911	1.9	1530	1.3
医疗许可	1399	1.3	1870	1.3	1407	1.4	1806	1.5
豁免许可	—	—	1068	0.8	1355	1.3	—	—
退休人员许可	732	0.7	980	0.7	680	0.7	1346	1.1
其他（公司、 交换、条约）	492	0.5	267	0.9	121	0.1	—	
总计	106173	100.0	141550	100.0	101910	100.0	121237*	100.0

注：＊前15种签证类型。

资料来源：南非统计局（Stats SA 2014）；南非内政部［DHA 2017a（来自 DHA VFS 系统）］。

如图1所示，2013年批准的临时居留许可中有近三分之二（64.3%）发给了来自十个国家的个人，其中以津巴布韦人为主。莫桑比克没有出现在这份名单中，可能是因为2000年对1992年之前莫桑比克内战期间进入南非的难民的大赦。当时，在估计符合条件的20万莫桑比克人中，共有130748人申请留在南非并获得永久居留权或登记获得返回莫桑比克的协助。其中大多数人（74.2%）住在林波波省（当时是北方省），13.5%在西北省，10.7%在姆普马兰加省，1.6%在夸祖鲁-纳塔尔省（居住在其他省份的人没有资格申请）（Crush & Williams 2001）。

如表4所示，超过一半（58.3%）的永久居留许可属于"亲属"类别，在来自东非和中非的人中占46.5%，在来自中南美洲的人中占68.9%，各区域不等。对于工作类别永久居留许可，最有可能获得的是来自亚洲的人（36.3%），最不可能获得的是来自欧洲的人（17.8%）。在欧

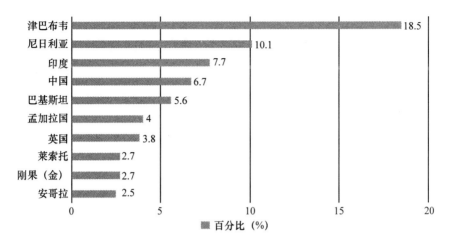

图1　2013年临时居留许可主要获得者的公民身份

资料来源：根据南非统计局2014年的数据推算。

洲人中，"退休人员"类别永久居留许可远比来自任何其他地区的人更常见（13.8%），而来自东非和中非的人中"难民"类别（21.9%）更常见。

表4　　　按区域和次区域分列的永久居留许可类别的分布（2013年）　　　单位:%

	亲属	工作	商业/金融	退休人员	难民	总计
海外—总计	60.4	29.0	4.7	5.7	0.1	100.0
欧洲	63.6	17.8	4.8	13.8	0.0	100.0
北美洲	67.9	25.9	1.8	4.5	0.0	100.0
中南美洲	68.9	28.9	0.0	2.2	0.0	100.0
澳大拉西亚	64.3	28.6	0.0	7.1	0.0	100.0
中东	56.1	34.1	7.3	0.0	2.4	100.0
亚洲	57.4	36.3	5.1	1.0	0.2	100.0
非洲—总计	57.2	33.0	1.5	0.2	8.1	100.0
南部非洲发展共同体	58.4	34.4	0.3	0.2	6.6	100.0
东非和中非	46.5	25.8	5.7	0.1	21.9	100.0
西非	62.9	34.4	2.0	0.0	0.7	100.0
北非	62.8	29.5	7.7	0.0	0.0	100.0
未具体说明	100.0	0.0	0.0	0.0	0.0	100.0
总计	58.3	31.6	2.6	2.0	5.5	100.0

资料来源：根据南非统计局2014年的数据推算。

2013 年发放的永久居留许可中，几乎一半（46.6%）发放给了南部非洲发展共同体（SADC）国家的公民，20.4% 发放给了非洲其他国家的公民，18.1% 发放给了亚洲国家的公民，11.6% 发放给了欧洲国家的公民（见表5）。

表5　　　　　按区域和次区域分列的永久居留许可获得者（2013 年）

	数量（人）	百分比（%）
海外—总计	2245	33.0
欧洲	791	11.6
北美洲	112	1.6
中南美洲	45	0.7
澳大拉西亚	28	0.4
中东	41	0.6
亚洲	1228	18.1
非洲—总计	4555	67.0
南部非洲发展共同体	3169	46.6
其他非洲国家	1386	20.4
东非和中非	721	10.6
西非	587	8.6
北非	78	1.1
未具体说明	1	0.0
总计	6801	100.0

资料来源：根据南非统计局 2014 年的数据推算。

鉴于这一关于南非流动性和移民的比较全面的实证图景，我们可以回过头来更全面地考虑本文的一个主要论点。我们认为，正式的移民政策制定过程可以受益于对各种行动者和利益攸关方的考虑，特别是移民本身的想象、情景、实证数据、叙述和实践（有目的的知识）的综合和考虑。在这种需要改变关于移民的政策叙述的背景下，如前所述，我们将阐述考察移民通过其表演所作出的认识论贡献的理由。

表演研究和移民的知识生产

许多学者主张"通过描述福利对象（和移民）的本质化和刻板化话语来理解不平等的重要性"，并认识到"文化中充满了视觉数据，这些数据不能理解为仅仅显示了政治关切、社会变革或个人经历。出于这些原因，人们日益关注视觉文化的影响和视觉方法在健康和社会科学中的使用，这不仅是为了探讨与社会有关的基本问题，也是为了研究视觉及其洞察力的特殊情感力量"（Fink & Lomax 2011：4）。

这些方法所表明的是，"空间诗学"（Bachelard 1969）对于研究与南非移民有关的距离、能力和价值具有特别的相关性，因为空间诗学追求新颖的探究途径，指出了科学和诗歌相互关系中的潜力，关注主体性主轴的存在、创造性想法的产生以及亲密空间的研究[24]。奥尼尔（O'Neill 2008，2009，2011）关于移民和散居海外群体的当代研究侧重于"民族学模仿"（艺术和民族学的结合），"创造一个'潜在空间'，一个对话和叙述的反思性/安全空间……促进新知识和反排他性过程的反霸权文本的生产"的可能性（2008：1）[25]。

这类研究的一个例子就是《入住约维尔酒店：身在家中却感到陌生的公共叙事》（*Checking into Hotel Yeoville：Public Narratives about Feeling Foreign at Home*），它是一篇关于一个公共艺术项目（2008—2011 年）的论文，

> 通过毛细管般的数字互动媒介，试图塑造现实和虚拟的社会空间，泛非洲郊区约维尔的人们在这样的空间里感到讲述他们的国籍、地理、外国人身份、差异和归属感等经历是非常安全和受欢迎的。在他们努力以强调主体性和个人身份的方式熟悉和适应在南非颇有争议的身份话语时，这些艺术品带来了新的视觉意义。但也许比这些间接分享的正式策略更关键的是，这些项目在抑制和探索一种深度混合化和世界性文化中的个人特质的方式方面存在明显差异（Dodd & Kurgan 2013：345、354）[26]。

《入住约维尔酒店》中的实验与对《作为非洲知识范式的表演》（*Performance as a Knowledge Paradigm for Africa*）（Fleishman 2009）更广泛的思考以及关于作为认识论的表演的相关讨论相一致。费雷斯曼（2009：116）在即兴戏剧表演的背景下，提出了"表演构成另一种认识方式的可能性——无论是在表征方面，还是在其具身实践方面。"因此，它所关注的是"表演通过何种方式阐明了地点和物体世界与思想和情感世界之间的相关性；这种相关性是从身体—主体关系的有利角度和通过积极参与世界的身体—心理实现的"（Fleishman 2009：118）。这种相关性也在磁石剧院的研究项目中进行了探讨，该项目研究了归属和不归属的概念是如何被特定的移民循环路线所塑造的，包括从开罗到开普敦的跨非洲路线，从东开普省到开普敦的 N2 高速公路，以及开普敦和北开普省农村小镇之间的 N7 高速公路（Reznek et al. 2012）。[27]

本文特别感兴趣的是 Mwenye Kabwe 的题为《非洲地图：地方的痕迹和中间的所有点》（*Afrocarography：Traces of Places and All Point in Between*，以下简称《非洲地图》）的自传体配舞诗剧（表演叙事），及其对美化的个人记忆和由创建和管理多个家园所带来的矛盾视角的探索。它阐释了疏离移民的意义建构的多维复杂性，特别是考虑到卡博（Kabwe 2015：127）所指出的，"作为一种配舞诗剧，《非洲地图》是用高度诗意的文字写成的，并且意在配以动作语言、配乐和视觉词汇，以便这些戏剧模式中的每一种元素都承担着传达意义的责任"：

> 昨晚我在梦中拜访了一位地图制作师。
> 一个满怀热情的流浪者由其他一千个人组成。她带我去到黑色的寓言之地、红色的魔法之地和绿色的文字之地。（Kabwe 2015：126）

在"红色的魔法之地"，旅行者叙述了地图制作师的行动，他用以下成分调制了我们这个时代的魔药：

> 两品脱的偏执歇斯底里
> 十公斤永不沉没的精神
> 十二升的涌动暗流
> 四汤匙的神秘失踪

一小撮的顽固傲慢

七克的过度发现

八磅的革命

少许魔法

无须一盎司客观性

一茶匙的权利

一袋双重标准

三份不可战胜

一剂足量的等待

十三杯多变的过渡

半加仑夸张的自由感，以及

一点点非常非常辣的东西。（Kabwe 2015：130）

《非洲地图》中的多重意义因其在长达五年（2007—2013 年）的时间里的巡回演出时间安排、改编和诠释性复述而进一步被强化，其中包括在由南非人文科学研究理事会（HSRC）和国际社会科学理事会主办的 2008年"知识与变革"研讨会上的一次表演。另一个使用多种表达模式（电影、摄影、艺术品、来自民族学收藏的工艺品、表演、音乐和舞蹈）来描绘南非移民的经历、思想和行动的例子是 2014 年 4 月在约翰内斯堡智慧艺术博物馆开幕的题为"徒步—移民之路"的艺术展（Rankin-Smith 2014）。

这些审视移民经历、移民走廊、归属感、非公民身份和作为认识方式的表演的例子，对于重构关于移民和非公民身份的国家想象以及实现重新政治化民主和减少不平等的可能性有什么意义？

重新政治化、积极平等和实现平等主义承诺的可能性

在法国哲学家雅克·朗西埃（Jacques Rancière）的积极平等和异见等概念以及对现有政治语言和想象发起挑战的过程等思想基础上，坦巴卡基（2015：933）认为尽管非公民身份是一个有用的概念，因为它提醒我们伴随公民政治的排斥性、不平等、边缘化和归化，但"它是一个目的性的过程，其终极目的构成了关键局限性。相比之下，政治化避开了这一局限

性，因为它引起了人们对过程、主体化、自观能动性和提出诉求的关注。"
她将政治化定义为"政治主体化的过程，在这个过程中，被排除在制度世
界之外的主体引起人们对他们处境的注意，并通过公共行动，让人们看到
充斥世界的不平等和不公正现象"（Tambakaki 2015：930）。

2016 年 9 月联合国难民和移民问题峰会后的政治宣言和承诺中的第一
条将人们的愿望作为全球行动的出发点。它指出："人类自古以来就一直
在移徙。有些人为了寻找新的经济机会和前景而移徙。另一些人则是为了
逃避武装冲突、贫困、粮食不安全、迫害、恐怖主义、对人权的侵犯和虐
待而移徙。还有一些人这样做是为了应对气候变化、自然灾害或其他环境
因素的不利影响"（UN 2016）。这表明移民的愿望（尊严政治）应该是制
定一项促进政治参与并实际可行的研究议程的出发点。

在人文和社会科学以及不同的学科中，这种（重新）定向已经以各种
方式进行了构思，例如，它被视为追求的能力（Appadurai 2013）[28]，以及
展望、预见和预期的科学。[29]在本文中，我们将这种重新定位看作再政治
化，因为它以一种我们认为能增强移民能力的方式认可移民的主观能动
性。能力的概念代表了一种可用于理解个人追求的机会和能力，个体可以
通过这一工具促进自身的福祉。努斯鲍姆（Nussbaum 2011）和森（Sen
1999）对这一概念进行了进一步发展，将其看作个人和社区层面的贫困与
不平等程度的一个重要指标，尤其适用于研究贫困和不平等的交叉经历，
因为森（1999）认为，贫困就是对能力的否定或能力的缺乏。

本文认为，承认移民的主观能动性，认可他们的民主要求和权利主张
的合法性，对于"随着我们摸索一条走向新的自我意识的道路，我们将在
2030 年重塑的国家"是必要的（NPC 2012a：11）。然而，这样的做法也
存在一些问题，即这些民主要求将如何被纳入更广泛的社会生活领域、政
治想象[30]和公共政策中。更进一步的问题在于，哪些过程能够使这种纳入
成为可能，哪些因素将影响民主反应，即诺瓦（Norval 2012）所描述的
"实现平等主义承诺的可能性"？

本文中的这些论点以及其他论点指向多个问题和框架，能够有效地帮
助我们更深入地理解南非移民的疏离以及他们的能力。然而，最后，我们
必须提出这样一个问题：在讨论贫困和不平等问题的过程中，对于难民、
寻求庇护者和移民及其家人的主体性和社会价值的界定问题，我们还需要
做出哪些努力？

结语：解决南非未来移民不平等问题的更多可能性

本文旨在利用社会人文科学以及艺术领域的一系列的学科知识，对南非关于贫困和不平等的话语中的移民进行广角分析。本文在2030年的南非政治想象的背景下审视了当前的数据和政策，并提出了促进变革可能性的新视角（在关于贫困和不平等问题的讨论中重新构想移民）。尽管关于移民的现有数据不足和不完整，本章以其主体经历对移民群体状况进行了补充，包含了移民在追求自己的理想和日常生活中的声音与叙事。然而，这些创新的理论框架和诠释需要进一步的实证研究。在这方面，我们提出了一些问题和框架，或将有助于为更富有洞察力的研究提供一定的参考。

"开放政府伙伴关系"是一个框架，能够帮助我们研究公民和非公民之间的积极平等，并重新构想我们在南非关于移民的国家想象中所看到的悖论和碎片化。关于数据驱动的价值创造和开放政府数据倡议，除了需要关于移民的更精细的数据和信息外，如果能重新考虑适用于来自邻国移民的特别许可制度，也将为在国家想象中平等地重新纳入移民工人制度提供一个机会。

在理论和方法论方面，本文也提出了一些问题。除了正式的知识框架之外，还有什么其他的途径可以探索其他的话语、视觉和实践知识平台？未来素养如何才能提高集体智慧、知识创造过程的能力，从而"产生、探测连续性和不连续性的同时出现并赋予其意义"（Miller 2015：519）？本文简要分析了此类知识创造的过程和平台的范例，并有机会在表演研究、社会科学移民研究、民主实践和未来素养领域之间开展更多跨学科对话。"移民走廊"的性质、想象和社会影响就是这样一个"民族学模仿"的机会。

还有一些政策问题需要跨学科的关注。例如，南非还没有签署和批准《保护所有移徙工人及其家庭成员权利的国际公约》的社会经济后果是什么？这在移民形象、社会实践（即仇外心理）和生活经历，以及国家的人权和民主项目等方面发挥什么样的作用？在临时居留和永久居留许可方面，也需要提出并回答这些问题或类似的问题。利用这些框架和问题所进行的进一步研究所获得的见解，将为绿皮书和白皮书所倡导的"社会整体"方案提供实质性内容，也将有助于对国家状况进一步评估、采取行动和进行调整。

注 释

1. 这项计划建立在总统制定的题为《2025年南非的情景：我们选择的未来是什么？》的早期设想之上。这份报告将"移民和人口结构"确定为塑造南非未来的几个关键变量之一。这一变量的影响用五个问题加以界定："即将到来的非洲'青年膨胀'对南非意味着什么？2008年时针对一些非南非人的暴力将如何影响长期的移民模式？来自非洲的移民将如何增加南非的人口？南非的低人口增长率会持续吗？当今世界的人口老龄化将比历史上任何时候都严重得多，在这种情况下，南非将如何吸引和留住人才？"（PCAS 2008：25）

2. 特里布兰奇（Terreblanche 2012：118）认为，"《国家发展计划》的主要问题是，它没有考虑过去130年的历史趋势，也没有考虑我们的贫困、失业和不平等问题的结构性性质；从1886年到1994年以及自1994年以来，政治和经济权力结构在造成贫困、失业和不平等问题中所起的作用"。

3. 关于对南非背景下的错误框架话语和做法的有根有据和广泛的考虑，参见霍斯彻（Holscher 2014），她曾称内政部"是南非卓越的（错误）框架机构"。另见《比勒陀利亚新闻报》在2017年3月9日发表的题为《内政部考虑重新定位》的文章，其中引用了内政部总干事的言论："在一个充满风险和机遇、高度动态的全球化世界，内政部将作为国家的安全神经中枢和人民生活所依赖的数字平台的支柱，国民将受益于这样一个内政部。"

4. 参见克鲁格和韦伯（Kroeger & Weber 2014），他们提出了一个知识框架，该框架从关于社会企业家精神、组织有效性、方案评估和主观幸福感方面的文献中汲取了见解，旨在构建创造社会价值的功能模型。

5. 有关未来素养的扩展讨论，参见米勒（Miller 2018：i），其中"使用'未来素养'的概念作为工具来定义对预期性系统和过程（也被称为预测学科）的理解"。

6. 《2030 年的南非情景》是"一项多方利益相关者参与的研究驱动的倡议，旨在重振国家创建让所有人都有归属感的团结社会的努力"（Indlulamithi 2018：4）。

7. 针对这些关切，会议提出它需要"尽快缩小我们与民众之间的距离；争取在每个社区和每个部门成为一个进步的存在，倾听民众、与民众合作、回应民众的关切和问题、尊重所有人，并成立民众组织、开展民众运动"（ANC 2018：21）。

8. 前瞻性研究需要长期或组群研究，在其中参与者是在设想或预期结果出现之前招募的。更广泛地说，预测学科在大多数知识活动领域进行，它使用过去的轨迹和新兴的趋势来推断未来的结果，同时考虑到可能性和复杂性。米勒等人（2013：8）认为："与阅读和写作一样，未来素养作为一种必要和普通的技能，涉及破译、归类以及生产（设计、实施和诠释）明确的（自愿和有意的）预期性知识创造过程的能力。未来素养和语言能力一样，涉及掌握'知道什么''知道怎样做''知道什么时候'和'知道为什么'，这是以适当的方式'利用未来'所要求的。未来素养是关于如何使用未来的知识，是对预期过程的熟悉。"

9. 有关会计学、统计学和政治之间的互动关系的深入评论，参见 Spence 等人（2010）。

10. 弘扬主观能动性、开放性、距离、差距、公民身份和多元文化性，摘自《国家发展计划》的"愿景声明"（NPC 2012a：11 – 22）。

11. 针对"政治思维诗学可以为民主理论当前的辩论提供什么"这一问题，帕那加（Panagia 2006：9）认为："我们的表达模式——我们使用的语言、语调、节奏和表情——具有伦理的分量，因为它们被视为控制系统，以限制谁有资格进入我们的政治系统中的权力机构。那么，政治思维诗学就符合政治参与所依循的评估技术的规范性维度，即阅读和写作能力。"

12. 下文将在讨论支撑种族隔离制度的种族等级的无知契约时，以及在讨论表演研究作为一种获取具身知识和理解社会和政治身份时，再次谈及认识论贡献的问题。参见纽约大学表演研究系对表演的描述：https//tisch. nyu. edu/performance-Studies/about-ps（2018 年 7 月 30 日访问）。

13. 基于"种族隔离档案"项目中关于日常种族隔离的回忆、无知理论（不可知论）以及无知和统治的相互关系，Steyn（2012）提出了这一论点。

14. 这与种族隔离后南非出现的跨文化亲近感和世界性想象相反。参见恩佐（Eze 2015）。

15. 白皮书指出，自 2016 年 4 月以来，南非对 14 个非洲国家的普通护照持有者免签，包括：贝宁、佛得角、加蓬、莱索托、马拉维、毛里求斯、莫桑比克、塞舌尔、斯威士兰、博茨瓦纳、纳米比亚、坦桑尼亚、赞比亚、津巴布韦（DHA 2017：15）。

16. 虽然在本文中没有探讨，但这一限制特别界定了妇女的角色，她们的工作内容往往是无偿的家庭劳动，并且没有被反映在诸如国内生产总值这样的规范性衡量标准中。

17. 参见 http：//opendatahandbook. org/guide/en/what-is-open-data/。

18. 例如，布里斯托尔市议会通过引入开放政府数据目录（Bristol Open Data Innovation 2010，引自 Tinholt 2013），降低了典型的服务交易成本（便宜 15 倍）。

19. 西班牙的 Aporta 项目通过公共数据门户网站 datos. gob. es 提供了 650 多个政府数据集，从而促进对公共部门信息的再利用。150 多家公司专门从事信息中介领域的工作，雇用了约 4000 人，年收入为 3. 3 亿至 5. 5 亿欧元，这可以直接归功于开放数据的再利用（Spanish Open Data Portal 2012）。

20. 南非的一个极佳的例子是由 Media Monitoring Africa 和 Code for South Africa 联合开发的开源数据平台，它能够让人们更便利地访问行政区级别的人口普查数据（参见 https：//wazimap. co. za）。虽然本文的重点是数据驱动的价值创造，但移民创造的社会价值呈现出各种形式并利用了各种方法。参见 Krige 和 Silber（2016）中的 "Anne Githuku-Shongwe：a Game-changer of the African Mind"，了解有关开发使非洲儿童能够在本土寻找英雄和榜样的手机游戏的讨论。

21. 有关表演概念的更全面的讨论，参见 Larson（2011）。

22. 个人通信，2017 年 1 月 20 日。

23. 见《目击者新闻》，2017 年 1 月 21 日。2017 年 3 月 28 日访问，https：//ewn. co. za/2017/01/21/malusi-gigaba-yet-to-make-a-decision-over-zim-special-permit. 。另见 2017 年《南非移民》。2017 年 3 月 28 日访问，https：//www. immigrationsouthafrica. org/blog/the-status-of-zimbabwean-immi

grants-in-south-africa-the-3-year-extension/。

24．参见奥克曼（Ockman 1998）对这些观点的详细阐述以及超现实主义中的空间诗学的情况。

25．有关以艺术为基础的研究中的激进民主想象的可能性的讨论，参阅奥尼尔（O'Neill 2008，2009，2011）。

26．Dodd 和 Kurgan（2013）主要关注电影和摄影，尽管他们的文章涵盖了其他的数字互动形式。

27．有关将磁石剧院的实体表演美学和现场表演的主体间体验转化为文本的挑战的评述，参见弗雷克曼（Flockemann 2015）。

28．有学者（Appadurai 2013：193）认为，追求的能力"提供了一个伦理视野，在这个视野中，更具体的能力可以被赋予意义、实质和可持续性。"

29．参见玻利（Poli 2014）。

30．我们效仿诺瓦（Norval 2012：810）使用"承诺"和"纳入"来"表明这样两个事实：第一，对于任何政治诉求，其含义的塑造都离不开它所产生和被兑现的环境；第二，对于新的诉求，如果要将其有效地制度化，就需要被纳入到更广泛的政治想象中。"

参考文献

ANC（African National Congress）（2018）*ANC 54th National Conference：Report and Resolutions*. Accessed 22 October 2018，http：//joeslovo. anc. org. za/sites/default/files/docs/ANC% 2054th _ National _ Conference _ Report% 20and% 20Resolutions. pdf.

Appadurai A（2013）The Capacity to Aspire：Culture and the Terms of Recognition. In *The Future as Cultural Fact：Essays on the Global Condition*. London：Verso.

Bachelard G（1969）*The Poetics of Space*. Boston：Beacon Press.

Breckenridge K（2014）*Biometric State：The Global Politics of Identification and Surveillance in South Africa，1850 to the Present*. Cambridge：Cambridge University Press.

Conquergood D (2002) Performance Studies: Interventions and Radical Research. *The Drama Review*. 46 (2): 145 – 156.

Crush J and Williams V (2001) The Point of no Return: Evaluating the Amnesty for Mozambican Refugees. *South Africa Migration Policy Brief* No. 6. Cape Town: Southern African Migration Project.

Crush J, Dodson B, Williams V and Tevera D (2017) Harnessing Migration for Inclusive Growth and Development in Southern Africa. Cape Town: Southern African Migration Project.

Davies T (2010) Open Data, Democracy and Public Sector Reform: A Look at Open Government. Data Use at data. gov. uk. Accessed 22 October 2018, http://www. opendataimpacts. net/report/.

Deloitte Analytics (2013) *Open Growth: Stimulating Demand for Open Data in the UK*. Accessed 22 October 2018, www. deloitte. com/view/en_ gb/uk/ market-insights/deloitteanalytics/ bfb570a79416b310VgnVCM1000003256f70 aRCRD. htm.

DHA (Department of Home Affairs) (2016) *Green Paper on International Migration*. Notice No. 738, Government Gazette No. 40088, 24 June.

DHA (2017a) *White Paper on International Migration for South Africa*. Notice No. 750, Government Gazette No. 41009, 28 July.

DHA (2017b) Keynote Address of the Minister of Home Affairs, National Conference on International Migration, Sandton, 17 March 2017. Accessed 19 April 2017, http://www. dha. gov. za/index. php/statements-speeches/944-keynote-address-by-the-minister-of-home-affairs-malusi-gigaba-mp-on-the-occasion-of-the-national-conference-on-international-migration-in-sandton-on-17-march-2017.

Dodd A and Kurgan T (2013) Checking in to Hotel Yeoville: Public narratives about Feeling Foreign at Home. *Third Text*. 27 (3): 343 – 354.

Eze C (2015) Transcultural Affinity: Thoughts on the Emergent Cosmopolitan Imagination in South Africa. *Journal of African Cultural Studies*. 27 (2): 216 – 228.

Fink J and Lomax H (2011) Inequalities, Images and Insights for Policy and Research. *Critical Social Policy*. 32 (1): 3 – 10.

Fleishman M (2009) Knowing Performance: Performance as a Knowledge Paradigm for Africa. *South African Theatre Journal* 23: 116 – 136.

Flockemann M (2015) Migrating Texts: From Performance Space to Written page: The Magnet Theatre "migration" Plays. *South African Theatre Journal.* 28 (1): 88 – 103.

Fricker M (2016) Epistemic Contribution as a Central Human Capability. In G Hull (Ed.) *The Equal Society: Essays on Equality in Theory and Practice.* Cape Town: UCT Press.

Ghosh B (2007) Managing Migration: Towards the Missing Regime? In A Pecoud and P de Guchteneire (Eds.) *Migration without Borders: Essays on the Free Movement of People.* Paris: UNESCO.

Giddens A (1990) *The Consequences of Modernity.* Stanford, CA: Stanford University Press.

Holscher D (2014) Considering Nancy Fraser's Notion of Social Justice for Social Work: Reflections on *Mis*framing and the Lives of Refugees in South Africa. *Ethics and Social Welfare.* 8 (1): 20 – 38.

Indlulamithi (2018) *Indlulamithi South Africa Scenarios* 2030: *Looking above the Trees.* Johannesburg: Indlulamithi South Africa Scenarios 2030 Trust. Accessed 17 October 2018, http://sascenarios20130. co. za.

Kabwe M (2015) Mobility, Migration and "Migritude" in Afrocartography: Traces of Places and all Points in between. In M Fleishman (Ed.) *Performing Migrancy and Mobility in Africa: Cape of Flows.* Hampshire: Palgrave Macmillian.

Krige K and Silber G (2016) *The Disruptors: Social Entrepreneurs Reinventing Business and Society.* Johannesburg: Gordon Institute of Business Science, University of Pretoria.

Kroeger A and Weber C (2014) Developing a Conceptual Framework for Comparing Social Value Creation. *Academy of Management Review.* 39 (4): 513 – 540.

Larson C (2011) What do We Mean when We Talk of Performance? A Metacritical Overview of an Evolving Concept. *Latin American Theatre Review.* 45 (1): 23 – 44.

McKinsey Global Institute (2016) *People on the Move: Global Migration's Impact and Opportunity*. Accessed 20 October 2018, https://www.mckinsey.com/~/media/McKinsey/Featured% 20 Insights/Employment% 20 and% 20Growth/Global% 20migrations% 20impact% 20and% 20 opportunity/MGI-People-on-the-Move-Full-report. ashx.

Meny-GibertS and Chiumia S (2016) *Factsheet: Where do South Africa's International Migrants Come from?* Accessed 20 October 2018, https://africacheck.org/factsheets/geography-migration/.

Miller R (2015) Learning, the Future, and Complexity: An Essay on the Emergence of Futures Literacy. *European Journal of Education.* 50 (4): 513 – 522.

Miller R (2018) *Transforming the future: Anticipation in the 21st century.* Paris: UNESCO.

Miller R, Poli R and Rossel P (2013) *The Discipline of Anticipation: Exploring Key Issues.* Scoping Global/Local Anticipatory Capacities Working Paper No. 1, 13 May. Paris: UNESCO.

Norval A (2012) Writing a Name in the Sky: Rancière, Cavell, and the Possibility of Egalitarian Inscription. *American Political Science Review.* 106 (4): 810 – 826.

NPC (National Planning Commission) (2012a) *National Development Plan 2030: Our Future-make it Work.* Pretoria: The Presidency.

NPC (National Planning Commission) (2012b) *National Development Plan: Executive Summary.* Pretoria: The Presidency. Accessed 28 March 2017, http://www.gov.za/sites/www.gov.za/ files/Executive% 20Summary-NDP% 202030% 20-% 20Our% 20future% 20-% 20make% 20it% 20 work. pdf.

Nussbaum M (2011) *Creating Capabilities: The Human Development Approach.* Cambridge, MA: Harvard University Press.

OckmanJ (1998) *The Poetics of Space* by Gaston Bachelard. *Harvard Design Magazine No. 6: Representations/misrepresentation and revaluations of classic books.* Accessed 20 October 2018, http://www.harvarddesignmagazine.org/issues/6/the-poetics-of-space-by-gaston-bachelard.

OGP (Open Government Partnership) (2015) *The Open Government Guide Special Edition: Implementing the 2030 Sustainable Development Agenda.* Accessed 25

May 2016, http://www. opengovpartnership. org/sites/default/files/attachments/The%20Open%20Government%20 Guide%20Special%20Edition. pdf.

OGP (2016) *The 3rd South African Open Government Partnership Country Action Plan*, 2016 – 2018. Accessed 17 October 2018, http://www. ogp. gov. za/ documents/OGP% 203rd% 20 Country% 20Action% 20plan% 202016 – 2018. pdf.

O' Neill M (2008) Transnational Refugees: The Transformative Role of Art? *Forum Qualitative Sozialforschung / Forum: Qualitative Social Research*, 9 (2): Art. 59. Accessed 17 October 2018, http://nbn-resolving. de/um: nbe: de: 0114-fqs0802590.

O'Neill M (2009) Making Connections: Ethno-mimesis, Migration and Diaspora. *Psychoanalysis, Culture and Society*. 14 (3): 289 – 302.

O'Neill M (2011) Participatory Methods and Critical Models: Arts, Migration and Diaspora. *Crossings: Journal of Migration & Culture*. 2 (1): 13 – 37.

Panagia D (2006) *The Poetics of Political Thinking*. Durham, NC: Duke University Press.

PCAS (Policy Co-ordination and Advisory Services) (2008) *South Africa scenarios* 2025: *The future we chose*? Pretoria: The Presidency.

Poli R (2014) Anticipation: What about Turning the Human and Social Sciences Upside Down? *Futures* 64: 15 – 18.

Rankin-Smith F (2014) *Ngezinyawo*-Migrant Journeys. In P Delius, L Phillips and F Rankin-Smith (Eds.) *A Long Way Home: Migrant Worker Worlds 1800 – 2014*. Johannesburg: Wits University Press.

Reznek J, Fleishman M, Yisa F and Marek F (2012) *The Magnet Theatre "migration" Plays*. Mowbray: Junkets Publishers.

Schierup C-U (2016) Under the Rainbow: Migration, Precarity and People Power in Post-apartheid South Africa. *Critical Sociology*. 42 (7 – 8): 1051 – 1068.

Sen A (1999) *Commodities and Capabilities*. Oxford: Oxford University Press.

Spanish Open Data Portal (2012) *Characterization Study of the Infomediary Sector: Final Report*, *July* 2012. Accessed 19 October 2018, https://www. europeandataportal. eu/sites/default/ files/2012 _ spain _ characterization _ study _ of_the_infomediary_sector. pdf.

Spence C, Husillos J and Correa-Ruiz C (2010) Cargo Cult Science and the Death of Politics: A Critical Review of Social and Environmental Accounting Research. *Critical Perspectives on Accounting.* 21 (1): 76 – 89.

Stats SA (Statistics South Africa) (2012) Statistical release (Revised) P0 – 30 – 14. *Census* 2011. Pretoria: Stats SA.

Stats SA (2014) Department of Home Affairs (DHA), Statistical Release P0351. 4: Documented Immigrants in South Africa, 2013. http://www. statssa. gov. za/publications/P03514/ P035142013. pdf.

Stats SA (2015) *Census* 2011: *Migration Dynamics in South Africa.* Report No. 03 – 01 – 79. Pretoria: Stats SA.

Stats SA (2016) *Community Survey* 2016, *Statistical Release P0301.* Pretoria: Stats SA.

Steyn M (2012) The Ignorance Contract: Recollections of Apartheid Childhoods and the Construction of Epistemologies of Ignorance. *Identities: Global Studies in Culture and Power.* 19 (1): 8 – 25.

Tambakaki P (2015) Citizenship and Inclusion: Rethinking the Analytical Category of Noncitizenship. *Citizenship Studies.* 19 (8): 922 – 935.

TerreblancheS (2012) *Lost in Transformation: South Africa's Search for a New Future Since* 1986. Johannesburg: KMM Review Publishing Company.

Therborn G (2006) Meanings, Mechanisms, Patterns and Forces: An Introduction. In G Therborn *Inequalities of the World.* London: Verso.

Therborn G (2012) The Killing Fields of Inequality. *International Journal of Health Services.* 42 (4): 579 – 589.

Tinholt D (2013) *The Open Data Economy: Unlocking the Economic Value by Opening Government and Public Data.* Accessed 19 October 2018, https:// www. capgemini. com/wp-content/ uploads/2017/07/the_open_data_economy_ unlocking_economic_value_by_opening_ government_and_public_data. pdf.

Ubaldi B (2013) *Open Government Data: Towards Empirical Analysis of Open Government Data Initiatives.* OECD Working Papers on Public Governance No. 22. Paris: OECD Publishing. Accessed 19 October 2018, http://dx. doi. org/10. 1787/5k46bj4f03s7-en.

Unger R (2004) Social Theory: Its Situation and Its Task. (Politics: A Work in Constructivist Social Theory). London: Verso.

UN (United Nations) (2016) *New York Declaration for Refugees and Migrants*. Resolution Adopted by the General Assemby on 19 September 2016. Accessed 20 October 2018, http://www. un. org/en/ga/search/view_doc. asp? symbol = A/RES/71/1.

World Bank (2018) *Overcoming Poverty and Inequality in South Africa: An Assessment of Drivers, Constraints and Opportunities*. Washington: International Bank for Reconstruction and Development.

第三部分

经　济

征收财富税以减少南非的财富不平等

萨姆森·姆贝威 (Samson Mbewe)

英格丽德·伍拉德 (Ingrid Woolard)

丹尼斯·戴维斯 (Dennis Davis)

经济的不平等包括收入、消费和财富的不平等。这也是南非在后种族隔离时代所面临的一个十分紧迫的问题。众所周知，南非是世界上收入分配最为悬殊的国家之一。尽管政府在刺激包容性增长、实施有利于穷人的支出项目和维持累进税制方面做出了重大努力，但贫富之间的收入差距仍在持续扩大。

在本文中，我们揭示了南非的财富不平等甚至比收入不平等更严重，同时也表明对富人的总财富实行差别征税，从而只将特定资产类别取得的回报完全划分到所得税的范畴。值得注意的是，虽然累进所得税制度的目标是高收入人群，但高收入人群并不一定拥有最多的财富。事实上，有学者（Orthorfer 2016）证明，南非处于收入分配顶端的人群并不一定处于财富分配的最顶端，反之亦然。鉴于此，我们开始考虑南非政府是否应该征收某种形式的财富税，在直接减少财富极端不平等现象的同时，增加用于再分配预算支出的税收。

从税收角度来看，财富指个人或家庭通过储蓄或保有继承所得财富而积累的所有形式的可流通资产（OECD 2013；Trotman-Dickenson 1996）。在文献中，"净财富"也称为"财富"，指的是总财富和总债务的差额。财富水平和财富分配能够反映公民的长期福祉，也就是经济学家通常所说的福利。了解资产和负债的构成有助于评估一个家庭维持现有甚至退休后生活水平的能力。财富能够产生各种收入，比如财产投资回报、股东分红或租金等，这些收入按照所得税体制度缴纳（不同额度）税款。我们认为，财富带来的好处远远不止于其产生的回报率。从财富及其使用中人们还能直接获得满足感，例如，拥有房产或有贵重资产（如豪车或美轮美奂的画作）就是一种享受。此外，财富能带来权力，进而增加人们提高社会地位的机会。最后，财富还为意外情况提供了保险，让财富拥有者有能力承担更多风险。

社会财富分配极不平等的一个严重后果就是对社会、政治和经济规范造成破坏。例如，高度的财富不平等会导致公民政治权力的不平衡，因为富人可能会以不公正的手段影响政治进程，从而削弱民主的最佳运作效果。同时，如果社会财富集中在少数人手中，财富的流动性就减少了，从而限制了财富在社会中的有效利用。正如阿特金森所说：

> 衡量财富不平等时，我们不仅关注富人的消费（尽管这一点很重要），还关注财富可以带来的权力。财富传给继承人时，这种权力可以由其家庭行使，或者更常见的是，通过控制媒体或对政党施加影响来行使权力。（Atkinson 2015：37）

鉴于拥有财富能产生种种直接好处，且这些好处远远不止于财富产生的收入，我们认为财富本身就是一个合法的税基。正如下文所述，我们并不认为税收是解决收入和财富不平等的唯一可行之法。其他方法包括土地改革、基础设施建设和增加获得优质医疗和教育的机会。然而，征收财富税是南非有待探讨的一个话题，要借其作为缩小贫富差距的手段，同时增加政府税收，尚需进行仔细分析。

全球财富不平等

过去几十年，全球大多数税收制度逐渐减少采用累进税[1]（OECD 2013）。由于金融全球化的深入和全球资本的自由流动，对资本和投资回报的有效征税对税务部门来说越来越具有挑战性（Profeta et al. 2014），导致相对税收负担从资本收入转移到了劳动力收入上（Ndikumana 2015）。这样一来，富人持有的财富和相关资本收入的增长速度就超过了依赖劳动力市场人群的工资增速。如今这一现象被认为是加剧全球财富不平等的主要原因之一（Atkinson et al. 2011；Piketty & Saez 2006）。

更广泛的研究（IMF 2013；Piketty 2014；Piketty & Zucman 2014）证实，财富收入比[2]一直在上升，私有财富占国民收入的比率自 20 世纪 70 年代以来也翻了一番（Piketty & Zucman 2014）。皮凯蒂及其关于发达经济体内财富积累的著作（Piketty 2014）在学术界和公众引发了激烈辩论，焦点在于全球财富不平等加剧及其对社会、经济和政治进程的民主基础构成的威胁。皮凯蒂（Piketty 2014）在其开创性著作《21 世纪的资本》（*Capital in the Twenty-First Century*）中称，目前财富不平等的状况正在恶化，需要政府采取干预措施，通过征收净财富税等政策来实现再分配目标，并为"世袭中产阶级"[3]创造财富。

皮凯蒂将辩论的焦点从财富的总量转向了财富的分配。他的部分分析表明，随着"最顶层的 1%"（即真正的富人）累积的份额显著增加，收入和财富的分配已经变得越来越不平等（Piketty 2014）。皮凯蒂认为，19 世纪的收入严重不平等现象[4]正在当今再现，且其再现绝非偶然，而是承袭自资本主义。例如，据乐施会最近的一份报告估算，2017 年产生的全球财富中，82%（7620 亿美元）流向了全球最富有的 1% 的人口，而最底层的 50% 的人口的财富并没有增加。皮凯蒂认为，唯有政府干预才能扭转财富不平等加剧这一令人担忧的趋势（Piketty 2014）。

皮凯蒂对现有财富不平等相关研究文献的重大贡献之一在于阐明了资本回报率（r）[5]和经济增长率（g）[6]之间的关系。他认为，从长期来看，r 有显著超过 g 的趋势，这表明继承的财富可能比产出和收入增长得更快。继承财富的人只需将资本带来的部分收入存起来，就能确保他们的资本增长速度快于整体经济增长速度（Piketty 2014）。例如，如果 r 为 5%，g 为 1%，则财富持有者只需将资本收入的五分之一用于投资，其财富增长就能与整体经济增长速度持平。

由此得出，r 和 g 之间的差距越大，集中在特定社会群体手中的财富就会越多。在这种情况下，皮凯蒂认为，继承的财富将遥遥领先于劳动一生所积累的财富，且资本的集中也将达到极高的水平。受制于难以预测的一系列彼此相关的因素（例如技术发展和储蓄行为），r 和 g 之间的关系相当复杂。

一直以来，关于总财富收入和财富产出比率的长期发展走向都缺乏实证证据。事实上，全球收集的大多数财富数据都将财富描述为资产的流动，而不是累积的资产存量。近年来，皮凯蒂（Thomas Piketty）、阿特金森（Anthony Atkinson）和塞斯（Emmanuel Saez）等人的著作改变了这一状况。该著作通过开创性的数据收集和统计技术带来了相关讨论中的思维模式的转变，使得追溯 20 世纪初的收入和财富集中现象成为可能。对美国、英国和法国的研究中已经做到了这一点（Piketty 2014）。通过整合税收记录和年度国民财富出版物[7]，现已构建了一个涵盖极其富有人群的财富数据集，而以前的调查往往未将该群体纳入考虑。

即使在被视为平等程度极高的社会，比如 20 世纪 70 年代和 80 年代的斯堪的纳维亚国家，半数以上的国民财富通常掌握在最富有的 10% 的人手中（Piketty 2014）。在欧洲，特别是法国、德国、英国和意大利，最富有的 10% 的人拥有约 60% 的国民财富（Astarita 2015）。这些社会的独特之处在于，最贫穷的 50% 的人占有的财富还不到国民财富总额的 10%，通常连5% 都不到。

财富和资本收入仍然是导致不平等的主要因素，且在此过程中发挥的作用日趋重要。社会所面临的风险是：r 的增长速度快于 g；也就是说，资本回报率大于增长率，财富将进一步集中在富人手中，进而继续扩大不平等。因此，那种认为减少不平等的最佳方法是鼓励经济增长的传统观点是站不住脚的。皮凯蒂进一步指出，当今公共话语体系并未过多关注继承的财富，且该话题也并未成为核心政治问题，其原因在于，财富高度集中导致社会上大部分人几乎意识不到财富高度集中这一现象（Piketty 2014）。

皮凯蒂和合著者在《2018 年世界不平等报告》中指出，"解决全球收入和财富不平等问题需要在国家和全球税收政策上做出重要转变。"许多国家需要重新审视其教育政策、企业治理和工资制定政策（Alvaredo et al. 2008：1）。显然，如果要真正解决种族所掩盖的令人苦恼的不平等现象，南非需要即刻采取行动。不过，本文的重点是探究税收制度在帮助解决收入和财富不平等问题过程中能发挥何种作用。

南非的财富不平等

最近，南非成为首个公布官方资产负债表数据的发展中国家，数据最早可以追溯到 1975 年。利用这些数据，奥瑟弗（Othorfer 2015）试图将皮凯蒂的分析应用于南非，使自己的研究成为首个分析南非私有财富长期演变的研究。皮凯蒂的研究侧重财富分配和私有财富的总体水平，而南非有限的数据意味着奥瑟弗（2015）只能研究 1975—2014 年期间家庭私有财富的长期演变，因此南非财富分配情况的有关问题仍然悬而未决。尽管如此，其研究结果依然具有启发意义。

奥瑟弗（2015）的研究显示，1975 年和 2014 年，南非的财富收入比分别为 240% 和 225%。相比之下，1975 年发达经济体的财富收入比介于 200%—300% 之间，但在 2010 年上升至 400%—700% 之间。奥瑟弗（2015）认为，1975—2014 年期间南非财富收入比变化不大，主要是因为这一时期进行私人储蓄的人口较少，同时金融资产价格也大幅上涨。奥瑟弗（2015）通过分析私有财富的构成丰富了南非财富问题的研究。南非私有财富的构成如表 1 所示。

表1　　　　　　南非私有财富的投资组合构成（2010 年）

家庭部门的投资组合构成	占比（%）
住宅	74
其他非金融资产	18
总非金融资产	91
养老金和人身保险	103
股票和基金股份	61
货币、存款、债券、贷款	34
总金融资产	198
总资产	289
按揭预付款	33
其他债务	25
总债务	58
财富	231

注：占国民收入的比重（占总资产的比重）。

资料来源：Orthofer（2015）。

在世界范围内，通常情况下，家庭私有财富主要由家庭资产构成（OECD 2013）。然而，在南非，家庭资产仅占家庭私有总财富的四分之一

（Orthofer 2015）。奥瑟弗（Orthofer 2015）认为，家庭资产的大部分都是金融资产，而其中很大一部分又都来自养老基金和长期保险产品。

将上述研究数据与新世界财富（New World Wealth）[8]和福布斯（Forbes）[9]等出版公司汇编的"富豪榜"对比来看也同样有启发意义。2014 年，新世界财富估计，南非约有 46800 名高净值人士，总财富达 1840 亿美元，这意味着最富有的 0.1% 的南非人拥有全国家庭总财富的四分之一，令人震惊。2015 年，10 名南非人登上"福布斯非洲 50 强"富豪榜，净资产总额为 250 亿美元，约占南非总财富的 5%。因此，财富税在解决不平等问题中能发挥何种作用、如果有作用又该采取何种形式的财富税等问题也随之而来。

净财富税与财富转移税

对财富征税是个复杂的话题，对其进行分析需要了解与财富相关的各税种之间的区别。征收的财富税一般有两种形式：一是对个人财富征收的税，或是一年一收的经常性征税，或是一次性的非经常性征税，统称为净财富税；二是对财富转移征收的税，称为转移税（Rudnick & Gordon 1996）。换言之，净值税[10]是对总财富和总负债之间的差额征收的税。财富转移税，特别是对转移的应税资产净值征收的税，可分为两类：对转让人（或转让人的遗产）征收的税和对受让人征收的税。

根据政府对纳税人履行纳税义务的要求，净财富税可进一步分为附加税和替代税。附加税是仅当资产易手时才需缴纳的税，而替代税是纯粹由于资产所有权而产生的纳税义务（Trotman-Dickenson 1996）。由于不论资产是否具有生产性，均需要缴纳替代税，该税项一直饱受诟病。

征收年度财富税主要是出于以下两点考量：第一，寻求减轻个人财富积累带来非收入性福利造成的影响；第二，利用未纳进收入税、遗赠税或消费税等范畴的个人行为和情况的相关信息（Astarita 2015）。尽管西班牙自 2011 年起以临时措施的形式重新征收这一税种，征收年度财富税的做法一直在减少，冰岛、芬兰和卢森堡于 2006 年、瑞典于 2007 年、西班牙于 2008 年已经废除了年度财富税。导致年度财富税被废除的一个因素是，资本在全球范围内自由流动，各国吸引资本的竞争日益加剧，而且没有充分的证据表明征收年度财富税有利于财富再分配。

一次性的财富税有多种形式，每种形式的用途也不尽相同。一次性财富税既可以是资本税，也可以是对市场或非市场转让进行的征税。资本税是对资本资产一次性征收的税。在某些情况下，为了增加营收，会采用资本税。尽管诸如庇古（Pigou 1912）和熊彼特（Schumpeter & Opie 1934）以及后来的凯恩斯（Keynes 1936）等全球知名研究人员纷纷支持征收一次性的财富税，但资本税在实践中的有效性少有实证支撑（Astarita 2015）。

可以对市场转让（如金融交易转让和印花税）或非市场转让征收一次性财富税，形式可能是对转让人征税（如遗产税和赠与税）和对受让人征税（如继承税和财产增益税）（Astarita 2015）。至于是对转让人还是受益人征税，这将取决于税务部门打算如何消除避税。可以对转让人的生前赠予征税（如赠予税），也可以对其逝世后的转让征税（如遗产税）。在某些情况下，可将两者合并成一个独特的综合税种，即财产增益税（Cremer & Pestieau 2012）。

（遗赠方逝世后）征收的继承税已成为世界各地（特别是经合组织国家）征收财富税的主要手段（Cremer & Pestieau 2012）。继承税的支持者认为，征收继承税的行政成本相对较低，而且税收容易核算，当税收以法定货币的转让为条件时尤为如此。此外，有人认为，由于继承税涉及不劳而获的资源并且具有一定的限制性（即仅在遗赠方逝世后才缴纳），这一事实增加了该税种的公平性（Cremer & Pestieau 2012）。

然而，继承税的反对者经常提出，继承税的设定前提是并非所有交易都能让双方获益，因而继承税可能会对市场转让税造成扭曲。也有人认为继承税带有歧视性质，再加上诸多漏洞，财富相对较多的人避税能力强，缴纳的继承税金额也会相对减少。例如，继承税可能导致有意愿的父母打退堂鼓而不将财富传给子女和孙辈，从而削弱了储蓄和投资的动机。此外，有人认为征收转让税可以改善不平等现状，但这一观点也缺乏有力证据。

财富的税收处理方案

财富税不大可能替代年度所得税。在考虑对资本收入征税时，财富可被视为并用作对资产进行征税的有效税基，但收入或回报却很难把握。因此，财富税通常最好被用作资本收入税的补充。

尽管如此，对财富征税为再分配目标的实现提供了可能。鲍得温等人（Boadway et al. 2010）提出了在不同情况下处理财富以及征收财富税的几种方式。他们认为，遗产税带来的税收微乎其微，似乎并未推动财富的重新分配；且考虑到财富和劳动力的流动性，最富有的人轻而易举就能避税，继承税也并不公平。由此，他们建议改革现行制度，建立一个全面的、基于转让人的制度，包括终身赠予，并废除财富税，而对高价值财产征税。这些情况在其他国家也有所体现。

其他国家的经验

1990 年，征收个人净财富税的经合组织国家有 12 个，到 2017 年减少到了 4 个，分别是法国、挪威、瑞士和西班牙。这 4 个国家的财富税对国家财收贡献相当小，但例外的情况是，2015 年瑞士 3.6% 的税收来自财富税。其他三个国家 2015 年的财富税占税收总额的比例不到 1%（OECD 2017）。在欧盟之外，至少有一个发展中国家，即印度，最近（2015 年）也废除了财富税。在大多数情况下，划分和衡量净资产、构建税收稽征系统以及核算全球资产的相关成本增加，推动了废除财富税的进程。

此外，出于政治因素而免除净财富税为避税创造了条件，对能够承担专业税务咨询费用的富人来说更是如此。在财富税税基很小的国家，只有以高税率征收财富税才有意义。然而，高税率给纳税人（特别是没有渠道寻求昂贵的税务建议而利用税收漏洞的纳税人）造成了很大的负担。印度取消财富税是因为财富税效果不佳，对税收总额的贡献也可忽略不计。此外，事实证明，选择对珠宝和奢侈品等"非生产性"资产征收财富税，估值难以进行，无法实现对财富征税的目的。

税基的确定同样面临着诸多挑战。由于最富有的人群往往持有复杂多样的资产且多在境外，便于避税，而"相对富有者"就很有可能成为缴纳财富税主力人群，其主要资产是在居住国所拥有的住宅，在极端情况下甚至可能出现税收迁移。鉴于这些困难，公众往往并不支持征收财富税。

法国在这方面的经验十分具有启发性。法国 1982 年开始征收首个现代形式财富税（称"巨富税"）（Piketty 2014）。虽然 1987—1989 年间废除了净财富税，但 1989 年密特朗总统连任后又开始重新征收财富税。新的财富税有了个新的名字"财富团结税"（Astarita 2015；Piketty 2014）。到 2014年，财富团结税占税收总额的十分之一。此外，法国还征收不动产税[11]和遗产税（Astarita 2015）。

法国公众有关财富团结税辩论的一个焦点就是财富团结税对税收迁移的影响（Astarita 2015）。由于该话题十分复杂，获取财政数据也有困难，所以支持这种说法的证据很少。阿斯塔里塔（Astarita 2015）采用法国财政部的数据分析了税收迁移总额和净额。然而，目前仍然没有证据表明财富团结税的税务档案中缺失的纳税人为何出国，究竟是因为对财富团结税的高边际税率感到失望，还是出于其他原因。

众所周知，移居国外的人所拥有的财富通常大于财富团结税纳税人的平均财富[12]。同时应该指出，2011 年税法出现一系列变化之际，移居国外的人数也同时激增，似乎法国税收迁移的至少部分原因与财富团结税有关。税收迁移的最大受益国是瑞士和比利时（Astarita 2015；Pichet 2007）。税收流入比利时很大程度上是受到了比利时财富税相对较低的驱动，而税收流向瑞士则可能是由于该国银行业的保密法条。可以看到，税务管理的复杂性以及可执行性造成部分税基要么具有高度流动性，要么易于向税务当局隐瞒，这个问题需要周密的政策考虑。据估计，法国目前有 65 位亿万富翁（占法国最富有公民的三分之一）要么生活在国外，要么在瑞士和比利时拥有大量住宅或金融资产（Astarita 2015）。

在德国，财富税的推行也是近年来税收政策争论的一个话题。关于支持或反对征收个人财富税出现了许多提议，其中两项提议受到了特别关注。第一项是由绿党提出并得到德国联邦议会支持的提议。绿党主张征收一次性资本税[13]，用于偿还全球金融危机期间产生的债务（Bach et al. 2014）。征税对象为净财富超过 100 万欧元的个人。由于股东需要缴纳个人所得税，公司将免于缴纳该项税款。根据以往的案例，该项税款将在十年内分期支付，其标准利率与公债的利率相当。该项税款实际上相当于对资本收入征收经常性的税款（Bach et al. 2014）。

关于个人财富税的第二项提议是由德国社会民主党和几个州政府（由社会民主党统治）提出的。该联盟提交了一份法案草案，提议重新推行经常性财富税（Bach & Beznoska 2012）。公司和个人（包括公司的股东）具有缴纳财富税的法律责任。重复征税问题将通过企业免缴一半应税财富的税款以及免对各股东所持公司股份征收财富税来解决（Bach & Beznoska 2012）。

个人财富税涉及的重要方面之一是确定应税资产，如减去总负债后的金融、企业、房地产和一些家庭资产。德国按照 2009 年《德国继承和赠予法》下改进的估价程序来确定和评估税基。虽然改进评估程序是为了紧紧捕捉市场价值以兑现税收承诺，但评估的标准化过程尤为复杂，涉及小公司和房地产时更是如此（Rudnick & Gordon 1996）。此外，尽管各国税务机构之间的国际合作在逐渐改善，但由于纳税人在海外进行投资，一定程度的逃税现象仍将是常态（Bach & Beznoska 2012）。总之，有证据表明，德国从财富税中获得的财政收入可能并不多，显然也不足以对分配产生重大影响。

经济影响

年度财富税的一个重大问题在于其有可能会阻碍资本积累。此外，征收财富税往往会导致资产流动性减少。鉴于利率普遍较低，如债券或银行存款等安全投资要获得 2% 的名义利率也很困难，在此情况下再增加额外的负担似乎不切实际。在这种情况下，较高的财富税税率可能会引发宪法上的担忧，担忧财产保护方面的过度征税或任意分配（Astarita 2015）。风险溢价可能导致资本成本或投资回报率升高，但风险溢价实际上并不受财富税的影响。尽管如此，即便是长远预期回报率在 5%—10% 之间的成功实际投资，比如投资房地产或企业，也很可能按 10%—20% 的税率来征税。

一项研究（Bach & Beznoska 2012）通过利用相关应税收入的弹性，分析了税率增长对资本和企业收入可能产生的影响。他们的研究综合一系列全面的假设[14]后发现，缴税负担每增加 1%，税基便会减少 0.25%，且税率的大幅上涨会对经济增长以及直接和间接税收产生负面影响。

相比之下，可以选择征收一次性资本税，而不是对现有财富存量征收经常性财富税。一旦完成一次性资本税的估算和征收，突然逃税就大有难度，难度取决于纳税人对征收一次性资本税的预见程度（Bach & Beznoska

2012）。根据最优税收的标准理论，征收一次性资本税不会造成过大负担，也不会产生任何替代效应。相比于经常性资本和企业财富税或所得税，一次性资本税的根本好处得以凸显（Boadway et al. 2010）。

值得一提的是，第二次世界大战后，德国采用了1948年的资产基础，通过了《平衡法》，将战后留存资产的税率定为50%，以30年为期分摊税收债务，按季度征收，一直到1979年。据称，当时的税收超过了1000亿马克。《平衡法》的另一个特点是主要针对房地产和企业资产（包括国有企业），且金融资产获得了相对较高的150000马克的免税额。此外，对可征收资产价值达到25000马克的自然人，给予5000马克的免税额；对资产价值超过35000马克的自然人，免税额逐步下调至零。如果在当时的背景下看这些数字，并考虑其票面价值，1952年战后德国的年均可领取养老金收入为3850马克。正如研究者总结的那样："由于国家产品和收入的快速增长，在随后的几十年中，经济的重要性和负担会逐渐降低。与此同时，也能够做到为重建家园和容纳流离失所者和难民调动大量资源。在这方面，负担的分担是财政、经济和社会政治等多方面成功的结果。"（Bach 2013：3）

相反，如果潜在的纳税人预见了资本征税的再次推行，那不仅会长期抑制投资和储蓄，还可能刺激资金的非法流动，导致资本外逃的惩罚性现实（Bach 2015）。国际货币基金组织（IMF 2013）指出，只有在预料之外的经济状况下，征税才能作为改善福利的工具。在债务不断增加的情况下，欧洲国家重新关注财富税正是受此观点支持。

征收继承税

由于继承税只有在遗赠方死亡之后才能征收，因此在确定继承税负担时遗赠方生前的经济决定就不再重要了。因此，只有假设资产是通过赠予或继承而得时，继承税才会对行为产生影响。然而，如果资产拥有者是出于个人使用的目的而持有或积累资产的，比如减少风险、提高社会声望、家庭教育或退休，而并未做出明确的遗赠意图，则情况可能就不同了。因此，相比于经常性财富税，大多数从业者、税务专家和经济学家（Boadway et al. 2010；Kopzuk 2013）往往更倡导继承税。

继承税对受益人的负担很小，特别是在遗产数目较大且受益人并未对相关过程进行干预的情况下，征收继承税的主张也因此获得了支持。继承税还得益于这样一个前提，即继承税符合精英体制的观点，同时又努力在每一代成员之间实现机会均等（Piketty & Saez，2012）。最近，收入和财富在分配顶端的增加和高度集中，使得保留或增加继承税的呼声增加。

国际货币基金组织（IMF 2013）等国际组织建议增加财产相关的税收，比如继承税，减少当前针对劳动所得的税收。在资本和企业资产都较多的情况下，家族继任和继承激励通常发挥着作用。由于继承税已被纳入税收规划当中，可能会引发避税或移居他国，因为一些经合组织成员国并不征收继承税，且多数国家已经取消了经常性净财富税（Förster 等人 2014）。

与财富税相关的挑战

印度的情况尤其能说明征收财富税面临很多困难。1956 年，在卡尔多委员会（Kaldor committee）的建议下，印度于 1957 年开始征收财富税。卡尔多的主要建议是通过引入财富税、资本所得税、支出税以及一般赠予税来扩大税基[15]（Kaldor 1956），其中引入财富税的动机有三个：降低逃税的可能性；将个人的支付能力纳入考虑；通过再分配措施来促进社会公平，且这些措施不论在概念上还是操作上都不会起到反激励作用。

鉴于上述因素，可以进一步认为，征收财富税将改变税收结构，从而增强效果，促进社会公平。

根据拉贾委员会（Chelliah Committee）的建议，1993 年印度对其《财富税法》进行了全面修订。该委员会主张取消对所有资产（不论资产是否具有生产性）征收财富税或者取消对可能影响社会利益的项目征收财富税。

印度财富税的实行面临着几大挑战（Pandey 2006）。首先，对一些资产免税造成资产估值困难，从而导致不平等。其次，财富税没有根据通货膨胀进行调整，从而减少了印度政府的税收。最后，同时征收财富税、所得税和其他税种（比如财产税），纳税人的税收负担相当沉重。

税制改革委员会提出的一个建议是，财富税的征收应仅限于非生产性的财富形式，但此前的做法并非如此。为了执行税制改革委员会的建议，印度实行了一系列变革措施。为明确应该对何种资产征收财富税，对生产性财富和非生产性财富的概念进行了区分（Pandey 2006）。由于非生产性资产会以投资的形式转化为生产性资产，所以对非生产性财富进行征税被视为一大进步。

后改革时期，印度主计审计长办公室进行了一项研究，并于2001年发表了其结果。该研究发现，缴纳财富税的人口数量有所减少，而缴纳所得税的人口数量却有所增加，同时财富税带来税收也减少了。这表明，有些纳税人并未按照财富税法案对所持有的应税资产申请报税，也并未披露自身财富的真实性质。该报告还表明，税务评估官员在建立关系和关联收入方面一直存在失误（Pandey 2006）。

尽管印度政府于1957年成功颁布了《财富税法》，但又决定于2015年废除财富税，因为财富税带来的名义税收不足以抵消税务部门的行政负担和纳税人按规定缴税的负担。更重要的是，需要缴纳财富税的非生产性资产，如豪华汽车、珠宝等，通常难以追踪，因而导致纳税人高估或低估需缴纳的税款。

为了弥补预期的税收损失，政府对高收入者在原来10%附加税的基础上额外征收了2%的附加费。征收附加费是为了要将更多的人纳入税网，因为按标准所得税申请报税的人数远远高于（且仍在增加）申报财富税的人数。附加费的另一个目的是防止富人通过获取关于《财富税法》下应纳税资产的税务建议而钻法律的空子。

对南非征收财富税的建议

姆贝威和伍拉德（Mbewe & Woolard 2016）的研究利用具有南非全国代表性的家庭调查数据发现，南非的财富不平等水平不仅高得令人难以接受，而且未见改善，2010—2011年度和2014—2015年度的基尼系数分别为0.93和0.94。南非财富不平等水平远远高于收入不平等水平（基尼系数约为0.67），同时也远远高于全球财富不平等水平。2015年，南非最富有的10%的人口拥有全国90%以上的财富，而80%的人口几乎没有任何财富。虽然关于南非财富不平等的文献十分有限，但上述发现与乐施会

（Oxfam 2018）和世界银行（World Bank 2018）编制的报告所记录的最新发现相一致。除了总体的财富不平等之外，姆贝威和伍拉德（Mbewe & Woolard 2016）还发现，南非的财富不平等还存在明显的种族因素，普通黑人家庭持有的财富不到普通白人家庭财富的4%。

如果社会底层80%的人口没有财富，特别是当蓬勃的中产阶级对经济发展起着关键作用时，经济发展将面临挑战。这一点在发达经济体早有体现。皮凯蒂（Piketty 2014）指出，20世纪发达经济体在经济上取得的成功，很大程度上是中产阶级拥有的资产增加的结果，而南非的情况显然并非如此。

严重财富不平等现象的持续存在会对维持社会、经济和民主价值观产生影响。皮凯蒂强调，财富不平等绝非偶然，而是承袭制资本主义的产物。南非的情况是特有的，除了承袭制资本主义之外，普遍存在的极端财富不平等和财富代际流动性低也是种族隔离造成的结构性不平等的特征之一，使得这些不平等现象代代相传。显然，要采取有效的补救措施，政府的干预是非常必要的。政府进行干预需要对净财富征收累进税，同时制定政策，关注为处于财富金字塔底端的大部分人创造财富，包括将货币政策作为鼓励储蓄的工具。

我们建议南非政府考虑设立年度财富税，主要是为实现以下两个目标：第一，收集可靠的财富数据，显示人们拥有什么；第二，提高透明度，同时有助于遏制日益加剧的不平等（尽管并不能完全遏制）。

引入净财富税的次要目标是为政府创收，但需要强调的是，不要对财富税增加政府收入的能力抱有过高的期望。国际上已有证据表明，征收净财富税带来的税收普遍较低，即使与继承税和遗产税等其他财富税相比也是如此。此外，由于南非的财富税税基很小，大部分财富囊括在退休计划和长期保险产品中，因此，利用净财富税高税率创造税收可能会阻碍为建立高效公平的退休制度而做出的努力。财富税的高税率还可能助长税收迁移现象，因为财富持有者会开始在其他国家寻找更有利的资本回报征税税率。不过，人们知道财富税具有重要的政治意义，且财富税也确实在当前不平等的社会背景下，为建立完整合法的税制做出了贡献。

在南非，净财富税的实行最好从形式简单的年度净财富税开始。尽管由于缺乏可靠的数据，确定有效的税率仍是一大挑战，但我们建议一开始应将净财富税税率尽可能设置在低水平，甚至可能为零。如果所有公民都必须披露自己的财富，那就能够对富有者的财富进行评估，从而推动创造透明的环境，并随着时间的推移使南非的净财富税税基版图变得明晰，有助于进一步分析确定有效的财富税税率，同时又避免导致税收迁移和资本外逃。如果财富税税率不为零，那税率性质应该是累进的，例如，设置较高的纳税门槛。反过来，这些数据又将为南非税务局（SARS）提供更加完善的数据，从而审核高净值人群在所得税体系下是否依法纳税。有了高净值人群财富模式的详细数据，南非税务局就可以在适当的情况下进行审计，特别是在涉及无法解释的财富的情况下。这样一来，税收就成了遏制逃税或避税的工具。

在制定行之有效且成本较低的净财富税政策的过程中，资产估值是诸多挑战中的较大难题。事实上，由于估值方法欠佳或太过复杂，或估值成本高昂，净财富税在许多国家都形同虚设。易于估值和净财富税下可征税的资产包括固定财产，尽管地方政府已对固定财产征税，但国家也可能再次对其征税。经合组织也支持对财产征税，因为相较于其他财富税，财产税的扭曲效应较小。市政估值（尽管估值质量参差不齐）已经存在，为国家征收财产税提供了一个良好的起点。国家财产税的实行需要共同努力，提高所有市政当局和区议会的估值质量，避免出现其他国家（如德国）经历过的横向均等法律问题。

现金和一些金融资产（如定额缴款的退休基金）易于估值，因此很容易对其征收财富税。但我们建议最初实行净财富税应将退休基金排除在外，避免对储蓄造成扭曲压力。目前，许多南非人的退休资金严重不足。我们同时建议，将难以估值的个人资产，如豪华汽车、艺术品和珠宝等，也排除在净财富税征税对象之外，因为全球范围内都存在少报、低估或藏匿此类资产的现象。

结　语

显然，经济不平等在南非十分普遍，南非的收入和消费不平等很严重，财富不平等的现象甚至更严重，比全球财富不平等还要严重。持续存在的严重财富不平等现象有可能会破坏社会、经济和民主价值观。破坏这些价值观不仅会对经济发展造成长期影响，也会对南非的经济发展和民众福祉产生长期影响。本文最后提出南非政府应考虑实施税率较低的年度净财富税，防止税收迁移、避税甚至逃税。可以说，如果南非能够很大程度上恢复其公共财政的完整性，则可实现刺激提高税收道德，就可以在短期内借鉴德国的战后重建税，从而建设应对种族隔离时期遗留问题所需的基础设施。

撇开短期税不谈，在一个不平等程度极高、阶级与种族问题错综复杂的社会，如果要在借贷之前减少赤字，仅靠征收净财富税产生足够的税收并非万全之计。然而，除了带来税收之外，净财富税还会让整个税制更具合理性。该税收政策应当适应向税收中立的转变，从对就业征税转变为对资本和投资收入征税。然而，增加财富金字塔底层人口和中产阶级的财富还需要其他干预措施，鼓励家庭储蓄风气的形成。

注　释

1. 在累进税制下，税率随着应税金额的增加而增加。

2. 财富收入比是财富与国民收入（国内生产总值）的比率。

3. 指处于最底层的 50% 的人口和最顶层的 10% 的人口之间的那部分个人或家庭。

4. 当时 90% 的财富掌握在最富有的 10% 的人手中，而现在只有60%—70% 的财富掌握在其手中。

5. 资本回报率是衡量一项投资可能为出资者带来的回报的利润率。

6. 一个国家国内生产总值（GDP）每年变化或增长的速率。

7. 这些数据来源于世界财富和收入数据库 http://www.wid.world/。

8. 新世界财富是一家全球性财富情报和市场研究咨询公司，见http://www.newworldwealth.com/。

9. 福布斯是一家美国媒体和出版公司，网址为 http://www.forbes.com。

10. 衡量净财富是一个复杂的过程，需要直观地理解何为资产和负债。总资产通常分为实质资产（包括不动产、车辆、房地产和其他实质资产）、金融资产（包括人寿保险、股票、银行存款、债券和其他金融资产）和即期、递延年金。总负债包括抵押贷款（主要是住房抵押贷款）、非正式债务、车贷和包括教育贷款在内的其他形式的金融贷款。

11. 分别对建筑物和对农业用地征收的税。

12. 据报道，财富团结税纳税人的平均资产略高于 200 万欧元。

13. 一次性征收资本税的目的是为了在 2011 年筹集相当于国内生产总值 4% 的收入。

14. 考虑到国际逃税和避税的机会有限。

15. 1998 年废除了赠予税。

参考文献

Alvaredo F, Chancel L, Pikkety T, Saez E and Zucman G (Eds.) (2018) *World Inequality Report* 2018. Cambridge, MA: Belknap Press.

Astarita C (2015) *Taxing Wealth: Past, Present, Future*. European Economy Discussion Papers 3, Directorate General Economic and Financial Affairs (DG ECFIN), European Commission.

Atkinson AB (2015) *Inequality-What Can be Done?* Cambridge, MA: Harvard University Press.

Atkinson AB, Piketty T and Saez T (2011) Top Incomes in the Long Run of History. *Journal of Economic Literature.* 49: 3 – 71.

Bach S (2012) Capital levies: A Step Toward Improving Public Finances in Europe. *DIW Economic Bulletin.* 2 (8): 3 – 11.

Bach S (2015) Inheritance Tax: Limit Corporate Privileges and Spread Tax Burden. *DIW Economic Bulletin.* 5: 91 – 99.

Bach S and Beznoska M (2012) *Aufkommens-und Verteilungswirkungen einer Wiederbelebung der Vermögensteuer.* Politikberatung kompakt N.68, Deutsches Institut für Wirtschaftsforschung (DIW), Berlin.

Bach S, Beznoska M and Steiner V (2014) A Wealth Tax on the Rich to Bring Down Public Debt? Revenue and Distributional Effects of a Capital Levy in Germany. *Fiscal Studies.* 35: 67 – 89.

Boadway R, Chamberlain E and Emmerson C (2010) Taxation of Wealth and Wealth Transfers. In S Adam et al. (Eds.) *Dimension of Tax Design: The Mirreles Review.* Oxford: Oxford University Press.

Cremer H and Pestieau P (2012) The Economics of Wealth Transfer Taxation. In J Cunliffe and G Erreygers (Eds.) *Inherited Wealth, Justice and Equality*. Abingdon-on-Thames: Routledge.

Förster M, Llena-Nozal, A and Nafilyan V (2014) *Trends in Top Incomes and Their Taxation in OECD Countries*. OECD Social, Employment and Migration Working Papers No. 159. Paris: OECD Publishing.

IMF (International Monetary Fund) (2013) *Taxing Times, Fiscal Monitor*. Washington DC: World Economic and Financial Surveys.

Kaldor N (1956) *Indian Tax Reform: Report of a Survey*. New Delhi: Indian Ministry of Finance.

Keynes JK (1936) *The General Theory of Employment, Interest, and Money*. London: MacMillan.

Kopzuk W (2013) Taxation of Transfers and Wealth. In A Auerbach, R Chetty, M Feldestein and E Saez (Eds.) *Handbook of Public Economics*. Amsterdam: Elsevier.

Mbewe S and Woolard I (2016) *Cross-sectional Features of Wealth Inequality in South Africa: Evidence from the National Income Dynamics Study*. SALDRU Working Paper No. 185, South African Labour and Development Research Unit, University of Cape Town.

Ndikumana L (2015) Better Global Governance for a Stronger Africa: A New Era, a New Strategy. In E Zedillo, O Cattaneo and H Wheeler (Eds.) *Africa at a Fork in the Road: Taking off or Disappointment Once Again?* New Haven, CT: Yale Center for the Study of Globalization.

OECD (Organisation for Economic Co-operation and Development) (2013) *OECD Guidelines for Micro Statistics on Household Wealth*. Accessed February 2017, http://dx. doi. org/10. 1787/9789264194878-en.

OECD (2017) *Revenue Statistics*. Accessed April 2018, https://www. oecd. org/tax/tax-policy/revenue-statistics-highlights-brochure. pdf.

Orthofer A (2015) *Private Wealth in a Developing Country: A South African Perspective on Piketty*. ERSA *Working* Paper No. 564, Economic Research Southern Africa, Cape Town.

Orthofer A (2016) *Wealth Inequality in South Africa: Evidence from Survey and*

Tax Data. REDI3X3 Working Paper No. 15, South African Labour and Development Research Unit, University of Cape Town.

Oxfam (2018) *Reward Work, not Wealth.* Oxfam Briefing Paper, January.

Pandey M (2006) Direct Tax Reforms in India: Policy Initiatives and Directions. MSc Thesis, University of Ljubljana, Slovenia.

Pichet E (2007) The Economic Consequences of the French Wealth Tax. *La Revue de Droit Fiscal.* 14: 5 – 30.

Pigou AC (1912) *Wealth and Welfare.* London: Macmillan.

Piketty T (2014) *Capital in the Twenty-first Century.* Cambridge, MA: Belknap Press.

Piketty T and Saez E (2006) The Evolution of Top Incomes: A Historical and International Perspective. *American Economic Review.* 49: 200 – 205.

Piketty T and Saez E (2012) *A Theory of Optimal Capital Taxation.* NBER Working Paper No. 17989, National Bureau of Economic Research, Cambridge, MA.

Piketty T and Zucman G (2014) Capital is Back: Wealth-income Ratios in Rich Countries 1700 – 2010. *Quarterly Journal of Economics.* 2014: 1255 – 1310.

Profeta P, Scabrosetti S and Winer S (2014) Wealth Transfer Taxation: An Empirical Investigation. *International Public Finance.* 21: 720 – 767.

Rudnick R and Gordon R (1996) Taxation of Wealth. In V Thuronyi (Ed.) *Tax Law Design and Drafting.* Washington DC: International Monetary Fund.

Schumpeter JA and Opie R (1934) *The Theory of Economic Development: An Inquiry into Profits, Capital, Credit, Interest, and the Business Cycle.* Cambridge, MA: Harvard University Press.

Trotman-Dickenson DI (1996) *Economics of the Public Sector.* Amsterdam: Elservier.

World Bank (2018) *Overcoming Poverty and Inequality in South Africa: An Assessment of Drivers, Constraints and Opportunities.* Washington DC: The World Bank Group.

传统与现代的融合：巴福肯解决贫困和不平等问题的方法

杰拉德·哈格 (Gerard Hagg)

内德森·波菲瓦 (Nedson Pophiwa)

背　景

　　南非的农村社区通常处于多重行政体制管理下。这些社区不仅在当地市政府管辖范围内，还受到传统领袖的管理，因而在政治和社会经济方面经历了复杂的变化。这些变化的产生与当选议员、传统领袖和社区结构息息相关。尽管市政府和传统领袖的职权不同，但《南非共和国宪法》（以下简称《宪法》）承认二者为社区发展的共同领导。《宪法》第七章明确阐述了地方政府的职权和职能，特别提及了地方行政管理和提供基本服务的职能。虽然《宪法》第十二章认可依据习惯法而设置的传统领袖，但这仍未消除传统领袖在提供一线服务方面能发挥何种战略作用的疑问。在治理和主流发展中对传统领袖的认可仍仅限于他们对地方市政府完成职能的协调作用。因此，传统领袖发现，在与市政府进行发展对话时，自己的角色相对没那么重要。市政府的管理人员和市长可以动用财政资源和提供服务，而传统领袖却无法做到这些。不过，随着农村贫困和不平等状况持续恶化且市政府长期难以履行其提供服务的职责，民众与市政府之间的排斥感和疏离感与日俱增。如果传统领袖可以在发展中发挥更积极的作用，并掌握应有的资源，他们是否可以缓解贫困和不平等现象，又或者，用瑟伯恩的话来说，是否会加剧排斥和剥削现象、强化等级制度，从而妨碍地方政府落实人权的使命？

在落实提供服务和促进平等方面，超过70%的农村地方政府面临着诸多挑战。尽管现已有几个政府主导的农村发展项目和市级支持的项目，例如"回归基础项目"（COGTA 2011）[1]，但各市政府仍然难以为偏远的农村社区提供服务（Stats SA 2016；AGSA 2018）。市政府在治理和财政管理上面临困难，财政收入也较少。尽管市级治理体系包括民主选举产生的区议员和区议会，但该体系在大多数情况下仍效力不足（Kanyane 2011）。传统领袖称，他们有能力在提供服务方面做出实质性贡献，并要求获得认可和所需资源，以真正发挥作用。他们最近一次发出此类呼吁是在2017年传统和土著领袖商讨会议上（Buthelezi 2013；Levy 2017）。目前问题仍存在，例如，在资源配给到位的情况下，将市政府服务外包给传统领袖能否取得成效？还是正如反对传统领袖提供服务的一贯论调一样，排斥、剥削和等级制度现象会变得更加严重（Claassens & Cousins 2008；Ntsebeza 2006）？

将提供服务的任务外包给传统领袖的案例极为罕见，对外包做法成效的检验更是少之又少。本文试图在一个传统社区探索上述问题的答案，该社区的领导层掌握着充足的资源。本文的评估重点是资源量，但不可避免地会涉及资源使用和管理、不平等问题、权力变化和人权等相互交织并相互影响的因素。本文讨论围绕西北省的巴福肯（Bafokeng）社区展开，由于开采铂金带来的高收入，该社区享有独特优势。经济实力使巴福肯的领导层能够通过提供基本服务、建设基础设施和创造就业来实施发展计划。在习惯法、市政治理和铂金矿带矿业行情变化等综合背景下，本文对完成社区服务职责的"巴福肯方法"进行了分析。本文认为，巴福肯和其他传统社区一样，在应对贫困和不平等问题的同时，也在努力解决结构和机构交叉重合的问题。"结构"指的是从种族隔离时代延续下来的历史性不平等、矿产财富增加、经济发展机遇、传统治理方式中的权力关系（包括父权制和等级制）以及对资源（尤其是土地资源）的控制等因素，而"机构"则是指巴福肯执行决策所涉及的诸多方面，例如，通过提供服务在社区中分配矿产带来的财富以及文化认同和种族归属的包容或排斥问题。正如下文所述，这些因素之间具有不可分割的联系（交叉性），在特定情况或情境下交叠、重合或交织而联结，使传统社区和领袖面临更为严峻的挑战。例如，性别不平等与资源获取困难的问题就同时存在；传统领袖在加强民族认同感的同时，又需要在现代经济框架内行事。

通过研究巴福肯部落的案例，[2]我们认为在传统领袖可以获得资源的情况下，历史、经济、体制、结构和社会因素共同导致了上述交叉性。除了证明在传统社区中解决贫困和不平等问题的复杂性与难度，本文还将批判性地评估传统领袖在地方发展中扮演的角色以及在社会从传统走向现代、从父权制转向宪法赋权的过渡时期，为适应社会需求，传统领袖该以何种方式坚守或改变自身的民族文化特质和背景。在讨论巴福肯尝试服务自给的做法之前，我们将先概述此类做法在传统社区中面临的典型问题和引发的争论。

1994 年后传统社区的贫困与不平等状况

尽管经过了二十多年的民主建设，如今的立法体制也更加具有包容性，但人们仍普遍认为，如果将服务和社会经济发展机会的获取作为评判标准，南非农村传统社区的生活水平并未得到显著提升（Ndlovu 2017；Stats SA 2016；World Bank 2018）。南非农村地区的贫困状况最为严重。尽管南非的城镇化水平有所提升，但农村人口（1900 万）仍占南非人口总数的 35%（Institute of Race Relations 2016）。

高失业率，各家各户周转困难、缺吃少穿，依赖政府补贴过活，都是贫困问题严重的明证。小到家庭内部，大到整个城市或乡镇范围内的不平等现象导致贫困问题日益深化（Claassen & Mnisi-Weeks 2009；National Treasury 2011；Stats SA 2016）。讨论文件《评估南非贫困与不平等的讨论笔记（2016 年 1 月草案）》（May et al. 2016）提到，超过70%的南非农村家庭的生活环境（如住房条件和基本服务获取）堪称"不足"或"无法忍受"。如果将乡镇居民排除在外，数字将会更高。农村地区的失业率从2009 年的44%升至2012 年的52%，此后更是进一步升高（Davies 2012）。由来已久的农村向城市迁移的趋势导致了动态变化的倾斜状况，移居到城市的人口在下岗或退休后会返回农村，而手中的资源仍然极其有限。

由于传统社区的地理边界在很大程度上与种族隔离时期"黑人家园"的边界重合，因此种族隔离时期形成的贫困和不平等现象在传统社区中持续发酵（De Souza & Jara 2010）。

从宪法角度来看，根据瑟伯恩（Therborn 2012）的分析可知，在家庭、农村、社区这三个层面，传统社区都深受排他的、等级分明的和父权制治理体系之害，同时还面临着根深蒂固的传统司法制度和（男性）领导人把控公共土地的局面。由于农村地区的经济活跃度不高，就业机会也很少。通常来说，农村社区位于土地可耕性较差、基础设施缺乏、距离城市经济中心（如约翰内斯堡、波罗克瓦尼、伊丽莎白港或德班等）相对较远的地区。南非农村发展和土地事务部发起的"全民粮食计划"暂时缓解了农村地区的困境，但人们普遍认为，如果没有可持续的经济资源，农村社区将很难创造收入。

克拉森斯和卡森斯（Claassens & Cousins 2008）认为，对土地资源的掌控是南非农村社会经济发展的关键；土地问题极为复杂，与社会关系网、亲属关系、社会情况、土地肥力和干旱灾害等其他因素相互交织。即使农产品增产，如何进入市场对小农群体而言仍是一个挑战（一个典型的由疏离造成的问题）。[3]南非的《农村综合发展战略》对国内总体形势并未带来多大改变（PMG 2015a）。不过，虽然南非的农村土地改革项目未能实现既定目标，南非粮食和农业政策局（BFAP 2018：4）还是通过计算得出："南非约20%的土地（8200万公顷中的1800万公顷）已被国家转让、补助或买入，向南非土地改革最初设定的30%的目标了迈进了一大步。"[4]然而，大多数农村家庭仍依靠社会补助和自给农业维持生计。

如果再将社会情况纳入考虑，农村贫困造成的严重影响远不止于此。父母缺位会影响家庭生活、子女学习和社区成员在地方治理传统和现代问题中的参与度（Gardiner 2008；PMG 2015b）。据称，农村传统社区之所以会落后于城市社区，一个重要原因在于农村资源有限，特别是地方市政府所掌握的资源有限（National Treasury 2011；Van der Mescht & Van Jaarsveld 2013）。农村地区人口密度远低于城镇，议员和官员必须经过"长途跋涉"才能与各村庄进行沟通并提供服务。此外，农村的人力资源的技能和工作经验也远不及城市居民。

提供服务的职责

《宪法》规定地方政府必须向包括传统社区居民在内的所有南非公民提供服务。为履行这一职责，南非设立了三个级别的政府：大都市政府、地方政府、地区政府，其中地区政府和地方政府可包括传统社区。该职责已由《市政结构法案》（1998 年第 117 号）和《市政系统法案》（2000 年第 32 号）立法确立。由此，南非被划分为多个无缝衔接的市政区域，并将传统社区涵盖在内。一个传统社区横跨多个市政边界，或者一个市政区域内有几个传统社区或传统社区部分区域，都是常见的情况。例如，管辖巴福肯地区的勒斯滕堡地方自治市（RLM）辖区面积为 3423 平方公里，下有三个传统社区，辖区总人口为 549575 人，其 2016—2017 年度预算支出为 40 亿兰特①（Municipalities of South Africa n. d.）。尽管部分市政府与传统领袖之间的合作关系正在改善，但由于传统领袖与区议员相互争夺同一社区的支持，双方关系仍然紧张（SALGA 2013）。出于距离和获益不多的原因，在市政综合发展规划的实施过程中，社区居民参与度普遍较低。

《传统治理和领导力框架法案》（2003 年第 41 号，缩写 TGLFA，以下简称《框架法案》）界定了传统领袖和议会分别要承担的具体职责，包括土地管理和开发。传统领袖在其村庄内仍颇有权力，这主要是由于市政府无法将服务深入农村社区，同时社区成员经常选择接受且无法逃避传统领袖的领导。社区成员一天 24 小时都能找到传统领袖，却无法接触到市政议员和官员。另外，传统领袖（户主或首领）不仅控制着土地的使用，而且在化解冲突的传统司法系统中也扮演着重要角色。男性在土地分配、决策结构和传统法院诉讼程序中占据着主导权，而女性往往会遭受歧视（Mnisi-Weeks 2013；Williams & Klusener 2013）。

传统领袖要求政府正式承认他们在治理和发展中的作用，并按照传统惯例确立其社区代表的地位。传统领袖一个观点是，他们应当拥有与当地市政府相同的地位。这一观点得到了南非国家传统事务部的部分支持（PMG 2014）。事实上，立法机构希望市政委员会能让传统领袖参加市政会议（即使传统领袖不具有投票权）。在某些地方（如东开普省的埃玛拉勒尼）市政府与传统领袖的合作卓有成效，但在大多数情况下，传统领袖认为自己在有关资源分配的决策环节并无话语权，即使合作也是徒劳。国家为提供服务和发展而拨出的资金仅通过市政账户来分配，因此传统领袖几乎无法实现自己对当地发展的愿景。

由于资源匮乏以及社区居民日渐认识到自己的宪法权利，传统领袖在治理中的作用逐渐减小。一方面，市议会和政府部门拥有财政资源，可以

———————
① 译者注：1 兰特约为 0.4 元人民币。

提供服务，而传统领袖无权征税；另一方面，社区长期以来都是以典型的传统社区而存在的，但如今社区居民更加强烈地要求和争取实现自己的人权，尤其是要求确保土地所有权和性别平等（Claassens & Mnisi-Weeks 2009；Hornsby et al. 2017）。通过"农村妇女运动"（Rural Women's Movement）等倡导组织的支持，妇女开始在传统社区中争取个人权利。《宪法》还要求传统法院推动实现性别平等，而立宪法院的判决（例如对亚历克索案的判决）则禁止男性通过行使长子继承权而继承领导职位（Feni 2013；Saflii 2003）。研究表明，传统社区倾向于尊重市政府和传统领袖之间的关系，并在二者之间协调斡旋，不过具体情况还取决于他们认为哪一方更有可能取得积极成果。

很多传统领袖让国家为自己提供福利（如津贴、车辆或医疗保险），甚至威胁称如果享受的福利没有增加将不再继续支持政府等行为，这往往会导致其自身地位被削弱（Levy 2017；Makinana 2015）。这样一来，传统领袖表现得就像政府雇员一样，尤其是为了改善自己而非居民的生活水平而不断地索取福利和报酬时，他们与政府雇员更是如出一辙。在"迪诺肯方案"[5]设想的未来中，传统领袖目前的发展似乎"落后"于现代水平（现代治理结构，方案二）；这种情况下存在的风险是，传统领袖这一群体最终将"分道扬镳"并灭亡（如方案一所述）。就"传统社区对传统领袖是否存在长期信任"这一课题进行的研究表明，比较理想的状态是迪诺肯方案三中的设想，即人们弥合传统与现代之间的鸿沟，使二者得以"携手共行"（Logan 2011；Rule & Hagg 2011）。然而，传统领袖却认为自己的领导地位是由历史决定的，自己是真正具有代表性的社区领袖。在习惯法中，"首领"或"酋长"（kgosi，塞斯瓦纳语）是部落或社区的"父亲"，对社区生活的方方面面都负有责任。传统领袖不一定是单一的决策者和专制者，而是多阶层治理体系的一部分，该体系还包括王室成员、顾问、首领、当地的麦戈特拉（makgotla，意为"村民会议"）和户主（DCGSD 2014b；Sithole 2009）。社区会议尤其能起到平衡社会关系的作用，使社区居民（常常包括女性）能实际参与到社区治理中。在"皇家巴福肯社区（RBN）诉巴福肯土地购买者协会（BLBA）"一案中（Saflii 2018），梅富根高等法院确立了村民会议在习惯法中的中心地位。不过，即使得到了法律的承认和地方权力，传统领袖的作用、威信和权力还是在不断弱化。认识到这一点后，2017年传统领袖和私营企业共同创办了联合皇家王室控股公司（United Royal Kingship Holding），以确保有足够的资金用于社区发展（Goba 2017），但这一做法的潜力仍有待日后的成果来验证。

针对传统领袖的治理和发展的批判性观点

关于传统领袖的角色和地位，包括其在治理体系中的合法性，南非有很多相关的重要文献。一是，来自法律与社会中心（开普敦大学，UTC），世界联合学院下属的贫困、土地和耕地研究所（PLAAS，UWC），维特大学下属的社会、工作与发展研究所（SWOP）等大学或机构的研究人员出版了批判性读物，其中凸显了在强化传统领袖权力的法律体系下，传统社区所面临的困境。研究人员通常将传统领袖视为男权的独裁者，认为他们侵犯了农村公民的权利（Claassens & Cousins 2008；Claassens & Mnisi-Weeks 2011；De Souza 2012；Mamdani 1996；Ntsebeza 2006）。二是，一些社区一直以来都不支持"官方"对传统社区或传统领袖所持观点，自20世纪90年代以来就一直反对传统领袖扩大权力（De Souza & Jara 2010；Saflii 2013；2015），或反对能够扩大传统领袖权力的立法提案，如《框架法案》（2003年第41号），《公共土地权利法案》（2004年第11号）以及2008年和2011年颁布的《传统法院法案》。上述社区抗议活动的主要观点是，目前的传统领袖是殖民主义和种族隔离制度的产物。其中一些抗议活动甚至闹上了法庭，而法院的裁决通常有利于社区居民而非传统领袖。例如，在"施鲁巴那诉瓦米特瓦部落"一案中，考虑到社区居民对施鲁巴那的支持，法院裁定施鲁巴那继续担任瓦米特瓦部落的女性传统袖（Saflii 2008）。社区居民就传统领袖对土地和采矿收入管理不善的情况提出异议时，法律援助中心会给予支持。而社区经常辩称，抗议者口中的土地是特定的家庭或部族购买的，而不是传统领袖买的，且相关人员并未就同采矿公司之间的协议与社区进行恰当的协商（Mnwana & Capps 2015）。在巴福肯社区，传统领袖也因同样的原因遭到了巴福肯土地购买者协会发难。

然而法院判决的影响通常是有限的，因为判决很少得到实际执行，或者政府和传统领袖找到了延迟执行法院判决或法律的方法（Claassens 2014）。传统领袖仍然手握权柄，并设法让抗议者靠边站，他们所凭借的时而是武力，时而是法院文件，时而又是来自社区的支持（Bloom 2016；Mnwana 2015b）。在这种情况下，问题依然在于，在获得资源之后，传统领袖是否能积极推动社区发展。

资源加剧了还是解决了不平等和贫困问题？

一些传统社区区域内分布着丰富的矿藏，尤其是西北省勒斯滕堡附近的"铂金带"或梅伦斯基础地区，即巴福肯、巴卡拉-巴-加费拉、巴丰-拉-拉索奥、巴波-巴-摩加莱这几个社区。虽然铂金的价值在过去几年有所下降[6]，但在过去二十年铂金一直都是主要的金属，给一些国际和国内矿业公司带来了高额利润，如因帕拉铂金公司、JCI 公司、英美铂业公司、隆明矿业等，因为布什维尔德综合矿场的铂金产量占全球铂金产量的 80%（Chamber of Mines of South Africa，n. d.）。此前，在殖民主义和种族隔离制度下，法律禁止黑人拥有土地，规定土地所有者必须在国家信托体系中登记注册，因此，几十年来，矿业公司都是与政府签订采矿许可协议。一些传统社区，尤其是其领袖，已经成功收回了土地的采矿权。他们随后与铂金开采公司或签订了利润丰厚的合同，或进行了收益颇高的股票交易，收益高达数亿兰特，传统领袖也因此有了积极推动社区发展的机会。此外，企业还从本地和其他社区招募矿工，为本地社区带来工资收入，进而在社区内催生更多创业者。近年来，矿业公司利用其社会责任项目的部分资金为矿区周边社区谋福利，但带来的影响有限（Boyle 2014；Evans 2015）。

采矿业并非是有百利而无一害。采矿业在农村地区竞争农业用地，一旦采矿合同将公共土地划给矿业公司，当地农民就不得不从其原本耕种的公共土地上迁走。通常情况下，农民不会参与合同的签订过程（Action Aid 2008）。采矿过程中产生的粉尘和无机材料会进入土壤，对土地质量造成破坏。要将已开采的土地和垃圾填埋场恢复原状，可能需要耗费数十年。矿业发展需要大量的水，而铂金带地区的水资源却是有限的（Mujere 2015）。当地农民手中的土地被夺走，采矿业创造的就业机会却很少，当地经济发展依旧受到限制。此外，矿业公司关闭旅馆后，获得住宿津贴的外国矿工只能在传统土地上自行建房，或租住当地人家的后院。外国矿工涌入传统社区通常会引发争论，争论的焦点是到底是本地社区居民还是外来居民从矿业发展中获得了好处（Mnwana 2015a）。

采矿还影响着传统领袖与社区之间的关系。采矿业的盈利从以下三个方面增加了发生地方冲突的可能性。第一，与矿业公司达成协议时，作为合同签署方的传统领袖将社区成员排除在外，导致社区代表质疑传统领袖的主导地位（Mnmuana 2015b）。例如，巴福肯传统领袖的反对者指责传统领袖存在盗窃、腐败、隐瞒行为，并且给予矿业公司过多利润（BLBA 2012；Cook 2013；Manson 2013）。同样，由于数百万兰特的损失，巴卡拉社区的传统领袖一直饱受社区居民的质疑（Capps & Mnwana 2016）。这些居民表示，采矿带来的收益并未由流向"莫拉夫"（morafe，指部落的所有成年成员），而是仅落入了少数人（即领导层）囊中。

第二，采矿业一直以来就是造成劳动领域冲突和严重不平等现象的原因之一，尤其是涉及工资时。这些问题会对当地发展潜力造成影响。自20世纪70年代以来，在铂金带和其他许多地方，工作风险高、薪资低的现象导致全国矿工联合会与企业之间经常发生冲突。冲突和罢工将全国矿工联合会（NUM）与矿业商会推上了谈判桌，达成了工资协议。

第三，虽然达成的协议规定公司将利润投资到采矿社区，但这些社区实际上并未获得太多利益。出于对全国矿工联合会肩负重任却效率低下的不满，新的工会"矿工和建筑工会协会"（AMCU）由此出现，促成了成千上万的矿工在铂金带的就业。2012年，在马里卡纳进行了为期六个月的罢工之后，矿工和建筑工会协会与采矿公司、安保人员、警察和全国矿工联合会之间爆发了冲突。冲突期间，34名矿工被警察击毙，这是近几十年来最为悲惨的事件（South African History Online 2013）。有关部门成立了马里卡纳调查委员会专门调查这一惨剧，调查报告由祖马总统于2015年3月31日提交。但是，该报告既未给任何人定罪，也未能给矿工家庭争取赔偿，惨剧酿成的后果至今仍有影响。尽管矿工工资增加了，但当地经济已陷入不稳定状态，信任感的缺失也破坏了当地社区与矿工之间、社区与矿业公司之间的社会凝聚力。尽管皇家巴福肯部落的领袖并未卷入冲突，但采矿收入锐减为他们带来了很大冲击。

皇家巴福肯部落的实例

以上述事件为背景，本文接下来将讨论皇家巴福肯部落为获取本社区发展主导权而做出的努力。巴福肯社区人口数约为 12.8 万（包括居住在该地区的外来人口），是勒斯滕堡市辖区内铂金带的主要推动者。通过与英美铂金矿业公司和因帕拉铂金公司达成合作，建立了自己的莱西蒙矿场，并将社区名下的许多农场都开发成了矿场。姆本加和曼森（Mbenga & Manson 2010）及卡普斯（Capps 2016）详细阐述了巴福肯人 19 世纪 60 年代开始的土地购买活动以及他们与政府、矿业公司谈判的成功经历。矿场收入带来的价值在 20 世纪 90 年代急剧上升，后来由于社区从向矿业公司收取采矿权使用费转变为持有矿业公司股份，再加上矿场收入的投资方案更加多元化，矿场收入带来的价值更是从 2005 年的 60 亿兰特升至 2013 年的 330 亿兰特。即使是在铂金价格下跌之后，仍有新闻评论称巴福肯为"世界上最富裕的部落"（Meldrum 2005）。

尽管并未与勒斯滕堡市的发展计划建立恰当的联系，皇家巴福肯部落仍定期更新总体规划，坚持落实当地的发展议程。该社区的总体规划书的副标题是"为所有人创造更美好的未来"。该规划将解决贫困问题并建立一个更为包容的社区（RBN 2007）。巴福肯社区利用本地矿产资源，选择了一条将传统与现代相结合、以习惯法和《宪法》为规范、以自由投资和提供服务为手段、以社会经济繁荣和部落建设为目标的发展道路。巴福肯之所以选择这样的发展道路，是因为它将自己定义为传统社区，只要将矿业收入用于社区发展，巴福肯就可以作为传统社区加入采矿业的"黑人经济振兴"项目（Capps 2016）。许多研究已证明，巴福肯的做法确实有助于减少贫困、增进社会平等，但同时也面临着许多挑战和制约，导致人们质疑传统领袖在提供服务和促进发展方面究竟能有多少作为。下文将重点讨论这些问题。

历史成果以及传统与现代的结合

巴福肯的领导层有意识地继续发扬从前取得的成果，着重推进两条主线：一是通过购买、控制和利用土地实现经济独立；二是通过结合习惯法和现代视野建设地方。巴福肯部落的历史可上溯至 16 世纪以前，而其皇室宗族可从现在的部落酋长莱罗·默罗勒奇（Leruo Tshekedi Molotlegi）追溯到之前的 36 位部落酋长（RBN 2012b）。自 19 世纪 60 年代以来，巴福肯传统领袖一直在购入土地以维持经济独立（Mbenga & Manson 2010）。在德兰士瓦政府统治时期（1865—1902 年），不允许黑人拥有土地，农场的业权契据都以当地路德教会传教士的名义注册。在《土著土地法》（1913 年第 27 号）颁布之后，巴福肯部落买下的土地在国家信托系统中进行了注册。在博普塔茨瓦纳共和国实行班图斯坦制度①期间（1977—1994 年），时任班图斯坦领袖曼戈普（Lucas Mangope）试图从采矿合同中谋利，遭到了巴福肯部落的反抗（Capps 2016）。1994 年以后，巴福肯部落对土地的所有权越来越受到国家和矿业公司的认可，因此部落也成功地从矿业发展中获得了可观的收入。2005 年，巴福肯部落领导层申请将所有业权契据移交给社区主要代表部落酋长。巴福肯土地购买者协会在高等法院成功反驳该申请的部分内容，故移交程序尚未启动（Saflii 2016）。2007 年，皇家巴福肯部落与因帕拉铂金公司谈判达成了有利于部落的合作关系，获得了该公司 940 万股股份，不再以采矿权使用费的形式收取采矿收入。目前，皇家巴福肯控股公司通过多元化投资组合，管理的投资总额已超过 290 亿兰特（RBH 2017）。该公司每年可获得超过 8 亿兰特的红利（以 2013 年为例），使得巴福肯部落在优化基础设施和服务时，能够在很大程度上不依靠勒斯滕堡市的帮助。

　　巴福肯人普遍接受并信任部落的传统领袖。由外部公司开展的《2011年人口与土地用途审计》（简称 PULA 2011，RBN 2011），调查对象包括总计 650 户的巴福肯本地家庭和居住在巴福肯的外来家庭。审计发现，91%的本地人和 89% 外来人口认为现任部落酋长能够代表自己的利益，而对于地方政府的信任则相对稍弱。这证明，传统社区居民往往既信任尊重传统领袖，也尊重信任和地方政府，认为二者在促进民生发展方面都起到了重要作用（Rule & Hagg 2011）。

　　巴福肯领导层还有意识地在现代背景下推广其习惯法和传统，以推进

---

　　① 译者注：班图斯坦制度又称黑人家园制度，是南非政权为推行种族隔离政策对南非班图人实行政治上彻底"分离"的制度。

部落建设和增强巴福肯人的民族身份认同感。巴福肯社区的主要口号之一是"（建设）具有前瞻性的传统社区"（RBN 2012a），或者用部落酋长的话说，"要想在不断变化的世界中屹立不倒，唯一的方法是不断改变自己，同时坚定不移地维护集体身份和文化的立足之基。"巴福肯领导层为此做出的努力在一些战略性、制度性和实践性的计划中均有体现，主要策略是逐步合并许多较小的部落，将巴福肯部落建设为统一的民族（PMG 2016）。现任部落酋长默罗勒奇的年度回顾演讲起到了完善部落建设议程的作用（Molotlegi 2015、2016），也许最大的重点在于巴福肯部落将自己定义为"皇家巴福肯部落"，意味着该部落自视为一个具有统一身份认同感的王国。巴福肯部落已经成立了研究部门和文化艺术部门，并在当地学校教授巴福肯的历史和文化，还出版了一些有关皇家巴福肯部落历史成就的读物。同时，巴福肯领导层和行政部门利用手机短信功能和应用程序开辟了高科技交流渠道，与巴福肯部落区域内外的所有巴福肯人建立了联系。皇家巴福肯部落试图通过行政管理对当地基础设施和经济基础条件进行现代化改良。2011年，南非人文科学研究理事会（HSRC）委托开展了"巴福肯惯例"大型研究项目，以深入了解巴福肯传统的基本价值观念，探究如何制定战略以在现代化背景下推广这些价值观。

实施传统与现代相结合的部落建设战略所面临的挑战

利用部落资源增强巴福肯人的身份认同感（指身为巴福肯人具有的共性特征）和推动部落建设的做法，至少造成了四个不利影响。第一，根据民族身份建设巴福肯部落的做法让巴福肯人享受到了优待，产生了特权感（即将巴福肯地区的非巴福肯人排除在外）。巴福肯部落希望确保巴福肯人能与较富裕的南非人（城市居民等）获得同样的服务和财富，部落为巴福肯人提供的各种倾向性福利（如助学金和就业机会）即体现了这一态度（Mujere 2015）。然而，尽管巴福肯的资源投资价值巨大，仍无法实现让巴福肯地区所有居民享受平等福利。

皇家巴福肯部落推动统一部落建设的第二大问题是，部落的成员构成饱受争议，这一点在两个领域表现得尤为突出。当巴福肯部落要求将部落区域内所有土地的业权契据转让给部落酋长（他代表着所有巴福肯人）

时，许多家庭通过巴福肯土地购买者协会联合起来，要求捍卫自己的土地所有权，夺回被占为矿场的、自己的居住地。巴福肯土地购买者协会表示，他们的祖先以宗族的身份购买了土地，南非的法律迫使他们加入了巴福肯部落，但他们并不承认部落酋长的领袖地位。他们指控部落酋长非但没有按照习惯法的规定与社区进行协商，反而利用部落最高议会达成目的（Saflii 2018），存在剥削行为和管理不当。另一个争议来自卢卡社区的居民。卢卡社区和大型矿区毗邻，向来抵制巴福肯领导层的权力渗透并主张获得独立。此外，因为矿业生产污染了水源、侵占了农田，影响了社区，卢卡社区要求从矿场收入中分得应有的份额。卢卡社区得到了巴福肯以外的其他组织（例如维特大学下属的社会、工作与发展研究所）的大力支持。

矿业公司在岗位分配和社会责任支出方面未能做到向巴福肯部落倾斜，第三个问题也就随之出现了。这些年来，矿业公司陆续雇用了大量巴福肯部落以外地区的熟练矿工。2016 年，部落酋长默罗勒奇劝说矿业公司公开在社会责任方面的投资，从而为实现社会经济平等创造机会：

> 应根据情况制订社会和劳工计划，以确保采矿公司为矿工和社区提供机会，使之能从矿产资源中受益。遗憾的是，这些计划并未能减少采矿业造成的不平等现象。（Mthethwa 2016）

第四，将收入用于为整个巴福肯部落提供一般性服务的做法并未优化面向全体居民的关键服务，造成了巴福肯部落内部的不平等。虽然道路、照明、住房、保健和安全服务有所改善，但教育和卫生等领域的服务却没有明显改变。例如，尽管皇家巴福肯管理局将水、电供给的覆盖率增至了92%（RBN 2016），但 60% 以上的人口仍然在使用坑厕或桶式厕所。这些厕所至今未被改造为连接到排污道的厕所，而这是皇家巴福肯部落总体规划《2035 年愿景》（RBN 2007）中一个不切实际的承诺。勒斯滕堡市尝试在皇家巴福肯部落引入改进的通风式坑厕时遭到了拒绝，双方由此产生冲突并引发了社区居民的不满（Mnwana 2015b）。市政府试图在卢卡社区安装高杆灯时，也出现了同样的情况，传统领袖认为高杆灯配不上巴福肯这样先进的社区（Mujere 2015）。

同时，涌入巴福肯部落租住的外国矿工也加剧了服务提供方面的不平等现象。外国矿工的涌入给供水系统带来了更大的压力，于是皇家巴福肯管理局和巴福肯安全部门只得再次采取措施，劝阻巴福肯人停止接收外国租客。然而，对于很多巴福肯家庭而言，租金是唯一的收入来源（Mnwana 2015a）。自 2016 年以来，皇家巴福肯部落已与勒斯滕堡市政府进行谈判，接管供水系统，从而简化服务提供程序，但要在这一点上完全实现公平仍需多年的时间。种种冲突造成了巴福肯部落领导层同很多当地居民和外来人口关系的疏远。外来人口和巴福肯社区人缔结婚姻后，却未能正式成为社区成员，于是与领导层的关系就更加疏远。

巴福肯部落努力推动"福肯身份"（作为巴福肯人的身份）融入现代社会，是对巴福肯部落观念的一种挑战。这一点从很多方面都显而易见，例如巴福肯部落既要在（现代）企业界保持高调又要宣传其传统形象的两难境地，再如领导层和社区进行沟通的各种媒介方式，又如基础设施的现代化。福肯（巴福肯首府）的体育馆就是基础设施现代化的实例之一。可以预见，现代化进程给巴福肯人带来了很多影响。社交媒体和互联网让他们意识到自己的其他身份，如身为南非公民的国民认同感（南非公民拥有宪法强调的个人人权）。由此，巴福肯人对个人权利、谋生手段和处世方式都形成了新的认识，尤其是年轻人，他们更加顺应现代化的潮流，越来越具有南非公民或全球公民意识，而更少地将自己视为巴福肯人。总而言之，在 21 世纪的全球化背景下，要将"福肯身份"所蕴含的基本价值观原原本本地再现出来，已经变得越来越困难了（DGSD 2014b）。

社会凝聚力、巴福肯人身份、归属感和排斥

社会凝聚力是巴福肯部落统一和身份认同的中心目标。然而，"福肯身份"更多的是一种假想概念，并无绝对的定义。以最笼统的方式说，巴福肯人必须要能够说明自己的血统，即在当地的库特尔（kutle，指"氏族"）或村民会议中正式注册过的身份。正如"巴福肯惯例"项目工作坊的一位受访者所说："我也认为，只有库特尔和村民会议能够判断人们是否具有巴福肯人的身份。"部落酋长默罗勒奇强调，"真正的巴福肯人应当了解自己部落的历史"（即认可部落的卓越性）（DGSD 2014a）。卡马洛夫

（Comaroff 2009）以及姆瓦那（Mnwana 2015a）表明，传统社区的成员及领袖越来越多地以民族身份或部落成员身份为手段来控制资源。在土地有可能成为收益来源的传统社区中，这样的现象很常见（Mnwana 2015a）。

然而，对部落内部社会凝聚力的重视反而会对巴福肯当地人之间及其与巴福肯外来人口的关系和凝聚力产生负面影响。首先，强调"福肯身份"会导致将5万名巴福肯外来人口（居住在部落村庄内、租住在巴福肯人家后院）排除在外。直到2005年，外来人口才可以申请成为巴福肯部落的成员，但由于大量非巴福肯人搬入部落居民区却不遵守福肯习俗，该申请程序暂时中止了（DGSD 2014b）。一般而言，居住在巴福肯的外来人口可享受所有类型的服务，比如接受学校教育和诊所治疗。他们同时也为当地经济做出了巨大贡献。但是，过于注重"福肯身份"的做法使"外地人"深受排斥，限制外地人获得住宅用地就是个例子。大多数巴福肯人都接受这种排外的做法。

如前所述，由于历史渊源、传统领袖代代相传的血统（社区居民很重视这一点）以及传统领袖提供的服务等原因，大多数社区居民都很尊重传统领袖。传统领袖利用这种忠诚来加强民族认同感是合乎逻辑的做法。然而，巴福肯人的民族认同程度各不相同。一方面，社区成员常常呼吁传统领导机构给予"社区成员"使用助学金、土地等资源的权利（Mnwana 2015a）。另一方面，他们又重视"外地人"，因为外来人口付给当地家庭后院租金并参与当地经济活动，为部落创造了收入。这就导致了紧张的社会关系，尤其是许多"外地人"即使与巴福肯人结婚后，也只是得到了"半巴福肯化"的模糊地位，而未被接纳为部落成员。

同时，很多巴福肯人认为自己也面临着不平等的问题。首先，通过在皇家巴福肯部落大会[7]的报告，普通巴福肯民众清楚地知道皇家巴福肯部落的投资总额。因为领导层频频炫耀部落投资带来的财富增长，彰显政绩，所以过去几年人们愈加希望从部落的财富中直接分得一杯羹。但由于家庭或个人未直接收到款项，许多巴福肯人觉得自己没能从部落财富的增长中有所获益。结果，反对者便指控传统领袖存在管理不当问题。

其次，并非所有社区居民都享受到了或者看重社区领袖落实服务的承诺。社区内部不平等的第二个例子是乐邦第二私立学院（Lebone II private college）。这所造价不菲的私立学院旨在为学生提供优质教育、为当地其他学校树立标杆并培训教师。但该学院让许多巴福肯人并未感到学有所获，且有遭排斥之感，因为只有不到 400 名巴福肯人在这所学校上学。而与此同时，由国家政府而非巴福肯部落管理的其他学校仍然未配备有足够的资源。在资源匮乏的学校里，家长们只能尽力用《南非学校法案》的第 14 节[8]来维护自身权利，但政府部门能够提供的资源仍然有限。

最后，尽管巴福肯人重视《宪法》对于性别平等的规定，但现实中性别不平等问题仍然存在，这主要是由于旧俗根深蒂固。瑟伯恩（Therborn 2012）的排他性等级概念在此仍然适用。不过，人们仍然日益意识到，性别平等是大势所趋，正如一位老人在"巴福肯惯例"项目重点小组访谈环节中所述：

> 但她（部落女首领）没有统治实权，这就是我们巴福肯人生活的方式和传统。还能看到，传统议会中已表明应该加入多少女性成员，所以我们并没有忽视女性，而是选择让她们加入，与我们并肩工作。不过，现在属于女性的时代已经到来，在座与我们共事的各位就是最好的证明。

女性充分参与到了当地的村民会议、组合委员会和学校管理机构。部落女首领也鼓励女性参与地方决策、竞选传统议会席位。《框架法案》规定，理事会中女性必须占 30% 的席位。讽刺的是，提名传统议会候选成员时，女性社区成员却倾向于选择男性候选人。为应对这种情况，部落酋长默罗勒奇规定，由指派产生的 60% 的理事会成员中必须包括足够的女性，以确保最终女性占传统议会 30% 的席位。但部落酋长的这一决定意味着指派的女性成员本就属于领导层，人们有可能质疑她们的独立性。现在性别平等尚未真正实现。巴福肯的习俗禁止给 40 岁以下的女性分配住宅用地，除非她们是一家之主并且已育有子女。不过，在现实中，大多数传统领袖（土地分配的主要负责人）为照顾社区成员，会进行例外处理。

通过设置机构和组织实现优化资源利用

为了弥合传统与现代之间的鸿沟，巴福肯将传统和现代的治理方式与社区咨询机构相结合（RBN 2009）。这些举措可以理解为"现行的习惯法",因为由此形成的机构虽是由传统领袖所创立的,但被社区成员普遍接受(DGSD 2014a)。

为实现结合传统和现代治理方式的目标,皇家巴福肯部落成了合法的团体性非营利组织,同时依托社区进行治理。这样,部落就无须为银行存款(2012 年存款为 50 亿兰特)纳税。部落酋长代表整个社区做出了上述安排。

为管理传统与现代实体相结合的模式,需要创建必要的机构,但其构成十分复杂(见图 1)。根据习俗,部落酋长的地位和代表性"受限于理事会",即其应该与王室、传统领袖、顾问、部落议会或首领议会(由各首领组成)和皇家巴福肯部落大会等共同协商议事。因此,尽管部落酋长拥有签署相关文件的权力,但按照习惯法的规定,在做出和落实重大决策之前,还是必须广泛征集意见(Saflii 2018)。根据《框架法案》,传统议会是主要的协商平台,但巴福肯部落在机构组成中增加了几个层次和结构,以便管理不同事宜。

第一,首个被调整的机构是"每月村民会议"。皇家巴福肯部落的"每月村民会议"由首领主持,受组合委员会的支持,该委员会类似于市政组合委员会。第二,巴福肯还成立了部落最高议会,合并了首领议会(来自 27 个村庄的 72 名首领共同议事的例行会议)和新的传统议会。后者并非真正意义上的传统机构,但每个传统社区都必须遵守《框架法案》建立一个这样的传统议会。部落最高议会由此实现了传统与现代治理要求的结合。但皇家巴福肯部落尚未正式批准设立传统议会,致使传统议会在习惯法体系内的合法性受到了质疑(Saflii 2018)。第三,巴福肯每年召开两次皇家巴福肯部落大会,汇报讨论治理情况、发展计划和市场投资等问题。第四,巴福肯在其五个区召开杜梅拉·福肯例会,领导层与社区成员就各地区具体问题,特别是服务提供方面的问题进行交流。第五,部落酋长除主持首领议会之外,还主管皇家巴福肯部落发展信托基金(RBDT)。成立该信托基金的目的是为受投资收益资助的发展计划提供指导,并帮助在现代皇家巴福肯控股公司(负责管理部落投资)与皇家巴福肯部落的其他治理结构之间搭建起组织桥梁。最后,巴福肯传统法院依照习惯法审理案件,其确立了传统领袖肩负的重要责任,这一点也得到部落成员的普遍认可。福肯传统法院与特拉白恩的地方法院间存在联系。尽管传统法院在发展决策过程中并不起核心作用,但它仍然是巴福肯的惯例性机构。

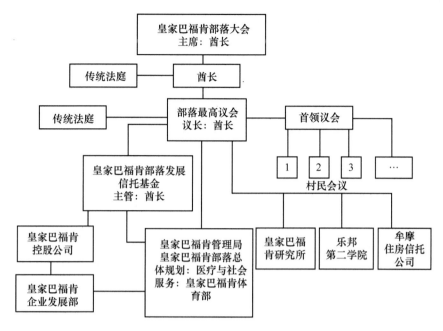

图1　皇家巴福肯部落的治理结构

资料来源：DGSD 2014a。

从组织层面来看，上述相互交织的机构划分为四类，在财富管理和治理方面发挥作用。首先，皇家巴福肯部落发展信托基金为法律实体，为部落最高议会和皇家巴福肯控股公司提供投资发展建议。其次，办事处设在桑顿的皇家巴福肯控股公司，使巴福肯能够与包括证券交易所在内的企业交流互动并以企业形式运营。皇家巴福肯控股公司通过代际投资来管理巴福肯的财富，以确保铂金带来的利益在矿场枯竭后仍能存在。皇家巴福肯控股公司最初任命了一位来自德意志银行的高级基金经理，使皇家巴福肯部落的财富在十年内从60亿兰特增长到330亿兰特。皇家巴福肯控股公司的首席执行官兼基金经理现由巴福肯人担任，由几位投资专家辅助。投资组合多样化已成为皇家巴福肯控股公司的一项政策，一旦矿业股份不能在未来带来足够收益，就会被出售（RBH 2016）。RBN目前的投资对象包括沃达康（Vodacom）、Thebe投资公司（Thebe Investment Corporation）、兰特商业银行（Rand Merchant Bank）等。最后，皇家巴福肯研究所通过课后项目、学校代表机构培训课程和导师指导等形式为学校提供服务。根据与西北省教育部的谅解备忘录，巴福肯承担着管理其境内45所公立学校的责任，确保巴福肯和西北省教育部能共同为皇家巴福肯公立学校的学生提供优质教育（Bafokeng Institute 2015）。

为了对开发项目和服务提供项目进行管理，皇家巴福肯部落将传统议会办公室改为准行政机构（即皇家巴福肯管理局，RBA），下设城市规划、土地、采矿、环境和农业以及卫生部门等多个部门。部分部门与勒斯滕堡市级及省级部门在一些领域有合作，特别是在土地管理、卫生和教育等领域。在问责制方面，皇家巴福肯部落成立了一个监督办公室，配有完善的计算机化问责系统和记录表，记录表每月追踪所有治理和项目的进度。为减少应缴税额，皇家巴福肯管理局体系内的许多部门都以公益组织的形式存在，例如皇家巴福肯学院（教育部门）、乐邦第二学院、皇家巴福肯企业发展部（负责当地经济发展）、牟摩住房信托公司。

皇家巴福肯部落总体规划（《2035年愿景》，以下简称《愿景》）反映了巴福肯希望通过现代组织规划方案解决贫困和不平等问题的愿望。其中一个愿景是，提高巴福肯部落的城镇化程度，使之具有现代化的规划布局和便利设施，为居民创造与大多数城市社区相同的环境。《愿景》还旨在刺激经济增长、创造就业机会、提高所有居民的收入。要按照《愿景》实现弥合采矿村落与城市之间差距的目标，巴福肯需要在建设和维护方面耗费的资金远多于其现有财力。

关于用部落收入改善基础设施和服务提供，巴福肯做出了复杂的机构安排，这与相邻的巴卡拉－巴－加费拉部落管理铂金开采收入的方式形成了鲜明对比。巴卡拉－巴－加费拉部落的领导层选择将收入用于开发大型购物中心和部落酋长决定的其他投资项目，但并未事先征求部落成年成员的意见。巴卡拉－巴－加费拉部落存在明显的收入管理不善问题，前任保民官曼多尼拉及多位学者和记者均对此进行了调查，调查结果普遍显示，巴卡拉－巴－加费拉部落的大量收入被挪用，用于为传统领袖皮兰谋私利（Mzwakali 2017）。多个团体通过社区会议对部落酋长皮兰挪用公款的行为提起了数次诉讼，法院均判决部落酋长皮兰胜诉，但后来，宪法法院最终做出了有利于上诉方的判决，允许他们自由组织集会。这意味着相较于赋予部落酋长特权的旧俗，现行的民主惯例更受到普遍认可。但是，反对派现已别无他法了，而国家又不愿追究部落酋长的责任（Mnwana & Capps 2015）。同样，巴波－巴－摩加莱部落也因财务管理不善而损失了数亿兰特（Bloom 2016；Boyle 2014）。

皇家巴福肯部落机构模式下存在的风险

巴福肯的机构设置模式同时也招致了巨大的风险。该体系经历过严重的可持续性危机。2013—2017 年，铂金价格从每盎司超过 2000 兰特跌至不到 1000 兰特后，部落的铂金开采收入显著减少。皇家巴福肯管理局和其他机构的高额开支立刻给部落造成了负担，因此部落对该体系进行了结构调整，并裁减了许多职员。人们逐渐意识到，在维持服务提供方面，即便是"最富有的部落"也无法与勒斯滕堡市相匹敌，毕竟后者能够从国库获取资源。巴福肯的投资策略还存在另一现实问题，即股票红利只能带来未来收入，导致部落流动资金不足，从而严重影响日常治理。巴福肯人对皇家巴福肯管理局裁员的行为颇有微词，但已有的服务仍得以保留。

卢卡社区和巴福肯土地购买者协会认为，上述机构设置存在阶级性和排他性的问题。巴福肯土地购买者协会在法庭上质疑了部落最高议会等新设机构的合法性，认为只有传统议会才享有合法地位，最高法院在就关于巴福肯部落整体利益的问题作出决策之前应与村民会议进行协商（BLBA 2013）。此外，皇家巴福肯部落大会存在的意义受到了越来越多人的质疑。原因之一是，在不了解高层机构设置和投资策略的社区成员看来，大会介绍的投资发展晦涩难懂。正如一位受访者所说："我去年参加了部落大会。在大会期间，我意识到，每年举办大会有什么意义呢，反正都不会有什么成效。"当投资未能兑现为民众创造就业机会和提高收入的承诺时，民众难免心生失望。另一个原因是有关领导层的态度问题，即领导层将皇家巴福肯部落大会看作汇报会，而不是决策机构，因为重要问题都放在村民会议上讨论了（Saflii 2018）。此外，皇家巴福肯部落领导层总以企业形象示人，拉大了其与社区居民之间的距离，凸显了部落酋长与社区之间的鸿沟。大力推行的《2035 年愿景》也更像是领导人的愿景，而非社区众望所归，特别是在未与勒斯滕堡市发展计划相结合的情况下，《2035 年愿景》实现的可能性微乎其微。值得注意的是，勒斯滕堡市发展计划并未为《2035 年愿景》的宏伟目标做足准备（Mnwana 2015a）。巴福肯地区属于社区的私有土地，这对勒斯滕堡市政府的管理而言是一大挑战。虽然勒斯滕堡市的职责是向辖区内的所有居民提供服务，但若要在巴福肯部落的私有土地上提供服务，还需先获得传统领袖的许可。

巴福肯独立于勒斯滕堡市自行设置机构的做法对双方关系造成了影响。多年来，由于多重原因，双方关系一直比较紧张。原因之一是勒斯滕堡市未对发展做出充分的规划，原因之二则是巴福肯领导层为争取社区居民的支持而抵制勒斯滕堡市提供服务和基础设施的计划。尽管多年前双方就已达成了合作备忘录，但实际进行的合作仅限于孤立事件层面，例如皇家巴福肯管理局在勒斯滕堡市政府登记土地使用情况。皇家巴福肯部落在投资收入减少时被迫重新考虑合作协议，但双方在服务提供问题上仍然难以达成一致。

经济增长与资源利用

媒体报道皇家巴福肯部落时，谈及最多的莫过于经济增长和资源利用情况，主要原因在于该部落的资源管理方法有两大特征。第一，几十年来，部落领导层在与政府和矿业公司进行谈判时，一直都凭借雇佣高级律师取得成功，巴福肯甚至由此获得了"律师部落"的绰号。第二，巴福肯部落采用了专业的收入管理方法。如前所述，该部落成功得到了因帕拉公司的股份，将股息用于管理和开发计划，也由此意识到了选择能带来长期收益的多元化投资组合的必要性。正如其年度预算和审计报表所示，皇家巴福肯管理局将大部分收入用于实施开发和维护计划，包括投资建设福肯体育馆。让皇家巴福肯控股公司管理投资能够增加投资和资金交易的透明度，但同时也会将收益管理复杂化，使得本该为受益对象的大多数巴福肯人难以理解。这也导致巴福肯土地购买者协会指控皇家巴福肯控股公司存在管理不善和腐败问题。

进军矿业导致巴福肯部落也受到矿业形势的影响。皇家巴福肯部落不仅从因帕拉公司的矿场中获得收益，还开办了自己的矿场，如莱西蒙矿场和斯戴德里福特矿场。成为矿业开发大家庭的一员后，巴福肯部落将受到罢工和相关暴力事件等带来的负面影响。尽管皇家巴福肯部落未直接卷入2012年的马瑞卡那悲剧（隆明矿业公司是主要涉事方），但罢工仍然影响了巴福肯的矿业发展及领导层与矿工之间的关系。罢工持续了六个月，巴福肯的矿业收入也因受到间接影响而缩水。

发展巴福肯的经济，特别是为当地人创造就业机会，仍极具挑战性。尽管皇家巴福肯部落经济发展部门已为基础设施建设、民众创业知识普及和创业能力培养投入大量资金，该地区的失业率仍居高不下。《2011 年人口与土地用途审计》显示当年的失业率为 36%（RBN 2011），《2016 年人口与土地用途审计》显示的失业率已升至 42.5%（RBN 2016）。详细分析数据可知，巴福肯本地人的失业率（47.8%）要比外来人口的失业率（36.3%）高得多。有很多外来矿工居住在巴福肯这一现状或许可以解释该现象。

多种因素相互交织增加了解决贫困和不平等问题的难度

巴福肯部落领导层采取了综合性的发展战略，将历史、社会、体制和经济因素相结合，以解决巴福肯的贫困和不平等现象。巴福肯动用其大量资源以多种方法发展社区，取得的成果堪比一个治理有方的市政府，与其他传统社区的传统领袖的做法形成鲜明对比。然而，很明显，上述因素相互交织（彼此作用、重叠或冲突）也增加了解决传统社区中贫困、不平等和排外问题的难度。

各因素的相互交织至少体现在三个方面。第一，在结合了惯例、伪传统和现代制度的连贯而复杂的体系中，难免会出现冲突和重叠的问题。尽管该体系的每个部门都自有其存在的意义，但当它们共存时，每个部门的具体职能、职权和责任就不再那么清晰了。例如，由社区选举产生传统议会（根据《框架法案》）隶属于部落最高议会，根据惯例，部落最高议会的 72 名成员地位高于传统议会的 17 名成员，且南非政府只承认传统议会是社区的代表。此外，部落最高议会的权力有限，在进行重要决策时，必须广泛征求部落中所有成年成员的意见。2018 年，高等法院处理巴福肯土地购买者协会相关案件时的做法就证明了这一点（Ampofo-Anti 2018；Saflii 2018）。

第二，虽然巴福肯部落貌似在真心努力将惯例与矿产资源相结合以加强部落建设，但其减贫和创造平等的努力却面临着来自部落内外的阻力。从部落内部看，巴福肯的很多农场是采矿地点，巴福肯土地购买者协会对这些农场的业权契据所有权提出了质疑。此外，尽管居住在巴福肯的外地人给当地的服务提供造成了困难，巴福肯仍然拒绝停止向外地人出租后院。至于部落以外的阻力，铂金的需求变化和随之发生的价格波动对部落的矿业收入影响显著，从而影响了领导层用于开发和提供服务的资金。尽管巴福肯的自营矿场得以存活，但其创造的收入仍不足以快速实现皇家巴福肯部落的总体规划。巴福肯原本并不依靠南非政府，但在收入减少时，仍不得不依靠南非政府，而且如果部落领导层不完全启动与勒斯滕堡市的协议备忘录，巴福肯就无法获得发展所必需的资源。

第三，社会经济情况也影响着巴福肯部落的收入。尽管皇家巴福肯部落和 2015 年为期五个月的铂金工人罢工事件并不直接相关，但巴福肯的矿业收入若按工资计算，估计减少了 10 亿兰特；若按第二产业计算，缩水值同样约为 10 亿兰特（Molotlegi 2015）。最后，过分强调巴福肯人的民族认同感导致巴福肯本地人之间及本地人与外来人口之间的关系紧张，而外来人口为本地经济做出了贡献。各因素相互交织，增加了部落的多样性，但不利于民族凝聚力的形成。在现实中，涉及服务共享时，靠出租后院赚取收入的巴福肯人并不坚守自己的"福肯身份"。

传统领袖能引领社区发展吗？

我们由此开始思考：传统领袖能在多大程度上领导当地的发展？得益于巴福肯部落的财富，其领导层能够提供比勒斯滕堡市的服务水平更高的服务。但在巴福肯依靠投资获取的收入减少时，就难以继续提供这样的高水平服务。当地领导层要想将传统与现代相融合，就必须意识到与当地政府建立伙伴关系的必要性，即双方应相互尊重并积极促进合作，也就是迪诺肯方案中所说的"携手共进"。巴福肯领导层已经认识到了双方合作的必要性，但由于传统领袖与政府的长期竞争关系，要实际达成合作或将面临更多困难（Molotlegi 2015）。只要社区居民仍手握选择权，能够在两种治理体系中做出最有利于自身利益的决定，双方的合作关系或能促进传统与现代的融合。合作的实现取决于双方是否能相互尊重、形成互惠互利的关系，即在不为政治利益而牺牲传统或现代价值观的前提下，双方共存且并行运作，肩负起各自的责任。正如各社区居民要在不同的治理体系、习俗和机构之间做出抉择，传统领袖和市政府也必须学会如何选择、谈判和达成共识，从而推动减贫和促进平等的进程。

结　语

与其他传统社区相比，在有远见的、结构明确的领导层的带领下，巴福肯通过将习惯法与现代商业和投资活动相结合，建立了相当有效的制度体系和现代化的基础设施。上述体系的主要目的是减少甚至消除贫困，缩小巴福肯人与富人阶级之间的差距，采取的措施包括提供服务、发展地方经济和提供接受优质教育的机会等。巴福肯领导层致力于在实现部落现代化的同时保持传统价值观；在与南非广大社会交流往来的同时，加强部落归属感；增强巴福肯人的民族身份认同感；并强化部落在南非的半独立性。然而，在发展的道路上，巴福肯领导层遇到了许多挑战，暴露了传统领袖想在宪政国家中将传统与现代相结合的局限性。正是由于诸多因素的相互交织，传统与现代相融合的策略实现起来更为复杂，增加了该体系的排他性。在交织的种种因素中，出现了一些裂痕，危及居民的梦想并削弱传统领袖的抱负。若裂痕继续扩大，最后可能会破坏皇家巴福肯部落领导层设定的愿景和目标，特别是如果巴福肯土地购买者协会实现成功脱离该体系，最终会导致无法形成在整个传统社区内行之有效的减贫和推动平等的战略。

注　释

1. "回归基础项目"是由合作治理与传统事务部发起的项目，致力于督促地方政府在严重失职后将工作重点放到基本服务的提供和问责程序上。

2. 巴福肯的大部分相关数据来自 2013—2014 年皇家巴福肯部落委托人文科学研究理事会进行的名为"巴福肯惯例"的研究项目，研究报告未向公众公开。

3. 参见 Phakathi B. Agricultural Production is Key Driver in Slowing Food

Producer Inflation，*Business Day*，30 March 2017。

4. 该百分比已经由发展与企业中心确认。根据该中心的计算，21%的永久业权土地已不再为白人所有（Sihlobo & Kapuya 2018）。但是，即使百分比变高，农村传统社区的严峻境况也不会得到改善。

5. 2009 年，政府官员、学者、企业和劳工代表组成的团体制定了所谓的"迪诺肯方案"，其中描述了南非日后可能选择的三条发展道路：掉队落后、分道扬镳、携手共进。"掉队落后"指不想与他人合作、共建美好未来的利益相关方的自私态度，最终指向自我毁灭的态度（Dinokeng Scenarios 2009）。

6. 从 2006 年的每盎司 2000 美元降至 2009 年的 700 美元，再升至 2017 年的 1050 美元。

7. 皇家巴福肯部落大会（Pitso ya Kgotha-Kgothe）指每年召开两次、规模最大的一般性社区会议。在该会议上，领导层向社区成员作出汇报，社区成员可以通过这一会议参与治理。但在现实中，社区提案和更加集权化的决策总是无可避免地在相互角力，因为在传统领袖掌控之外还存在着别的法规（如投资领域的法规）。

8.《南非学校法案》（1996 年第 84 号）第 14 节允许在教育部和业主之间订立协议的前提下，在私有土地上建立公立学校。同巴福肯学校签订的协议将管理和使用设施的权利赋予父母和传统领袖，但协议中也包括了更多的发展责任。教育部仍然必须为学校提供资金，但资金很少。

参考文献

ActionAid（2008）*Precious Metal：The Impact of Anglo Platinum in South Africa*. Johannesburg：ActionAid.

AGSA（Auditor General of South Africa）（2018）*Consolidated General Report on the Local Government Audit Outcomes*，*MFMA* 2016 – 17. Pretoria：AGSA.

Ampofo-Anti AY（2018）Court Orders Tribal Authority to Act Democratically，*TimesLive*，28 May 2018. Accessed 24 July 2018，https://www. timesive. co. za/news/south-africa/2018 – 05 – 28-court-orders-tribal-authority-to-actdemocratically/#.

Bafokeng Institute (2015) Memorandum of Understinding. Accessed 10 December 2018, http://www. bafokenginstitute. org. za/.

BFAP (Bureau for Agricultural and Food Policy) (2018) *BFAP Baseline Agricultural Outlook* 2018 – 2027. Pretoria: BAFP.

BLBA (Bafokeng Land Buyers' Association) (2012) *Petition: Human Rights Atrocities Levelled Against the Poor, Rural, Mine-hosting Communities of Bafokeng, Rustenburg, North West Province.* Rustenburg: BLBA.

BLBA (2013) The Collapse of the Royal Bafokeng Case at the Mafikeng High Court. *Bafokeng Land Buyers' Association blogsite*, 2 November. Accessed 10 October 2016, http://bafokeng-communities. blogspot. co. za/2013/11/the-collapse-of-royal-bafokeng-case-at. html.

Bloom K (2016) What's Mine is Mine: How the Bapo Ba Mogale Got Robbed of R800 Million, *Daily Maverick*, 26 October 2016. Accessed 10 July 2017, https://www. dailymaverick. co. za/article/2016 – 10 – 26-whats-mine-is-mine-how-the-bapo-ba-mogale-got-robbed-of-r800-million/#. WRxN9-t97IU.

Boyle B (2014) *Bapo ba Mogale community loses out in Lonmin deal.* Accessed 05 June 2017, https://www. groundup. org. za/article/bapo-ba-mogale-community-loses-out-lonmin-deal 2502/.

Buthelezi M (2013) Traditional Leaders have Become Ceremonial Figures in Local Governance, *IFP Newsletters*, 1 March. Accessed 20 September 2017, http://www. ifp. org. za/newsroom/traditional-leaders-become-ceremonial-figures-local-governance/.

Capps G (2016) Tribal-landed Property: The Value of Chieftaincy in Contemporary Africa. *Journal of Agrarian Change.* 16 (3): 452 – 477. Accessed 20 September 2017, http://onlinelibrary. wiley. com/doi/10. 1111/joac. 12179/full.

Capps G and Mnwana S (2016) Claims from Below. Platinum and the Politics of land in the Bakgatla-ba-Kgafela traditional authority area. *Review of African Political Economy*, 42 (146): 606 – 624.

Chamber of Mines of South Africa (n. d.) *Platinum.* Accessed 7 November 2017, http://www. chamberofmines. org. za/sa-mining/platinum.

Claassens A (2014) "*Communal land*", *Property Rights and Traditional Leadership. Cape Town: Centre for Law and Society.*

Claassens A and Cousins B (Eds.) (2008) *Land, Power and Custom: Controversies Generated by South Africa's Communal Land Rights Act.* Cape Town: UCT Press.

Claassens A and Mnisi-Weeks S (2009) Rural Women Redefining Land Rights in the Context of Living Customary Law. *South African Journal on Human Rights.* 25 (3): 491 – 516.

Claassens A and Mnisi-Weeks S (2011) Tensions between Vernacular Values that Prioritise Basic Needs and the State Versions of Customary law that Contradict them: "We Love these Fields that Feed Us, but not at the Expense of a Person". *Stellenbosch Law Review.* 22: 823 – 844.

COGTA (Department of Cooperative Governance and Traditional Affairs) (2011) *Back to Basics: Serving our Communities Better.* Pretoria: COGTA.

Comaroff IL and Comaroff J (2009) *Ethnicity, Inc.* Chicago: University of Chicago Press.

Cook SE (2013) Community Management of Mineral Resources: The Case of the Royal Bafokeng Nation. *Journal of the Southern African Institute of Mining and Metallurgy.* 113 (1): 61 – 66.

Davies R (2012) "Alarming" Rise in Rural Unemployment, MPs told. *Mail & Guardian*, 12 September. Accessed 3 October 2018, https/mg. co. za/arti cle/2012 – 09 – 12-alarming-rise-in-rural-unemployment-mps-told.

De Souza M (2014) The Legal Status of Traditional Councils in North West Province. *SA Crime Quarterly.* 49: 41 – 56.

De Souza M and Jara M (2010) *Custom, Citizenship and Rights: Community Voices on the Repeal of the Black Authorities Act.* Accessed 19 September 2018, http://www. larc. uct. ac. za/sites/default/files/image _ tool/images/ 347/Submissions/LRG_BOOK_COMBINED% 2C. DEC_2010_-_FINAL% 2C_ AMENDED. pdf.

DGSD (Democracy, Governance and Service Delivery Department, HSRC) (2014a) *Melao ya Sefokeng: Institutional Analysis.* Pretoria: HSRC.

DGSD (2014b) Melao ya Sefokeng: *Research Project for a Comprehensive Regu-*

latory Framework for the Royal Bafokeng Nation. Report on Customary Law. Pretoria：HSRC.

Dinokeng Scenarios（2009）*Three Futures for South Africa*. Johannesburg：Dinokeng Scenarios.

Evans S（2015）Behind Community Protests in the Platinum Belt. *Mail & Guardian*, 5 August. Accessed 05 June 2017, https：//mg. co. za/article/2015 – 08 – 05-who-will-bear-the-brunt-of-mining-communities.

Feni L（2013）Women Break New Ground in Traditional Leadership, *Daily Dispatch*, 22 October 22. Accessed 20 June 2018, http：//www. dispatchlive. co. za/news/2013/10/22/women-break-new-ground-in-traditional-leadership/.

Gardiner M（2008）Education in Rural Areas. *Issues in Education Policy 4*, Centre for Education Policy Development, Johannesburg.

Goba N（2017）Kings and Private Sector set up Company to Boost Jobs in Rural Areas. *Timeslive*, 17 November. Accessed 6 December 2017, http：//www. timeslive. co. za/sunday-times/ business/2017 – 11 – 17-kings-and-private-sector-set-up-company-to-boost-jobs-in-rural-areas/.

Hornsby D, Kingwill R, Royston L and Cousins B（2017）*Untitled：Securing Land Tenure in Urban and Rural South Africa*. Pietermaritzburg：University of KwaZulu-Natal Press.

Institute of Race Relations（2016）South Africa Survey 2016. Johannesburg：SAIRR.

Kanyane M H（2011）Financial Viability of Municipalities in South Africa. *Journal of Public Administration*. 46（2）：935 – 946.

Levy M（2017）Committee Hears Bold Demands from Traditional Leaders' Indaba, *Notes from the House*, 22 August. Accessed 6 December 2017, https：//www. notesfromthehouse. co. za/news/item/73-committee-hears-bold-demands-from-traditional-leaders-indaba.

Logan C（2011）*The Roots of Resilience：Exploring Popular Support for African Traditional Leaders*. Working Paper No. 128, Afrobarometer.

Makinana A（2015）Oh Government, won't you Buy me a Mercedes-Benz, *City Press*, 22 March 2015. Accessed 08 August 2017, http：//www. news24. com/ SouthAfrica/News/Oh-government-wont-you-buy-me-a-Mercedes-Benz-20150322.

Mamdani M（1996）*Citizen and Subject*. Princeton, NJ: Princeton University Press.

Manson A（2013）Mining and "Traditional Communities" in South Africa's "Platinum Belt": Contestations over Land, Leadership and Assets in North-West province c. 1996 – 2012. *Journal of Southern African Studies*, 39 (2): 409 – 423, doi: 10. 1080/03057070. 2013. 796738.

May J, Sulla V and Zikhali P（2016）*South African Poverty and Inequality Assessment Discussion Note*. Washington: World Bank.

Mbenga B and Manson A（2010）*People of the Dew: A History of the Bafokeng of Rustenburg District, South Africa, from Early Times to 2000*. Johannesburg: Jacana.

Meldrum A（2005）Platinum Deal Sees South Africa's Richest Tribe Get Richer, *The Guardian*, 16 December. Accessed 08 August 2017, https://www. the guardian. com/world/2005/dec/16/southafrica. andrewmeldrum.

Mnisi-Weeks S（2013）Layers of Authority, Boundaries of Decision-making: Controversies around the Traditional Courts Bill. PowerPoint Presentation, Land Divided Conference, University of Cape Town (24 – 27 March).

Mnwana S（2015a）Between "locals" and "foreigners"; Mining and Rural Politics of Belonging in North West province, South Africa. *Labour, Capital and Society*. 48 (1&2): 156 – 181.

Mnwana S（2015b）Democracy, Development and Chieftaincy along South Africa's Platinum Highway: Some Emerging Issues. *Journal of Contemporary African Studies*, 33 (4): 510 – 529, doi: 10. 1080/02589001. 2015. 1117730.

Mnwana S and Capps G（2015）"*No Chief ever Bought a Piece of Land*": *Struggles over Property, Community and Mining in the Bakgatla-ba-Kgafela Traditional Authority Area, North West Province*. Working Paper No. 3, Society, Work and Development Institute, Johannesburg.

Molotlegi L（2015）*Taking a Cold Hard Look at Ourselves*. Annual Review Address, Royal Bafokeng Civic Centre, Phokeng, 27 February. Accessed 18 October 2018, file: ///C: /Users/ghagg/AppData/Local/Microsoft/Windows/INetCache/E/K9JUORF3/English% 20Book% 20 – % 20Inside%

20Proof%20FI NAL%20150217. pdf.

Molotlegi L (2016) *Time to Lead: RBN Review*. State of the RBN Address, Royal Bafokeng Civic Centre, Phokeng, 16 February. Accessed 1 July 2018, file: ///C: /Users/ghagg/AppData/Local/Microsoft/Windows/INetCache/ IE/EH3L3MDB/RBN%20Review%202017. pdf.

Mthethwa N (2016) Mines Should Disclose Social and Labour Plans-Royal Bafokeng Nation King, *African Mining Brief*, 18 February. Accessed 12 September 2017, http://ambriefonline. com/mines-should-disclose-social-and-labour-plans-royal-bafokeng-nation-king/.

Mujere J (2015) Insurgent Citizenship and Patterns of Authority in Mining Affected areas: Understanding Community Protests in Rustenburg, South Africa. *Labour, Capital and Society*. 48 (1&2): 240 – 266.

Municipalities of South Africa (n. d.) Rustenburg Local Municipality (NW373). Accessed 07 November 2017, https://municipalities. co. za/lo cals/view/191/rustenburg-local-municipality.

Mzwakali S (2017) Public Protector Mkhwebane Promises Report on Bapo's Lost Millions by the End of April, *Custom Contested Views and Voices*, 8 March. Accessed 5 June 2017, http://www. customcontested. co. za/public-protector-mkhwebane-promises-report-bapos-lost-millions-end-april/.

National Treasury (2011) *Local Government Budgets and Expenditure Review*. Accessed 09 August 2017, https://www. google. co. za/search? q = national + development + plan + chapter + 9&oq = national + development + plan&aqs = chrome. 3. 17442j0j8&sourceid = chrome&ie = UTF-8#q = demographic, + social + and + economic + context + of + rural + municipalities + 2011 + LGBER.

Ndlovu M (2017) Op-Ed: Rural Transformation Solution to Poverty in South Africa, *Daily Maverick*, 28 August. Accessed 19 September 2017, https:// www. dailymaverick. co. za/article/2017 – 08 – 28-op-ed-rural-transformation-as-a-solution-to-poverty-in-south-africa/#. WgBBOluCzIU.

Ntsebeza L. (2006) *Democracy Compromised: Chiefs and the Politics of Land in South Africa*. Cape Town: HSRC Press.

PMG (Parliamentary Monitoring Group) (2014) *Roles and Functions of Traditional leaders: Department of Traditional Affairs Briefing*. PMG 4 November.

Accessed 19 August 2016, https://pmg. org. za/committee-meeting/17800/.

PMG (2015a) *Comprehensive Rural Development Programme: Evaluation Report by Department of Performance, Monitoring and Evaluation (DPME), with Minister Present*. PMG 3 June. Accessed 12 July 2017, https://pmg. org. za/committee-meeting/21020/.

PMG (2015b) *Rural Schooling / Multi-grade Schools / Farms Schools / Non-viable Schools; Inclusive Education Implementation; Special Needs Schools: Department Briefing*. PMG 23 June. Accessed 7 November 2017, https://pmg. org. za/committee-meeting/21135/.

PMG (2016) *Bafokeng Petition on Alleged Gross Human Rights Violations by the Bafokeng Tribal Authority*. PMG25 May. Accessed 19 September 2018, https://pmg. org. za/committee-meeting/22607/.

RBH (Royal Bafokeng Holdings) (2016) *Building Resilience through Diversification: Integrated Review*. Johannesburg: Royal Bafokeng Holdings, Accessed 23 May 2017, http://www. bafokengholdings. com/images/pdf/rbh-annual-review-2016. pdf.

RBH (2017) *Royal Bafokeng Platinum Fact Sheet*. Johannesburg: Royal Bafokeng Holdings. Accessed 20 November 2017, http://www. ingplatinum. co. za/fact-sheets. php.

RBN (Royal Bafokeng Nation) (2007) *Royal Bafokeng Nation Master Plan on Target for 2035: Building a Better Future for All*. Phokeng: RBN.

RBN (2009) *RBN review: State of the RBN Address*, Phokeng, 19 February.

RBN (2011) *PULA: Population and Use of Land Audit*. Phokeng: RBN.

RBN (2012a) *Royal Bafokeng Nation: A Forward-thinking Traditional Community*. Accessed 3 October 2018, http://www. bafokeng. com/2010/about.

RBN (2012b) *Royal Family*. Accessed 5 June2013, http://www. bafokeng. com/present/royal-family.

RBN (2016) *PULA 2016: Population and Use of Land Audit*. Phokeng: RBN.

Rule S and Hagg G (2011) *Reconciling Africa's Fragmented Institutions of Governance: Report on. Surveys Conducted in Matatiele and Giyani Regions*, 2011. Pretoria: HSRC.

Saflii (Southern African Legal Information Institute) (2003) *Alexkor Ltd and*

Another v Richtersveld Community and Others（CCT19/03）［2003］ZACC 18；
2004（5）SA 460（CC）；2003（12）BCLR 1301（CC）（14 October 2003）.
Accessed 19 September 2017，http：//www. saflii. org/za/cases/ZACC/2003/
18. html.

Saflii（2008）Shilubana and Others v Nwamitw（CCT 03/07）［2008］ZACC 9；
2008（9）BCLR 914（CC）；2009（2）SA 66（CC）（4 June 2008）.

Saflii（2013）Pilane and Another v Pilane and Another（CCT 46/12）［2013］
ZACC3；2013（4）BCLR 431（CC）（28 February 2013）. Accessed 15 July
2017，http：//www. safli. org/za/cases/ZACC/2013/3. html.

Saflii（2015）Premier of the Eastern Cape and Others v Ntamo and Others（169/
14）［2015］ZAECBHC 14；2015（6）SA 400（ECB）；［2015］4 All SA 107
（ECB）（18 August 2015）. Accessed 16 April 2007，http：//www. saflii.
org/za/cases/ZAECBHC/2015/14. html.

Saflii（2016）Bafokeng Private Land Buyers Association and Others v Royal Bafo-
keng Nation and Others（999/08）［2016］ZANWHC27（31 May 2016）. Ac-
cessed 9 October 2017，http：//www. saflii. org/za/cases/ZANWHC/2016/
27. html.

Saflii（2018）Bafokeng Land Buyers Association and Others v Royal Bafokeng
Nation and Others（CIV APP 3/17）［2018］ZANWHC5：［2018］3 All SA
92（NWM）（9 March 2018）. Accessed 19 September 2018，http：//www.
saflii. org. /za/cases/ZANWHC/2018/5. html.

SALGA（South African Local Government Association）（2013）Challenges re-
garding the participation of Traditional leaders in municipal councils. SALGA
Local Government Brief：08/2012.

Sihlobo W and Kapuya T（2018）Special Report：The Truth About Land Owner-
ship in South Africa，BusinessLive，23 July. Accessed 23 July 2018，https：//
www. businesslive. co. za/rdm/politics/2018 – 07 – 23-special-report-the-truth-
about-land-ownership-in-south-africa/.

Sithole MP（2009）Traditional Leadership，Democracy and Human Rights：A
Theoretical Quagmire. Affrika：Journal of Politics，Economics and Society. 1
（1）：16 – 26.

South African History Online（2013）Marikana Massacre 16 August 2012. Accessed 2 September 2017, https://www. sahistory. org. za/article/marikana-massacre-16-august-2012.

Stats SA (Statistics SA) (2014) *The South African Multidimensional Poverty Index*. Dataset.

Stats SA (2016) *The State of Basic Service Delivery in South Africa: In-depth Analysis of the Community Survey 2016 Data*. Pretoria: Stats SA.

Therborn G (2012) The Killing Fields of Inequality. *International Journal of Health Services*. 42 (4): 579 – 589.

Van der Mescht J and Van Jaarsveld M (2013) Addressing Operations and Maintenance Challenges in Smaller Municipalities. *Infrastructure news*, Accessed 20 September 2017, http://www. infrastructurene. ws/wp-content/uploads/sites/4/2016/04/Addressing-operations-and-maintenance-challenges-in-smaller-municipalities-Johan-van-der-Mescht-Vela-VKE. pdf.

Williams J and Klusener J (2013) The Traditional Courts Bill: A Woman's Perspective. *South African Journal on Human Rights*. 29 (2): 276 – 293.

World Bank (2018) *Overcoming Poverty and Inequality in South Africa: An Assessment of Drivers, constraints and Opportunities*. Washington: World Bank.

南非民众的负债与渴望

黛博拉·詹姆斯（Deborah James）

在南非社会，底层阶级和上层阶级之间的不平等现象日趋严重，而阶级之间原本严格分明的界限也变得越来越模糊。与此同时，消费主义、生活方式以及社会地位也越来越被人们所看重。本文将阐述南非民众向上层社会流动的渴望及这种渴望带来的经济债务（过度负债），指出二者在本质上均脆弱而不稳定。本文将从地方和家庭的视角观察经济危机，探索农村和乡镇居民的实际借贷经历，关注信贷监管不力、贷款机构无视法律以及缺乏可负担的破产选项等因素如何使现状变得更糟。

正如不少左派学者分析的那样，在政府让步和市场崛起的大背景下，南非和全球不平等正在加剧（Barchiesi 2011；Marais 2011）。金融资本主义自治是造成市场崛起的影响增强以及近几十年来人们之间经济差距急剧扩大的主要原因之一（Therborn 2012：586），特别是当金融资本主义自治的趋势渗透并扩展到新兴市场和迄今尚未开发的领域时（Lapavitsas 2011）。在上述全球趋势的基础上，南非还面临着由两个互相关联的因素带来的另一层困难。一个因素是必须解决不平等现象的历史根源问题，即种族主义遗留问题（Therborn 2012：584）。在本文叙述的事例中，人们试图通过恢复立法来推翻信贷领域的种族隔离（Falk Moore 2011），并通过普惠金融确保所有人都能够获得贷款。另一个因素是政府对在民主时代为其投选票的普通民众所负有的责任。因此，南非政府在工资和社会补助方面的支出巨大，这意味着不能简单地将南非看作完全由市场模式主导的典型国家；相反，南非是实行"分配制度"的国家（Seeking & Nattrass 2005：314），或者正如我以前所论述的那样，南非"新自由主义的手段是为了确保能在更广泛的范围内实现再分配"（James 2012：37）。

就南非民众的负债和渴望而言，我们可以看到，一方面由于市场力量的干预，另一方面由于相互交织的各种因素，南非的倾斜现象进一步加深了。上述两方面力量的相互作用不仅体现在"国家"和经济层面上，还体现在社区、邻里和家庭层面上，二者或交叉作用，或彼此强化，或导致一方消失。这些相互作用可能会加剧（偶尔也可能改善）贫困和不平等现象。借鉴毛斯（Mauss 1969/1954）和受其作品启发的其他许多人类学家（Guyer 2004；Hann & Hart 2011；Hart 1999）的人类学观点看待这些过程，必然会让我们质疑经济学（不论是新古典经济学还是非正统经济学）是否能作为我们理解债务本质以及债务可能加剧的不平等问题的唯一手段。

通常认为，毛斯在两种交换体制之间构建起了二元对立关系，两种交换体制分别指的是：第一，文字出现以前或资本主义出现以前的社会中互惠互利的交换体制和资本主义社会中的商品化；第二，市场逻辑为特征的交换体制。按照这种解释，人类学家确实曾同采用经济人利益最大化模型（符合"市场交换"和"贸易"的逻辑）的学者以及强调人类行为"内在"特征（符合互惠互利原则）的学者展开过辩论。但也有人，特别是哈特（Hart 2007）以及汉和哈特（Hann & Hart 2011），认为毛斯并不是在说互惠互利的关系与贸易和合约关系处在对立面上；相反，二者相互作用，并同时存在于每种类型的社会中。希普顿（Shipton 2007：28）认为，肯尼亚的卢奥人"有时扮演着追求利润的市场商人，有时又扮演着回馈和再分配的角色"。盖耶（Guyer 2004：11-12）展示了西非经济活动的逻辑与资本主义的逻辑如何在相辅相成的同时又背道而驰。她谈到，神奇的货币概念可以与常规计数共存，而并不相互矛盾；强调多元化而非二元性；表明经济的正规化和金融化可以如何与其对立面共存，虽然这一切都处在相同的框架内，但却并不一定受制于源自西方资本主义的某种主导霸权力量。

古德曼（Gudeman 2010：139-140）也指出"经济是由矛盾组成的"，它包括"相互竞争性和相互依存性……敌对性和团结性"。在阐释原本抽象的概念时，他表示，个体"生存要依靠商品、服务和货币的竞争性贸易"，包括"匿名的竞争性交换，也就是市场参与者相互交换商品（或以物易物）、劳动力、金钱或想法"，但个体同时也"依靠构建社会关系的商品和服务生活"。他指出，人与人的相互依存关系"是通过持续的纽带来保障和分配的，如税收和再分配，亲属团体、家庭和其他群体的合作，彩礼、契约和互惠，以及自给自足的活动"。

因此，市场和相互依存性在逻辑上并不是相互对立的，而是紧密联系的。互惠主义也不是市场的对立面；相反，它相当于"合同中的非契约要素"，家庭活动和政府采取的再分配举措与经济之间有密不可分的联系。这些见解与随后南非普遍的债务问题有很大的相关性。古德曼列出了实现相互依存的种种形式，其中不仅包括具有正效价的社会惯例（如彩礼），还包括更具负效价的社会惯例（如契约）。事实上，承认市场和相互依存性之间的相互作用并不一定是将市场"人性化"；相反，资本主义的力量可能扭曲或削弱互惠互利的关系，并使之成为债权人占有欲的驱动力。这反过来又会带来负面影响，因为对想在种族隔离后提升自我的人来说，他们的责任感、抱负和对尊重的渴望可能会遭到利用，进而可能加剧不平等（Therborn 2012：580）。

新兴中产阶级：贫困和不平等？

下文将详细阐述人类学观点对债务的影响。人类学的观点一开始可能并不完全符合本书的关注重点，讲述的也不是为贫困所扰的普通穷人的故事，而是一心想进入社会上层的新兴中产阶级的故事。何为"新兴中产阶层"通常难以界定，但该群体受到南非近年来债务泛滥现象的影响最为严重，因为贷款机构只愿意向拥有某种形式抵押品（通常指政府工资和社会补助金）的人发放信贷。但正是因为新兴中产阶层的信用价值，他们才更容易受到具有扭曲性质和种族主义性质的信贷市场剥削性贷款行为的影响，从而变得非常脆弱（Barchiesi 2011；Stating 2014）。新兴中产阶层不仅要支持寻求帮助的亲戚（这些亲戚并不像他们一样追求向上层流动），同时背负的数目巨大又无力偿还的债务也有损他们的"财务健康"（Cash 1996，转引自 Bahri 2008；Crous 2008），由此导致严重的社会心理弊病，比如深感无助、离婚、无家可归，甚至自杀（Niehaus 2012：337－338）。

在南非，不平等及其与贫困的关系给学者们带来了一个谜题：少数人迅速向社会上层流动，而其他人则仍在原地踏步，面临失业、依赖社会补助金或亲属援助，和/或愈加贫困。有学者认为（Southall 2004：53）"到2004年非洲大约180万雇员，即非洲约27%的正式就业人员"被视为中产阶级；他在随后的分析中指出，绝大多数中产阶级人口都是公务员（Southall 2012，2016）。一些城镇居民搬至了曾经的白人郊区（尽管人数不多，且各大城市的现象不同），并且"脱离了黑人工人阶级"和更广大的失业队伍（Crankshaw 2005）[1]，但这种流动性的程度是有限的，且在某种程度上取决于上一代的财富、处境和摆脱贫穷的决心。西金斯和纳霍斯（Seeking & Nattrass 2005：314－319）将1994年以后南非社会的分化系统比作蛇和梯子的游戏：棋盘底部蛇越多，顶部梯子越多。除此之外，"有组织的公民群体"一直以来都要求获得"最低生活标准"，依靠"体面的"工作赚取"文明"或"基本生活"工资（Seekings 2011：571），要求国家采取措施以确保工人的稳定收入。种族隔离之后的时代遏制了这一现象，"由于贸易自由化加深了雇主之间的竞争，如果员工的生产率不随工资的提高而同步提高，工资的增长就更加难以实现。随着不要求技能的正规工作的消失，失业情况会进一步恶化"（Seekings 2011：571）。

南非社会存在这样两个群体：一个群体较小，能够较容易地实现良好财务状况（或前景）；另一个群体较大，具有同样强烈的愿望，但缺乏实现手段。正是由于两个群体的矛盾共存，我们必须了解信贷领域种族隔离的全貌。

全球南方国家和南非的信贷供求

塞尔韦特和塞雅（Servet & Saiag 2013）对欠发达国家债务迅速增加的原因给出了极具说服力的解释。随着资本主义在全球的传播，社会关系开始货币化，而金融正规化意味着有更多可供借贷的钱。就南非的情况而言，最为重要的是，曾被人们广泛接受的社会等级制度如今受到了挑战，这为实现人人平等创造了可能性，同时也使人们受到鼓励去实现抱负；以前接受自己社会地位较低的人，如今也想享受与其他人相同的商品和服务。但是，由于工作变得更加零散和不稳定，人们没有足够的资金购买这些商品，只能通过借贷来购买。换言之，平等的前景才是导致债务不断增加和不平等加剧的原因。

正如汉（Han 2012）在智利指出的那样，贷款可以让人们过上曾经难以企及的、渴望的、消费主义至上的生活，但这是"借来的生活"。要实现家庭成员和谐相处的美好生活，借款是有必要的，但当债权人上门讨债却无法偿还时，这种生活就会遭到影响甚至破坏。在这种情况下，家庭成员为实现家庭幸福必然会相互扶持，迫使借款人从信贷市场以不可持续的方式继续借贷。

在南非，类似的情况十分普遍。渴望的新生活和许多消费品只有通过借贷才能负担，借贷者必须"提前借用假想的未来资源，并将其转化为当下就可以使用的具体资源"（Peebles 2010：226）。债务将现在和未来这两段时间结合在一起意味着：

> 积极和消极的价值观念会同时存在，并可能令人不快。毋庸置疑，得到一切所需之物、实现美好生活的梦想尤为珍贵，令人向往，而贷款可以让这样的生活在当下就成为可能。但在未来，欠债数额或许会呈指数式增长，从而可能让借贷者产生焦虑、自责和羞耻感。（James 2014：S17 – 18）

未被商品化的珍贵家庭关系既诱发了同时又受制于商品化经济下势不可挡的还款加利息模式。

到目前为止，塞尔韦特和塞雅（2013）的解释似乎普遍适用。但为了理解南非案例的特殊性，还需要更仔细地研究信贷供应问题。"更多可供借贷的钱"从何而来，为何突然就有钱可供借贷了？是谁在借钱？银行账户相对广泛的使用又是如何促进这一过程的？

后民主时代产生了自由借贷（Aldington et al. 2004）。2014 年，据世界银行全球金融指数报告（Global Findex）称，86% 的南非人贷了款，是全球平均水平 40% 的两倍多。[2]相关资料显示，在南非借贷人数比例上升到86% 的过程中，20 世纪 90 年代早期的增长幅度最大（Ardington et al. 2004）。到 2008 年，信贷市场的 1756 万消费者中，近一半的人有"不良记录"。[3]到 2011 年，家庭债务占可支配收入的比例从 2002 年的 50% 逐渐上升到 76%，消费债务从 2002 年的 3000 亿兰特上升至 1.2 万亿兰特。到2013 年，约一半的消费者至少拖欠了三个月的债务，债务收入比达到了86.4% 的历史最高水平。[4]

在 20 世纪 90 年代的快速自由化时代，政府以扩大信贷的名义废除了限制利率上限的《高利贷法》，为信贷繁荣提供了便利。南非过去的族裔和种族划分也体现在了新的信贷领域。1994 年第一次民主选举之后，民众共同努力以期全面废除种族隔离，而与此同时民众的期望值也大幅上升，为满足新的需求而迅速增长的信贷供应显示出了明显的语言和种族界线。

崛起的黑人中产阶级成员取代了以前的公职人员（多为白人）。至少在最初，正是这些刚刚失了业、讲着南非荷兰语的前公职人员利用自己的遣散费创建了新的小额贷款部门，向取代自己的人和穷人发放信贷，前者以工资为抵押而后者则以社会补助金为抵押（Roth 2004：78）。尽管采用了流氓贷款的做法，但这门生意是正规的，严格来讲也是合法的。他们称，出借贷款有"风险"，进而将收取高利率的做法合理化，但事实上收不回贷款的风险很小，因为借款人可以把银行账户收到的工资或社会补助金用于还款：

> 黑人刚刚取代白人占据了公共服务部门的职位，因此许多南非白人职员只能另寻他法谋生。他们中的许多人进入了小额信贷行业……国家的资金流入黑人公职人员的银行账户，而南非白人企业家则想方设法从他们的账户中淘走这些资金。（James 2012：24）

另一些人则形成了非正规的小额贷款部门，原本长期以来一直在黑人社区放贷，但如今业务急速拓展，也向工厂门口和其他地方的工人放贷。这类贷款人叫作"放高利贷者"。高利贷领域的许多主要放贷人会没收借款人的银行卡，在发薪日从银行卡上收取贷款，每月利息率为50%。之前，许多大银行和主流零售商不愿意向黑人提供信贷。不过，借款的民众一直都没有注意到不同借贷方式的区别（见表1），经常用"放高利贷者"来统称以下三种借贷方式：

表1　　　　　　　　　　　　　**信贷供应**

贷款机构	贷款类型
主流或正规的金融部门 （讲英语的资本家）	银行贷款；支付衣食费用的储蓄卡；汽车金融服务；家具和电器的分期付款；房贷
新兴小型贷款部门 （讲南非荷兰语的前公职人员）	小额短期贷款
非正规的小型贷款部门 （在城镇及农村的黑人社区发放高利贷的人）	小额短期贷款

要搞清楚是什么人在从迅速发展的新兴借贷市场中借款，有必要有针对性地讲一讲南非的故事。当然，正如塞尔韦特和塞雅（2013）指出的那样，有一群人不再愿意接受极度不平等的社会等级制度下自己所处的位置，新出现的借款人正是来自该群体。但关于借款人，我们还知道些什么呢？分析人士并未就如何描述信贷消费者的特征达成一致。对于城市的黑人工人阶级来说，其信贷消费增长的确超过了收入增长。他们并没有从大银行和正规贷款机构贷款，而是从小型贷款机构和零售商（以及更多的是向非正规的贷款机构）贷款，往往造成债权人过多。总体而言，黑人工人阶级以高利率从其他地方借款来偿还已有债务（Hurwitz & Luis 2007：130－131），进一步加剧了他们的贫困、脆弱性和不稳定性（Barchiesi 2011）。其他分析则显示，1994年后负债最多的人是处于中间的工薪阶层，也就是"新兴中产阶级"。收入稳定就意味着有资格获得信贷，但考虑到工薪阶级本身的地位，债务和开支"给他们施加了压力，迫使他们以不可持续的水平借贷"（Daniels 2004：842）。

事实上，上述两类人都包括在新的借款人群中。的确，按阶级划分借贷人尽管可能是必要的，但这种做法却犯了一个错误，即未能准确认识到塞尔韦特和塞雅（2013）提出的观点：在世界范围内，以前地位较低的人群纷纷渴望向社会上层流动，而如今几乎没人愿意承认自己不是"中产阶级"（James 2015：20）。在《索韦托人报》进行的一项研究中，参与者强调自己的中间地位，一种不断在变化（人们认为向上流动）的中间地位（Phadi & Ceruti 2011）。因此，工薪阶级更倾向于与处境比自己更优越的人建立认同感。

不利的一面是，尤其是对于能够比其他家庭更快地向社会上层流动的一些家庭而言，他们往往会因此背上额外的负担。最近的一项研究总结了"低层阶级家庭和社区成员试图……让黑人职业人士……通过了解相互依存的习俗和义务，从而重新融入社区"的种种努力（Stauffer 2010：210）。不仅如此，与其他南方国家一样，更稳定或更成功的个体更容易负债，因为他们有抵押品（Parry 2012），即稳定的工作、工资或定期发放的社会补助金。[5]工人阶级渴望成为中产阶级；而那些实际上已经进入中产阶级的人早已开始贷款，他们甚至觉得有必要借更多的钱来维持自己工人阶级亲属或失业亲属的生活。

借与贷的相互作用

虽然上文对迅速崛起的信贷市场进行了大致描述，但这种列出问题的方式可能会带来误导。究竟谁是新兴借款人，他们有何性质，他们与新兴贷款人又有何关系？以下在非正规小额贷款部门发生的两个故事，或许可以部分回答这些问题。

农村的一位贷款人塞缪尔用自己的残疾补助金展开了谋生的复杂计划。收到补助金后，他买了鸡爪在路边卖烧烤，赚了些钱用于出借，由此获得的利息又让他能够买更多的鸡爪。塞缪尔也是骰子赌博活动的经营者，养老金发放当天发放点附近有很多这样的小型生意。塞缪尔借钱给人们赌博，又或者人们借了高利贷赌博而无法偿还时，他会借给他们一些钱，帮助其渡过难关。塞缪尔没有很详细精确地记录还款日期，他说"很难计算我赚了多少钱"，因为：

> 钱不是一次就能收回来的。有人会过来给我 150 兰特，然后说"我来还钱了。"有些人没有工作，也会借钱，他们"打零工"，做建筑，做砖头，他们来找我，我也会借钱给他们。其他有工作的人发薪日也不相同，有些在 15 号，有些在 25 号，有些在月底。有些是牧民，他们为领取养老金的人照看牛群，养老金领取日之后，他们就会到村子里来，领了钱后还给我。

塞缪尔不计算利润，却用自己的逻辑将"本金"和"利息"分得十分清楚。"我有得赚，我会把赚到的钱自己留着，然后把原来借出去的钱再次借出去。"

科卡纳一家则似乎走了另一个极端。作为新兴中产阶级的一员，科卡纳一家住在索韦托的一座普通房子里。科卡纳夫妇都是农村背景，曾住在黑人家园。作为南非新秩序的受益者，他们都在一家半国营公司上班，公司提供补贴帮他们购买了现在正在还款的房子。科卡纳夫人简朴节约，自称不喜欢任何形式的借贷，但这家人背负着"最体面的"信贷，即住房贷款。为了让女儿在高中毕业后上大学，科卡纳夫人也不得不背上债务。在这种情况下，（不情愿的）债权人是大学，必须等到科卡纳夫人收到年终奖金后才能收到学费。科卡纳先生则认为女儿应该开始工作，如果科卡纳夫人能征得丈夫的同意（让女儿上大学），那么她可能就不用被迫独自承担这一信贷负担。

然而，这个相对简单的故事并没有提到，科卡纳先生还是非正规的小额贷款人或高利贷发放者，有额外的收入。他将工资用来放贷，每到月底就去工厂门外向工人（借款人）索取银行卡，然后从卡上收回本金和利息，然后再向他们提供新的贷款。科卡纳先生进入信贷市场这件事听起来可能有点阴暗，但这种行为或许可以由古德曼（Gudeman 2010）指出的相互依存关系来解释：家庭正以相对较快的速度加入中产阶级，一家之主有责任把钱寄给家乡较贫穷的亲戚。该案例还表明，一个家庭可能处于复杂的十字路口，既包括债权人又包括债务人，因此并不能简单地将债权人和债务人区分开来。

像塞缪尔那样规模较小的贷款人，一般是用自己的社会补助金进行投资，而像科卡纳一家这种规模较大的贷款人则将工资用于非正规的放贷。容易成为放贷者目标的人则包括在新民主转型时期接受社会补助金的人群、工薪阶层、新晋公务员或半国营机构员工。以科卡纳一家来说，他们本身也就是放贷者。需要稳定收入的人要么去借贷，要么向想借钱的人放贷来增加收入。

因此，工资或政府发放的补助金可以有多种用途，可以支援求助的失业亲属；国库或上市公司把钱打到员工的银行账户后，这笔钱也可以成为抵押品，在借贷市场中流通。虽然并非所有的借款人都能偿还债务，但相当一部分的贷款和利息最终还是会落入贷款人的口袋。因此，收入和资源通过多种方式又被重新分配到没有收入和资本的人手中，这是在具有误导性的金融化或"新自由主义"环境中谋生的一种方式。在看似完全由市场驱动的金融化体系的运作中，政府提供的再分配资源（可称之为非契约要素）也发挥着作用。

再分配与债务的道德效价

上文提到的某些贷款部门只向特定种族发放贷款，贷款人小心翼翼地将这种做法合理化，并试图从道德上证明自己的做法合乎情理。要理解这一点，我们必须记住，仓促地放松管制（至少据称）是为了扩大（"民主化"）民众获得信贷的途径。换句话说，它是"好的"（Peebles 2010）。

银行、服装和家具零售商自豪地宣布，他们正将金融产品的收益惠及以前无法享受这些好处的人。正规小额贷款部门的从业者一旦受到质疑，也会提出类似的一系列观点，以类似家长式的作风表明，自己的动机是希望服务于公众，特别是潜在客户。他们称，自己的贷款客户是生计不稳定的、收入较低的黑人，这些客户用借款做小生意，购买商品，然后赊账卖给他人；小额现金贷款的成本很高，如果按正常利率而不加收启动费或管理费，就无法盈利；即使遵守法律，终止自己的业务，小额贷款的需求仍然存在，到时候空缺将会由非法高利贷填补（Wonga 等英国发薪日贷款机构也给出了极其类似的说法）。高利贷发放者也谈到了自己在黑人社区中的作用。许多高利贷放贷者称，自己是应邻居的要求才开始放贷的，而且与其他贷款人不同的是，自己愿意延长贷款期限，而不会计算相应增长的利息（Krige 2011：154－158）。

想要理解各类贷款人满腹仁义道德的贷款理论，我们必须记住，正如上文信贷供求部分所述，从种族隔离到民主的转型，南非如何给其信贷市场赋予了特有的种族主义特征和专断的家长式特征。我们不仅需要研究全球南方国家的自由化和金融化，还需要研究民主传统所扮演的角色。汉（Han 2012）阐释了智利早期的压迫政权是如何导致其随后的自由化进程极端动荡的。智利新政府对早先遭到残暴对待的人具有责任感，其愿意扩大信贷正是与这一责任感有关。同理，南非政府并没有简单地站在银行家或金融机构一边，同时也做到了关注信贷市场其他人群的需要，注意到许多人（如前面提到的非正规小额贷款方，无论是像塞缪尔那样的社会补助金接受者，还是像科卡纳先生那样的公务员或高利贷者）都以小额贷款和"社会底层的金融化"为生（Krige 2014），而且还有同样多的人依赖借贷过活。如果以过于严厉的方式监管贷款，监管活动就会演化为极具政治色彩的、严重反再分配的行为。

互惠与金融化

借款人和贷款人之间的界限以及正规和非正规/非法就业的界限并不

总是像在科卡纳一家的案例中那么模糊。通常，上述界限会渐渐变得明晰。南非三类贷款人收取高额利率（见表1）以及可负担的债务减免制度的缺位造成了南非社会的许多严重不平等现象。但是，借款人最开始借贷往往是迫于自身的社会义务感。

农民工理查德·马迪拉巴[6]的案例说明了互助性和市场并存所带来的困难。他是一名农村移民，是新形成的零工或流众大军的一员，收入很低（见表2）。理查德的故事也展现了通过赚取固定收入获得信贷资格的人群的情况（就像他本人的情况一样，并不稳定），这群人对体面生活的渴望超过了其自身的收入水平。2008年，我见到他时，比勒陀利亚大学法律诊所的玛瑞莎·伊拉斯姆斯正在为他做债务咨询。我在一旁听着，逐渐明白了一个手中资源如此有限的人为什么会有如此高额的消费信贷。

表2　　　　　　　　　理查德·马迪拉巴的贷款

债权人	贷款金额及用途
非洲银行有透支限额的标准银行账户 零售商 Jet 零售信贷解决方案（RCS）	5000 兰特 彩礼 6000 兰特 孩子的衣服 2800 兰特 家庭 DVD 播放器
Onecor 贷款机构 SA 贷款机构	2800 兰特 个人 DVD 播放器 偿还其他债务

理查德的母亲有三个孩子，但"在给孩子出彩礼钱之前就去世了"，这给他带来了压力，因此他从非洲银行贷了款，而且现在仍在偿还这笔贷款。由于支付彩礼本身就会带来长期债务，因此借钱来出彩礼并不是理想的手段，但是在姻亲或自己家庭的要求下，面对压力，新郎还是会借款支付彩礼。然而，彩礼只是众多支出中的一项。正是因为理查德勤勤恳恳地偿还了首次贷款，他才能够继续贷到款。实际上，正是由于大多数负债人如期还款，才使得本来不可持续的信贷体系得以存在和发展。在偿还了零售商 Jet 的首次贷款后，Jet 向理查德提供了第二笔更大的贷款，但他很快就陷入了"拆东墙补西墙"的困局中。理查德的最后一笔贷款来自小额贷款机构 SA，为了偿还其他贷款，他只能向 SA 贷款机构借钱，"以360%的利率从 SA 借款，然后偿还 RCS 利率为100%的债务"。正如玛瑞莎所说，理查德"在债务旋涡中越陷越深"。

理查德的诸多贷款对其家庭长期关系造成的影响与他原本的意图相去甚远。理查德借钱出彩礼、让自己和孩子接受教育、为家人买衣服和其他物品，都是为了家庭的稳定和幸福。但他的妻子却把寄回家的钱挪作他用，最后还离开了，把孩子留给了她的母亲照顾，而理查德觉得妻子的母亲没有好好照顾孩子。他将这一切都归咎于自身的财务状况：

> 有一次，我给她看了我的银行对账单，告诉她："现在出现了点问题。我的账户正在被扣钱还款。"这就是为什么我没什么钱的原因……也许她希望我是个有钱人，能给她买贵的衣服。

玛瑞莎已经开始向理查德提供债务咨询，并从他的各个债权人处获得了债务清单。她对快速发展的正规小额贷款部门持批判态度：

> 10月2日，理查德从 Onecor 贷款机构获得了一笔贷款，到10月7日，该机构向他收取了一个月的利息（五天就收了840兰特的利息），即月利率为30%。该机构打电话通知他，每月7号就要加收一个月的利息。我们抓住这一点，让该机构重新计算账目，最后让它向理查德退还了200兰特。我们还有一些向 OneCor 借款的客户，有一个客户拿回了该机构多收的2000兰特。

理查德通过银行账户扣账向 OneCor 还款。从保安公司下岗后，他在一家公司找到了一份工作，工作的第一个月，玛瑞莎说：

> OneCor 不能从理查德账户上扣钱，所以随后一个月，OneCor 扣了两倍的钱，把工资都扣光了。有一天他找到了我，说："我没钱了，甚至连家也回不了了，所以我到这儿来了。我只剩下双脚和身上的衣服，再没别的东西了。"所以我找到了 OneCor 商量，让他们"退还这笔钱"，OneCor 断然拒绝："我们通知过客户还上个月的钱，但他没有还上，根据合同，我们有权拿走这笔钱。"所以我们当时也做不了什么。不过，最终我们还是争取让 OneCor 注销了理查德的债务。

通过让债权人注销债务，玛瑞莎解决了理查德的困境。她向各债权人指出，扣款之后，理查德没有足够的钱来维持生活。信贷机构一开始"不顾后果"地提供信贷，违反了一年前生效的《国家信用法》。但有些债务人没有渠道向玛瑞莎这样的顾问寻求帮助，或者没有渠道求助负担得起的个人破产或债务减免系统[7]，因此他们的债务不断累积，带来可怕的后果。

在理查德的案例中，他的债权人主要是主流正规金融部门和迅速扩张的正规小额贷款机构，而不是前文提到的两类非正规贷款部门。在理查德透支、向小额贷款机构贷款以及为了购买一系列商品而陷入债务困境的背后，隐藏着一段更久远的压迫史。"信贷种族隔离"描述的就是像理查德这样的人所遭受的种种排斥。在早期，他们主要的借款方式是向零售商分期付款购买家具和电器（Kaplan 1986：168），但加价很高，最终支付的钱超过现金价格的两倍。尽管这一根深蒂固的体系已经有所改变，比如理查德能通过透支、储蓄卡和小额贷款等方式（而不是分期付款协议）购买商品，却掩盖了一个事实，即债权人最终还是同一批人。大型零售公司，包括服装和家具公司，在20世纪90年代开始以多元化的方式进入利润丰厚的正规小额贷款市场。理查德向RCS贷款购买了一部DVD播放器（见表2），该贷款机构就是Foschini服装公司的分支。统一的"债务"衡量标准取代了早期的对不同电器或零售产品分别欠债的制度。

零售商、小额贷款人和收债人在与黑人客户打交道时，惯常使用一些打法律"擦边球"的做法，例如经常伪造签名滥用"债权扣押令"制度，由此可见这些贷款人本身（无法取得正规手续）就是信贷市场排他性的进一步证明。如果债务人欠了债，债权人向其雇主提交债权扣押令后，雇主有义务让债权人在员工收到每月工资之前拿走部分工资。有月收入的矿工、其他农民工、工人和更多的工薪阶层，一直是贷款人放贷的主要目标，欠款人也越来越频繁地通过上述手段还款。由于多项债务的积累，一到发薪日，工人的工资就陆续落到了诸多债权人手中，这意味着许多工人几乎没剩下多少钱过活（James & Rajak 2014：455–456）。

2015年西开普省高等法院受理了一起集体诉讼案件，随后于2016年提交至宪法法院，最终裁定否决了上述的一些收贷做法。之前，新兴小额贷款公司从这些做法中攫取了大量利益，Onecor信贷机构与玛哇贸易（Mava Trading）、三番高级投资（Triple Advanced Investments）、布瑞奇债务公司（Bridge Debt）、拉斯马诺斯投资（Las Manos Investments）、博卡多茨地产（Polkadots Properties）、钱袋投资（Money Box Investments）、马拉威迪信贷解决方案（Maravedi Credit Solutions）和罗斯别墅（Villa des Ross）[8]等公司争相从中牟利。即便没有更多的信息，看看名字，就可见这些公司唯利是图的特点。这些公司扣除债务人收入的便利做法加深了债务本身带来的负面后果，导致债务人产生"上当受骗"之感，甚至是"被奴役"之感。"我们是在为放高利贷的人工作"是债务人经常挂在嘴边的一句话。债务人的应对方式不一，有人辞去工作或不断更换银行账户以逃避债权人，有人通过兑现养老金来偿还债务，甚至有人采取了自杀这样的悲剧方式。因此，为了不让钱落入债权人的腰包，一些雇主开始直接以现金支付工资，或使用与银行账户脱钩的预付卡。

迫于需要履行长期义务的压力，像理查德那样的低薪工人就开始从信贷市场借钱，由于被掩盖的"信贷种族隔离"做法的持续和加剧，他们自动就会处于不利地位。正如汉（Han 2012）所述的智利的一个案例，理查德的故事展现了在当前不受监管的金融化蔓延中（Lapavitsas 2011；Therborn 2012），日常选择和家庭责任是如何迫使人们对带有利息的、条款极为恶劣的信贷产生依赖的。

逃避债务？

从其他人讲述的故事中可以了解到，在债务人救济制度缺位的情况下，人们是如何想办法处理可能会导致信贷商品化的相互依存关系的。邦吉乐是新兴中产阶级中年轻的一员，父母仍然住在临时的棚屋里。她认为，彩礼和婚礼都花费高昂，难以负担，于是决心保持单身，部分原因也是她认识到自己将来需要帮助抚养姐姐的孩子。邦吉乐决心不去履行婚姻这项极其重要的长期义务，因为结婚可能导致自己和家人欠下过多连本带利的短期贷款。避免这样的相互关系可以帮助她免受到贷款合同的束缚。

在另一些事例中，人们利用"市场"来逃避"相互关系"。长期以来，工人们与老板约定，帮助自己坚持强制储蓄行为，比如为某件商品向零售商支付押金，并约定在规定时间内将全款付清，否则零售商可没收押金；或制订计划分期付款购买家具。人们很精明地利用这些手段，打破常规的经济手续，以避免其他义务。对比之下，其他南方国家的证据表明，提供更多种类或不同种类的债务或许能带来一条出路，而不是完全抹杀信贷市场的作用。从文献中可以看到，人们"想借别人的钱"（Peterson 1993），或想以劳役偿债，或想依赖条件更好的伴侣（Killick 2011）的情况，比人们想从这种关系中解脱出来的情况更常见。正如希普顿（Shipton 2007）所指出的那样，肯尼亚的卢奥人深陷债务的泥潭，债务甚至成了他们的特点。卢奥人经常迟迟不偿还"发展"贷款，并不是因为偿还债务的想法对他们来说很陌生，而是因为他们有更重要的债务，必须先偿还亲属和其他熟人的债务。古林（Guérin 2014：S41）讲述了印度泰米尔纳德邦的女性如何使用小额信贷"累积债务关系和社会关系"，从而"在当地的社交和财富分配中获得更好的地位，无论是在家庭中还是当地的庇护主义关系网中。"因此，人们可以选择先偿还某些债务，或者在不同的债权人之间周转斡旋，从而为自己的处境换来一些空间。

户主的确在努力为家庭和亲人而奋斗，债务可以成为人们履行这些义务的手段。同样，避免债务以及相互关系也可以是一种手段，在实现向社会上层流动的愿望之后，人们可以借此手段摆脱义务和承诺，成为真正意义上的新兴中产阶级，即只关注直系亲属而拒绝履行对其他人的义务。

结　语

本文讲述的案例虽然重点关注的是新兴中产阶级而非最贫困的人群，但也涉及了各个社会阶层，包括：已经实现了向上层流动的人群（部分原因是依靠信贷）；依靠信贷取得成就，却由于极度依赖信贷而陷入不稳定状况的人群；以及以社会补助金为稳定收入的人群，但由于放贷者很容易就能拿到其收入，其稳定性也受到了威胁（James 2017；Neves 2018；Vally 2016）。

虽然"种族主义已受到了大众的质疑"，而且"世界上许多导致排他性的障碍已经被削弱"（Therborn 2012：582），但二者仍然根深蒂固，难以完全剔除，本文所说的包容性金融可能会产生无法预见的影响，甚至会加剧不平等（Meagher 2018）。本文所描述的南非民众复杂的负债情况（部分是由于为减轻种族隔离制度下人口的边缘化而做出的努力）以新的方式使人们牵涉其中，其影响"远远超出了获得服务或就业的机会"（Nyamnjoh & Hagg 2013：23）。从认为自己遭到奴役甚至被逼自杀的人的讲述中可以看出，负债带来的后果不能仅从物质或资源的角度来衡量（Therborn 2012：580）。这些后果违反了人人平等的道德规范（2012：579），"不合乎道德"，而且是"可以避免的"（2012：580）。

南非民众的债务状况难以改善或改革的原因在于商品化和相互依存关系的彼此交织，从家庭内部、家庭之间的关系，再到公司之间、大型贷款机构之间和政府之间的关系均是如此。民众刚刚才开始通过合同获得资金（通过借钱或放贷，或二者兼有），但这与长期的非货币化关系（如义务、责任、关怀）以及定义南非"国情"的再分配事业不可分割。

注　释

1. http://www. unileverinstitute. uct. ac. za/uui/rcsearch/black-diamond. 开普敦大学的联合利华市场战略研究所和 TNS 研究调查所的 2007 年"流动中的黑色钻石"调查，将黑人中产阶级定义为生活水平指标级别达到第 9 级和第 10 级、月收入超过 7000 兰特、完成了高等教育的在职专业人士，以及未达到上述标准却引领了潮流的年轻人。据说黑人中产阶级的人数从 2005 年的 200 万增加到 2007 年的 260 万，年购买力增长了近 30%，从 2005 年的 1300 亿兰特增加到 1800 亿兰特（Krige 2011：294 - 297）。然而，这些都是 2008 年 9 月大萧条之前的事情了。

2. 见 http://ww5V. timeslive. co. za/sundaytimes/stnews/2016/01/03/Maxed-out-SAs-debt-headache。该报告没有具体说明这些人属于哪个部门，但考虑到非正规贷款市场的规模，无论如何这些数字都存在问题（James 2017：2）。

3. 国家信用监管机构的首次报告中提到了这一点；另见 Sikonathi Mantshantsha；《南非 730 万人口身负债务》，2009 年 5 月 24 日刊载于 Fin24. com 网站。

4. Patrick McGroarty；《消费债务泡沫已在南非形成》，2012 年 12 月 26 日刊载于《华尔街日报》；另见 http://www. tradingeconomics. com/south-africa/households-debt-to-income。

5. Parry 在印度的研究发现了许多与南非情况相似的案例。他记录了人们不断上升的、超出自身能力范围的期待和愿望，人们不仅想保持已有的地位，还想达到更高的标准，如受教育程度和消费模式。人们从不同的放贷人、合作社、高利贷放贷者（"以存折或银行卡的稳定收入为抵押"）以及工厂老板等地方贷款。"一半的工资用于向工厂还款（只能到手一半工资），持有债务人存折的债权人还会对剩下的工资收取每月 10% 的贷款利息。"（2012：162）

6. James（2015：155 – 158）对该案例进行了详细叙述。

7. "如果债务人没有偿债能力，但又未能提供资金申请《破产法》规定的适当救济，或不能向债权人证明其优势所在，则最终债务人将无法获得免除债务的查封令判决。"（Boraine & Roestoff 2002：4）更多细节，参见 Smit（2008：2，5 – 6）和 Schraten（2012：2014）。

8. 斯泰伦博斯大学法律援助诊所及其他诉司法和惩教事务部长及其他一案，案件编号（16703/14）［2015］ZAWCHC 99，2015 年 7 月 8 日审理，见 http://www.saflii.org/za/cases/ZAWCHC/2019/99.html#；2016 年 9 月 13 日审理，见 http://www.saflii.org/za/cases/ZACC/2016/32.html。

参考文献

Ardington C, Lam D, Leibbrandt M and Levinsohn J (2004) Savings, insurance and Debt Over the Post-apartheid Period: A Review of Recent Research. *South African Journal of Economics*. 72 (3): 604 – 640.

Bahri G (2008) Ensuring Personal Financial Wellness: A Range of Intervention Measures and the Role of Voluntary Approaches. In E Crous (Ed.) *Employee Financial Wellness: A Corporate Social Responsibility*. Pretoria: GTZ.

Barchiesi F (2011) *Precarious liberation: Workers, the State, and Contested Social Citizenship in Postapartheid South Africa*. Albany: State University of New York Press.

Boraine A and Roestoff M (2002) Fresh Start Procedures for Consumer Debtors in South African Bankruptcy Law. *International Insolvency Review*. 11 (1): 1 – 11.

Crankshaw O (2005) Class, Race and Residence in Black Johannesburg, 1923 –

1970. *Journal of Historical Sociology*. 18 (4): 353 – 393.

Crous E (Ed.) (2008) *Employee Financial Wellness: A Corporate Social Responsibility*. Pretoria: GTZ.

Daniels R (2004) Financial Intermediation, Regulation and the Formal Microcredit Sector in South Africa. *Development Southern Africa*. 21 (5): 831 – 849.

Falk Moore S (2011) The Legislative Dismantling of a Colonial and an Apartheid State. *Annual Review of Law and Social Science*. 7: 1 – 15.

Gudeman (2010) A Cosmopolitan Anthropology? In D James and E Plaice (Eds.) *Culture wars: Context, models, and anthropologists' account*. New York: Berghahn Books.

Guérin I (2014) Juggling with Debt, Social Ties, and Values: The Everyday Use of Microcredit in Rural South India. *Current Anthropology* 55, Supplement, 9: S40 – S50.

Guyer J (2004) *Marginal Gains: Monetary Transactions in Atlantic Africa*. Chicago: University of Chicago Press.

Han C (2012) *Life in Debt: Times of Care and Violence in Neoliberal Chile*. Berkeley: University of California Press.

Hann C and Hart K (2011) *Economic Anthropology: History, Ethnography, Critique*. Cambridge: Polity Press.

Hart K (1999) *The Memory Bank: Money in an Unequal World*. London: Profile Books.

Hart K (2007) Marcel Mauss: In Pursuit of the Whole. A Review Essay. *Comparative Studies in Society and History*. 49 (2): 473 – 485.

Hurwitz I and Luis J (2007) Urban Working Class Credit Usage and Overindebtedness in South Africa. *Journal of Southern African Studies*. 33 (1): 107 – 131.

James D (2012) Money-go-round: Personal Economies of Wealth, Aspiration and Indebtedness in South Africa. *Africa*. 82 (1): 20 – 40.

James D (2014) "Deeper into a Hole?" Borrowing and Lending in South Africa. *Current Anthropology*, 55 (S9): S17 – S29.

James D (2015) *Money from nothing: Indebtedness and Aspiration in South Africa*. Palo Alto: Stanford University Press.

James D (2017) Deductions and Counterdeductions in South Africa. *Hau*: *Journal of Ethnographic Theory*. 7 (3): 1 – 17.

James D and Rajak D (2014) Credit Apartheid, Migrants, Mines and Money. *African Studies*. 73 (3): 455 – 476.

Kaplan M (1986) *Jewish Roots in the South African Economy*. Cape Town: Struik.

Killick E (2011) The Debts that Bind Us: A Comparison of Amazonian Debt-peonage and U.S. Mortgage Practices. *Comparative Studies in Society and History*. 53 (2): 344 – 370.

Krige D (2011) Power, Identity and Agency at Work in the Popular Economies of Soweto and Black Johannesburg. PhD thesis, University of the Witwatersrand, Johannesburg. Accessed 22 September 2018, http://wiredspace. wits. ac. za/ handle/10539/10143.

Krige D (2014) Letting Money Work for Us: Self-organization and Financialisa-tion from Below in an All-male Savings Club in Soweto. In K Hart and J Sharp (Eds.) *People, Money and Power in the Economic Crisis*. New York: Berghahn Books.

Lapavitsas C (2011) Theorizing Financialization. *Work, Employment and Socie-ty*. 25 (4): 611 – 626.

Marais H (2011) *South Africa Pushed to the Limit: The Political Economy of Change*. London: Zed Books.

Mauss M (1969/1954) *The gift*. London: Routledge.

Meagher K (2018) Cannibalizing the Informal Economy: Frugal Innovation and Economic Inclusion in Africa. *European Journal of Development Research*. 30 (1): 17 – 33.

Neves D (2018) The Financialisation of the Poor and the Reproduction of Ine-quality. In D Pillay, GM Khadiagala, R Southall and S Mosoetsa (Eds.) *South African Review* 6. Johannesburg: Wits University Press.

Niehaus I (2012) *Witchcraft and a Life in the New South Africa*. Cambridge: Cambridge University Press.

Nyamnjoh F and Hagg G with Jansen J (2013) General Introduction. In U Pil-lay, G Hagg and F Nyamnjoh (Eds.) *State of the Nation, South Africa* 2012 – 2013. Cape Town: HSRC Press.

Parry J (2012) Suicide in a Central Indian Steel Town. *Contributions to Indian Sociology*. 46 (1&2): 145 – 180.

Peebles G (2010) The Anthropology of Credit and Debt. *Annual Review of Anthropology*. 39: 225 – 240.

Peterson N (1993) Demand Sharing: Reciprocity and the Pressure for Generosity among Foragers. *American Anthropologist*. 95 (4): 860 – 874.

Phadi M and Ceruti C (2011) Multiple Meanings of the Middle Class in Soweto, South Africa. *African Sociological Review*. 15 (1): 88 – 108.

Roth J (2004) Spoilt for Choice: Financial Services in an African Township. PhD thesis, University of Cambridge.

Schraten J (2012) *Managing a Consumer Debt Crisis*. Paper presented at "Towards Carnegie III: Strategies to Overcome Poverty and Inequality Conference", University of Cape Town (3 – 7 September). Accessed 21 October 2018, http://www. mandelainitiative. org. za/images/docs/2012/papers/238_Schraten_Managing%20a%20consumer%20debt%20crisis. pdf.

Schraten J (2014) The Transformation of the South African credit market. *Transformation*. 85: 1 – 20.

Seekings J (2011) The Economy and Poverty in the Twentieth Century. In R Ross, AK Mager and B Nasson (Eds.) *The Cambridge history of South Africa*. Cambridge: Cambridge University Press.

Seekings J and Nattrass N (2005) *Class, Race, and Inequality in South Africa*. New Haven, CT: Yale University Press.

Servet, J-M and Saiag H (2013) Household Over-indebtedness in Contemporary Societies: A Macro-perspective. In I Guérin, S Morvant-Roux and M Villarreal (Eds.) *Microfinance, Debt and Over-indebtedness: Juggling with Money*. London: Routledge.

Shipton P (2007) *The Nature of Entrustment: Intimacy, Exchange and the Sacred in Africa*. New Haven, CT: Yale University Press.

Smit A (2008) Administration Orders versus Debt Counselling. LLM dissertation, University of South Africa.

Southall R (2004) Political Change and the Black Middle Class in Democratic South Africa. *Canadian Journal of African Studies*. 38 (3): 521 – 542.

Southall R (2012) The ANC: Party Vanguard of the Black Middle Class? In A Lissoni, J Soske, N Erlank, N Nieftagodien and O Badsha (Eds.) *One hundred years of the ANC: Debating Liberation Histories Today*. Johannesburg: Wits University Press.

Southall R (2016) *The New Black Middle Class in South Africa*. Oxford: James Currey.

Standing G (2014) *The Precariat: The New Dangerous Class*. London: Bloomsbury.

Stauffer C (2010) Patterns of Social Reciprocity in the New South Africa. PhD thesis, University of the Witwatersrand, Johannesburg. Accessed 22 September 2018, http://wiredspace. wits. ac. za/bitstream/handle/10539/8583/Official% 20WITS% 20PhD% 20Submission% 20-% 20 June% 202010. pdf? sequence = 2.

Therborn G (2012) The Killing Fields of Inequality. *International Journal of Health Services*. 42: 579 – 589.

Vally N (2016) Insecurity in South African Social Security: An Examination of Social Grant Deductions, Cancellations, and Waiting. *Journal of Southern African Studies*. 42 (5): 965 – 982.

第四部分

社　会

《国家发展计划》：应对南非的贫困和不平等

雷利波西尔·莫利萨内（Relebohile Moletsane）

瓦苏·雷迪（Vasu Reddy）

贫困和不平等及其对人类福祉和生存状况的影响是世界面临的最严重的问题之一。贫困可分为绝对贫困和相对贫困，指物质条件匮乏，并意味着某些群体无法获得财富和权利。贫困和不平等都与经济和社会变革所引起的需求、生活水平及物质匮乏和社会剥削有关，因此二者相互联系、相伴而生（Beteille 2003a 和 2003b；Grusky & Kanbur 2006；Sen 1992）。然而，从分析的角度来看，贫困和不平等截然不同，因为不平等引发了贫富关系问题，会加剧贫困，且通常是贫困的一种形式。南非亦是如此。南非的人种、族裔、阶级、宗教、性别、性取向和语言等丰富多样，备受赞誉，但这也凸显了南非社会深刻的不平等。尽管后种族隔离时代有了宪法的保护，这些不平等现象仍然存在。例如，1996 年《南非共和国宪法》第二章旨在确保满足所有公民对住房、食物、水、卫生、医疗、教育、社会保障等的基本需求，但诸如 SECTION27 等非政府组织和许多工会以及在社区和机构中要求提供服务的抗议表明，这些权利在许多社区中尚未实现，不平等现象依旧存在（Morudu 2017）。

南非政府也认识到这些不平等现象的存在，并指出南非的基尼系数表明该国是不平等程度最严重的国家之一。世界银行 2018 年的一份报告也印证了这点：

2015 年南非的消费支出基尼系数为 0.63，是世界上最不平等的国家，收入两极化严重。在南非，收入差距过大和儿童机会极为不平等造成财富不均严重和代际流动性低。（International Bank for Reconstruction and Development / The World Bank 2018：42）

同样，不平等现象也体现了南非不同群体和不同地区之间贫困程度的差异。这一点可以在南非统计局发布的《南非贫困趋势：2006—2015 年度绝对贫困调查》（Stats SA 2017）报告中得到验证。该报告指出，2006 年，南非"66.6% 的人口生活在贫困线上限以下"，且贫困人口虽然在 2006—2015 年间有所减少（减少了 16.7%），但仍有 55.5% 的人口生活在贫困之中（Stats SA 2017：68）。值得注意的是，贫困现象在某些个体和群体中更为突出。尽管过去几年南非社会的贫富差距有所缩小，但女性之间的贫富差距（28.9%）高于男性之间的贫富差距（26.5%），相差了 2.4 个百分点（Stats SA 2017：57）。不足为奇的是，种族隔离遗留问题和提供服务所面临的挑战使得南非的贫困出现了种族化现象。该报告指出，非洲黑人的贫困率最高，为 93.0.%。贫困水平也因地而异，夸祖鲁－纳塔尔省（24.4%）和东开普省（16.5%）贫困程度最为严重。同时，农村居民比城镇居民更为贫困。

实行民主制度后，南非采取的消除贫困和不平等问题的对策都是各种以人类发展为首要任务的社会改革举措（Brohman 1996；Dogra & Cohen 2012；Hulme 2013；Lister 2004）。这些举措包括 1994 年的《重建与发展规划》和现行的《国家发展计划》（NDP）。这些政策手段侧重于促进民主发展的全面包容性发展，并希望把政治解放转变为经济福祉。自 1994 年以来，经济增长前景一直变化不定。2006 年，南非经济增速曾达到 5.6% 的峰值，但由于结构性约束抑制了经济增长，其后又开始逐渐下降。

国际上，当前的解释常常强调，是贫困和不平等阻碍了经济增长和贫困减少。第一，不平等实际上涉及生活的方方面面，而不仅限于粮食危机、医疗保健、基础设施建设和资源供应（见 Fukuyama，Diamond & Plattner 2012；Grusky & Kanbur 2006）。贫困和不平等也触及许多领域的核心，如政治冲突、气候变化、对资本和工人的不平等待遇以及人际关系等。最近，皮凯蒂（Piketty 2014）的《21 世纪资本论》、诺贝尔奖获得者斯蒂格利茨（Stiglitz 2012）的《不平等的代价》和阿特金森（Atkinson 2015）的《不平等：我们能做什么?》这三本热销书刷新了公众对新型不平等话语的认识。特别值得注意的是，皮凯蒂的《21 世纪资本论》论证了经济层面的不平等与其他形式的不平等之间的相互关系，无论是在南非还是在其他南方国家，这种相互关系仍然占据着许多主流媒体的头条（Aspromourgos 2015；Morgan 2015；Pressman 2016；Savage 2014）。

第二，尽管种族隔离制度废除后南非实行了扶贫政策，并且着力为全体公民，特别是弱势群体提供社会网络（Schwartz 2008），但是贫困和不平等问题仍然困扰着南非（Bhorat et al. 2004；May 2000；Seekings & Nattrass 2015）。这主要是由于机构和社区层面对政策的执行不力已经司空见惯。政策执行不力通常归咎于官员（腐败、不够专业、缺乏必要技能等）。但这些论述中往往缺少更为细致的解释，比如缺少政策内容、框架或价值观对概念化的影响，缺少机构和社区接受与实施这些政策的方式。

因此，本文将从文化价值观的角度探讨贫困和不平等所产生的意义，并探究这种方法的优点和缺陷。我们从文化价值观视角来研究相关话语，这些话语汇集并调动了贫困和不平等应对战略的意义。本文主要分析《国家发展计划》（NPC 2011b）的核心内容，以此作为减贫政策的一个例子，并突出文化价值观视角为消除南非贫困和不平等现象带来的机遇与挑战。

文化价值观框架

文化价值观框架源自荷兰社会心理学家和人类学家吉尔特·霍夫斯塔德（Geert Hofstede）的著作《文化的后果：工作价值观的国际差异》。该著作研究了价值观在民族文化中的作用，于1980年出版，其新版本更名为《文化的后果：比较不同国家的价值观、行为、制度和组织》。霍夫斯塔德认为，文化是"一种将不同人类群体区分开来的集体思维程序"（Hofstede 1980a：25）。为了发展其文化价值观框架，霍夫斯塔德分析了大量数据，"于1967—1869年和1971—1973年，先后两次用20种语言对IBM公司的8.8万名员工进行了超过11.6万次劳动积极性调查，这些员工来自72个不同的国家（后减少至40个国家，每个国家都有50多份员工反馈）"（Kirkman，Lowe & Gibson 2006：286）。通过分析国家层面的因素，他将40个国家分为四个文化维度：个人主义—集体主义、权力距离、不确定性规避、男性化—女性化。霍夫斯塔德将这四个维度定义为国家面临的基本问题，随着时间推移，人们已经对其提出了不同的对策或解决方案。

个人主义—集体主义指的是"一个国家的人更喜欢以个人而不是群体

成员的身份行事的程度"（Hofstede 1994：6），意思是人们只照顾自己及其核心家庭，与之相对的则是在某个系统中人们会集体行动、互相帮助。相反，"集体主义则指一种结合紧密的社会组织，其中的人往往以'在群体之内'和'在群体之外'来区分，他们期望得到'群体之内'的人员的照顾，但同时也以对该群体保持绝对的忠诚作为回报"（Hofstede 1980b：45）。

权力距离是指"一个社会对组织机构中权力分配不平等情况的接受程度"（Hofstede 1980b：45）。这一衡量标准用来评估人们对权力的感受。低权力距离指某一特定文化或社会中的人希望得到民主和平等的权力关系，而高权力距离指社会中权势较低的人接受等级制度。这意味着当权者（如决策者）不必对权势较低者负责，做决策时也不必征求其他公民的意见（Hofstede 1980a；2001）。

不确定性规避指"一个社会对不确定和模糊态势感到的威胁程度，试图以保障职业安全，制定更正式的规则，拒绝越轨的观点和行为，相信绝对真理和专业知识等来规避上述态势"（Hofstede 1980b：45）并且"不确定性规避推崇明确的规则和引导"（Hofstede 2001：149）。这一维度衡量了某一特定社会应对变化的方式。一些社会对变化的容忍度较低，制定了更多严格而死板的法律法规，而另外一些社会则具有较高的容忍度，不仅倾向于减少政策和法规的数量，还使其更加宽松。

在男性化—女性化维度内，男性化被定义为"社会中的主导价值观对自信和获取金钱以及其他物质资料的强调程度"（Hofstede 1980b：46）。同时，相比于"生活质量、保持和谐的人际关系、关心弱势群体、团结一致"（Hofstede 1994：6）和"偏爱友好氛围、住所安全、身体健康以及通力合作"（Hofstede 2001：281）等偏向女性化的价值观，男性化社会更重视"表现""成功"和"竞争"。

除了这四个维度，霍夫斯塔德还与彭迈克（Michael Harris Bond）教授共同确定了第五个维度：长期取向与短期取向。彭迈克使用中国学者设计的问卷对全球23个国家的学生进行了调查，发现来自拥有儒学历史的国家的学生往往得分相近，并且他们的得分可能与勤奋有关。彭迈克将这种情况定义为"儒家工作动力"。霍夫斯塔德认为这与近期的经济增长有关，所以经彭迈克允许后，霍夫斯塔德将其列为其模型的第五个维度，并重新命名为长期取向与短期取向。根据霍夫斯塔德和彭迈克（Hofstede & Bond 1988）的观点，长期取向是指某个社会倾向于具有活力的、面向未来的价值观，这种价值观更加推崇坚韧、毅力、节俭、按地位划分关系、有廉耻心、支持相互联系以及对社交敏感，而这些都与经济增长呈正相关。相比之下，短期取向更关注过去和现在，注重履行社会义务、尊重传统、维护"面子"和保障个人稳定，而这些都与经济增长呈负相关（Hofstede et al. 2010）。

霍夫斯塔德最后提出的第六个维度是自身放纵与约束。根据后来的《世界价值观调查》（*World Values Survey*），该维度衡量的是某一社会"对人的基本需求与享受生活和享乐欲望的允许程度，或控制人们满足需求和使用严格的社会规范对需求进行约束的程度"（Hofstede 2011：15）。霍夫斯塔德认为，在崇尚自身放纵的社会中，大部分人宣称自己非常幸福，重视自由或言论自由，并对个人生活有掌控感。相反，在崇尚自身约束的社会中，很少有人宣称自己非常幸福，他们觉得自己很无助并且不重视言论自由。

尽管有人批判和改写霍夫斯塔德的文化维度模型，并研究出替代方案，但在文化和文化价值观的研究中，他的模型仍最具影响力。例如，社会心理学家沙洛姆·施瓦兹（Shalom Schwartz）引用威廉姆斯（Williams 1970）的著作，提出文化价值观"代表隐性或显性共享的抽象理念，这种理念关系到社会中什么是好的、正确的和可取的"（Schwartz 1999：25），同时，国家的政策和计划会体现其文化价值观。在霍夫斯塔德（Hofstede 1980a）著作的影响下，施瓦兹认为"价值观（例如成功、正义、自由、社会秩序和传统）就是用一些词汇来描述社会认可的目标，人们用这些目标来激励行动并表达和解释所采取的解决方案"（Schwartz 1999：26）。他认为，这些文化价值观会影响公民接受或反对政策，进而影响政策的成败。因此，社会制度和系统的运作方式往往反映了文化价值观是否被普遍接受和重视。

特利安迪斯（Triandis 1994：32）提出了另外一种二分法，将社会分为纵向社会和横向社会，并认为在区分这两种社会时，该二分法几乎与个人主义—集体主义维度同等重要：纵向社会的不平等程度更高，而横向社会更加平等。崔迪斯认为，纵向/横向二分法大致相当于霍夫斯塔德的权力距离维度。然而，仔细观察这些维度就会发现，这种情况似乎更常见于集体主义社会中。因此，个人主义社会的权力距离往往小于集体主义社会（Triandis 1994：22－32）。

本文不会盲目应用霍夫斯塔德的文化价值观模型。我们知道这一模型受到了很多批评（McSweeney 2002；Roberts & Boyacigiller 1984；Tayeb 1988，1994，2000，2001；Yeh & Lawrence 1995）。在南非这样一个文化和语言多元化的国家中，使用该模型意味着一种风险——会使非常多样化的个人和群体及其文化和价值观本质化。比如，一些学者认为，随着全球化的发展，"民族文化"不再那么独具特色。例如，毕沙（Bissessar 2018：1）指出"随着技术、全球共享、工业化和经济的爆炸性发展，民族文化和世界文化正趋于融合。"这意味着文化价值观更容易受到国家和全球因素的影响。此外，弗格瑞和莫莱茨（Fougere & Moulettes 2007：5）引用不同学者的批评来指出，霍夫斯塔德的模型倾向于以本质主义的方式将民族文化概念化，并以此将它们描述为"由历史决定的同质的静态实体。"针对这些批评，霍夫斯塔德在其2001年版的《文化的后果：比较各国的价值观、行为、制度和组织》中指出，社会规范往往因地而异、因个人/群体而异，并且人们的个体行为不能与一种民族文化和一套价值观相联系。

考虑到以上内容的同时，我们将把南非的《国家发展计划》看作旨在消除南非贫困和不平等现象的减贫框架的案例，从文化价值观的视角对其进行解读。

以《国家发展计划》中的文化价值观作为案例研究

如果将发展理解为根据历史情况而定的一个社会变革过程，其原因诸多，涉及多个方面，且最终是一个本地化的过程，那么《国家发展计划》就将贫困和不平等问题置于争取社会公平正义的核心。《国家发展计划》的核心是提出了一个战略框架，以指导该做出什么选择和采取什么行动来解决南非的贫困和不平等问题。具体而言，该框架支持"为经济合作和经济联合而制定的战略，这些战略使贫困生产者得到更强大的集体市场力量……让他们可以达到参与市场所需的最低供给量和协商提高市场准入水平"（NPC 2011b：208-209）。该框架本质上首先起到指示作用，一些有抱负的领导人会说"我们开辟新道路，书写新故事"，而框架会对他们起到指导作用，指出国家的计划和倡议在文化背景下的位置。书写新故事的想法从根本上来说也起到纠正作用，即讲述一种新的发展路线（具有新模式、新架构和新目的），旨在通过重新配置、重新起草和重新修订发展路线来进一步加强和巩固后种族隔离时代的南非民主事业。

《国家发展计划》的重点和目标

《国家发展计划》提供了一个愿景或者说一个多维框架，在此框架内，所有南非民众都会从"发展的良性循环"中受益，这种良性循环能"减少贫困和不平等"（NPC 2011a：15）。尽管有着勃勃雄心，也实施了广泛的干预措施，但值得优先考虑的应当是被边缘化的人群和贫困人群，例如黑人、妇女和青年。南非可以通过聚集民众的力量、发展包容性经济、加强能力建设、增强国家实力以及提高社会领导力和伙伴关系来实现《国家发展计划》的目标（NPC 2011b：14）。该计划未明确定义"贫困"和"不平等"，而是提供了一个超越经济层面的视角来缓解发展过程中出现的问题，并声称"所有挑战都相互关联"（NPC 2011b：16）。《国家发展计划》用十三章的篇幅讲述了为期十五年的三个阶段，并概述了涵盖社会和经济两个方面的变革思想。

《国家发展计划》将贫困和不平等视为发展的绊脚石。一些相关段落表达了支撑《国家发展计划》的文化价值、理念和思维特征（NPC 2011b）。例如，《国家发展计划》首先描述了认识论，框架指出："国家需要听取人们的观点和意见，重视人们的贡献；贫困人群要和更幸运的社会成员享有同样的尊严和体面"（NPC 2011b：3）。

可以说，这里的主要目标是解决不平等问题，而且要确保《国家发展计划》能够继续向前推进，就要保证制定政策和方案时不仅要参考社会精英的意见（Reis & Moore 2005），还要考虑包括贫困群体和经常被边缘化的群体在内的所有公民的意见和需求。但值得注意的是，《国家发展计划》只字未提征求社区、家庭和个人意见的实际策略。例如，在社会权力（社会阶层、种族、性别和其他身份标志等方面）决定谁能发声、谁的意见会被考虑的情况下，这些策略首先需要解决不平等的规范和价值观问题，因为这些规范和价值观使社区和家庭中的某些个体不能表达观点甚至被边缘化。认识到这一必要性后，《国家发展计划》又提出"必须要意识到共同责任、解决分歧、寻求共识和通过社会对话达成妥协"（NPC 2011b：191）。

结合上文,《国家发展计划》认识到有必要建立一个充满凝聚力的社会,在这一社会中,公民之间的对话、相互尊重与和谐相处至关重要:

> 增强公众意识、促进相互理解以及深入讨论农村的未来都会使南非受益。释放公民的想象力、创造性思维和活力是抓住机遇和应对巨大挑战的根本条件。(NPC 2011b:53)

> 团结一致的社会是和平、安全和繁荣的关键条件。为此,南非民众应当:形成归属感,并对自己的行为负责。(NPC 2011b:412)

然而,现在尚不清楚如何实现这些目标。种族不平等以及不同群体和社区之间互不信任等问题是种族隔离制度遗留下来的。要想找到具体的方案和资助工具,就必须明确解决这些问题的策略和倡议。

为了应对诊断报告(NPC 2011c)中所列出的减少不平等和消除贫困等社会结构性挑战(包括失业率高、教育成果不佳、基础设施薄弱、腐败、公共服务低效、空间隔离),南非的政策和规划需要结合能够强化民主事业的文化价值观。早期人类学家提出,持续存在的贫困亚文化往往会引发社会问题,尽管这一观点已不再权威(如 Wilson 1987),但越来越多的社会科学家指出,在某些情况下,结构性不平等可能会导致一些规范、价值观和行为模式的出现,从而使贫困群体的生活更加艰难(Anderson 1999;Miller 2008)。值得注意的是,桑普森和比恩(Sampson & Bean 2006)更关注社区层面的种族不平等,将较早的关于贫困亚文化存在的观念与当代分析进行对比,当代分析强调贫困人口的社会隔离会加剧其社会地位的不稳定性,并且会在社区中起到反作用。如果文化可以解释为反映政治制度的价值体系和符号,那么话语、社会凝聚力和归属感、责任、公众意识和创造力、思维转换、领导力以及作为非洲人的地位和身份等概念之间的相关性仍然是整个计划的最关键指标。

《国家发展计划》(NPC 2011b)的总体模式和结构确定了以下三个优先领域。

1. "改善南非民众生活质量的措施":包括降低生活成本,比如提高服务质量和加大服务供应,这些服务包括教育、医疗、安全、住房、交通、用水、卫生、电力和司法救助。

2. "确保包容性经济和公平经济的措施":优先发展包容性的劳动岗

位、发展经济、改善基础设施、建立高效透明的行政管理机制、释放和刺激经济增长、支持乡镇和农村经济发展、减少失业、缩小空间差距。

3. "研究国家能力和实力发展"的议程是支持和创造能够使经济和社会行动者增强国家能力和实力并加强创业精神的氛围。

《国家发展计划》通过邀请读者加入象征着公民与国家关系的社会契约，从而构成了逻辑和经济。改善南非民众社会生活的一系列意图之间存在着象征性的联系，而这种联系取决于集体行动和责任感。《国家发展计划》中提供的线索、依据、证据和假设，推动了一种观点的形成，从而使读者了解当今南非存在社会和历史现实缺陷，这些缺陷需要修复、重建和改善。在下一节中，我们将研究价值观和规范，这些价值观和规范源自与上述优先事项相关的信息，特别是与贫困和不平等的含义相关的信息（在许多情况下，"贫困"和"不平等"被互换使用）；我们还将研究关于需要改变或改进概念的证据，以及哪些社会行动者（国家、公民、私营企业）将会促进反思、定位、判断、说服和行动。具体来说，南非存在种族隔离遗留问题，且种族、社会阶层、性别等身份标识造成权力不平衡，在这种情况下，我们使用了霍夫斯塔德的文化维度，即：权力距离、不确定性规避、长期取向和短期取向、个人主义—集体主义、男性化—女性化、放纵与约束。

权力距离

在霍夫斯塔德看来，权力距离是指等级制度造成社会不平等，并且地位较低的人接受这种不平等。在这方面，《国家发展计划》（见 NPC 2011a）几次试图重点解决权力问题，旨在明确界定和减少社会不平等的等级性，这种不平等与公民和国家之间的权力流通相关。为了说明这一点，《国家发展计划》提出了一系列体现反思性精神的呼吁，这些呼吁侧重于国家与公民之间的重要联系，比如民族团结和社会凝聚力的概念：

> 政府始于家庭，扩大到社区、城市、省份，最终囊括全境。（NPC a：8）

《国家发展计划》设想了这样一个南非：在那里，人与人之间既紧密相连，又各自享有自由；每个人都能充分发挥自身潜力，机会并非生来就已注定，而是取决于能力、教育和勤奋程度。（NPC 2011a：15）

团结南非既是减少贫困和不平等的重要原因，也是成功减少贫困的直接结果。（NPC 2011a：25）

该战略需要以社会凝聚力为导向。如果南非推进了所有权和控制权的去种族化进程却没有减少贫困和不平等，转型将是表面文章。同样，如果减少贫困和不平等却没有明显改变所有权模式，南非的去种族化进程将会动荡不安、不堪一击。（NPC 2011a：17）

值得注意的是，上述节选强调，《国家发展计划》反对将权力距离作为一种价值观，而是在国家和公民的多个层面（社区和家庭层面）形成集体主义、平等、团结、社会凝聚力、合作等价值观。尽管这些价值观值得称赞，但是因为南非曾实行种族隔离制度，且社区和组织中存在诸多因素造成的种种分歧（例如种族、民族、性别、宗教、性取向等），但要建成上述理想社会，就需要采取一些有针对性的干预措施，以应对并最终消除现有的不平等规范和价值观。

不确定性规避

霍夫斯塔德的第二个维度，即不确定性规避，指的是人们对未来的不确定性感到威胁的程度。《国家发展计划》（NPC 2011a）以多种方式应对未知环境带来的挑战，并要求拉近不确定性和潜在威胁之间的距离。《国家发展计划》试图通过修正语言来帮助缓解历史遗留下来的并延续至未来（尤其是在时间层面）的焦虑、不确定性和威胁问题。首先，《国家发展计划》认识到有必要纠正和解决这些问题，尤其是殖民主义和种族隔离遗留下来的种族分裂和不平等问题：

宪法要求治愈过去的创伤并解决数百年来种族排斥造成的不平等问题。（NPC 2011a：14）

种族隔离遗留问题将继续主宰大多数人的生活机会。（NPC 2011a：15）

此外，考虑到种族隔离遗留问题以及南非在不断变化的地区和全球环境中所处的位置，《国家发展计划》意识到改革的必要性，包括"采取不同方式行事"：

> 地区和全球局势影响着南非的发展。成败取决于南非对发展的理解和应对措施。《国家发展计划》除了进行详尽的人口预测，还讨论了五个明显趋势：全球经济转型、技术、全球化、气候变化、非洲经济增长。（NPC 2011a：18）
>
> 南非在 2030 年将会是什么模样？南非已进入人口过渡阶段，出生率下降，人口趋于稳定。这种转变对人口结构、劳动力增长率以及对教育和医疗等服务的需求会带来深远影响。（NPC 2011a：18）
>
> 到 2030 年，生活在南非的人应该会有安全感，不再担心犯罪问题。妇女、儿童和弱势群体也应该会感到自己受到保护。（NPC 2011a：43）

尽管《国家发展计划》确实包含了促成变革所需的条件，但它也指出要警惕政策不稳定问题，因为一旦政策不稳定，每一个重要的国家性、地区性或全球性的问题和趋势都会导致政策发生改变：

> 政策不稳定令人担忧。尽管在有些情况下必须要调整政策，但政府往往低估了重大政策调整对服务供应的破坏性影响。必须要找到一个平衡点，但是目前还尚未找到。为了提升国家能力，促进国家发展，南非需要加强议会的监督作用，稳定政治行政，使公共服务专业化，强化技能并提高协调能力。（NPC 2011a：44）

《国家发展计划》这一蓝图鼓励南非民众以适当的措施、服务和资源来应对变化和不确定性。与此同时，该计划也警告，政策不要过度不稳定，因为这可能会导致政策无法在各级落实。

长期取向和短期取向

除了重视和接受变革，《国家发展计划》还认识到长期取向和短期取向的必要性：

> 委员会认为，要建设一个更加美好的南非，我们必须从现在开始。(NPC 2011a：17)
>
> 尽管每个领域都能"快速制胜"，但是想要大规模改善贫困问题，还需要一些时间来落实这些策略。(NPC 2011a：18)
>
> 该计划提出了一项长期战略，即通过教育、职业培训和工作经验、公共就业方案、健康与营养、公共交通和获取信息来增加就业和扩大机会。(NPC 2011a：18)

如上所述，实施该计划，一方面，不仅要详细分析种族隔离遗留问题的影响及其给南非个人和群体带来的不平等问题，还要分析旨在解决这些问题的具体策略。另一方面，该计划强调了如何将过去、现在和未来的行动联系起来，这些行动最终是有时间限制的，并且也需要模板来确保这些行动在短期或者一段时间内得以落实。

男性化—女性化以及个人主义—集体主义

在霍夫斯塔德的模型中，男性化—女性化是指某个社会更重视进取心和竞争的程度。个人主义—集体主义是指个人的自主性高于家庭和群体关系的程度。这两个维度的结合构成了对立结构之间的连续体：从个人主义到集体主义，从男性化到女性化。后者起到限制作用，因为性别和性别角色并不统一，且二者在不同文化之间及文化内部也各不相同。但是，在霍夫斯塔德的表述中，文化与后者的协同作用解释了男性化—女性化的隐含意义。男性化社会追求进取心和自主性，而与之相反的女性化社会则重视培养与合作。

《国家发展计划》阐明了定义成功和人生目标的重要性。该计划侧重于霍夫斯塔德所说的女性化价值观，并指出了环环相扣的因素，这些因素会使关系更为紧密，从而增强南非的社会凝聚力，使分歧最小化，并强化合作、谦虚、培养和支持。除了认识到种族分化是消除贫困的一大障碍，《国家发展计划》还侧重于消除性别歧视和应对社会各阶层因残疾等其他身份标识而产生的不平等现象：

> 青年人尤其应当享有更好的教育和经济机会。要集中精力消除性别不平等。促进性别平等和为青年人提供更多机会是贯穿整个计划的综合主题。(NPC 2011a：15)

> 大多数贫困人口都是女性，特别是农村女性。该计划综合考虑性别、种族和地理位置，提出了一系列促进性别平等的措施。 (NPC 2011a：33)

> 残疾与贫困形成了一种恶性循环。残疾常常导致贫困，而贫困又往往导致残疾。残疾人面临多重歧视性障碍。(NPC 2011a：42)

此外，倾向于集体主义（而非个人主义）的《国家发展计划》认识到了支持群体融合的紧迫性，并将注意力转向身份认同和与他人的关系："要想消除贫困和减少不平等，必须更快地发展经济，并且发展方式要惠及所有南非民众"（NPC 2011a：14）。

从特利安迪斯（1995）提出的横向（重视并强调平等）和纵向（重视并强调等级制度）模型来看，《国家发展计划》想要从这种模型中完全摆脱权力的影响是很困难的："虽然民主制度已经实行了18年，南非仍然是一个高度不平等的社会，有太多人生活在贫困之中，并且工作机会很少"（NPC 2011a：14）。

权力的横向和纵向模型与文化背景有着明显的相互关系，这使得霍夫斯塔德的个人主义—集体主义模型复杂化。

放纵与约束

霍夫斯塔德提出的放纵与约束维度衡量了特定社会重视和允许人们得到幸福、满足自身欲望和享乐的程度（Hofstede 2011），并作为衡量社会规范以及在社会中控制和管理这些规范的方式。例如，人们可能会问：《国家发展计划》在多大程度上支持追求幸福、乐于生活、享受休闲和珍惜友谊等价值观？

文化传统、宗教传统和祖先传统对我们影响很深。作为现代公民，我们也意识到了传统与变革之间的密切关系。（NPC 2011a: 9）

我们对彼此说：我不能没有你，如果没有你，南非这个大社区就会变得不再完整。缺少一个人、一个群体、一个区域或整个大陆，我们都不能成为最好的自己。（NPC 2011a: 9）

我们的家庭生活会使生活在其中的成年人和儿童变得更好。（NPC 2011a: 10）

艺术和文化为一个社会找准定位和发展方向开辟了广阔的讨论空间。（NPC 2011a: 26）

正如以上节选所示，文化和传统的作用以及与之相关的人文的作用，是实现这些价值观的关键。

上文并不是根据霍夫斯塔德的文化价值观模型对《国家发展计划》进行的详尽分析，但上述讨论让我们大致了解了分析应当包含哪些内容、得出何种结论。《国家发展计划》影响着解决贫困和不平等的社会正义事业的成败，而使用文化价值观对《国家发展计划》进行分析和解读可以解释这种影响的含义，这一点很重要。

讨 论

《国家发展计划》能否解决南非的贫困和不平等问题？本文的目的不是评估该计划的有效性，而是通过霍夫斯塔德的文化价值观框架来探究该计划在应对南非贫困和不平等问题方面所支持的文化价值观。《国家发展计划》提出了迫切需要完成的目标和未来的发展方向，以及在此方向下必须落实的实质性目标。该计划代表着若干社会行动者（个人、团体、机构）的共同属性，受到过去、现在和未来情况的限制和影响，并且完全着眼于预判未来。从文化价值观角度看待《国家发展计划》所产生的意义，可以提供几点见解。

分析发现，该计划可能有三层意义。第一，《国家发展计划》强调（但并未提供）实现未来的战略，在设想中的未来，生活机会增多、民主得到深化并将转化为政治解放和全民福祉。此外，从某种意义上讲，该计划的"结构"意图包括一套产生感知、理解和实践的倾向系统（Bourdieu 1990：53），并对可量化的成果进行了简略描述。"倾向"这一术语对于整合结构和倾向的概念至关重要：

> 它首先解释了组织行动的结果，其含义与"结构"等词的含义相近；它也表示一种存在方式、一种习惯状态（特别是身体的习惯状态），尤其表达一种倾向、趋势、习性或偏好。

换句话说，实践是社会关系的产物，是自然环境与社会空间相互作用的结果，这两者还形成了公民与国家之间的关系。《国家发展计划》所提倡的实践正源于此。从这个角度来看，该计划成为思考社会科学和人文科学中"关系转向"的重要资料（Hall 1992；Somers 1998；Sturm 1998）。《国家发展计划》显化了权利与无权、特权与剥夺之间的联系，并揭露了减贫项目中的等级制度和排斥现象（见 Elwood et al. 2017）。在解决贫困和不平等问题方面，《国家发展计划》坚定致力于达到最低生活标准，这可以通过多管齐下的策略逐步实现。该计划虽然提供了南非社会采用最低生活标准的框架，却没有界定"最低生活标准"（NPC 2011a：28）。

第二，即使贫困和不平等的概念存在明显区别，《国家发展计划》仍将两者互换使用。贫困和不平等交互发生作用，同时存在于数量和质量两个维度。然而，正如杰纳克（Jerneck 2015：2）所解释的那样，"贫困可以是绝对的或相对的、个体的或系统的、真实存在的或象征性的、客观的或主观的、描述性的或解释性的。贫困在时间和空间上都是不固定的，单个维度或定义也难以将其确定。"不仅如此，"贫困不仅仅指物质资产、无形资产和资源的匮乏或分配不当，还涉及社会排斥、文化边缘化以及被剥夺前途和机会的过程"（Jernick 2015：2）。贫困与发展话语有着千丝万缕的联系（Rist 2002）。一方面，在涉及面更广的世界发展问题中，人们通常认为贫困具有多种根源、多维特征和多重影响（UNDP 2010）。另一方面，不平等的判断依据多为物质方面的收入和支出（往往对财政和经济起到过度决定作用），却忽略了非物质的不平等。但是，《国家发展计划》从更宏观的视角看待不平等，认为不平等会阻碍消除贫困的努力、降低经济增速、限制国家能力和实力的发展、破坏社会稳定性。《国家发展计划》中的贫困和不平等的另一层重要含义在于，二者导致人们对资源分配的争夺，同时也使《国家发展计划》成为一个重要的公共政策问题。

第三，派利（Pillay 2008：379）引用霍夫斯塔德（1980）和贾格尔（1986）的著作，将文化定义为"区分不同群体的价值观、信念和假设等"以及"所共享的行为或思维模式的一般性理论"。派利认为"民族文化植根于社会的日常生活，并且相对来说不易受到变革的影响"（Newman & Nollen 1996，转引自 Pillay 2008）。作者认为，国家或组织的政策和计划能否有效执行很大程度上取决于执行者对所信奉的文化价值观的坚定程度。因此，考虑到种族、性别、社会阶层的不平等等种族隔离遗留问题，要想"成功实施任何后种族隔离时代的政策，都需要所采取的改革战略和该国独特的文化特征相辅相成"（Pillay 2008：373）。在《国家发展计划》这样的政策框架中阐明所期望的文化价值观是一回事，但社区和机构有效落实这些价值观又是另一回事，这取决于执行者和政策对象在多大程度上、以何种方式接受并内化这些价值观。实施该计划需要适当的人力资源，而通过针对性的研究来了解上述情况是辨识和开发人力资源的关键。

结　语

贫困和不平等是地方性社会问题，却严重影响到南非整个国家。本文概述了《国家发展计划》以及文化价值观能在多大程度上帮助我们了解该计划能否以及如何解决贫困和不平等问题。文化价值观有助于突出该政策的宗旨，但我们也发现了一些局限性。在霍夫斯塔德的范式中，文化价值观在根本上与"将一个群体或一类人与其他人区分开来的集体思维"（Hofstede 1980a：2）保持一致。然而，该模型似乎忽视了文化的动态实践属性。文化是流动的、可塑的，从来都不是一成不变或预先设定的。例如，尽管政治制度反映了文化，但《国家发展计划》框架中的文化并不完全代表南非所有公民共同的价值观和符号。因此，假设共同价值观在社会的功能性整合中发挥重要作用，那么无论其意图、倾向和偏好有多么值得称赞，都不能衡量《国家发展计划》成功解决贫困和不平等问题的可能性。

尽管我们概述了如何通过霍夫斯塔德的文化价值观角度来理解文化关

系和社会信任，但也认识到我们仅限于将其模型应用到《国家发展计划》上，并没有使用任何国家的实验数据作为基准。因此，没有进行跨文化比较，单个国家的得分也就失去了意义（Hofstede 2015）。因此，我们认为未来的研究需要使用一些优先考虑比较视角的相关数据集。

我们认识到该计划概述的优先事项的紧迫性（NPC 2011b：49 – 50），包括迫切需要集中领导、机构能力、针对该计划的责任感、资源调动、优先事项和明确职责。然而，要想"加大研发投入、更好地利用现有资源以及建立更加灵活的机构，以促进创新，加强公共科学技术机构与私营部门之间的合作"，仍需再接再厉（NPC 2011b：23）。

鉴于"《国家发展计划》的可靠程度就和其执行机制的可行性一样"，要想充分落实该计划并给南非民众带来一个崭新的未来，"企业、劳工和政府就必须拥有共同愿景，各方必须相互信任、通力合作"（NPC 2011b：33）。真正的风险在于"南非的发展议程可能会因国家无力执行而失败"（NPC 2011b：32），因此，需要"整个社会团结合作来实现共同目标"（NPC 2011b：47），因为"问责制"对民主至关重要。在普遍存在推卸责任的文化中，问责制存在一些脆弱环节（见 Pillay 2008），必须自上而下健全问责制（NPC 2011b：45）。

参考文献

Anderson E（1999）*Code of the street：Decency，violence，and the moral life of the inner city*. New York：Norton.

Aspromourgos T（2015）Thomas Piketty，the Future of Capitalism and the Theory of Distribution：A Review Essay. *Metroeconomica*. 66（2）：284 – 305.

Atkinson A（2015）*Inequality：What can be Done?* Cambridge，MA：Harvard University Press.

Beteille A（2003a）*Equality and Universality*. New Delhi：Oxford University Press.

Beteille A（2003b）Poverty and Inequality. *Economic and Political Weekly*. 38（42）：4455 – 4462.

Bhorat H，Leibbrandt M，Maziya M，Van der Berg S and Woolard I（2004）

Fighting Poverty: *Labour Markets and Inequality in South Africa*. Cape Town: University of Cape Town Press.

Bissessar C (2018) An application of Hofstede's Cultural Dimension Among Female Educational Leaders. *Education Sciences*. 8 (2): 77, doi: 10.3390/educsci8020077.

Bourdieu P (1977) *Outline of a Theory of Practice* (trans. R Nice). Cambridge: Cambridge University Press.

Bourdieu P (1990) *The Logic of Practice* (trans. R Nice). Cambridge: Polity Press.

Brohman J (1996) *Popular Development*: *Rethinking the Theory and Practice of Development*. Oxford: Blackwell.

Dogra N and Cohen S (2012) *Representations of Global Poverty*: *Aid*, *Development and Interational NGOs* (Vol. 6). London: I. B. Tauris.

Elwood S, Lawson V and Sheppard E (2017) Geographical Relational Poverty Studies. *Progress in Human Geography*. 41 (6): 745 – 765.

Fougère M and Moulettes A (2007) The Construction of the Modern West and the Backward Rest: Studying the Discourse of Hofstede's *Culture's Consequences*. *Journal of Multicultural Discourses*. 2 (1): 1 – 19.

Fukuyama F, Diamond L and Plattner MF (Eds.) (2012) *Poverty*, *Inequality and Democracy*. Baltimore, MD: The John Hopkins University Press.

Grusky DB and Kanbur R (Eds.) (2006) *Poverty and Inequality*. Stanford, CA: Stanford University Press.

Hall S (1992) Cultural Studies and its Theoretical Legacies. In L Grossberg, S Nelson and P Treichler (Eds.) *Cultural Studies*. London: Routledge.

Hofstede G (1980a) *Culture's Consequences*: *International Differences in Work-related Values*. Beverly Hills, CA: Sage Publications.

Hofstede G (1980b) Motivation, Leadership, and Organization: Do American theories apply abroad? *Organizational Dynamics*. 9 (1): 42 – 63.

Hofstede G (1994) Management Scientists are Human. *Management Science*. 40 (1): 4 – 14.

Hofstede G (2001) *Culture's Consequences*: *Comparing Values*, *Behaviours*, *Institutions*, *and Organizations across Nations* (2nd edition). London: Sage

Publications.

Hofstede G (2011) Dimensionalizing cultures: The Hofstede Model in Context. *Online Readings in Psychology and Culture*. 2 (1), http://dx. doi. org/ 10. 9707/2307 – 0919. 1014.

Hofstede G (2015) The Hofstede Centre. Accessed 23 February 2018, http:// www. geert-hofstede. com.

Hofstede G and Bond MH (1988) The Confucius Connection: From Cultural Roots to Economic Growth. *Organizational Dynamics*. 16 (4): 4 – 12.

Hofstede G, Hofstede GJ and Minkov M (2010) *Cultures and Organizations: Software of the Mind* (Rev. 3rd edition). New York: McGraw-Hill.

Hulme D (2013) *Poverty and Development Thinking: Synthesis or Uneasy Compromise?* BWPI Working Paper No. 180, Brooks World Poverty Institute, Manchester. Accessed 14 October 2018, http://www. bwpi. manchester. ac. uk/resources/Working-Papers/bwpi-wp-18013. pdf.

International Bank for Reconstruction and Development / The World Bank (2018) *Overcoming Poverty and Inequality in South Africa: An Assessment of Drivers, Constraints and Opportunities*. Washington, DC: International Bank for Reconstruction and Development / The World Bank.

Jerneck A (2015) Understanding Poverty: Seeking Synergies Between the Three Discourses of Development, Gender, and Environment. *Sage Open* October-December, https://doi. org/10. 1177/2158244015614875.

Kirkman B, Lowe K and Gibson C (2006) A Quarter Century of "Culture's Consequences": A Review of Empirical Research Incorporating Hofstede's Cultural Values Framework. *Journal of International Business Studies*. 37 (3): 285 – 320.

Lister R (2004) *Poverty*. Cambridge, UK: Polity Press.

May J (Ed.) (2000) *Poverty and Inequality in South Africa: Meeting the Challenge*. London: Zed Books McSweeney B (2002) Hofstede's Model of National Cultural Differences and the Consequences: A Triumph of Faith-a Failure of Analysis. *Human Relations*. 55: 89 – 118.

Miller J (2008) *Getting Played: African American Girls, Violence, and Urban Culture*. New York: New York University Press.

Morgan J (2015) Piketty's Calibration Economics: Inequality and the Dissolution of Solutions? *Globalizations*. 12 (5): 803 – 823.

Morudu HD (2017) Service Delivery Protests in South African Municipalities: An Exploration Using Principal Component Regression and 2013 Data. *Cogent Social Sciences* 3, https://doi. org/10. 1080/23311886. 2017. 1329106.

NPC (National Planning Commission) (2011a) *National Development Plan. Our future: Make it Work. Executive Summary.* Pretoria: The Presidency.

NPC (2011b) *National Development Plan.* Pretoria: The Presidency.

NPC (2011c) *Diagnostic Overview.* Pretoria: The Presidency.

Piketty T (2014) *Capital in the Twenty-first Century.* Cambridge, MA: Belknap Press.

Pillay S (2008) A Cultural Ecology of New Public Management. *International Review of Administrative Sciences.* 74 (3): 373 – 394, https://doi. org/10. 1177/0020852308095949.

Pressman S (2016) *Understanding Piketty's* "Capital in the Twenty-First Century". London and New York: Routledge.

Reis EP and Moore M (Eds.) (2005) *Elite Perception of Poverty and Inequality.* London and New York: Zed Books.

Rist G (2002) *The History of Development: From Western Origins to Global Faith.* London and New York: Zed Books.

Roberts K and Boyacigiller N (1984) Crossnational Organizational Research: The Grasp of the Blind Man. In BM Staw and LL Cummings (Eds.) *Research in Organizational Behavior* (Vol. 6). Stamford, CT: JAI Press.

Sampson RJ and Bean L (2006) Cultural Mechanisms and Killing Fields: A Revised Theory of Community-level Racial Inequality. In R Peterson, L Krivo and J Hagan (Eds.) *The Many Colors of Crime: Inequalities of Race, Ethnicity, and Crime in America.* New York: New York University Press.

Savage M (2014) Piketty's Challenge for Sociology. *The British Journal of Sociology.* 65 (4): 591 – 606.

Schwartz S H (1999) A Theory of Cultural Values and Some Implications for Work. *Applied Psychology: An International Review.* 48 (1): 23 – 47.

Schwartz S H (2008) *Cultural Value Orientations: Nature and Implications of*

National Differences. Moscow: State University School of Economics Press.

Seekings J and Nattrass N (2015) *Policy, Politics and Poverty in South Africa*. New York and Basingstoke: Palgrave Macmillan.

Sen (1992) *Inequality Re-examined*. Oxford: Clarendon Press.

Somers M (1998) "We're no Angels: Realism, Rational Choice and Relationality in Sociology and Rational Choice Theory". *American Journal of Sociology*. 104 (3): 722 – 784.

Stats SA (Statistics South Africa) (2017) *Poverty Trends in South Africa: An Examination of absolute poverty between* 2006 *and* 2015. Pretoria: Statistics South Africa.

Stiglitz J (2012) *The Price of Inequality: How Today's Divided Society Endangers our Future*. New York: WW Norton & Company.

Sturm D (1998) *Solidarity and Suffering: Toward a Politics of Relationality*. Albany: SUNY Press.

Tayeb MH (1988) *Organizations and National Culture: A Comparative Analysis*. London: Sage.

Tayeb MH (1994) Organizations and National Culture: Methodology Considered. *Organization Studies*. 15: 429 – 446.

Tayeb MH (2000) Hofstede. In M Warner (Ed.) *International Encyclopaedia of Business and Management* (2nd edition). London: International Thomson Business Press.

Tayeb MH (2001) Conducting Research Across Cultures: Overcoming Drawbacks and Obstacles. *International Journal of Cross Cultural Management*, 1 (1): 91 – 108; Triandis HC (1994) *Culture and Social Behaviour*. New York: McGraw-Hill; Triandis HC (1995) *Individualism and Collectivism*. Boulder, CO: Westview.

UNDP (United Nations Development Programme) (2010) *Human Development report* 2010: *The Real Wealth of Nations: Pathways to Human Development*. New York: UNDP.

Williams RM Jr (1970) *American Society: A Sociological Interpretation* (3rd edition). New York: Knopf.

Wilson W (1987) *The Truly Disadvantaged: The Inner City, the Underclass, and Public Policy*. Chicago: University of Chicago Press.

Yeh R-S and Lawrence JJ (1995) Individualism and Confucian Dynamism: A note on Hofstede's Cultural Root to Economic Growth. *Journal of International Business Studies*. 26 (3): 655 – 669.

非正规经营改造：对卡雅利沙民众生计和社会凝聚力的影响

凡妮莎·巴罗尔斯基（Vanessa Barolsky）

戴安娜·桑切斯－贝当古（Diana Sanchez-Betancourt）

尤尔·德里克·戴维斯（Yul Derek Davids）

　　本文通过个案研究探讨了南非的贫困和不平等问题。该案例研究有关一项重大暴力预防干预措施对城市商贩生计的影响及其支持社会凝聚力的形式。该干预措施是"通过城市改造预防暴力"（Violence Prevention through Urban Upgrading，以下简称 VPUU），旨在通过改善开普敦卡雅利沙镇的城市环境并在当地建立正规的空间关系和社会关系来减少暴力犯罪。该方案借鉴了国际上有关发展政策的话语体系，也受到了想象中的管理妥善的城市概念的影响，这样的城市秩序井然、社会关系简单、高度自治、经济理性。我们将探讨为减少暴力和创造新的公民身份形式而让城市正规化的尝试如何对社会凝聚力和城市商贩的生计产生不确定影响，特别是考虑到如果该方案中包含了理想西方城市的规范性概念和经济理性的假设。在这一城市愿景中，城市规划者倾向于关注正规性、秩序和现代化，以促进一种与"卫生"（Steck et al. 2013）、清洁和"体面"的现代城市愿景相关的国际都市主义。在这种情况下，非正规性[1]可能会因"理性"经济行为和价值观的传统观念而被误解（Neves & du Toit 2012）。

　　本文将研究这些对理性经济的渴望如何削弱了现有的社会凝聚力和社会团结形式，干预措施与当地商贩之间出现的矛盾证明了这一点，这些措施试图通过将商贩转移到正规的交易场所来"规范"他们，在那里他们须接受新的监管制度，包括商业实践培训。他们将被培养成典型的西方"创业者"，即自私自利、追逐效益最大化的个体，其理性将由利己主义的风气而非生存和团结的公共伦理所塑造。虽然干预的首要目标是预防暴力，但其所采取的策略具有更广泛的社会和经济影响，本文将对此进行探讨。最重要的是，干预方案的初衷是通过在卡雅利沙镇建立正规的社会和经济关系来预防和解决暴力问题。

社会凝聚力是一个广泛概念，一般指的是"维系社会的因素"（PCAS 2004：iv）。詹森（Jenson 1998）确定了社会凝聚力的五个维度：（1）共享共同的价值观，成为同一社区的一分子带来的归属感；（2）经济包容性，拥有参与劳动力市场的机会；（3）参与地方与国家公共事务；（4）包容差异和多样性；（5）机构合法性，特别是其是否有能力代表公民并调解冲突。

南非的社会凝聚力政策

南非在促进社会凝聚力方面面临着复杂的挑战，特别是考虑到其殖民和种族隔离史及其持续存在的种族、文化和语言多样性。因此，过去十年中，社会凝聚力已成为南非政府话语体系中一大重要政策关切。最终，南非在 2012 年推出了"国家社会凝聚力战略"，现已成为该国国家发展中期战略框架内的一项重要成果。

社会凝聚力政策与南非国家的经济目标直接相关。社会凝聚力政策强调需要一个"社会契约"（PCAS 2008：123）来将社会各阶层团结在国家转型的共同愿景周围，即使可能要在社会各阶层之间作出一些艰难的"取舍"（PCAS 2008：2）。南非政策协调与咨询服务机构（PCAS）发布的《十五年回顾》认为，在一个发展型国家，国家和社会必须团结起来，"在全国达成广泛共识的基础上取得重大进步"（PCAS 2008：115）。南非国家计划委员会发布的《诊断概述》（NPC 2011a）强调，建立社会契约将使社会和经济转型成为可能，但南非社会的持续分裂削弱了建立社会契约的可能性。这些分裂包括由种族主义制度化、阶级分化、社会分裂、语言、空间排斥、社会性别和生理性别、失业、犯罪、腐败、法律不平等和道德滑坡造成的影响（NPC 2011a）。继《诊断概述》之后发布的《国家发展计划》将"社会变革和国家团结"确定为其 2030 年愿景的重要组成部分，同时对消除贫困和不平等也至关重要（NPC 2011b）。南非《2014—2019年中期战略框架》概述了其在社会凝聚力方面的目标，即"减少机会不平等、采取补救措施、促进共享共同空间、鼓励民众在遇到问题时发表意见并积极参与自身发展，以及增进民众对本国宪法的了解并培养其中所包含的价值观"（DPME 2014：3）。

在 2012 年启动"国家社会凝聚力战略"之前，大多数人都认为社会凝聚力属于公共政策中的一个概念。但"国家社会凝聚力战略"对国家层面和社区层面的凝聚力加以区分，它将社会凝聚力定义为"以社区为基础，属于微观社会层面"，与"社区和整个社会的凝聚力和包容程度，以及个人和社区之间相互团结的程度"有关（DAC 2012：31）。国家凝聚力被定义为"一个宏观社会过程……由具有不同血统、历史、语言、文化和宗教背景的人走到一起，在一个拥有统一的宪法和法律体制的主权国家领土内组成社会"（DAC 2012：31）。

增强社区凝聚力

虽然这两个"层面"的凝聚力显然是整体联系在一起的，但本研究重点关注地方层面的社会凝聚力，以考察不同的人如何在一个地方空间内共同生活。这种方法尤为重要，因为在社区和家庭层面，大量的家庭暴力、犯罪、未成年怀孕和其他社会问题对社会团结构成挑战。城市和城郊社区的主要特点是多样性丰富、人员流动性过大、非正规住房居多，尤其受到这些问题的影响。持续不断的移民潮，无论是从南非境内还是跨境流入，都加剧了多样性方面的挑战。新移民之前就生活在物质匮乏、管理不善的非正规居住点，现又迁至一个充满问题的社会环境，而该环境中的现住居民还深受与安全问题和社会经济机会问题的困扰，移民则可能会加剧社会紧张关系。

重要的是，在地方层面，社会凝聚力的概念引出了社区的概念。尽管出于治理目的，社区是根据城市和地理边界来界定的，但它并非一个绝对的概念。社区也是一种具有深刻象征意义和情感的现象，是通过社会关系和社会想象构成的。因此，泰勒认为"社区是一个开放性概念；也就是说，无法对正确使用这一概念的条件进行详尽说明。"然而，他认为所有社区都具有三个核心特征，即：拥有"共同的信仰和价值观"，成员之间可以直接而非通过中间人调解关系，并具备互惠条件（Taylor，转引自

Pelser 1999）。

布洛克（Block 2008）认为，归属感对于社区的构建以及对于社区从分裂转变为连通都至关重要："每当我们找到让自己有归属感的地方，都是身处于社区之中。……归属感就是与某事物相关联，并与其融为一体"（xii）；社区系统由建立关联性的对话和事件形成，换句话说，由促成生活关联性的因素形成（13）。归属感具有双重含义，还涉及集体空间中的社区主人翁意识和社区责任感，在这种集体空间中，一个群体的成员感到他们拥有个人和/或集体动因来创建和拥有社区机构和空间。因此，"成为社区的一员就是成为该社区的创建者和共同所有者。我要创造并培育自认为属于我的东西"，且实体空间的设计"在创建社区方面比我们意识到的更具决定性"（Block 2008：184）。因此，努力改造城市旨在提升正向环境和增强社会凝聚力，需要加强特定区域内的归属感和关联性。布洛克（Block 2009）认为，这可以通过社区的"构建"来实现，需要在构建和塑造集体空间的过程中对所相关元素进行有意识的组织，即"设计过程需要成为一个范例，体现我们试图创造的未来"，并通过设计过程创造一种社区归属感，"当地公民及员工的参与和良好的设计专业素养同等重要"（Block 2009：185）。本文将从这种通过实体设计来实现社区转型愿景的角度对VPUU 干预措施进行研究。

研究方法

本研究的中心目标是了解 VPUU 干预措施实施的环境、过程以及社会行动者本身赋予其结果的意义。为确定和理解干预方案的社会层面，我们使用了民族志研究方法。民族志实地考察工作始于 2013 年 11 月下旬，一直持续到 2014 年 11 月。本研究包括 58 次访谈和 6 次焦点小组讨论，与该方案的直接受益者和卡雅利沙社区普通居民进行了多次非正式谈话，并对卡雅利沙镇哈拉雷和库亚萨地区实施的干预措施进行了系统性实地观察。对访谈内容和焦点小组讨论内容进行了录音、转写并从科萨语翻译成英语，同时进行了现场记录，以便为访谈和焦点小组讨论提供背景资料。

简言之，民族志研究是指通过研究者去了解他人的"生活世界"

（Habermas 1989）。民族志研究能够理解社会行动者的意义、信仰、价值观和实践，并试图按自身方式来理解人类经验，而不是从规范的立场来判断（Fetterman 2010）。理解社会行动者的意义，特别是社会和文化体系，对于理解社会凝聚力至关重要，因为社会行动者之所以彼此维持着有意义和稳定的社会关系，是因为他们处于共同的"意义之网"中，或者是处于他们自己创造的对现实的理解中（Geertz 1973：5）。

民族志研究通过密集的实地考察工作来进行，对观察到的内容进行"详细描写"，并逐字引用访谈内容，其目的是让普通人在特定背景下表达自己的想法，让当地人讲述自己日常活动中的所见所闻（Fetterman 2010：1）。因此，民族志学者"既是故事讲述者，又是科学家。民族志研究的读者越能够理解当地人的观点，故事就讲得越好，研究的科学性就越强"（Fetterman 2010：1）。民族志研究是一个高度解释性的过程，这既是其优势，也是其局限性；它并非假意对客观事实进行结论性演绎，而主要是对所收集的数据进行系统解释。

实地考察工作由研究小组成员蒙奇彼萨开展，为期一年。他每天进行实地考察，深入到卡雅利沙镇哈拉雷和库亚萨地区的社区中。通过与社区居民互动，探讨了人们在卡雅利沙当地合作和不合作的方式、社会组织和其他组织的形式、邻里之间的社交程度、暴力情况以及当地应对暴力的措施等问题，包括正规干预方案（如 VPUU）和非正规举措（如社区巡逻和治安行动）。蒙奇彼萨是一名会说科萨语的研究人员，他的角色在收集数据和探讨卡雅利沙环境的复杂性以及解释背景信息和分析材料方面都至关重要。

受访者是通过滚雪球抽样的方法确定的，可以让研究人员深入了解社区的不同群体。滚雪球抽样法对于接近隐藏的或更易受伤害和不易接触到的社会群体非常有用（Salganik & Heckathorn 2004）。本研究首先开展了社区概况调查，其中包括确定和采访来自地方政府、民间社会、学校和非政府组织的主要社区领袖。虽然研究人员尽力与众多持有不同观点的受访者交谈，但滚雪球抽样方法的确可能存在偏差，因为该方法需要依靠一位受访者推荐下一位受访者，而这些受访者几乎无可避免地都是通过社交网络或其他网络紧密联系在一起的。

卡雅利沙的社会凝聚力

卡雅利沙，意为"新家"，这里的人们在社会经济方面处于严重劣势，经历着各种形式的公众暴力和私人暴力。虽然该镇原计划容纳 27 万居民，但据估计，有 50 多万人居住在这里，使之成为开普敦市最大的城镇（Ugur 2014：116）。然而，该镇缺乏足够的公共空间和便利设施，这是种族隔离史直接造成的后果。卡雅利沙镇最初创建于 1983 年，是种族隔离政府最后一次尝试执行《种族区域法》，该法规定根据种族来隔离城市居民，并将西开普省的黑人集中在一个城镇。与其他种族隔离城镇一样，该镇旨在为白人城市的劳动力再生产提供最基本的条件，而不是创造一个能够保证居民的生活质量、适宜居住的社会经济环境。尽管后种族隔离时期，卡雅利沙的情况有所改善，但该镇仍然处于严重的社会经济贫困之中。正如有学者解释的那样，开普敦仍然陷于社会分裂的逻辑和再生产之中，仍然属于殖民区和种族隔离区。"种族隔离计划及其对城市居民生活的持续影响造成了一系列长期分裂问题，而这种分裂构成了城市本身的形态"（Gillespie 2014：206）。

尽管南非城镇经常被描绘成"缺少或没有城镇气息"（Pieterse 2012），但本研究表明，卡雅利沙拥有密集的社交网络和多种形式的社会秩序和社会组织，这些社会秩序和组织隐性地建立在社区伦理和社会实践的基础之上。在贫困的环境中，情况更是如此。几十年来，"集资互助组"及地下储蓄会社在南非社会无处不在。一位受访者诠释了这种互惠精神：

> 我们大多数人在成长中都会经历的一件事情就是，邻居也会充当我们的父母。如果父母在工作，邻居通常会照顾我们，扮演父母的角色。节庆的时候，我们会在社区一起庆祝。我想说，如果你住在镇上，很难说不认识周围邻居，除非你是新来的。（焦点小组，卡雅利沙青年创业者，2014 年 10 月）

一位年轻女性列举了社区团结的例子："昨天，我回到家，发现整个屋子都被粉刷了一遍。街上的每个人都来帮忙，把自己的事情放到一边，帮我刷房子、搬家具。"（访谈，卡雅利沙，2014 年 10 月）另一位受访者讲述了朋友陪她去上班的过程："她早上醒来，一直陪着我，把我送到马路边……她在那里等着，我跑去追同事。看到我走了，她才转身离开。"（访谈，卡雅利沙，2014 年 2 月）

VPUU 的一位社会发展补助金领取者照顾着"三个并非自己亲生的孩子。还有一个因为吸毒被 B 区的警探带到我这里……他妈妈觉得厌烦了，B 区的警察也受够了。我让三个孩子坐下并告诉他们，他也是我的儿子。他们接受了他"（焦点小组，社会发展补助金领取者，卡雅利沙，2014 年 10 月）。另一位补助金领取者讲述了他所在的橄榄球队为年轻人所做的工作：

> 在 C 区有三个壮实淘气的小伙，他们的身体非常适合打橄榄球，但是很胖，还带着枪。我们和他们坐下来谈了谈，没有恳求他们去打球，而是告诉他们必须带着枪到野外去锻炼。自此他们愈发积极地参与锻炼，不再参与犯罪活动。（焦点小组，社会发展补助金领取者，卡雅利沙，2014 年 10 月）

然而，这些相互支持的网络是错综复杂的。它们有多大作用，就有多大危险。它们往往是通过爱和友谊的渠道建立的，同时也是充满排斥、猜疑、暴力和专制的场所。这可以表现为对未知的"他人"实施暴力的行为，这种暴力行为可以被组织成一场暴力的公共表演，一场道德共同体的表演。有人在一家华人开的商店前自发举行武装集会，称该店老板虐待一名工人，当时的实地报告阐明了这种形式的暴力团结："大约是在午餐时间，我看到人们聚集在这家华人开的'五兰特'商店门前，手里拿着从商场厕所里拿出来的石头、雨伞和扫帚。"（实地报告，2014 年 4 月）衡量社会凝聚力的一个经典指标是"你认识自家邻居吗?"卡雅利沙的人们彼此都"认识"，但这种"认识"可能成为暴力报复的根源。那些被认定为罪犯的人可能会受到公开的暴力惩罚。一名前帮派成员解释说，"我们最害怕的不是坐牢或死亡，而是一旦被社区成员找到，他们会对我们施以酷刑"（访谈，帮派成员，卡雅利沙，2014 年 4 月）。作为话语范畴的"罪犯"和"犯罪"体现了对社会动荡的多重担忧，这种担忧超越了对违反成文法的顾虑。犯罪成为"对公民社会脆弱性的诊断"（Comaroff & Comaroff

2004：822），成为对即将发生的社会解体的隐喻，成为对"充满暴力和道德模糊的世界的想象"（ibid：824）。

虽然传统的预防犯罪方法以利用社区信息为前提，但在这种情况下，成员之间的相互"认识"可能具有危险性。在卡雅利沙，报案者往往就是作案者，他们与当地警方勾结。集体行动的概念和代表"共同利益"进行干预的意愿是人们对社会凝聚力常规性理解的基础，但在共同利益的性质受到深刻质疑、狭隘的共同利益概念得到强烈捍卫的环境中，这一概念发生了模糊的转变。这时，国家要与先存的各种形式的社会秩序和主权进行斗争，因为相比于正规的国家结构而言，当地非正规的治安结构或社区组织形式具有更强大的社会意义和象征意义。在他们对卡雅利沙的研究中指出，"城镇可以被概念化为由一系列重叠的、同心环模式的权力和治理组成……在这种情况下，其核心是通过暴力或暴力威胁进行执法，而且国家远不能保证可以垄断这种暴力"（Neves and Du Toit 2012：137）。与此同时，人们认为，国家本身就违反了其要求执行的法律，而警察则是在行使各种形式的高度个性化的权力。在这种环境下，对警察失职和腐败的指控比比皆是。正如一名受访者解释的那样，"执法人员正在将我们赶尽杀绝"（个人访谈，卡雅利沙，2014 年 10 月）。因此，在这种背景下，地方层面的凝聚力形式虽然帮助居民通过治安维持会和公共暴力来应对猖獗的犯罪和暴力，但也对建立在宪法价值观基础之上的国家社会凝聚力造成破坏，并对国家主权及其对使用武力的垄断形成挑战。就此而论，公民与国家、法律和合法性以及常规形式的监管之间的关系往往十分模糊。

通过城市改造预防暴力（VPUU）

VPUU 直面卡雅利沙这样的非洲城镇所特有的复杂性，包括其中的非正规性、与合法性的模糊关系、自我监管力度、不安全性和暴力。VPUU倡议最初是在 2004 年开普敦市和德国发展银行建立伙伴关系时提出的。该方案旨在改善致使南非城市遭受破坏的关键因素，包括种族隔离遗留问题（如将一些城镇正式划分为劳工区）。VPUU 还建设了包括图书馆、公园、镶嵌式公共空间和社区中心在内的基础设施，并注重其美学和功能性，旨在创造一种"场所"感和归属感，并应对由贫困、国家缺位和城市化所造成的地方性暴力带来的挑战。虽然 VPUU 根本上是一个城市改造方案，但实施者却将其视为一个综合方案，将城市改造与"工作流"联系起来，通过预防社会犯罪提高公民的生活质量，支持地方创业，用机构的力量预防犯罪，通过城市改造帮助地方组织拥有对新空间的自主权。

VPUU 模式很大程度上借鉴了国际发展模式，特别是参照了联合国人类住区规划署、世界卫生组织和德国发展银行的发展模式，这些模式设想出了一个按照理想的西方城市主题设计的"秩序井然"的城市。其中，德国发展银行采用的暴力预防模式对 VPUU 干预方案的设计产生了最重要的影响，该模式将利用"传统的城市规划工具"（Bauer 2010：5）和"综合连贯的城镇规划"（Bauer 2010：6）来解决暴力问题，以创造秩序井然、管理妥善的城市环境，弥合"正规城市和非正规城市之间的鸿沟"（Bauer 2010：3），创造"稳定社会环境"（Bauer 2010：5）。卡雅利沙居民指控当地警察工作效率低下，社区与警察之间关系破裂，法院就此举行了公开听证会。听证会上，一名 VPUU 方案的高层领导讲道："这个方案的目的就是让大家看到，所谓管理妥善的城市区域会随着时间推移而逐渐扩大"（Giles 2014：2734）。从这个角度来看，城市改造为新型公民身份奠定了基础，而公民身份建立在公民对空间的实际所有权和象征性所有权基础之上。对于居民来说，拥有一个官方认可的地址意味着正式成为一个城市的本地居民"（Bauer 2010：12）。这种有序的城市环境明显有助于预防暴力，或创造一种暴力可能性较小的环境。

为实现其目标，VPUU 与开普敦市政府合作，主要方式是对空间关系和社会关系进行整改。然而，民族志研究的实地调查证实了在调解正规性和非正规性的分歧上，以及在一个充满强烈抗议之声的非正规区域中强加一种秩序模式，有时会存在困难。在这些区域，国家如果提供服务就会被接受，但如果它试图维护自己的权威就不会被接受；在这些地方，最能引起共鸣的某些社会监管形式具有暴力性，而且超出了国家监管范围；合法与非法、有罪与无罪之间的界限模糊不清，非正规企业不会按照规范性商业惯例运作。在这种环境下，可能很难将国际组织研究出的模式套用到当地的社会形式和治理形式上，因为原有的那些形式早已深入人心，会让人们对干预措施的规范性基础产生质疑，因为这些新的干预措施是为了实现西方对秩序井然城市的想象而制定的。

南非城市的特点在于正规性与非正规性、富裕与贫穷、城市现代化与农村特色之间的鲜明对比。虽然城市规划者通常认为非正规性是一个需要解决的问题，但在全球南方的很多地方，非正规性是城市永久特征的一部分。正如沃森所言，"大多数城市规划者和管理者认为社区应该是'正规的'（以西方社区现代化和发展的合理性为基础），而那些试图在非洲城市恶劣环境中在物质与政治层面生存下来的人所采用的策略和技巧也存在合理性，二者之间存在巨大差距"（Watson 2003：401）。虽然非正规居住区发展于监管和规划制度之外，但它们是合法的物质空间和社会空间，久而久之，会随着人们应对恶劣的特定社会经济环境采取的行动而演变（个人访谈，开普敦市空间规划和城市发展处，2015 年 2 月）。正如加西亚（Garcia 2013）在谈到拉丁美洲贫困社区时指出的那样，这些社区在很大程度上由居民自行创建。

关于"南方城市主义"的文献越来越多（Edjabe & Pieterse 2010；Myers 2011；Nuttall & Mbembe 2008；Robinson 2006；Roy 2011；Simone 2004），文献作者试图打破人们对非洲城市的固有认知：非洲资源匮乏，"被内部的贫困、疾病、暴力和毒品问题反噬，处于分崩离析的边缘"（Roy 2009：820）。这些文献将非洲城市描述成让生活在赤贫和物质匮乏之中的人们运用自己的智慧和创新能力生存下来甚至获得发展的地方。贫穷的城市居民利用城市里有限资源来谋生。与此同时，非正规性创造了"灰色空间"，在代表合法、认可、安全的"白色区域"和代表驱逐、破坏、死亡的"黑色区域"之间"加入了部分人物、地点和活动"（Yiftachel 2009：89），创造了一种这样的环境："非法性和非正规性拖垮了国家的规范性根本，创建了一个充满暴力的斗争场所，在这里被统治者遭受着暴力伤害"（Rao 2006：229）。南方城市的现状是殖民主义和后殖民主义历史以及城市化和全球化快速发展造成的后果，再加上当代治理的忽视，城市未能充分应对移民潮和城市化快速发展带来的问题，以及由此带来的复杂的治理挑战，从而造成了南方城市现在的面貌。

非正规经营改造：非正规商贩和 VPUU

VPUU 试图建立的正规性与当地的非正规经营活动之间存在分歧，在商亭这一问题上产生了纠纷。这些商亭由 VPUU 设立，属于改造倡议的一部分。虽然商亭可以提供当地商贩之前无法提供的重要服务，例如取水、用电、避雨等；但是当地商贩认为这一举措破坏了他们原有的且赖以生存的社交关系和互惠关系，在原有关系中，商贩之间的关系接受的是平行的且非正规的管理："每个人都知道自己的定位。我们有规则，也知道自己该做什么"（团体访谈，Ntlazane 商贩联合会成员，卡雅利沙，2014 年 3 月）。梅耶斯（Myers 2011）认为，如果将社会网络和社会性模式整合到城市发展的结构化正规形式中，它很难替代之前的经济互惠形式和社交形式。在这种情况下，正规性可能会对社会网络和社交模式构成威胁，并会对从中获得的益处产生怀疑或感到不安。正是在这种非正规和正规的交汇点上，商贩和 VPUU 干预措施之间开始出现矛盾。本研究揭示了将在全球北方形成的社会秩序和公民身份模式应用到像卡雅利沙这样的城镇时面临的一些困难。卡雅利沙具有高度的非正规性和社群主义道德观，且当地常通过暴力维护社区正义。这些合理性之间存在争议，从而产生冲突，但这并不是 VPUU 干预方案所特有的问题。正如有学者（Neves & Du Toit 2012）所言，正规性和非正规性之间的关系是不稳定的，因为非正规性具有复杂性、社会性，有时还具有暴力性，且与正规化和监管在不同程度上（取决于不同情形下的干预程度）相互关联。因此，治理制度具有情境性、多样性和空间性，是"形式主义"的"拼凑"（Guyer 2004，转引自 Neves & du Toit 2012：138）。

在非正规环境中生存的关键是"在社会文化环境中建立信任网络和道德网络"（Neves & du Toit 2012：132）以及践行"社会相互性"（Neves & du Toit 2012：134）。虽然有人认为非正规性与社会失序有关，但对非正规经济的监管确实是通过民意机构和各种网络进行的，而这些机构和网络可能不受国家控制（Meagher 2009）。有学者（Neves & Du Toit 2012）发现，在卡雅利沙，出租车协会是非正规经济部门最重要的监管机构之一，商贩会定期向其付费。出租车协会将"监督"商贩与其客户之间的合同义务，如果客户违反合同，协会可能会对其使用暴力和恐吓手段。同时，他们还发现街道委员会也在"分配"交易场所方面发挥着重要作用。

蒙奇彼萨在实地报告中概述了他在卡雅利沙的实地考察工作中遇到的正规性与非正规性之间的一些冲突：

当有人成为 VPUU 小商亭的租户时，非正规经营和正规经营之间的斗争就变得显而易见，特别是在 VPUU 方案实施之前就已有的非正规经营者之间的斗争。有一点必须要注意的是，这些买卖大多是人们的生存方式，所以他们才决定做些什么，以免让自己饿死。因此，从为了生存（每天能够填饱肚子）到正规售卖（赚钱并有短期和长期的计划和理想）之间的过渡并不是那么简单直接的。（实地报告，2014年 4 月）

作为非正规化进程的一部分，VPUU 与申请使用商亭的个体商贩建立了合同和法律关系，这些商亭就建立在之前进行非正规买卖的地方。正是这些场所的象征性"所有权"和实际"所有权"引发了争议。一名商贩辩称，"这是公共空间，他们不该这样做"（访谈，Ntlazane 商贩联合会成员，卡雅利沙，2014 年 2 月）。正如有学者（Lefebvre 1991）所指出的，空间不是先验的现实，而是通过空间所体现的社会关系而产生的社会产物。虽然 VPUU 将空间的正规化视为在卡雅利沙地区建立所有权并进行投资的唯一合法手段，但商贩声称他们之前就对这片土地进行了投资，并对其拥有所有权，且他们的社会实践形式和经济实践形式行之有效，这在 VPUU 出现之前就已经存在。"在那些地方还只有沙子的时候，我们就已经在那里了。但是现在，我们要交钱。他们要在那里建造房屋，就让我们搬走，并告诉我们要付钱"（焦点小组，卡雅利沙商贩，2014 年 10 月）。

因此，一个主要的争议点就是商贩在使用 VPUU 建造的商亭时需要缴纳租金，如果未能缴纳租金，则要按照合同条款处理。这就涉及非常实际的问题：租金问题，以及 VPUU 对该区域的象征性占用问题。卡雅利沙居民的月平均收入约为 2000 兰特，而要缴纳的租金为每月 900 兰特（实地研究时的价格），是一笔很大的开销。VPUU 声称，租用商亭的商贩赚到的钱足以支付租金，他们是通过每天有多少人经过商亭来计算的。这一点遭到了商贩们的质疑。他们辩称，虽然许多人可能会经过商亭，但他们不一定会购买商品："我们质问 VPUU 工作人员，那些人只是经过就能为我们带来收益吗"，"他们只是路过，不会买东西"（访谈，Ntlazane 商贩联合会成员，卡雅利沙，2014 年 2 月）。由于商业环境很糟糕，许多商贩似乎欠了 VPUU 大量债务："VPUU 只是为了让我们负债累累，仅此而已。大家要靠借月结贷款来支付租金"（个人访谈，Ntlazane 商贩联合会成员，卡雅利沙，2014 年 2 月）。

在商亭的实地观察证实了路过的人的确很少会停下来买东西：

> 这一次，他们"商贩"与我沟通，让我留下来观察至少三个小时，我照做了。我观察了三个商亭：一个卖枕头和衣服，一个卖衣服和桌布，最后一个是美发厅。那天没有一个人在美发厅做头发。一个枕头还是从第二个亭子卖出的，也卖出了一些桌布。（实地报告，2014年2月）

向商贩收取租金符合德国发展银行提出的做法。该银行认为，"大家一起携手努力才能负担得起城市改造的费用。许多方案表明，条件允许的话，即使是低收入居民也愿意为基础设施服务付费"（Bauer 2010：8）。VPUU在其主张中也呼应了这一点，即"保证VPUU方案得以实施的核心是保持长期的财务可持续性，即为居民创建和开发他们负担得起的设施，且这些设施本身就能够收回成本"（VPUU 2013）。

在2013年上半年年度进展报告中，VPUU表示方案已取得"里程碑"式进展，即"商亭租金收入首次超过基本维护费用"（VPUU 2013：2）。但这种方法导致当地商贩将干预方案视为一种交易，而非一种开发举措。"他们是在做生意。如果你要求必须减租，他们会回答说，'我不会降租'"（小组访谈，Ntlazane商贩联合会成员，卡雅利沙，2014年3月）。居民之间的互惠关系支持当地非正规商业惯例，并允许它们在几乎没有剩余价值的情况下继续存在，而与之不同的是，使用商亭的商贩必须产生剩余价值，以便支付租金并履行与VPUU签署的合同。如果他们违约，就会被赶出去，失去所有生活资料。而VPUU将对商贩放宽条件视为慈善工作："他们说，'这不是在做慈善。'"只是告诉我们，"如果你付不起租金，就搬出去，还有很多人想搬进来"（小组访谈，Ntlazane商贩联合会成员，卡雅利沙，2014年3月）。

在VPUU商亭里做生意的商贩受监管制度的约束，VPUU方案幻想通过该制度能在这样封闭的空间中创造出一个秩序井然、经济节约的社会。租用商亭的商贩和申请租用的人必须遵守一套传统的商业规范和惯例，这些规范和惯例与他们以前采用的非正规经营方法相去甚远。商贩们认为这些传统的商业惯例往往具有排他性："他们告诉你，你的生意应该有一个收支账户和经营计划……他们的这些要求就将你拒之门外"（焦点小组，卡雅利沙当地商贩，2014 年 10 月）。此外，商贩的账簿也要接受审计。"他们所做的就是派一名审计员。他们派审计员找谁？他们在审计谁的钱？他们又没有给我们钱"（个人访谈，Ntlazane 商贩联合会成员，卡雅利沙，2014 年 2 月）。VPUU 为商贩们提供培训，让他们学习个人创业的相关惯例。尽管有一些商贩重视这些机会，但另一些商贩坚称经济资本比人力资本更为重要，而在结构不平等的情况下，这一点很难被意识到："他们的确进行了商业培训，告诉我们生意需要钱来经营，做生意靠的是钱而不是纸"，"做生意也不是靠嘴上说说的"（团体访谈，Ntlazane 商贩联合会成员，卡雅利沙，2014 年 2 月）。

当 VPUU 试图规范商贩行为并控制他们的活动范围时，商贩们会缺乏自主权和发言权。虽然自由主义的想象将自主权置于其对人的认识的核心，但讽刺的是，VPUU 干预方案虽渴望给予商贩自主权，但事实上却通过努力"引导商贩行为"（Foucault 1991，转引自 Lemke 2001：191）来破坏这种可能性，以实现其新自由主义的治理愿景。因此，正如一名商贩所说，"他们告诉我们，商亭由我们自己管理……但其实还是他们在管理。这应该由我们来管，毕竟这是我们的设施"（个人访谈，Ntlazane 商贩联合会成员，卡雅利沙，2014 年 2 月）。下面的对话说明了 VPUU 与商贩建立的合同关系中所包含的权力关系的本质：

> 受访者：我们之间的合同将于 4 月结束。
> 采访者：哦！
> 受访者：如果他们不与我们续约，我们就出局了。
> 采访者：那这是取决于你们支付租金的方式吗？
> 受访者：的确如此，还取决于我们的表现。他们可以让我们走人，而且会提前 21 天通知我们。这是他们的政策。（团体访谈，Singalakha 合作社，卡雅利沙，2014 年 2 月）

这些关键问题表明，商贩们有限的自主权影响到了自身的谋生能力。有些商贩想要售卖食品，还有些商贩要求在商亭附近安装自动取款机，方便人们随时提取现金来完成支付。VPUU 很可能还没有落实必需的建设要求以供商贩在商亭内安全烹饪及售卖食品，但 VPUU 驳回了商贩的提议，实际上意味着拒绝承认他们的创业洞察力，也表明就商贩们目前在权力网络中的实际地位和象征性地位而言，他们已经失去了自主权和话语权。

出租车司机很需要购买食物，大家都知道，但 VPUU 不允许我们在这里做饭。我们和他们谈了谈，然后就放弃了，因为这个地方没有专门的烹饪设施。有一年他们说会安装烧烤架……但这件事四年以来都没能解决，我们也一直在抱怨。（小组访谈，Ntlazane 商贩联合会成员，卡雅利沙，2014 年 3 月）

我们一直在打电话给 VPUU，说附近没有自动取款机非常麻烦。有些人从出租车上下来，钱包里没现金了。他们本打算在附近取些钱，然后再来我们这里买东西。他们虽然喜欢这里卖的东西，但是同样也可以在有自动取款机的商场找到类似的东西。所以人们都去商场购物了，不会再到我们这里来。但 VPUU 拒绝在附近安装自动取款机，因为他们担心这会为大楼带来安全隐患：如果有炸弹，那整栋楼将会倒塌。他们不在乎这里的生意如何，只关心自己的收入。我们提出的要求可能要五年后才能得到回应。（焦点小组，卡雅利沙当地商贩，2014 年 10 月）

采取不同的改造方式：拉美模式的经验教训

从某些方面来说，VPUU 能够产生的影响在结构上受到以下事实的限制：它是在卡雅利沙镇小范围实施的一个试点方案，而不是像在哥伦比亚麦德林和波哥大等地实施的那种全市干预措施。覆盖全市的那些干预措施的确大幅减少了暴力事件的发生，并重塑了这些城市的社会结构。哥伦比亚第二大城市麦德林实施了城市改造战略，其目标不仅是在特定地区进行原地开发（这一点与 VPUU 干预方案一样），而且还将边缘化的居民地与城市中发展更为成熟和富裕的地区结合起来。麦德林有意识地将改造作为社会转型的工具，以打破城市原有的地理层次结构和社会等级。城市改造是通过社会方案、实体基础设施干预措施和在贫困社区建造高品质建筑等手段从结构意义和象征意义上进行的。正如麦德林时任市长在 2009 年所说，"最美丽的建筑必须建在最贫困的地方"（Hernandez-Garcia 2013：46）。

南非在 2001 年推行了"城市振兴方案"并在全国各试点地区（包括卡雅利沙）实施，国家对该方案寄予的愿景是"通过可行的制度、可持续经济和生活服务设施的普遍供应来建设具有社会凝聚力的稳定社区"（Ugur 2014：83）。然而，乌格（Ugur 2014：ix）认为，持续的"体制错位"（包括有利于减贫与再分配的社会政策和促进发展的经济政策之间的矛盾，以及地方政府在城市改造和犯罪预防方面缺乏资金支持、地方治安管制不力）破坏了暴力和犯罪预防综合干预措施的实施，而在这些干预措施中，城市改造可以在整个城市的社会转型中发挥重大作用。

至关重要的是，麦德林实施的这些干预措施能够塑造人们对城市的共同想象，这将弥合贫富地区之间的象征性鸿沟。显而易见，这一点极大地增强了城市的社会凝聚力。城市改造在一个"整体城市项目"的框架下进行，该项目旨在通过战略性交通系统干预措施和主要的社会文化干预措施，在城市中建立联系、带来更多公平。尽管大家都认为麦德林市长的领导在帮助弥合该市分歧方面发挥了关键作用，但其实民间社会的积极参与同样至关重要（Hernandez-Garcia 2013）。

与此同时，VPUU 也努力在卡雅利沙与当地居民携手创造一个共同的发展叙事或愿景。虽然从理论上讲，干预方案优先考虑社区参与，并将其视为建立社会凝聚力的一种关键方式，但上文中概述的商贩经历证明，干预方案在实现获得当地居民支持和自主权目标方面面临一些困难。虽然商贩只是与 VPUU 打交道的群体之一，但其他经验数据表明，诸如需花费高昂费用才能使用由该组织创建的娱乐及其他设施等障碍，削弱了其利用城市改造手段构建包容性凝聚力的能力。正如一名商贩所述，"人们要付钱才能使用球场或其他地方。使用场地并不容易，不是每个人都能使用它们。你想用的大厅，VPUU 都租出去了。有人使用那些地方，但需要付钱。如果你没钱，就不能用。学校不得不付费让孩子们去夸姆芬多玩耍"（焦点小组，卡雅利沙当地商贩，2014 年 10 月）。

这些矛盾并不是 VPUU 方案独有的，甚至不是南非独有的。VPUU 试图促进产权多元化发展，而与该主题相关的文献中则提到"这些居住人口的日常生活、工作和娱乐……仍然鲜为人知。土地使用规划者和政策制定者一直在努力认可这些社区，让他们参与审议决策，并根据'行之有效、道德上可接受的应对政策'敲定最佳干预方案"（Leshinsky & Mouat 2015：485）。

VPUU 表示，其借鉴了"南美模式"，侧重于建立社区凝聚力和社会资本（Giles 2014），强调了社区自主权在发展进程中的重要性，并因此认为其自身采用了一种参与性方法，即"与社区合作，努力通过谈判解决问题"，且称这是干预成功的关键因素，有助于在卡雅利沙建立社会凝聚力（VPUU 2013：2）。

　　然而，派伯（2012）称 VPUU 参与的社区协商形式及其创建的座谈会是"经过设计的"，公民直接参与民主决策的形式十分有限。虽然 VPUU 模式允许社区参与确定某一区域需要解决的关键社会问题，但参与这一过程的人是事先经过 VPUU 审核选择的，只有这样才能加入其关键决策机构，即安全节点区域委员会（SNAC）。因此，"议程制定、审议和决策过程不是普通公民可以直接参与的"（Piper 2012：2），他们的问题由民意代表调解。因此，虽然 VPUU 的方法借鉴了代议制民主的模式，但其方法并不是参与性的，因为正如派伯（Piper 2012）所言，参与性总是包含公民的直接参与，这是直接民主的一个要素。即使就民主的代表模式而言，SNAC 机构中的代表与社区的直接联系也很薄弱，因为他们是各组织的负责人，而不是由卡雅利沙社区直接选举产生的。VPUU 明确采用了这种方法，以避免卷入当地围绕发展问题产生的纷争之中，而这也导致该方案在南非许多管辖区都未能成功落实。

　　在一次访谈中，VPUU 项目负责人辩称，该方案采取的方法旨在"促进共识，而非激化竞争和冲突，就是为了避免零和游戏，'使双方受益而不是要分出输赢'"（Piper 2012：4）。因此，这种干预方案追求的是"利益相关者参与规划过程以寻求共识的模式，而不是大部分地方治理都使用的'方桌模式'，即少数服从多数模式"（Piper 2012：4）。然而，为了避免在发展进程中产生冲突，VPUU 跳过了意义重大的公开审议和辩论环节。实际上，这些环节本是一种可以达成直接共识前景的途径，通过这种共识才能建立社会凝聚力和共同愿景，让人们明白发展对卡雅利沙的重要意义。这并不是说，更深入的审议过程中不存在困难，也不需要大量资源；而是说，这些审议过程不仅是南非在宪法中对参与式民主承诺的一部分，而且在指导性工作中也至关重要。最终，干预措施的实施遭到了不同群体的抵制，例如商贩，他们认为在发展进程中失去了自己的尊严、自主权和发言权。

　　因此，VPUU 参与的正规化协商进程并没有形成共识，即哈贝马斯认为的"公共话语",并非简单的意见交流,而是能在"公共领域"中让"个人参与讨论大家共同关心的问题"(Habermas,转引自 Warren 1993:212)。这种空间使审议成为可能,即使"公民或其代表在道德上意见相左",他们仍继续共同努力,以做出双方都能接受的决定(Roux 2006:17)。

结　语

在高度不平等的城市中,城市改造项目可以作为一项战略,向边缘化地区转移城市资源,并在所在地区社会经济发展存在差异的居民之间建立联系。麦德林的经验表明,正因为城市改造项目通常是需要大量财政资源的大型项目,它们可以在分裂的城市中营造包容感和尊严感。然而,要做到这一点,就需要以创建社区建设平台的方式来设计、执行和管理改造项目。至关重要的是,在南非的发展背景下,这意味着需要在实践上和认识上重新定位我们的发展愿景,认识到并重视本土性,即原先已经投资于当地的资源(包括社会资源、基础设施资源、设想方案),而不是试图完全照搬西方空间发展理念来设计建造这里的实体场所和社会场所。这并不是说我们不能学习或利用世界其他地区的经验,但需要注意的一点是,在卡雅利沙这样的地区,不同形式的生活方式、身份认同和社会实践应该受到重视,因为它们本身就是人们理想的美好生活中极富价值的一部分,不能仅仅将其视为"非正规",也不能因此而不予重视或意欲纠正以符合西方普世性的错误标准。

通过参与性方法这一至关重要的渠道,可以将地方知识和技能重新定位为发展议程的核心。参与性民主是南非宪法的组成部分,自《地方政府市政系统法案》(2000 年第 32 号)通过以来,出现了大量实现参与性民主的立法规定,制定了公民参与地方政府决策的框架。这要求市政当局和居民共同努力,共同创建和管理自身所在的社区。VPUU 方案曾试图在这里培养出西方创业者的利己主义观念,而始终未能充分理解当地的"乌班图精神"(人道待人)和人与人之间互惠行为。实际上,如果我们认识到其内在价值,这些当地精神和行为都是重要的资源,它们将帮助我们重新思考如何将民众参与融入城市改造的设计和实施当中。

因此,有效的城市改造需要利益攸关方携手努力,达成共识,做出决策，采取行动。重点在于要找出支持这种共享和共识行为的方法，并创建社区结构，将行为者聚集在一起实施改造计划。尽管审议环节可能会很耗时，但这一点很关键。如果居民要长期拥有并完善基础设施，就不能以牺牲意义重大的社区参与进程为代价，否则改造计划将毫无进展。各利益攸关方的合作方式不仅会决定实际进展，还将决定正在进行的治理过程和结果，从而影响住区及整个城市的社区意识和社会凝聚力。因此，所有利益攸关方之间的沟通和关系建设对于社区的持续进步和发展尤为重要。领导力对于塑造参与结构和利益攸关者的合作条件尤为重要。然而，正如布洛克（2008：78）警告的，"尽管愿景、规划和坚定的领导者很重要，甚至可以说是必不可少，但如果没有公民的持续参与，即便有清晰的愿景、详细的规划和坚定的领导团队，未来也无法实现。"

注　释

1. 本文中，我们将非正规性解释为一种组织形式，而非一个经济部门。

参考文献

Bauer B（2010）*Violence Prevention through Urban Upgrading：Experiences from Financial Cooperation*. Working paper prepared for the German Federal Ministry for Economic Cooperation and Develoment（BMZ）. Frankfurt：KfW Bankengruppe，Corporate Communication.

Block P（2008）*Community：The Structure of Belonging*. San-Francisco：Berret-Koehler Publishers.

Burr L（2008）Democracy and its Discontents：Vigilantism，Sovereignty and Human Rights in South Africa. *Review of African Political Economy*. 118：571 – 584.

Comaroff J and Comaroff J（2004）Criminal Obsessions，after Foucault：Postcoloniality，Policing，and the Metaphysics of Disorder. *Critical Inquiry*. 30

(4): 800 – 824.

DAC (Department of Arts and Culture) (2012) *Creating a Caring and Proud Society: A National Strategy for Developing an Inclusive & a Cohesive South African society*. Pretoria: Government of the Republic of South Africa.

DPME (Department of Planning, Monitoring and Evaluation) (2014) *Medium Term Strategic framework* 2014 – 2019. Pretoria: The Presidency.

Edjabe N and Pieterse E (Eds) (2010) *African Cities Reader: Pan-African Practices*. Cape Town: Chimurenga Press and African Centre for Cities.

Fetterman DM (2010) *Ethnography: Step by Step* (3rd edition). London: Sage.

Geertz G (1973) *The Interpretation of Cultures: Selected Essays*. New York: Basic Books.

Giles C (2014) Transcript of Public Hearing: Commission of Inquiry into Allegations of Police Inefficiency in Khayelitsha and of a Breakdown in Relations between the Community and the Police in Khayelitsha, 12 February.

Gillespie K (2014) Murder and the Whole City. *Anthropology Southern Africa*. 37 (3 – 4): 203 – 212 .

Habermas J (1989) *The Theory of Communicative Action: Lifeworld and Systems, a Critique of Functionalist Reason* (Vol. 2). New Jersey: Wiley.

Hansen TB and Stepputat F (Eds) (2005) *Sovereign Bodies: Citizens, Migrants, and States in the Postcolonial World*. Princeton: Princeton University Press.

Hernandez-Garcia J (2013) Slum Tourism, City Branding and Social Urbanism: The Case of Medellin, Colombia. *Journal of Place Management and Development*. 6 (1): 43 – 51.

Jenson J (1998) *Mapping Social Cohesion: The State of Canadian Research*. Study No. F/03, Canadian Policy Research Network.

Lefebvre H (1991) *The Production of Space* (trans. D Nicholson-Smith). Oxford: Blackwell Publishing.

Lemke T (2001) The Birth of Bio-politics: Michel Foucault's lecture at the Collège de France on Neo-liberal Governmentality. *Economy and Society*. 30 (2): 190 – 207.

Leshinsky R and Mouat CM (2015) Towards better Recognising "community" in

Multi-owned Property Law and Living. *International Journal of Housing Markets and Analysis.* 8（4）：484 – 501.

Meagher K（2009）*Culture, Agency and Power: Theoretical Reflections on Informal Economic Networks and Political Process.* DIIS Working Paper No. 27, Danish Institute for International Studies, Copenhagen.

Myers G（2011）*African Cities: Alternative Visions of Urban Theory and Practice.* London and New York: Zed Books.

Neves D and Du Toit A（2012）Money and Sociality in South Africa's Informal Economy. *Africa.* 82（1）：131 – 149.

NPC（National Planning Commission）（2011a）*Diagnostic Overview.* Pretoria: The Presidency.

NPC（2011b）*National Development Plan: Vision for* 2030. Pretoria: The Presidency.

Nuttall S and Mbembe A（Eds.）（2008）Johannesburg: The Elusive Metropolis. Durham: Duke University Press.

PCAS（Policy Co-ordination and Advisory Services）（2004）*Social Cohesion and Social Justice in South Africa.* Pretoria: The Presidency.

PCAS（2008）*Towards a Fifteen Year Review: Synthesis Report.* Pretoria: The Presidency.

Pelser E（1999）*The Challenges of Community Policing in South Africa.* Occasional Paper No. 42, Institute of Security Studies.

Pieterse E（2012）*High Wire Acts: Knowledge Imperatives of Southern Urbanisms.* Workshop in Theory and Criticism, Salon 2012, Johannesburg. Accessed 20 July 2013, http://jwtc. org. za/ salon_volume_5/edgar_pieterse. htm.

Piper L（2012）Development Trustees not Rent-seeking Deployees: The Designed Meaning of Community Participation in the Violence Prevention through Urban Upgrading Project（VPUU）in Cape Town, South Africa. Unpublished paper.

Rao V（2006）Slum as Theory: The South/Asian City and Globalization. *International Journal of Urban and Regional Research.* 30（1）：225 – 232.

Robinson J（2006）*Ordinary Cities: Between Modernity and Development.* London: Routledge.

Roux T (2006) Democracy. In S Woolman, M Bishop and J Brickhill (Eds.) *Constitutional Law of South Africa* (2nd edition). Cape Town: Juta.

Roy A (2009) The 21st-century Metropolis: New Geographies of Theory. *Regional Studies.* 43 (6): 819 - 830.

Roy A (2011) Slumdog Cities: Rethinking Subaltern Urbanism. *International Journal of Urban and Regional Research.* 35 (2): 223 - 238.

Salganik, M J & Heckathorn, D D (2004) Sampling and Estimation in Hidden Populations Using Respondent-driven Sampling. *Sociological Methodology.* 34 (1): 193 - 239.

Simone AM (2004) *For the City yet to Come: Changing African life in Four Cities.* North Carolina: Duke University Press.

Steck J-F, Didier S, Morange M and Rubin M (2013) Informality, Public Space and Urbangovernance: An Approach through Street Trading (Abidjan, Cape Town, Johannesburg, Lome and Nairobi). In S Bekker and L Fourchard (Eds.) *Governing Cities in Africa: Politics and Policies.* Cape Town: HSRC Press.

Ugur L (2014) *Beyond the Pilot Project: Towards Broad-based Integrated Violence Prevention in South Africa.* PhD thesis, Technische Universität Darmstadt.

VPUU (Violence Prevention through Urban Upgrading) (2013) Semi-annual Progress Report No. 4: January to June 2013, VPUU phase 3.

WarrenME (1993) Can Participatory Democracy Produce better Selves? Psychological Dimensions of Habermas's Discursive Model of Democracy. *Political Psychology.* 14 (2): 209 - 234.

Watson V (2003) Conflicting Rationalities: Implications for Planning Theory and Ethics. *Planning Theory & Practice.* 4: 395 - 407.

Yiftachel O (2009) Theoretical Notes on "Gray Cities": The Coming of Urban Apartheid? *Planning Theory.* 8 (1): 88 - 100.

不平等社会中的学术自由——抽象人权还是物质实践？

约翰·希金斯（John Higgins）

以往，不平等被理解为经济或收入不平等，但瑟伯恩近年来进行了很有价值的研究，指出了与不平等这一概念相关的更加复杂且相互作用的诸多因素。瑟伯恩认为，对不平等的最佳理解由三个维度构成。首先，在将人类看作生命体的视角下，不平等对人类造成的严重影响可称之为"根本性不平等"（即"社会构建的人类有机体的不平等生存机会"，这体现在死亡率和健康预期寿命上）。其次，不平等以"存在性不平等"的形式影响人类作为独立个体和社会成员的能力（体现为个体享有的自由度以及获得尊重和发展自身的权利各不相同）。最后，不平等以"资源性不平等"的形式影响着每个人对社会和政治活动的参与（维持事物运转的物质资源的不平等供给，比如最明显的财力资源、更难界定的家族资源和各种形式的社会资本，接触这些物质资源的机会及资源的社会流动性都有所不同）（Therborn 2013：48 - 49）。

2015 年和 2016 年，南非的学生抗议活动使人们开始关注这些不同形式的不平等及其相互作用，特别是存在性不平等的现实，或是瑟伯恩所称的"个人自主权的不平等分配"（Therborn 2013：50），同时也使人们注意到这种形式的不平等如何严重影响到教育（尤其是高等教育）。

本文将探讨南非辩论高等教育学术自由的方式，这些辩论可能得益于对学术自由是抽象人权还是根植于社会的物质实践这一分歧的关注，而这种分歧正是源于对不同形式的不平等之间的相互作用的认识。[1]只有恰当地将其定位为物质实践，同时像瑟伯恩那样多维度地理解不平等现象，我们才能更好地找到解决学术自由理念相关问题的最佳方案。

1991 年，在开普敦大学举办的一场托马斯·本杰明·戴维（T B

Davie）纪念讲座中，著名学者兼活动家爱德华·萨义德提议，"每个学术群体、知识分子群体和学生群体都必须认真思考当代社会中学术自由实际是什么和应该是什么这一问题"（Said 1991：69）。本文尝试探讨在过去几十年中，我们是如何与认识南非学术自由问题的，以及这些思考如何帮助（如果有帮助）我们理解 2015 年和 2016 年学生抗议活动对高等教育体系提出的一些关于平等的关键问题。

虽然南非因其在宪法中对学术自由给予认可而赢得国际赞誉（Barendt 2010），但对这一点的看法却莫衷一是，充满矛盾。这种矛盾的一个集中体现是，最近一本有关学术自由的论文集的编辑认为"备受赞誉的《南非宪法》""直接"提到学术自由这一事实"令人费解"，并怀疑学术自由"是否真的对我们国家很重要"（McKenna 2013：1），而论文集中大多数论文的作者都认为学术自由很重要。[2]

实际上，南非宪法中对学术自由的承诺是非常复杂和矛盾的。这样的矛盾根深蒂固，使我们在追求学术自由时面临着种种困难。不论是在种族隔离时期还是在充满矛盾的当下，南非都存在着不平等问题。[3]

我的论点分为两部分。其一，人们一般认为学术自由是抽象的、无形的人权，与之相对的（或者说特殊的）观念认为学术自由是一种物质实践；如果探究这两种观念之间的分歧，就能够更好地了解这段历史。其二，这种分歧对于理解南非高等教育体系在 2015 年和 2016 年的学生抗议活动之后所面临的挑战也至关重要。

在 18 世纪后期的美国和法国革命之后，出现了关于人权与民主的论述，马克思对这些论述提出了批判质疑。南非近年的学生抗议活动一定程度上受到马克思的影响。在一个充满实际不平等的社会中，我所说的抽象人权意味着什么？[4]在一个物质不平等导致实践的物质基础不足或分配不均的社会中，学术自由又意味着什么？[5]

本文将探讨学术自由为什么是一个难以实现的理想。在社会经济不平等的背景下，理想与现实之间那种近乎黑格尔式的分歧催生了一系列悖论。[6]

种族隔离时期的悖论

如果我们可以将过去称为过去（想起福克纳的名言[7]），那么早在过去南非对学术自由的态度就是矛盾的。一个令人震惊的悖论是：提及学术自由通常是因为缺失学术自由。[8]学术自由鲜少提及或描述事物的现状；相反，它始终是个规范性理念，呼吁学术自由之时恰恰是因为学术自由缺失或受到威胁。[9]

令人震惊的是，19世纪50年代，南非国民党开始在高等教育中强制实行种族隔离政策，而这使人们开始关注和定义学术自由，并最终带来了《大学教育扩展法》（1959年第45号）的出台。在高等教育中强制实行种族隔离政策却促成了20世纪关于学术自由和大学自治最具影响力的法案之一，实在颇为讽刺。[10]

开普敦大学时任副校长托马斯·本杰明·戴维（Thomas Benjamin Davie）首先针对南非学术自由的辩护和主张制定了一些关键原则。这些原则都是在他50年代进行的一系列讲座和干预措施中形成的，当时南非国民党政府正在为种族隔离制度构建法律框架，而种族隔离制度践踏了南非人口占比最大的几代黑人的生活。[11]在特定历史时期的压力之下，戴维认为，践行学术自由首先要抵制国家干预，并将学术自由定义为："我们应当在以下方面避免外部干预：谁来教、教什么、如何教、去教谁。"（Van de Sandt Centlivres 1959）

事实证明，戴维提出的定义颇具影响力，很快获得国际认可，并于1957年在美国最高法院的一场"极具影响力的"判决中被费利克斯·弗兰克福特（Felix Frankfurter）法官特别引用（Barendt 2010）。在斯威齐诉新罕布什尔州一案中，戴维的定义成功地帮助马克思主义经济学家保罗·斯威齐（Paul Sweezy）阐明了立场。新罕布什尔州认为斯威齐蔑视法庭，因为他拒绝回答司法部长提出的关于他在新罕布什尔大学人文学院讲课内容的问题，并且不愿说出政界朋友和同事的名字，但最高法院最终没有裁定其蔑视法庭。后来的判决有很大一部分是弗兰克福特法官直接根据戴维的定义做出的，这也成为美国司法界对学术自由的理解的一个关键参考点。[12]

对南非本身而言，戴维的定义为抵制政府管理以及有原则地主张学术自由和大学自治奠定了基础，并在其后三十多年中成为那些自称"开放"的大学的座右铭。[13]

反复呼吁学术自由（始终活跃在年度纪念演讲和全国各地的出版物中），至少对种族隔离制度造成了冲击。以下事实充分说明了这一点：政府认为有必要设立一个专门委员会来报告南非大学的状况，该委员会以一份详细的摘要回应"开放"大学的指控（政府的高等教育政策损害甚至破坏了学术自由）。

共　识

该委员会最后发表了《大学调查委员会的主报告》（Van Wyk de Vries Commission 1974）。该报告最能说明学术自由在种族隔离时期面临的分歧（用萨义德的话来说，即学术自由"实际是什么和应该是什么"之间的分歧），因为在该报告中，学术自由既是核心思想，却又充满争议。

该报告力求"每个人都同意大学应具有学术自由"（Van Wyk de Vries Commission 1974：27），同时也坚持认为，没有任何一个国家可以容纳多个"大学"的概念（Du Toit 2013：31）。实际上，该委员会的许多意识形态和概念性工作都是为了废除基于戴维思想的关于学术自由和大学自治的重要法案。

在种族隔离时期的政府眼中，只有通过事先理解并保证"大学与国家的一致性以及从狭义上讲，大学与某个特定群体的交织性"（Van Wyk de Vries Commission 1974：19），才可能拥有正确的学术自由观。

这是一个典型的弗洛伊德式否定（强烈且有意识的否认恰恰凸显了潜意识中对令人不快的事实的接受）的实例。该委员会强调（但没有提供任何相关论点或证据），这种"群体"或"国家纽带"绝不意味着"从属于国家或20世纪的一种国家极权主义"，并坚持认为"大学的自由绝不会因其与国家的联系而受到削弱"（Van Wyk de Vries Commission 1974：34）。该委员会认为，承认"国家纽带"是对"现实状况"的必要尊重。最重要的是需要坚持并维护种族隔离制度，或者用报告中的话来说，"确保各语言群体可以根据其文化背景和原则来自由决定大学的性质和方向"。

该委员会认为，如果遵守这些原则（即种族隔离原则），大学就可以享有相当程度的自由和自治权。其核心观点是，大学（包括其教职员工和学生）不应参与（正如"开放"大学和"封闭"大学的教职员工和学生所坚持的那样）"给社会或国家带来冲突的政治意识形态和公共行动"（Moja & Cloete 1995：51）。

该委员会将这些观点称为一种共识，而之所以能使其看上去像共识，只是因为它有意忽视了"开放"大学本身的声音。[14]

实际上，这种"排他性"共识掩盖了一个现实，即种族隔离时期对大学的定义存在两种截然相反、相互排斥的观点。[15]

第一个具有影响力的主流定义是阿非利卡人（南非和纳米比亚的白人移民后裔）的定义，将大学看作国家的直接工具。六所历史悠久的阿非利卡语大学完全接受这一观点，也完全认同自己只是"国家的傀儡"，且"为政府服务"（Bunting 2002：66）；1959 年后为黑人创建的四所新大学（德班－韦斯特维尔大学、西开普大学、祖鲁兰大学、北方大学）和历史稍长的福特哈尔大学的行政管理部门也接受了这一观点。四所传统上讲英语的大学反对自身只是专制主义的工具，坚持自身立场，认为自己是"国际学者群体的一部分，致力于发展和传播所有人类知识"（Bunting 2002：71），并一再强调，"对学术自由这一普世价值的信奉使其不可能充当种族隔离国家的奴仆"（Bunting 2002：70）。

实践中的悖论

当然，实际上，各大学和个人为实现学术自由而采取的行动比阿非利卡人对"英式自由"定义的任何简单二元对立更为复杂。[16]尽管那些"开放"大学有时会大声疾呼自己对学术自由理念的支持，但是并没有付出太多实际行动；而那些"封闭的"大学，不顾其管理层的立场，反而成为反对种族隔离意识形态的重要力量。

开普敦大学和威特沃特斯兰德大学曾利用立法漏洞，以学术非隔离的名义招收一些黑人学生，但在这两所大学中，学术隔离的物质实践严重削弱了对学术自由理念的积极追求。正如穆迪所指出的那样，"开放大学中的黑人没有得到平等对待：在纳塔尔大学，黑人单独接受教育；在开普敦大学和威特沃特斯兰德大学，课堂之外的体育或社交活动也不存在'平等'"（Moodie 1994：6）。[17]同样，在人员配置方面，开普敦大学一方面可以聘用"有色人种"当讲师，该讲师后来可以晋升为该校英语系的全职教授，而另一方面也可以拒绝聘用黑人为社会人类学系的讲师。[18]此举引发了一系列关于学术自由的抗议活动，从大学内部发起而又针对大学本身，而这些大学恰恰曾宣称自己支持学术自由，凸显了其中的矛盾性。

即便对"开放"大学来说，学术自由理念也给它们造成了困扰。在种族隔离时期，菲利普斯对威特沃特斯兰德大学学术自由历史的评价也许适用于所有"开放"的大学。他写道，这些大学"自诩"为自由主义机构，但"其所声称的完全自由与其行为、实践和表现并不匹配"（Phillips 2000：177）。[19]

同时，1959—1994 年，将大学行政管理部门视为坚守和践行学术自由的唯一行动者是错误的。无论是作为个人还是不同群体的成员，教职工和学生都扮演着重要（尽管往往复杂又矛盾）的角色。

大多数教职工和学生无疑都遵守了种族隔离法规，即使没有完全赞成种族隔离意识形态，至少也在助纣为虐，但也有一些学生和教职员充分利用了大学这一场所，因为大学拥有追求学术自由理念的特权。[20]的确，高等教育机构很可能为既定共识之外的对立性和批判性思维提供了空间，这一简单事实也许从社会和学术角度解释了各大学存在的原因，不过大学的这一作用是在极端且难以撼动的压力下才慢慢被激发出来的。在南非，这种批判性和对立性思维（当前流行语"创新"一词正试图掩盖和替代这些词汇）以多种形式存在，并在许多不同学科（或学科下的各个分支）中传播。其共同点在于，决心挑战并破坏种族隔离意识形态"共识"，并将种族隔离制度企图掩盖、拒绝承认甚至干脆否认的东西放到台面上来考虑。[21]

到 20 世纪 80 年代后期，曾经只是星星之火的对种族隔离制度的反对声音已成燎原之势，而这些反对都萌发于大学。这迫使政府设法对校园抗议活动进一步施加限制，不过这些限制（"德克勒克规定"）都被法庭驳回。[22]

后种族隔离时期的悖论

种族隔离制度正式结束之后，第二波围绕学术自由的悖论开始兴起，其开端是尝试建立一个新的民主国家，并修正人们对高等教育体系的社会作用的认识。[23]

随着种族隔离制度的正式废除和 1996 年新宪法的实行，许多人期望戴维的原则能在高等教育机构取得胜利。然而，新政府担心高等教育改革政策遭到抵制，因而坚持将学术自由和大学自治分离开来，并在接下来的几十年中对整个高等教育体系不断施加国家权威。[24]

鉴于上述复杂历史，以及部分学生和教职工在反对种族隔离制度方面所发挥的积极作用（特别是在种族隔离制度即将消亡的时期），[25]负责起草南非新宪法的制宪会议必须在新宪法中"特别注意"捍卫学术自由这一点也就不足为奇了（Kruger 2013：18）。

之所以认为有必要重视捍卫学术自由，是因为种族隔离制度曾对学术自由施加了诸多严格限制，且人们也深刻认识到个人言论自由权（受到种族隔离政府严格限制）在某种程度上是个人学术自由权的一部分。此外，至少在1990年，非国大认为"开放"大学捍卫学术自由的立场值得称赞，用时任非国大副主席西苏鲁在开普敦大学戴维纪念演讲中的话说，这是一种"反对种族隔离政府剥夺黑人教育基本权利的立场"（Sisulu 1991：62）。

然而，与此同时，关于宪法对学术自由的明确支持，有些人仍然表现出犹豫不定，特别是如果这种支持和对大学自治不受政府干扰的支持相结合时（正如戴维的四项原则中提出的那样）。当时的担忧是"以大学自治的形式在宪法上对学术自由进行保护会使大学对变革的抵制合理化"（Kruger 2013：19），尤其担心阿非利卡语—中型大学集群可能会利用大学自治原则来固守种族隔离原则，"学术自由的捍卫者可能别有用心"（Du Toit 2000：76）。

从这个角度来看，要对政府在大学强制实行种族隔离制度采取反制措施，必须打破大学自治与学术自由之间的构成性联系（这种联系是戴维的观点），因为在这个新民主国家，两者之间的这种联系会转变成对民主变革的合法抵制。

当时的法律顾问确实辩称这种担忧"毫无根据"，并指出："如果大学拒绝改革……国会可以根据《人权法案》的限制条款进行干预以纠正立场。"（Theme Committee 4，in 1995，转引自 Kruger 2013：20）从这个意义上说，宪法面临的当务之急涉及两个方面：既要使个人学术自由受到宪法保护，同时还要有意避开大学自治的问题。

在后种族隔离时期，人们对学术自由的定义和范围继续持有矛盾的观点，南非高等教育委员会（CHE）在经过深入的论证和意见调查之后，只能得出这个问题远未得到解决的结论。[26]

南非宪法通过将学术自由与宗教信仰自由和结社自由等核心人权并列，稳固了学术自由的地位。经过几个世纪的民主斗争，这些个人权利才得到认可；但实际上，在非洲大陆乃至全球很多地方，这些权利仍严重缺位。将学术自由与这些核心人权并列起来，这意味着学术自由对于发展和维持至关重要且充满生机的民主具有重要作用，而通过宪法强调学术自由的做法必将受到欢迎。[27]

然而，问题在于，通过将学术自由（并将科学研究自由等同于学术自由）与宗教、信仰和意见自由以及言论自由并列，宪法倾向于将该项权利个性化，且实质上也将学术自由实践产生意义的复杂制度环境边缘化（甚至完全忽略）了。[28]事实上，任何学术自由权的实现都取决于大学能在多大程度上履行其宪法义务以使学术自由成为可能。[29]这样说来，宪法针对学术自由而采取的必要手段就变成了宪法的妥协和没有任何实际意义的保护，因此那些感到自己的学术自由权受到侵犯的学者们从未使用宪法来寻求保护。

宪法将学术自由视为任何个体的权利，这一做法会导致人们将焦点偏离物质层面，而学术自由在物质层面上运作，地方力量和全球力量也在物质层面上相互作用：在大学内部，学者与新的管理层人员进行复杂且充满政治色彩的交流；大学与政府争夺教学科研重点的主导权；自由主义思想和新自由主义思想就高等教育的真正目的而进行全面的意识形态斗争，许多评论人士和政策顾问却假装没有看到这一切的发生。[30]

2015—2016 年，学生抗议活动凸显了将学术自由理解为抽象人权和物质实践之间的差异。抗议活动直面物质不平等的现实，使任何将学术自由视为抽象人权的主张都受到质疑。同时，抗议活动也使人们关注早已被遗忘的事物：学术自由本身就具有两面性，即集教授的教学自由（Lehrfreiheit）与学生的学习自由（Lernfreiheit）为一体。关于学术自由"实际是什么和应该是什么"的辩论进入了一个新阶段，在这一阶段，教学自由和学习自由之间的矛盾性和互补性产生了进一步的悖论。

当前的悖论

抗议运动的一个重要方面在于，它含蓄地表达了对上述宪法妥协的批判，特别是宪法对学术自由的核心定义（即学术自由是脱离制度实践的抽象人权）。

抗议活动关注学生践行学术自由所必需的物质层面和制度层面，主要有两个组织口号：2015 年年初的"罗德斯必须倒下"（#RhodesMustFall）运动和 2015 年 10 月的"学费必须下降"（#FeesMustFall）运动。[31] 尽管"罗德斯必须倒下"运动的主要推动力来源于对"白人化"的大学文化以及学术人员（特别是高级学术人员）转型"缓慢"的批评，但"学费必须下降"运动致力于解决学生资助这一基础性问题，认为学费问题是高等教育体系的核心问题，并呼吁（至少在最初）让所有人免费接受高等教育。[32]

学生抗议活动引发的文化浪潮和经济浪潮以不同方式引起了人们对学术自由相关问题的关注。学术自由是"现代"大学的重要特征。威廉·冯·洪堡于 1810 年提出的教育思想十分经典。[33]

洪堡强调，教学自由和学习自由这两个相互关联思想必须紧密结合。教学自由指教授应有的学术自由，即根据自己的研究进行教学的权利，以及不受限制地从事研究的自由；学习自由指学生有根据自己的兴趣和关注点自主学习的自由。

然而，相较而言，当代世界对发展教学自由概念的关注几近于无（Macfarlane 2012），这对我们理解南非的情况具有重要意义。

"学生学术自由可以从积极权利的角度重新定义"，其关键含义是"大学及其教职员工有义务提高学生的能力"，因为这是保障学生学术自由最有效的手段（Macfarlane 2012：723）。尽管麦克法兰本人对"学生能力"的教学维度最感兴趣，但他也指出，所有能力"都以获得大学教育的权利为前提"，因此这意味着"获得高等教育是所有人应得的权利"（Macfarlane 2012：723）。

然而，尽管 1948 年《世界人权宣言》第 26 条正式禁令早已申明高等教育招生应择优录取，但全球范围内接受高等教育的机会仍然存在不平等问题。例如，在马来西亚，华人、印度人等非本土人一直受到歧视，而"在许多经济繁荣的国家，人们由于费用和其他社会经济障碍也无法获得高等教育，从而更普遍地剥夺了他们从高等教育中受益的机会"（Macfarlane 2012：723）。

因此，教学自由的基本物质条件是南非面临的一个关键问题，从最基本的一些统计数据中就可以看出。首先是总体参与度的问题及其在种族平等方面的意义。

虽然自 1994 年以来学生人数翻了一番，其中黑人学生人数增加了 80%，但黑人学生在总学生人数中的占比仅从 1994 年的 12% 上升到了 2011 年的 19%（Cloete & Gillwald 2014：161）。这个比例尽管高于整个非洲的水平（6%），但与美国（80%）和其他金砖国家（37.5%）的水平相差甚远（Webbstock 2016：10）。此外，虽然学生人数和黑人学生人数都上升了，但接受过高等教育的黑人只有 16%，而接受过高等教育的白人比例高达 55%（尽管白人仅占总人口的近 10%），所以学生们显然有理由抗议高等教育持续的"白人化"（Webbstock 2016：6）。就参与度而言，南非高等教育中的种族不平等仍是常态。

第二波学生抗议活动围绕着"学费必须下降"这一口号展开，涉及学生的物质生活、社会和经济不平等的巨大影响，最终聚焦在学生资助问题上。

南非的教育总预算相对较高，但与全球相比，高等教育经费（包括学生助学金和资助）占比仍然较低。经合组织成员国将其教育预算的 23.4% 用于高等教育，非洲大陆约为 20%，而南非仅为 12%。与学生抗议更相关的一点是，过去二十年来，学生人数翻了一番，但政府补贴实际上却减少了。

南非的高等教育机构虽然属于国有，但国家出资仅占一部分。除政府补贴外，大学还需依靠"第三方资金"和学生学费生存，而随着政府补贴的减少，学费相应增加了。目前，政府出资占大学总预算的比例从二十年前的 50% 下降到如今的 40% 左右，而学费占大学总经费的比例从过去的 20%，上升到如今的 33% 左右。

由于对学生学费的需求明显增加，学费问题成为学生抗议活动的核心，因为在践行学习自由所必需的物质条件中，学费是最为直观的。但只是最直观的。因为如果只从字面上理解"学费"，那就错了。

学生抗议活动中，"学费"一词更多的是一种象征用法，以口号或简称指代践行学习自由的所有物质条件，其中包括大学和社会空间的复杂重叠部分。

学习自由的物质层面既涉及学费问题和经济生存（从购买教科书、提供或使用信息技术设备到衣、食、住）问题，还涉及具有较少"经济性"和更多"文化性"的先前教育和学习准备问题，现在通常称之为知识获取问题，而这些问题反过来也突出了存在性不平等和资源性不平等的各个维度之间的相互作用。[34]

在普遍关注学费问题的同时，还有一个具体而复杂的问题，即学生不及格率和辍学率过高，其中包括从当前"国家助学贷款方案"（NSFAS）中受益的约40%以上的学生。过去二十多年中，尽管获得高等教育的机会已大大增加，但是成功率（学位完成度）却没有随之上升。"入学而不能毕业是一个空的成就"，而且这很可能是引发学生抗议活动的至少一部分愤怒和疏远情绪（Scott 2017）。[35]

至此，我们进入了悖论的又一领域。

我们认为，学生围绕学费问题的抗议活动不仅反映出仅获得抽象的高等教育权利的不足之处，也提醒人们需要更好地理解和认识践行学习自由所需的复杂物质条件。

有必要充分认识到，如果只是关注学费问题，则可能会使人们对整个高等教育体系的经费和功能的关注模糊化或边缘化，因为学费问题只是其中一个方面。对高等教育经费最好的理解方式是将其视为一个生态系统，对其中一个领域的干预都会影响到整个系统。过于关注学费和学生资助问题本身就会边缘化和排除这一生态系统中的其他关键领域，最终威胁到整个高等教育体系的可持续性，导致其在各种压力下苦苦挣扎。[36]

我们可利用洪堡最早提出的关于教学自由和学习自由互补性的论断来呼吁人们正确认识到一个简单的事实，即学生学术自由的重要组成因素包括强大的教职人员配置以及通过必要的教职人员发展来维持或发展其自身的学术自由。这一认识在当下尤为如此：随着进入高等教育的学生群体愈发壮大和多元化，学术发展的角色正逐渐从注重学生发展转向注重教师发展（CHE 2013：302－303）。但是，不论是在全球还是在当地，都尚未形成这样的认识。[37]

自2016年以来，我们已经可以从为加大学生助学金的资助力度而采取的新紧缩措施中看到很多悖论。首先是为增加助学金而减少教职工人数，这一措施确实带来了学生人数的增加，但它必然会影响教学质量，将有困难的学生置于劣势。同样，减少对图书馆建设和维护及基础设施建设（包括信息技术）的资金投入也可以增加学生助学金方面的预算，但最终都会对学生造成不利影响。这些措施的问题在于，"以牺牲对大学的资金投入为代价，将相当一部分资源转移到学生资助上，这将对教学质量以及学生的学术和心理支持产生负面影响"（Scott 2017）。[38]

与此同时，我们也需要在学术自由的框架下理解学生对高等教育"去殖民化"的要求。

一方面，去殖民化的呼吁强调"西方的""北方国家的"或"欧洲中心的"探究模式的偏见所带来的认知局限，而学术自由的观念强调需要颠覆旧的知识观念并通过创新的探究形式来产生新的知识，如此就可以轻易满足去殖民化的要求。对"南方国家的""非洲中心的"或"本地的"模式的关注可能会产生某些地区独有的、新的研究和调查对象，有时甚至会产生更贴合当地情况的新调查方法或模式，并更好地利用（而不是忽视）当地的知识和专长。从最基础的层面上说，这可能会导致基于工具性知识范式的知识遭到抵制，因为这种知识不考虑当地的需求或关切。[39]

另一方面，要避免矫枉过正。矫枉过正会把知识探索完全置于身份纷争的统治之下，实质上只是试图用一套排他性知识标准与另一套相互交换。[40]如萨义德所说，"在学术世界的核心建立单一的控制性身份，无论这一身份是西方的、非洲的还是亚洲的，都是一种限制，一种剥夺。我们生活的世界由众多相互作用的身份组成，这些身份有时能够共存，有时又相互排斥。不考虑整体……就无法拥有学术自由"（Said 1991：80）。

为确保抗议者不会"以声称保护学术自由为借口……而成为侵犯他人自由的同谋"，有必要进行大量进一步深入的思考和行动（Higgins & Habib 2017：163）。

结　语

尽管学生抗议活动已引起了人们对学生践行学术自由所必需的物质条件的关注，但从系统（而非个人）的角度来思考问题时，这一关注可能还远远不够。

在南非，学术自由的思想和理念背后有着充满暴力、剥削和不平等的残酷历史。本文探讨了关于学术自由面临的一些压力和矛盾。本文从学习自由和教学自由两个层面探讨了学术自由作为一种理念或规范性思想（即使不是，也要加以提倡）与学术自由实践所必需的物质条件之间的矛盾。我们试图证明南非宪法对学术自由的认识有失偏颇，这是该国历史所产生的矛盾性分析和态度之间相妥协的结果。学生抗议活动促使人们关注南非物质条件的不平等，也凸显出将学术自由视为抽象人权的理念所具有的深刻局限性。在这方面，和在其他方面一样，南非宪法中关于权利的规定必须被放在这些权利的实际相关背景中进行批判性审视，将抽象权利落实到具体实践中的挑战仍然很严峻。

尽管如此，正如南非宪法对学术自由的认可所表明的那样，学术自由仍然是自我批判性社会秩序的重要组成部分，需要我们去捍卫，使其免遭当前所面临的各种威胁（不论是在全球还是本地层面）的侵害。

注　释

1. 例如，请参阅本书第六篇文章对权利的关系法的论述以及"不仅要从抽象角度看待权利，同时研究权利如何对个人产生具体影响"。

2. 在 Kagisano 系列的这一期特刊中，撰稿人实际上是在强调"对学术自由的潜在威胁"（Kruger 2013：6）；坚持关于学术自由思想的"紧要问题的严重性"（Du Toit 2013：31）；主张"学术自由不仅应被视为保护学者的权利，还应被视为保护民主的权利"（Lange 2013：72）；Tabensky 的文章在该论文集中被称为"反对学术自由的话语"，但即使是他，也只是希望把对描述学术自由所保护内容的关注转移到"最终支持使我们得以成为学者的活动的理想条件"上（Tabensky 2013：87），而不是反对这种保护本身的必要性或重要性。

3. 南非的基尼系数（衡量不平等程度的标准）预计高达 0.68，是世界上收入分配最不平等的国家之一（CHE 2016：146）。

4. 对此，最著名的是马克思对布鲁诺·鲍威尔（Bruno Bauer）的《犹太人问题》的评论《论犹太人问题》。马克思（针对南非）写道，"人享有的自由权利不是建立在人与人联系的基础上，而是建立在人与人分离的基础上"（Marx 1975/1844：229），而且人们对平等的理解是"非政治意义上"的，因为"每个人都被视为自给自足的个体"（p.230）。在南非的背景下，Lawrence Hamilton 引用了马克思论文中的一段相关内容，认为南非 1996 年《宪法》所保障的人权法律框架和治理结构实际上是在剥夺南非公民的权力，而不是在赋予他们权力（Hamilton 2014：37）。有关当代对这个问题的重新审视，参见《"人的权利"和"公民的权利"：平等与自由的现代辩证法》（"Rights of man" and "rights of the citizen": The modern dialectic of equality and freedom），其中 Etienne Balibar 认为"在广义公民身份的基础上超越人的抽象概念或类概念的问题"是在当下（后现代）提出的（Balibar 1994: 59）。

5. 历史学家、活动家马丁·莱加西克（Martin Legassick）提出了部分核心问题，表明了在支持理想和实际适应政治环境之间的某些矛盾。在此，要特别注意他的主张："在资本主义统治下的大学中，延续这一理念（学术自由理念）代表了知识精英对维护其社会特权的特殊诉求，并且这一理念仅为资产阶级利益服务"（1999/1979: 76）。

6. 黑格尔在他的《历史哲学》中，将整个人类历史描述为将理想变为现实的过程。相关明智而谨慎的评论，参见（Rose 1981）。

7. 关于福克纳（Faulkner）的名言"往事并不如烟，甚至从未远去"在南非学生抗议活动现状中的进一步运用，参见（Higgins & Vale 2016）。

8. 关于法律和政治话语中对规范性术语和描述性术语之间的矛盾的详细讨论，参见 Habermas（1997）。

9. 关于在美国地方政治和商业压力下学术自由话语最初形成的有益讨论，参见 Scott（2015）。

10. 此处及本章中其他几处相关内容摘自 Higgins（2013，2014，2018）的相关论述。

11. Van de Sandt Centlivres（1959）在第一届戴维纪念演讲中对戴维的论点进行了有益的总结和综述。有关这一时期实用的综合评述，参见 Ray（2016），特别是其第八章"对学术自由的侵犯"。

12. 参见 Robert C Cloud（2017）。

13. 参见 Van de Sandt Centlivres 等人（1957）。

14. 开普敦大学委员会的一位成员 GR Bozzoli 教授坚持要在《主报告》中添加补充材料以表达自己的不同观点（参见 Higgins 2013: 52 - 53）。

15. 我从雅克·朗西埃（Jacques Rancière）的著作中得出了排他性共识的概念。他认为，尽管"共识"一词"明显夸大了讨论和协商的优点"，但对该词实际应用的"更仔细研究""揭示了该词的含义恰恰与之相反：共识意味着问题的假设和解决方案只会让人们发现他们没有讨论的余地"（Rancière 2010: 1）。

16. 许多历史学家已开始研究在口头上支持学术自由理念和在实践中促进学术自由之间的巨大差距。尤其值得一提的是，Fred Hendricks 对开普敦大学拒绝聘用 Archie Mafeje 的来龙去脉进行了极富价值的详尽叙述，有观点认为拒绝聘用是政府直接施压的结果，此观点也一度得到认可，但 Fred 对此予以驳斥（Hendricks 2008）。另有 Teresa Barnes 尚未发表的 2015 年论文——《抗议之外：开普敦大学与种族隔离的共谋》（*Beyond Protest：The University of Cape Town and Complicity with Apartheid*）。

17. Lesie Witz 在他对 1952 年 Van Riebeek 音乐节的精彩研究中记录了那个时期的大多数白人学生是如何"支持学术上的非种族隔离政策却又呼吁社交种族隔离"（Witz 2003：158）。这种做法让黑人学生尝尽了苦头。

18. 这里指的是英语语言文学系聘用了 John van der Westhuizen，而未聘用 Archie Mafeje（另见尾注 16）。有关二人各自作品的有益讨论，参见 Kozain（2012）和 Ntsebeza（2008）。

19. 值得注意的是，菲利普斯继续补充说："在当时的南非，这些行为、实践和表现，即使只看其不完美的形式，也足以让主流白人不屑一顾。"（Phillips 2000：177）穆迪在最后的评价中也同样谨慎，他认为如果国家对大学的控制更加广泛和有效，种族隔离和资本主义的道路会更为通畅……这些大学……现在和过去都是高等教育体系的破坏者和（在某些重要方面的）支持者（1994：34）。更苛刻但依旧微妙的评论，参见亨德里克思（Hendricks 2008）和巴恩斯（Barnes 2015）。在种族隔离制度结束之后，理想主张与实践之间的反差非常显而易见，例如，在众所周知的"马姆达尼事件"（Mamdani Affair）中，在行政部门拒绝支持围绕非洲起源和资源重新设计《非洲概论》课程后，开普敦大学新任命的非洲研究学教授就辞职了。有关此内容的详细信息，参见（Mamdani 1998）。

20. 德里达写道，大学如何"仅仅通过给予社会反思的机会（即分离的机会）来反映社会。在此，进行反思的时间不仅意味着大学系统的内部节奏相对独立于社会时代，而且降低了紧迫性，确保了其充分而宝贵的活动自由"（Derrida 2004：154）。这种分离的可能性是学术自由的核心。特里·伊格尔顿（Terry Eagleton）用自己独特的方式描述了类似的情况："作为一个政府，如果你愚蠢到创建了一些称为大学的地方，让易受外界影响的年轻人在大学里待上三四年，除了读书和聊天，什么都不做，那么你要小心了！因为在某些情况下（并非所有情况下，这取决于大学围墙外发生的事情），大学这样的地方会变得极易引起争论。"（参见 Higgins 对 Eagleton 的采访 2013：204）

21．在此，我首先想到的是贯穿福特哈尔大学学生辩论的"黑人意识运动"（Black Consciousness Movement）的形成和发展，也想到了这一时期众多学生和学者对反种族隔离斗争和反种族隔离思想所做的贡献。例如，Barnes（2015）指出，"开普敦大学激进学生的抗议和异议的悠久历史是南非政治历史的重要组成部分"。像马丁·莱加西克、伊恩·罗伯逊（Ian Robertson）、拉斐尔·卡普林斯基（Raphael Kaplinsky）、杰夫·布伦德（Geoff Budlender）、邓肯·英内斯（Duncan Innes）、保拉·恩索（Paula Ensor）、安东尼·霍利迪（Anthony Holiday）、内维尔·鲁宾（Neville Rubin）、格伦·莫斯（Glenn Moss）等人都是在开普敦大学的学生时期初次涉足政治，日后为南非的学术和政治进程作出了重要贡献。才学超群的内维尔·亚历山大（Neville Alexander）也来自开普敦大学，他和 20 世纪 50 年代后期"非欧洲统一运动"（Non-European Unity Movement）的同伴们回忆起了在公开演讲中嘲笑他们的 AH Murray 教授（Barnes 2015：32）。1987 年杰克斯·格维尔（Jakes Gerwel）在西开普大学著名的演说也是一个有力例证，他宣称西开普大学为"左翼大学"（Badat 2013：1）。

22．有关"德克勒克规定"的一些分析和讨论，参见希金斯（2013）第 11—41 页。

23．正如《转型框架》（Framework for Transformation）在 1996 年所指出的那样："高等教育被视为社会变革和社会流动的关键推动力量，必须在促进公平方面发挥重要作用"（NCHE 1996：173）。关于这方面的总体概述和调查，参见 Badat（2007）。

24．这方面的一些重要讨论侧重于模糊的（甚至是歪曲的）用词，试图区分和扩大"国家控制"和"国家引导"之间的差异，参见 Hall 等人（2002）、Jansen（2004）和 Du Toit（2013）。

25．例如，"结束征兵运动"（End Conscription Campaign）获得了南非学生全国联盟的大力支持，1988 年 8 月对征兵运动的禁令引发了开普敦大学和其他高校的大规模抗议活动。

26．南非高等教育委员会的总结报告指出："没有任何一方能够知道如何拥有唯一的权力（或应该拥有唯一的权力），在高等教育与社会之间，或在学术自由与大学自治、大学问责制之间划定固定界限……任何声称自已知道如何做到这一点（或拥有单方面的权力做到这一点）的一方在实践中都可能会抑制必要的参与，且不会自由表达自己的不同意见"（CHE 2008：26）。要想了解后种族隔离时期关于学术自由的争议，参见 Pithouse（2006）以及 Chetty and Merrett（2014）对夸祖鲁·纳塔尔大学（UKZN）学术自由之苦的叙述，其中具备所有侦探小说所需的叙事方式和细节。

27．关于学术自由的社会和民主价值的一些主张，参见 Post（2012），Bilgrami 和 Cole（2015）以及 Altbach 等人（2013）中的多篇论文。

28．朱迪斯·巴特勒（Judith Butler）最近也引起了人们对这一点的关注，并提出了一个关键问题："是否存在可以行使学术自由权的条件"，并提出其"前提是存在使学术自由成为可能并保护其持续践行的一些制度结构"（Butler 2015：293）。

29．关于这一点的启发性讨论，参见 Barendt（2010）。

30．然而，大量的反评论开始浮出水面：参见 Nussbaum（2010）、Collini（2012）、Brown（2015）；对于较新文献的概览，参见 Halvorsen（2016）。

31．关于学生抗议活动的对比描述和评价，参见 Barnard-Naudé（2017）、Higgins and Habib（2017）、Booysen（2016）、Higgins and Vale（2016）、Nyamnjoh（2016）。詹森（Jansen 2017）对抗议运动的其他分支活动进行了概述。

32．有关当前南非高等教育经费问题的背景，参见 CHE 2016 中非常重要的第八章"融资"。与此相关的讨论，参见本书第十五篇文章中的论述，尤其是其中强调的"高等教育的成本和质量不仅仅涉及课程的去殖民化和学费的下降，还涉及其他方面，例如合理的学生住宿、安全的社区、体面的公共场所和学习环境"。

33．在当前就职业技能来重新定义高等教育的浪潮中，洪堡的教育思想重新受到关注，因此出现了大量与其教育思想相关的文献，参见 Backhaus（2015）。

34．这一概念由沃利·莫罗（Wally Morrow）提出，他坚持认为中学教育和高等教育之间存在质的差异（Morrow 2009）。斯科特（Scott 2017）最近将莫罗所说的"知识获取"（epistemic access）解释为"学生获得新知识的能力，也间接指先前学习或学习准备，这意味着学生需要有效地融入相关学科的概念、论述、实践和思维方式之中"（Scott 2017）。

35．斯科特（Scott 2017）也评论道："尤其是对众多黑人学生而言，他们在主流大学取得成功的过程中受到阻碍，从而产生挫败感，甚至是羞辱感，这些感觉强烈助长了他们对现状的愤怒情绪。"

36．对这些压力的最佳概括和详细信息，参阅《南非高等教育评论》（*South African Higher Education Reviewed*），其中指出高等教育体系承受着"严重的压力"，现在如果不谨慎对其进行统一管理，不关注离散的政策或方案选择如何影响他人的成就和整个体系的健康和未来，就有可能"使相对稳定的体系遭到破坏"（CHE 2016：56）。詹森（Jansen 2017：230）指出，在学生抗议活动和政府资金不足的压力下，"学术事业是南非大学区别于非洲其他地区姊妹院校的核心，而它现在正面临威胁。"

37．阿尔特巴赫认为，在全球范围内，"学术职业已经发展到极限"，并且平均而言，大学扩招给学生带来了更差的学习环境，部分原因是教师的增长速度跟不上大学体量的膨胀（Altbach et al. 2013，转引自 CHE 2016：296）。在南非，教职员工与学生的比例从 2000 年的 1：20 下降到 2012 年的 1：26，固定教职员工与学生的比例一直处在 1：55 的水平（CHE 2016：295）。

38．此外，他还指出"2017 年国家预算表明，这种适得其反的局面已经出现。在本预算期内，除了最近'重新优先'分配给高等教育的 320 亿兰特之外，还为 2019/2020 年预留了 50 亿兰特。从预算细节中可以看出，这些巨额款项大部分将用于经济资助，这意味着大学人均补贴中的严重积压问题未得到充分解决。此外，预算使得大学入学率大幅增长，但这些大学不包括职业技术教育与培训学院（TVET），而这类机构恰恰是最需要加强的教育门类"（Scott 2017）。前总统祖马宣布为最贫困的新生提供免费教育，这也可能引发许多系统性问题。关于一些困难和矛盾的说明，参见 Masweneng（2017），尤其是 Ahmed Bawa 的评论，"在做出决定之前没有征求我们的意见，我们很生气。我们至少需要一年的时间来审视该战略并加以实施。但是，如果该体系运行良好，对我们的学生来说将是一大福音。"他指出，"这对学生来说是一个巨大进步，"但又补充道，"只要交付模式可行，这种进步就可以持续下去"（转引自 Masweneng 2017）。

39．有关这方面的更多分析，请参阅该作者的其他论述，尤其是"西方主义——关于启蒙与魅力"（*Occidentalism，The Very Idea：An Essay on*

The Enlightenment and Enchantment）（Bilgrami 2014），以及“政治启蒙：南方的视角”（*The Political Enlightenment：A View from the South*）（Bilgrami 2016）。还可参见 Mamdani（2016）和他 2017 年的戴维纪念演讲，其中提到需要针对当地情况培养“公共知识分子”，而不是所谓的“普世学者”。

40. 有关这方面的更多论述，参见 Jansen（2017），特别是第七章“课程非殖民化中的理性与非理性”（*Sense and Non-sense in the Decolonisation of Curricula*）。在《关于抗议宣言的初步说明》中，我从学生抗议活动联想到，《共产党宣言》的写作摒弃了身份政治的形式，其方式是将系统性知识置于经验性见解所无法避免的偏倚之上（Higgins 2016）。

参考文献

Altbach P G, Androuschak G, Kuzminov Y, Yudkevich M and Reisburg L（Eds.）（2013）*The Global Future of Higher Education and the Academic Profession.*（e-book）Basingstoke：Palgrave Macmillan.

Backhaus JG（Ed.）（2015）*The University According to Humboldt：History, Policy and Future Possibilities.* Heidelberg：Springer.

Badat S（2007）*Higher Education Transformation in South Africa Post 1994：Towards a Critical Assessment.* Soloman Mahlangu Education Lecture, Centre for Education Policy Development, 12 June.

Badat S（2013）Jakes Gerwel（1946 – 2012）. *South African Journal of Science.* 109：1 – 2.

Balibar E（1994）*Masses, Classes, Ideas：Studies on Politics and Philosophy before and after Marx.* New York and London：Routledge.

Barendt E（2010）*Academic Freedom and the Law：A Comparative Study.* Oxford：Hart Publishing.

Barnard-Naudé J（2017）The Precarious Politics of Presupposed Equality in South African Higher Education. *Kagisano.* 11：119 – 159.

Barnes T（2015）Beyond Protest：The University of Cape Town and Complicity with Apartheid. Unpublished paper；cited with permission of author.

Bilgrami A（2014）*Secularism, Identity and Enchantment.* Harvard：Harvard

University Press.

Bilgrami A (2016) The Political Enlightenment: A View from the South. In R Braidotti and P. Gilroy (Eds.) *Conflicting Humanities*. London: Bloomsbury.

Bilgrami A and Cole R (Eds.) (2015) *Who's Afraid of Academic Freedom?* New York: Columbia University Press.

Booysen S (Ed.) (2016) *Fees Must Fall: Student Revolt, Decolonisation and Governance in South Africa*. Johannesburg: Wits University Press.

Brown W (2015) *Undoing the Demos: Neoliberalism's Stealth Strategy*. Cambridge, MA: MIT Press.

Bunting I (2002) The Higher Education Landscape under Apartheid. In N Cloete, P Maassen, R Fehnel, T Moja, T Gibbon and H Perold (Eds.) *Transformation in Higher Education: Global Pressures and Local Realities in South Africa*. Pretoria: Centre for Higher Education Transformation.

Butler J (2015) Exercising Rights: Academic Freedom and Boycott Politics. In A Bilgrami and R Cole (Eds.) *Who's Afraid of Academic Freedom?* New York: Columbia University Press.

CHE (Council on Higher Education) (2008) *Academic Freedom, Institutional Autonomy and Public Accountability in South African Higher Education*. Report of the Independent Task Team. Pretoria: CHE.

CHE (2013) *A Proposal for Undergraduate Curriculum Reform in South Africa: The Case for a Flexible Curriculum Structure*. Report of the Task Team on Undergraduate Curriculum Studies. Pretoria: CHE.

CHE (2016) *South African Higher Education Reviewed: Two Decades of Democracy*. Eight Task Team Reports. Pretoria: CHE.

Chetty N and Merrett C (2014) *The Struggle for the Soul of a South African University*. Accessed 6 October 2018, https://www. natalia. org. za/Files/Oth er%20books/SSSAU%20UKZN-BOOK. pdf.

Cloete N and Gillwald A (2014) South African international development and human development: Rights versus Capabilities. In M Castells and P Hinamen (Eds.) *Reconceptualizing Development in the Global Information Age*. Oxford: Oxford University Press.

Cloud RC (2017) Sweezy v. New Hampshire. In CJ Russo (Ed.) *Encyclopedi-*

a of Law and Higher Education. DOI: http://dx. doi. org/10. 4135/9781412 969024. n128.

Collini S (2012) *What are Universities for?* Harmondsworth: Penguin.

Derrida J (2004) *Eyes of the University: Right to Philosophy* 2. Stanford: Stanford University Press.

Du Toit A (2000) From Autonomy to Accountability: Academic Freedom under Threat in South Africa? *Social Dynamics.* 26 (1): 76 – 133.

Du Toit A (2013) Losing the Academic Freedom Plot? The CHE and the debate on institutional autonomy and public accountability. *Kagisano.* 8: 28 – 56.

Habermas J (1997) *Between Facts and Norms: Contributions to a Discourse Theory of Law and Democracy.* Oxford: Polity Press.

Hall M, Symes A and Luescher T (2002) *Governance in South African Higher Education.* Pretoria: CHE.

Halvorsen T (2016) Breaking the Bond between Knowledge and Democracy? *Kagisano.* 11: 81 – 118.

Hamilton L (2014) *Are South Africans Free?* London: Bloomsbury.

Hendricks F (2008) The Mafeje affair: The University of Cape Town and Apartheid. *African Studies.* 67 (3): 423 – 451.

Higgins J (2013) *Academic Freedom in a Democratic South Africa: Essays and Interviews on Higher Education and the Humanities.* Johannesburg: Wits University Press.

Higgins J (2014) The Constitutional Imperative for Academic Freedom in South Africa. In S Varnham and J Jackson (Eds.) *Europa World of Learning.* London and New York: Routledge.

Higgins J (2015) Students Must Move beyond Hashtags to Real Change, *The Conversation*, 28 November.

Higgins J (2016) Preliminary Notes on the Protest-manifesto. Lecture at the Stellenbosch Institute for Advanced Study, 30 August.

Higgins J (2018) Paradoxes of Academic Freedom. *IAU Horizons.* 22 (2): 19 – 20.

Higgins J and Habib A (2017) Academic Freedom, Affirmation and Violence: A Dialogue. *Kagisano.* 11: 161 – 199.

Higgins J and Vale P (2016) State of Urgency. *Arts and Humanities in Higher Education*. 15 (1): 3 –6.

Jansen J (2004) Accounting for Autonomy. TB Davie Memorial Lecture at the University of Cape Town, 26 August.

Jansen J (2017) *As by fire: The End of the South African University.* Cape Town: Tafelberg.

Kozain R (2012) RIP Prof. John van der Westhuizen, *Sunday Times Books Live Community*, March 6.

Kruger R (2013) The Genesis and Scope of Academic Rreedom in the South African Constitution. *Kagisano*. 8: 5 –27.

Lange L (2013) Academic Freedom: Revisiting the Debate. *Kagisano*. 8: 57 –75.

Legassick M (1999/1979) Academic Freedom and the Workers' Struggle. *Pretexts: Literary and Cultural Studies*. 8 (1): 67 –80.

Macfarlane B (2012) Reframing Student Academic Freedom: A Capability Perspective. *Higher Education*. 63 (6): 719 –732.

Mamdani M (1998) Is African Studies to be Turned into a New Home for Bantu Education at UCT? *Social Dynamics*. 24 (2): 63 –75.

Mamdani M (2016) Undoing the Effects of Neoliberal Reform: The Experience of Uganda's Makerere Institute of Social Research. In T Halvorsen and J Nossum (Eds.) *North-South Knowledge Networks*. Cape Town: African Minds.

Mamdani M (2017) Decolonising the Postcolonial University. TB Davie Memorial Lecture, University of Cape Town, 22 August. Accessed 6 October 2018, https://www. youtube. com/ watch? v = vKFAYXf05N0.

Marx K (1975/1844) *Early Writings* (trans. R Livingstone and G Benton). Harmondsworth: Penguin.

Masweneng K (2017) Zuma's fee-free Education does Not Tackle Fees Must Fall, *Sunday Times* 19 December. Accessed 22 October 2018, https:// www. timeslive. co. za/politics/2017 – 12 – 19-zumas-fee-free-education-does-not-tackle-fees-must-fall/.

McKenna S (2013) Introduction. *Kagisano* 8: 1 –4.

Moja T and Cloete N (1995) South Africa. In J Daniel, N Hartley, Y Lador,

M Novak and F de Vlaming (Eds.) *Academic Freedom 3: Education and Human Rights*. London: Zed.

Moodie G (1994) The State and Liberal Universities in South Africa, 1948 – 1994. *Higher Education*. 27 (1): 1 – 40.

Morrow W (2009) *Bounds of Democracy: Epistemological Access in Higher Education*. Cape Town: HSRC Press.

NCHE (National Council on Higher Education) (1996) *NCHE Report: A Framework for Transformation*. Pretoria: NCHE.

Ntsebeza L (2008) The Mafeje and UCT Saga: An Unfinished Business? *CODESRIA Bulletin*. 3&4: 36 – 43.

Nussbaum MC (2010) *Not for Profit: Why Democracy Needs the Humanities*. Princeton and Oxford: Princeton University Press.

Nyamnjoh FB (2016) *#RhodesMustFall: Nibbling at Resilient Colonialism in South Africa*. Mankon: Langaa RPCIG.

Phillips H (2000) What did your University do During Apartheid? *Journal of Southern African Studies*. 26 (1): 173 – 177.

Pithouse R (Ed.) (2006) *Asinamali: University Struggles in Post-apartheid South Africa*. Trenton, NJ: Africa World Press.

Post RC (2012) *Democracy, Expertise and Academic Freedom*. New Haven, CT: Yale University Press.

Rancière J (2010) *Chronicles of Consensual Times*. London: Continuum.

Ray M (2016) *Free fall: Why South African Universities are in a Race Against Time*. Johannesburg: Bookstorm.

Rose G (1981) *Hegel Contra Sociology*. London: Athlone.

Said EW (1991) Identity, Authority and Freedom: The Potentate and the Traveller. *Pretexts: Studies in Writing and Culture*. 3 (1 – 2): 67 – 81.

Scott I (2017) Core Issues besides Finance and Access Hinder Students' Success, *Mail and Guardian*, 20 October. Accessed 22 October 2018, https://mg.co.za/article/2017 – 10 – 20 – 00-core-issues-besides-finance-and-access-hinder-students-success.

Scott J (2015) Knowledge, Power and Academic Freedom. In A Bilgrami and R Cole (Eds.) (2015) *Who's Afraid of Academic Freedom?* New York: Columbia University Press.

Sisulu W (1991) Academic Freedom and Intellectual Empowerment. *Pretexts:
Studies in Writing and Culture.* 3 (1 – 2): 62 – 66.

Tabensky PA (2013) Against the Discourse of Academic Freedom. *Kagisano.*
8: 6 – 87.

Therborn G (2013) *The Killing Fields of Inequality.* Cambridge: Polity Press.

Vande Sandt Centlivres A (1959) *Thomas Benjamin Davie.* TB Davie Memorial
Lecture, University of Cape Town, 6 May. Accessed 20 January 2018,
http://www. uct. ac. za/news/ lectures/tbdavie/past_lectures/all/.

Van de Sandt Centlivres A et al. (1957) *The Open Universities in South Africa.*
Published on Behalf of the Conference of Representatives of the University of
Cape Town and the University of Witwatersrand held in Cape Town, 9 – 11
January. Johannesburg: Witwatersrand University Press.

Van Wyk de Vries Commission (1974) *Main Report of the Commission of Inquiry
into Universities.* Pretoria: Department of National Education.

Webbstock D (2016) Overview. In *South African Higher Education Reviewed:
Two Decades of Democracy.* Eight Task Team Reports. Pretoria: CHE.

Witz L (2003) *Apartheid's Festival: Contesting South Africa's national pasts.*
Bloomington: Indiana University Press.

校门之外：南非的高等教育和地方发展

莱斯利·班克（Leslie Bank）

格伦达·克鲁斯（Glenda Kruss）

背　景

高等教育常被认为是一种能够促进平等的力量，对社会流动性至关重要：学位被看作是向个人提供机会、摆脱贫困、走向中产阶级和找到高收入工作的途径。从 20 世纪 80 年代起，高等教育大众化，即让更多的国民有机会接受大学教育，被各国视为一项重要政策战略加以推广（Altbach et al. 2009；Mok 2016；Teichler 1998）。此类政策的基本假设是，让精英阶层以外的人群（包括传统上因种族、性别、语言或阶级因素而被排斥的人群）有机会接受高等教育将有利于推动经济增长，改变社会经济不平等（Brennan & Naidoo 2008）。

在当代，随着财富和收入日益向精英阶层集中，上述高等教育、社会流动性和平等之间的正向假设正在瓦解。很多国家的学者都在质疑大学不断变化的宗旨和性质（如 Blumenstyk 2015；Collini 2012）。事实上，有人认为高等教育不再能够弥补社会经济的不平等，因为高等教育本身已经变得很不平等了（Bathmaker et al. 2013）。一国内各个大学之间日益严重的分层或许会加剧不平等（Marginson 2016、2018；Shavit et al. 2007）。

自 20 世纪 90 年代以来，南非一直在激烈地讨论高等教育机会、社会流动性和平等问题。在南非，高等教育体系内长期存在严重的分层和不平等，这是由种族隔离教育政策造成的。自 20 世纪 60 年代以来，学生运动施加政治压力，要求开放并普及教育，促进种族平等，扩大社会流动性

（Badat 1999）。1994年后，国家制定了一项全国高等教育政策，旨在让更多的人有机会接受高等教育并通过高等教育大众化来纠正不平等和种族问题。高等教育变成了一种国家能力，在国家层面提供，其方向或资金优先事项几乎很难被一个省或城市的地方发展挑战所影响。

然而，自2015年全国学生抗议以来，高等教育中出现了新的、激进的、反霸权主义的声音，质疑南非高等教育体系正在改变社会的说法，并称目前的高等教育正在加剧种族不平等（Booysen 2016；Heffernan & Nieftagodien 2016；Langa 2017）。非洲民族主义情绪以及政治和经济雄心在高等教育领域中表现得越来越明显。这些学生的话语体现了紧迫的去殖民化和激进的社会经济变革诉求，远远超出了《国家发展计划》的范围。在"学费必须下降"运动中，南非被抗议者重塑成一个无法摆脱历史桎梏的未转型的特殊殖民社会（与国家的主张相悖）。很多学生坚持认为，南非的殖民主义是一种"特殊类型的殖民主义"，因为占统治地位的阶级虽然身处国内（不像传统的统治者身处国外大都市），但仍然控制着生产资料。因此，能够最有效解决殖民主义危机的政治和经济方法可能是通过内部再分配，即财富和机会从殖民阶级转移到从属阶级，而高等教育被视为这种再分配和社会流动的核心机制。

上述观点的主要问题在于，它假定南非有足够的财富来满足所有短期和长期的发展需要，且解决不平等的办法是由政府在国家层面进行再分配。各大学关于去殖民化和种族问题纠正的讨论很少考虑一个问题：南非进入后殖民时代已有二十多年了，它如何能够更有效地创造更多的就业机会和刺激社会经济发展？我们不是说"学费必须下降"运动提出的问题不重要，也不是说课程的去殖民化不重要。相反，问题在于，在一个不平等、分化严重的高等教育格局中，在一个吸收能力较弱的正规经济中，高等教育无法实现其包容性。在这方面，在民族主义政治之外、在南非的大学校门之外，还有很多高校学生和教师需要更加认真对待的发展机遇和挑战，特别是在地方和国家层面以下，在每所大学所在的城市或城镇社区出现的机遇。

很多地方性挑战，如高昂的学生租金、校区缺少互联网接入、缺少像样的公共交通、社区不安全（Shefer 2018）、学生缺少工作或创业机会，这些都需要了解当地的情况，采取非常具体的干预措施。高等教育的成本和质量涉及的不仅仅是课程的去殖民化和学费的下降，还包括其他方面，如所有南非大学生都能公平、公正地获得合理的住宿、安全的社区、有尊严的公共空间或经济机会，而这些方面属于地方政府、市长和大学校长的管理范围，不属于国家政府管理。如果大学能在地方层面建立伙伴关系，使其发展成为一个有需求响应能力的、以地方为基础的大学，那么大学就可以更好地以更公平的方式促进学生成长（Fongwa 2018）。

本文将首先从经济发展角度探讨关于大学在城市和地区发展（特别是在城市地区和社区的重建方面）中所发挥的作用。大学作为地方经济发展催化剂的作用是毋庸置疑的，但大学是否促进了全球北方国家诸多前工业城市的发展（尤其是在解决不平等方面）仍饱受争议。其次，本文将重点讨论两个城市：东伦敦和伊丽莎白港，进而考虑这些方法在南非的优势和适用性。这两座城市中的大学，即东伦敦的福特哈尔大学和沃尔特·西苏鲁大学以及伊丽莎白港的纳尔逊·曼德拉大学，在过去十年中对城市环境产生了非常不同的影响，因为它们采取了不同的本地发展方法。结语部分将回到大学次国家发展议程的主题，呼吁城市和地区在南非高等教育政策和规划中发挥更大的作用。

大学与地方共同发展的模式

全球背景下的南非政策

南非《2011 年新经济增长路线框架》设想改造城市并在农村和城市之间建立联系，以解决过去形成的隔离模式（EDD 2011）。该路线框架还高度重视发展以学生和年轻专业人士群体为对象的创新服务和知识经济，使其成为城市未来增长的引擎。然而，它并没有真正将该议程与一套以地方为基础的发展战略联系起来，而是仍然认为高等教育是在国家技能发展和矫正框架内进行的。相比之下，人们对地方发展的理解更多的是在工业增长和发展层面。

与此同时，南非的《国家发展计划》（NPC 2011）指出，需要普遍推动新工业部门和制造业增长，减少对初级产品的依赖，同时通过地方规划刺激新工业中心的出现。在国家发展计划和后种族隔离时期的总体空间规划中，实现这一目标的主要手段是建立专门的工业开发区。伊丽莎白港和东伦敦等许多地方都实施了这一政策。在这些地方，政府提出需要通过基于地方的激励措施来刺激工业经济的重新增长（见 Harrison et al. 2007；Todes & Turok 2017）。因此，虽然国家对工业增长的机会有着本地化的理解，但对大学所在的创新导向、知识密集型行业却几乎没有可比性的讨论或分析。例如，对于位于现有或新建大学校址内及其周围的城市校园知识开发区，如何能够作为新就业和非工业部门增长的高经济潜力区域，就没有任何讨论。

在亚洲、欧洲和美国的很多地方，大学通常都会参与当地的经济规划。过去二十年中，尤其是欧洲和美国的大学，都在以社区参与为中心，积极探索除了研究和教学以外的"第三个使命"。这种做法的一个关键点是认为大学有时会"深陷"某些"问题社区"，比如衰落混乱的城市中心，这就要求大学参与社会活动，帮助改善所在社区和城市中心的社会经济状况。在此过程中，人们逐渐开始讨论大学在社区发展和缓解社会经济不平等中的作用。最近出现了一种新观点，将大学视为地方建设者，认为大学不仅仅是应对"地方的病态"，而是通过地方和地区伙伴关系帮助"改造地方"。在欧洲和美国，人们越来越关注大学或地方大学集群在改造其所在社区、城市或城镇方面的作用，尽管一些决策者仍然希望地区或国家在地方建设活动中发挥更大的作用。

大学与社会经济的联系

最近的一份高级别报告《雪崩即将来临：高等教育及其面临的变革》（Barber et al. 2013）认为，高等教育存在重大危机，因为当代的教学模式无法满足全球需求。世界各地的高失业率，尤其是青年人以及越来越多的大学毕业生的高失业率，表明大学没有有效地与更广泛的社会经济联系起来。大学排名体系正在塑造高等教育的优先次序，大多数高校都在奋力提升自己在排名表中的名次，以吸引生源和研究经费，但不一定优先考虑教学或毕业生的就业能力。这种模式是非常危险的。该报告主张高等教育机构的类型和形式要更加多样化，以履行不同的职能，满足不同的需求，创造多样化而不是单一的系统。这种多样性将有助于更好地应对地方经济和社会挑战。该报告指出：

一所经典大学有两个基本产出：研究和学位（尽管缺少其中一个是完全合理的）。我们可以增加近几十年来日益重要的第三项大学产出，即大学在增强一个城市或地区经济前景方面的作用（Barber et al. 2013：25）。

2014 年 10 月，世界经济论坛首席经济学家詹妮弗·布兰克表示，在经济衰退后充满挑战的全球经济背景下，刺激经济增长的关键在于三大支柱：第一，人才培养；第二，维护强大的制度；第三，寻求伙伴之间的合作（2015：CNN 新闻视频）。她指出，"如今在定义一个国家的经济竞争力时，人才和资本同样重要。"我们需要通过"让公共和私营部门与学术界合作"来创造机会，从而更好地"利用人才"；"人才的蓬勃发展能够带来真正的繁荣，成为促进经济新增长的首要力量"（见 2014 年 10 月 14 日《经济学人》）。

大学是城市和区域发展中的地方建设者

在有关国际发展的文献中，人们越来越认识到大学在城市和区域发展中发挥着重要作用（Gunasekara 2006；European Union 2011；Katz & Wagner 2014）。"大学'深陷'地方无法逃离"的观点逐渐被"大学是地方转型行动者"的观点所取代（Perry 2011）。由于产业工人失业影响到英国和美国"铁锈地带"的大型工业城市，城市中心地区陷入了充斥着贫困和犯罪的螺旋式衰落。在英国，大都会大学模式的建立是对这种衰落的一种应对。这些新大学的目标是通过结合学术研究和社区参与的机会，帮助贫困的市中心社区恢复。在美国，州政府试图加强市中心社区学院的作用，以减缓市中心的衰败或防止其成为贫民窟（Ehrenhalt 2012；Porter 1995）。在这两种情况下，大学都被视为能够帮助贫困社区重建自身能力的中心。在南非，2000 年后，所有大学都实施了类似的社区参与功能，以帮助其周围的社区。詹森（Jansen 2017）认为，把国家福利任务强加给大学是大学难以获得成功的原因之一。

通过英国的大都会大学和美国的社区学院，我们可以更清楚地看到大学的作用，包括与当地贫困社区的接触与互动，而不仅仅是为国家精英和中产阶级的利益服务。在美国，19 世纪的赠地大学是对这个观点的回应：高等教育正在私有化，只有富裕的中上阶层的美国人才能接受高等教育。赠地制度旨在将接受高等教育的机会扩大到国家的每个角落，使那些有能力学习的人能够在家附近以较低成本获得高等教育。赠地制度还明确提出通过将科学、创新和技术应用于社会经济发展，实现美国农村的现代化和转型（Rossi 2014）。大都会大学，正如它们在 20 世纪 80 年代被设想的那样，并不是真的要重建被掏空的、萧条的城市中心，而是要为这些地区提供一系列社会和教育服务与资源，以使其摆脱贫困，适应社会变化。大都会大学设立的初衷是能够关注并参与地方发展，但不一定是对地方进行变革。这在一定程度上是因为大学的理念和地方发展的理念先前已在功能上脱节了。

近年来，人们对市中心大学的作用和功能的想象发生了重大变化。20世纪90年代，随着地方发展理念不断出现在时任英国首相布莱尔领导的工党的政策讨论中，英国出现了一种将大学视为地方建设者的新愿景。从1997 年左右开始，大学被视为英国中部和北部工业区等困境地区新知识经济的潜在驱动力。当时的目标是通过将高等教育机构的使命与私人和公共利益相关者的使命结合起来，将各地区和城市的高等教育机构联系起来，以促进区域创新，建立新的体制结构，促进政—产—学伙伴关系。纽卡斯尔大学的约翰·戈达德及同事在英国东北部采用了这一新方法，他们倡导一种新的"公民大学"模式，使大学能够引领地方发展。这些工作的基本前提在欧盟的一些立场文件中也有阐述（Goddardd & Vallance 2013）。

对大学进行调整以使其对地方发展产生更大的影响，这种模式取得了一定的成功，但也出现了问题。例如，很多公司和大学通过与全球而非地区合作伙伴与同行合作，获得了更大的利益。同一地区的各大学之间往往竞争最为激烈，这使它们难以合作。很多大学认为，与竞争对手的地区性合作会损害自己的声誉。大学之间的竞争可能成为地方发展的主要障碍。事实上，大学是声誉驱动的机构（Whitley 2003），以其独特的声誉吸引资源和生源，这使得大学间的合作变得困难。但也许英国大学更关心的问题是，人们认为强制建立伙伴关系、重新定义角色和责任是对学术自由和批判性思维的攻击。很多学者反对他们所认为的现代英国大学中的新管理主义。雷丁斯（Readings 1996）等人最早指出，如果对学术界施加扩大公共参与方面的额外压力，这种压力必然会让大学"深陷废墟"，因为大学会被其他议程（特别是私人利益）所"俘获"。弗雷迪（Furedi 2004）等批评者直言不讳地指出，私有化和其他外部压力使很多大学的学术争鸣和严谨学风几乎消失，导致了大学的"幼稚化"，无法再推动社会变革进步。

转向以城市为基础的干预

尽管存在这些担忧，但新的公众参与议程仍然得到了全球北方各国政府的支持，不过，自2008年全球金融危机以来，人们的视角已从以区域为基础的干预转向以城市为基础的干预。政策制定者日益认为，相比于大学在更广泛区域的作用，大学在其所在城市的变革推动作用更加明显，因为在更广泛的区域合作可能比较困难。例如，英国政策制定者应推崇"科学城市"的理念，将重点放在城市而不是区域层面。这种转变实际上是在尝试克服区域机构和协调机构在早期政策框架中遇到的困难。有学者对大曼彻斯特和纽卡斯尔大都市地区进行了案例研究，展示了当地大学如何成为新城市地区政策表述的一部分，但仍然得出这样的结论："在危机后紧缩、资金机制变化和竞争压力加大的情况下，大学发现很难达到预期目标，且大学感到自己处于一个竞争更激烈的环境中，合作的动机减弱。"（Charles et al. 2014：18）他们指出，相关部门没有充分重视很多大学所面临的资金紧张状况，也很少注意到几乎没有第三方资助的大学已无暇顾及主要教学任务之外的事务。他们的证据当然支持这样一种观点，即实力较强、资金较充足的研究型大学通常比实力较弱的大学更有能力对地方发展产生更大的影响。

在21世纪的美国，大学作为地方转型推动者的理念主要集中在地方或社区层面。与斯坦福大学相关的硅谷和与麻省理工学院相关的新波士顿创新区是大学促进城市发展的典范（见McWilliams 2015）。基于这些和其他的案例，包括前铁锈地带的钢铁之城匹兹堡，城市地理学家弗罗里达预测大学城地区将出现一个新的创意阶层，这将在21世纪为美国城市带来积极变革。他建议，市长和商界领袖应与大学校长和学者密切合作，改变市中心地区的面貌，进而改善整个城市和地区的面貌。他预测，如果这些参与者能够联合起来，把人才、技术和包容的态度结合起来，将出现建立在新的经济形式基础之上的新城市（Florida 2002、2003）。

弗罗里达的预测似乎在巴塞罗那、波士顿、旧金山实现了，那里新的市中心地区吸引了人才和资本，创造了新的就业机会。然而，一些问题仍然存在：创意阶层模式是否适用于各类城市，包括那些落后或破产的城市，如底特律、克利夫兰、圣路易斯，那里的资本和人才都在流失。很多人认为，硅谷式的、技术驱动的城市更新模式几乎无法促成广泛的城市转型，因为它具有精英性质和排他性。哈维等学者认为，城市校园区域是新自由资本主义推动的"空间固定"的一部分，在新自由资本主义下，剩余资本被存放在城市房地产企业中，造成了"贵族化"（Harvey 2005）。2017年，弗罗里达承认，美国一些城市创意阶层的迅速形成导致了他所说的"新城市危机"，一些街区（创意阶层居住的地方）变得异常富裕、与世隔绝，与城市其他地方脱节。纽约和旧金山等"超级巨星城市"的实力不断增强，吸引了来自更大范围内的所有可用人才。弗罗里达指出，创意阶层已经以高度集中的方式扎根城市，而不是像他在 2002 年最初预测的那样，以技术为主导的经济模式会缓慢而均匀地在美国各城市发展起来。

在提请人们注意新经济的力量和价值的同时，弗罗里达的这一重要研究也表明城市校园社区可能产生不良的空间和经济影响（Florida 2017）。不过，弗罗里达描述的负面结果也并非不可避免。像东伦敦或布法罗这样的小城市永远无法在技术（或高等教育专业化）方面与纽约、巴塞罗那甚至开普敦或约翰内斯堡相媲美，但这并不意味着它们无法更有效地利用其高等教育部门来创造新的机会和服务，以补充现有的经济部门和发展战略。事实上，欧洲、亚洲和美国的大量证据表明，大学与城市之间的伙伴关系和地方层面的联系可以改善落后的前工业城市的增长和机遇。在美国，多个顶尖大学（如宾夕法尼亚大学、耶鲁大学、芝加哥大学）都在落后城市开展了非常成功的基于地方的城市再生战略和项目。这些大学最初是出于自身利益而采取行动，以防校区与城市一并衰落，但最终都分别将它们所在的城市费城、纽黑文、芝加哥改造得更好。耶鲁大学位于康涅狄格州前工业城市纽黑文，近年有人抱怨说耶鲁大学在该城市变得过于强大，普通市民需要重新适应城市与大学的关系（Baldwin 2017）。这种不平衡不大可能发生在底特律这样的城市，因为那里的大学实力较弱，校友资助也有限。

有证据表明，当投机性房地产资本跟随创意阶层进入大学城区，会推高房价，当房价超出当地可承受的水平时，就会造成贵族化，将学生和本地人挤出市场，包容性发展也会遭到破坏。然而，这不是创意和创新的必然结果，也不一定符合那些正在创造新机会的人的利益。这是相关领域公共管理和监管不力的结果。贵族化可能有利于大学富有的教职员工和大学周围蓬勃发展的科技公司企业主，但并不符合学生的利益，也不符合苦苦挣扎的毕业生和有抱负的创业者的利益。美国城市创意阶层形成带来的负面的经济、空间和社会结果在一定程度上是其城市政策框架所造成的，而不是经济增长的必然结果。如果没有良好的公共政策，市中心发展的利好可能会丧失或扭曲。因此，相关证据表明，如果对普通城市中充满活力的大学与城市关系进行负责任的管理，并将其与包括城市再工业化或旅游业发展在内的其他发展战略相结合，它可以成为创造新就业和经济活动的有力机制。

我们如何利用这些见解来理解南非高等教育、地方和促进平等之间的发展联系？下一节将比较南非最贫困和最不平等的地区之一——东开普省两个城市的大学的情况，探寻基于地方的转型和包容性发展的机遇和挑战。

南非现状："双城记"

在南非，关于大学在地方或城市一级作为地方决策者的作用，并没有一个政策框架，也没有足够的讨论。创新日益被认为是增长的必要条件，但它通常是从系统的角度而不是从特定的地方历史和机会结构的角度来理解的。因此，该领域由模型制定者主导，而不是由经济史学家以及区域或城市社会和经济专家。

尽管没有国家政策框架和关于大学与城市关系的总指导方针，南非的大学并没有停止建立伙伴关系，并在社区、地区甚至城市层面参与联合项目。在布拉姆方丹，IBM 中心与威特沃特斯兰德大学有着密切的关系，并采取了一系列其他举措，包括在希尔布罗地区实行的医疗保健项目，将该大学与周边地区及其发展联系起来（Mabin 2018）。2016 年 6 月，比勒陀利亚大学公布了一项宏伟的新大学城市规划，其中提出了哈特菲尔德区的锚定战略，大学将与公共和私营部门的合作伙伴进行合作，对整个区进行升级和开发（Hendricks & Flaherty 2018）。斯坦陵布什大学也一直致力于城市与大学的综合发展计划（Van Heyningen n. d.）。该大学与城市的融合程度已经很高，并且最近宣布自己是一个"创新城市"，以吸引更多的房地产投资（但很明显，斯坦陵布什的城市与大学发展战略正在鼓励贵族化和社会排斥，因为房地产投机已经让该市的贫困学生和新兴创业者几乎负担不起生活费。该战略已经把这个小城变成了南非版的加州帕洛阿托）。在其他领域，私营部门的利益正在追逐学生的租金，却没有改善社区的生活品质。大学通常接受这一点，因为它们没有其他办法来容纳学生。整个南非的大学城社区都处在变革过程中，很少有人讨论正在采取的基于地方的发展战略或可能为年轻人及其所在城市创造的机会。

失去的机会：高等教育在东伦敦的支点作用

在东开普省，高等教育格局通过 2003—2004 年的一系列合并发生了转变，在曾经分化的大学中创造了更大的资源公平，尽管这些合并产生了棘手的持久争端（Jansen 2003；Pillay & Cloete 2002）。在伊丽莎白港，伊丽莎白港大学、伊丽莎白港理工学院和维斯塔大学米申维尔校区相对容易实现合并，这三所大学合并后成为纳尔逊·曼德拉都市大学，后于 2017 年更名为纳尔逊·曼德拉大学。在该地区的其他地方，高校合并过程要复杂得多，也存在争议。该地区最有名的大学是罗德斯大学，位于格拉汉姆斯顿市。罗德斯大学与福特哈尔大学有着共同的历史，在 1959 年第 45 号《大学教育扩展法》通过之前就已经在进行学位教育。罗德斯大学曾是白人大学，而福特哈尔大学曾是黑人大学，这两所大学都有着文科传统，它们的合并有一定的意义，但这一举措也会削弱福特哈尔大学对非洲民族主义崛起和南非解放斗争的独特贡献。因此，非国大领导层要求高等教育国家工作组（NGW）抵制该举措（Bunting 2017：10 - 12），因而后来又决定将罗德斯大学和福特哈尔大学分开。罗德斯大学失去了东伦敦的城市校区，并被重组，回到了格拉汉姆斯顿市的大学城校区。福特哈尔大学接手了罗德斯大学的东伦敦校区以及乌姆塔塔市的新医学院，以使其得以扩展和发展（Bunting 2017）。邦庭（Bunting 2017：6）指出，最初的计划是彻底解散乌姆塔塔市的特兰斯凯大学，但遭到了抵制。自福特哈尔大学在 20 世纪 90 年代末经历了一段近乎制度崩溃和破产的时期后，该大学缺乏管理乌姆塔塔市医学院的能力，只接手了罗德斯大学东伦敦校区。因此，一所新的综合性大学——沃尔特·西苏鲁大学成立了，将其学术主校区和医学院设在乌姆塔塔（位于原特兰斯凯大学校区），并在东开普敦东半部的巴特沃斯、皇后镇和东伦敦等地建立了卫星校区。

当时，关于该地区未来高等教育的争论主要是基于这样一种假设，即东伦敦将是高等教育部门的主要增长地区。东伦敦校区合并后，Bunting 描述了 2004 年福特哈尔大学如何积极向新的城市校区转移，预计到 2010 年，东伦敦校区的学生人数将占到 40%（Bunting 2017：14）。然而，该战略被叫停，理由是这将不利于历史悠久的爱丽斯校区的发展（Bunting 2017：14）。该大学 2004 年的发展和运营计划遭到了国家高等教育和培训部的拒绝，该部还拒绝对东伦敦校区进行资本重组，因为该校区自 20 世纪 80 年代以来一直以最低的预算发展（罗德斯大学自身也拒绝对该校区进行投资，因为担心它可能会被另一家大学接管，因为其市中心伯德街校区就曾在 1967 年伊丽莎白港大学成立时被后者接手）。随后，南非内阁不断支持爱丽斯校区的发展。2016 年，内阁在该大学百年校庆期间监督了爱丽斯校区的翻修，费用由国家承担，但东伦敦校区没有新项目获得资助。其结果是推进了以爱丽斯校区为中心的非洲民族主义议程，而不是经济发展议程，后者本应得到东伦敦校区发展的支持（另见 Cloete et al. 2018）。

与此同时，沃尔特·西苏鲁大学在原特兰斯凯地区首府乌姆塔塔的合并使得位于东伦敦的原邦德理工学院陷入困境。尽管国家工作组早前将该市作为高等教育增长点，但高等教育和培训部以及内阁实施的政策对该市不利，导致该市没有一个能够带动增长的教育机构。政府的评估关注的是扩大民众接受高等教育的机会和高等教育大众化，而不是经济发展，几乎没有考虑到不同的大学如何为该区域的未来发展作出贡献，以及这些大学需要具备何种方案和能力才能创造就业机会和推动创新，从而扭转数十年来移民劳工和发展不足带来的一些不利影响（Bank & Sibanda 2018）。

从东开普省高等教育发展讨论的政治化本质中可以看到在教育和经济发展挑战之外，民族主义政治如何主导了该地区和城市高等教育新制度框架的创建。尽管到 2016 年，乌姆塔塔和爱丽斯都没有成为该地区重要的经济增长中心，但它们仍然掌握着该地区东半部高等教育的命运。此外，国家不愿在资本和意识形态方面支持东伦敦和布法罗大都会在高等教育和培训方面发挥领导作用，这也削弱了该市的增长和发展能力。

国家对在东伦敦发展一所主力教育机构漠不关心，加上福特哈尔大学和沃尔特·西苏鲁大学未能将东伦敦发展成为一个主要的增长节点，削弱了该省巩固其第二大城市大都会大学的能力。国家部门对城市高等教育的态度和方法加深了原特兰斯凯和西斯凯地区之间的历史鸿沟，因为沃尔特·西苏鲁大学和福特哈尔大学似乎无法进行任何合作，但二者都改善了它们分别位于爱丽斯和乌姆塔塔农村中心地带的主要校园设施。这两所大学在东伦敦市中心都有校区，在那里它们也面临着类似的问题和挑战，但迄今它们仍无法形成一个统一战线来共同应对"学费必须下降"运动的紧迫难题或与城市、商界和地区政府打交道（Bank & Sibanda 2018）。

这两所大学在应对东伦敦校区面临的挑战方面未能合作，其部分原因是二者都不愿进入这座城市，担心这可能会削弱它们在农村腹地的主校区的主导地位。罗德斯大学在合并前也采用了类似的方法，在城市校区仅提供有限的专业课程，但从未想过东伦敦校区会与格拉汉姆斯顿的老校区形成竞争。这种方法的后果是，自然科学和物理科学（如生命科学、环境科学、药学、鱼类学）等较强的学系并没有在该市建立院系。这种做法实在是一种历史讽刺，因为 1937 年腔棘鱼的最初发现是东伦敦博物馆馆长玛乔丽·拉蒂默和罗德斯大学著名科学家詹姆斯·史密斯教授合作的成果（Bank 2019）。

福特哈尔大学和沃尔特·西苏鲁大学在东伦敦经济发展中的参与很大程度上受到其历史角色——培训黑人公务员——的影响。即使它们设想了一个更大的角色，两所大学都没有足够的财力或人才来独立地对该城市或地区进行实质性的改造。沃尔特·西苏鲁大学自成立以来一直处于政局动荡之中，忙于解决内讧、多校区管理和学生不满情绪等问题。福特哈尔大学则通过其研究成果成功地加强了知识生产能力，将关注点从融入区域发展转移到追求在非洲大陆的卓越学术声誉上。该大学似乎认为，基于地方的合作可能会损害其追求卓越研究的能力或妨碍其提高研究型大学声誉的目标。

这种拒绝与城市合作的政治后果之一是，尽管三所主要大学（福特哈尔大学、沃尔特·西苏鲁大学、南非大学）以及三所主要城市医院（弗里尔医院、圣多米尼克医院、东伦敦私立医院）都位于东伦敦市中心几公里之内，但各机构之间没有建立有意义的伙伴关系或联系，也没有一所大学与城市的商界或公共部门建立更广泛的伙伴关系或联系。大学继续在衰落的城市中心地区运作，贫民窟的房东则在那里开拓学生住宿市场，而城市将其所有资源用于城市边缘的贫困社区。2015 年布法罗大都会发展峰会强调了市中心衰败的问题和城市复兴的必要性，并将其确定为一项重大发展挑战。2015 年，学生上街抗议，控诉有学生在住所遭到强奸、社区没有安全保障、城市未能提供足够的公共交通等问题。福特哈尔大学和沃尔特·西苏鲁大学一再表示，市中心城区在校园管理和安全方面面临严重挑战，大学被迫在市中心存在是很不幸的一件事情。沃尔特·西苏鲁大学曾多次表示，该校打算将更多校园职能转移到其拥有土地的城市边缘地区，以最大限度地降低成本并将校园作为可控的、封闭的社区运作。

福特哈尔大学也有类似的讨论。该校已经制定了一个新的绿地校园发展计划，选址或是在港口附近的西岸，或是在城市边缘的 N2 号高速公路之外。这种追求校园和城市之间在政治上和经济上分离的做法，以及东伦敦各主要大学拒绝就地方发展建立伙伴关系或合作制定战略的行为，可能被视为一种奇特的做法。缺乏合作可能被认为是东开普省高等教育合并进程的历史产物，但也可能是关于大学在挑战不平等方面的性质和作用的陈旧观念占主导地位的结果。为什么港口城市仍然没有商学院、工业或土木工程学院、建筑与规划学院、海洋科学学院和医学院（而不只是一个护理学校）？为什么没有精算或商科或其他领先的应用科学或技术方面的培训，以加强城市与大学的关系及其对城市和区域发展的影响？

强有力的基于地方的发展议程：
大都市中的纳尔逊·曼德拉大学

相比之下，纳尔逊·曼德拉大学已经融入了伊丽莎白港这座城市，并制定了一个强有力的基于地方的发展议程，从该校对自己"大都市大学"的定位中即可看出。这一传统是在合并进程（CHET 2003）之前建立的，是该校的一个重要特征。该校始终认为，即使在种族隔离制度下，它在国家高等教育体系中也处于边缘地位，因而一直努力融入当地，以刺激发展。这种取向在大都市一级的合并中就已根深蒂固，随后更受到该校领导层的鼓励。该校通过在城市内外（如与遗产部门、野生动植物行业、汽车行业）建立多个伙伴关系和谅解备忘录来促进地方参与。纳尔逊·曼德拉大学还引入了与当地发展领域相关的应用科学学科，包括：野生动物饲养业和环境保护主义、住房和建筑环境、地质学和水力压裂（与南非干旱台地高原资源开发相关）、"蓝色经济"和海洋科学（国家优先领域）、遗产和旅游开发、医学。纳尔逊·曼德拉大学和福特哈尔大学形成鲜明对比的制度成果与领导力问题有关，也与国家重建并支持东开普省东部和西部地区高等教育的不同方式有关（Kruss 2005；Kruss et al. 2015；Van Schalkwyk & De Lange 2017）。

纳尔逊·曼德拉大学成就的主要源泉是由大学和学者主导的战略干预，以在特定领域应用知识和创造机会，而不是任何国家或城市一级的经济参与政策或结构，或是具体的辖区发展计划。在这方面，纳尔逊·曼德拉大学的参与方法的实际发展影响尚未实现。该校的许多新课程仍在推行中，在没有政府支持的情况下，其长期可持续性仍然值得商榷。该校不是很热衷专注于可以增强其促进新增长和投资能力的单一创新区或区域，这可能是该模型的一个弱点。该模式在很大程度上依赖于大学领导层的能力和创业观，能否筹集到支持新举措的可观第三方收入。据报道，纳尔逊·曼德拉大学的副校长德里克·斯沃茨在掌舵的十年中帮助该校筹集了逾2亿兰特的资金（News 24，2017年3月2日）。沃尔特·西苏鲁大学和福特哈尔大学基本上没有这样的创业筹资。尽管纳尔逊·曼德拉大学的副校长办公室有能力筹集大量资金，且该校的学术人员（非常勤奋且经常超负荷工作）致力于推动城市和区域发展议程，但其他合作伙伴（如大都会市议会）也需要为这一进程提供有意义的、长期的政治和经济支持，以保证其可持续性。

前进的道路

该省东半部的一个可能解决办法是在东伦敦建立一所新的大学（布法罗城市大都会大学），仿照纳尔逊·曼德拉大学，让福特哈尔大学巩固其爱丽斯校区，让沃尔特·西苏鲁大学更有效地管理其乌姆塔塔校区。另一个选择是让福特哈尔大学重新设计其发展角色，为城市和所在地区的发展作出更大、更直接的贡献。这可以通过加强东伦敦的大学和学院之间的合作来实现，共同支持城市建设和区域发展。由于这几所大学集中在市中心及其周围，它们可以采用美国的地方发展模式，即侧重于通过主要大学重建市中心地区（Perry & Wiewel 2005）。此外，还可以从欧洲吸取经验教训。在欧洲，大学、企业和地方政府在不同层面试验了各种模式来促进三螺旋或四螺旋关系，并采取了推动区域新经济增长的多种战略。尤其引人注目的一点是将目前的重点从区域开发转移到创建科学城市，这或许能对南非有借鉴意义。当然，这些进程需要建立新的城市体制结构作为支撑。

不过，纳尔逊·曼德拉大学的例子似乎表明，在正确的领导、强劲的地方伙伴关系和有利的政策环境影响下，南非的城市区域一级可以取得很大成就，特别是在经济机会较难实现的二线城市，一所大学（比如一所综合性的大都会大学）就可以主导知识生产和参与过程。纳尔逊·曼德拉大都会大学在其大都会建设使命方面取得了成功，但该校于2018年将"大都会"一词从其校名中去掉，这令人好奇。其更名之举表明，在大学和城市的关系迅速变化的背景下，大都会大学的概念仍带有学术上的污名。这是英国决策者在大曼彻斯特和纽卡斯尔等地越来越多地采用的大都会模式；在这些地方，一些大学在争取更大参与度和影响力方面的表现优于其他大学。外部利益相关者似乎可以通过主要与具有适当的知识生成能力的一所大学合作而获得更大的利益，而不是寻求在关键问题上协调多所具有不同能力的大学。

结　语

本文旨在提请人们关注南非的大学在地方（尤其是城市）层面拥有的能够融入当地环境和解决不平等方面的机会。南非高等教育领域的争议几乎完全与非洲民族主义、去殖民化和种族矫正等更大的"民族问题"有关。我们认为，这种新的批判性反话语从根本上颠覆了高等教育渐进式变革的现有愿景。学生认为这种模式过于排外、昂贵，也过于以欧洲为中心。他们要求以更低的成本接受更多的与非洲本地情况相关的教育，并希望课程由本地语言讲授。大学的关注点主要集中在公平上，即为新兴的黑人中产阶级提供更多的大学入学机会，而几乎没有关注更广泛的社会转型。各高校也没有对传统大学的形式和模式提出任何重大挑战，而主要是针对教育的内容和成本。南非的大学能否像现在这样承担与社会脱节带来的后果？当前的全球大学排名模式是否应该在一定程度上指导高等教育部门的政策？本文对此种现状提出了质疑。本文借鉴了最近对研究密集型传统大学的一些批评观点，探讨了政策和规划部门为什么会越来越关注大学与其所在城市社区和区域的融合问题。本文表明，城市、大学和公私实体之间的伙伴关系创造了巨大的经济价值和机会。21 世纪初，利用大学来吸引年轻、有才华的创意阶层进入破败的城市中心以达到复兴这些地区的目的，这一想法吸引了全球的广泛关注。巴塞罗那、波士顿和硅谷的成功引发了一场运动，并带来了这样一种愿景：空心化的市中心可以通过创建能够吸引人才和技术并具有包容性的地区来重建，而人才、技术和包容性反过来又吸引了可能带来更公平发展的投资。有人认为城市重建将因此变得更容易，因而在这种观念的鼓励下，有发展问题专家推出了固定的模式化解决方案，但在许多地方并不奏效（Gadanho 2014）。弗罗里达是大学主导的城市再生战略的全球倡导者，他认为这种战略肯定会产生经济价值，但也会导致城市的空间和社会不平等（Florida 2017）。人们认识到，积极和包容的发展成果是必然的，而整个进程中也需要谨慎和持续的计划和干预。此外，从关注私营企业和利益作为再生动力的作用，到更加强调公共部门和社区在与大学建立伙伴关系和促进地方发展中的支点作用，这一思路的转变改变了关于该议题的讨论（见 Perry & villamizar Duarte 2018）。

　　本文指出，我们应从相关大学和地方发展经历中吸取经验教训，以新的方式重新认识高等教育在促进南非社会流动性和消除不平等方面的作用。本文将纳尔逊·曼德拉大学与其大都市"邻居"的接触方式和关系与东开普省的福特哈尔大学和沃尔特·西苏鲁大学从其大都市环境（东伦敦和布法罗市）中分离出来的方式进行对比，突出了在南非当前高等教育危机和发展背景下进一步扩展关于该议题讨论的重要性（另见 Bank et al. 2018；Bank 2018）。

　　南非于 2016 年发布的关于中学后教育和培训的白皮书确实采取了更加实际的方法，建议同一城市或地方的大学应计划允许更大程度地共享知识、物质和基础设施资源。不过，新政策框架的想象力还远远不够，未能展示出对大学在地方发展中的角色以及地方和城市参与高等教育规划和发展的必要性的更宏观的理解。

　　本文的目的并不是要倡导一种大学与城市（或地方、社区）关系的特定模式或方法。相反，本文呼吁，我们有必要就南非的大学在改变不平等和促进城市和地方包容性发展方面的作用展开新讨论。南非高等教育的总体成本和质量不仅取决于学生支付的费用或国家政府批准和支持的课程内容，还取决于学生的住宿费用和居住社区的质量。因此，社区对南非学生生活的再生产至关重要，但作为创造经济价值、公平发展和整个城市或地区更大机会的场所，它们具有更大的意义。如果在地方层面进行关于大学在社会中的作用的政策辩论，那么这将是非常有益的，大学就可以更好地促进地方的公平发展。当然，我们不能保证地方发展战略会振兴落后的城市，但证据表明，如果忽视加强地方监管和参与公共利益的内在可能性，高等教育将无法创造更多机会，并可能加剧南非的不平等。

参考文献

Altbach P G, Reisberg L and Rumbley LE (2009) *Trends in Global Higher Education: Tracking an Academic Revolution.* Paris: UNESCO.

Badat MS (1999) *Black Student Politics, Higher Education and Apartheid: From SASO to SANSCO, 1968 to 1999.* Cape Town: HSRC Press.

Baldwin D (2017) When Universities Swallow Cities. *The Chronicle of Higher Education*, 30 July.

Bank L (2019 forthcoming) *City of Broken Dreams: Myth-making, Nationalism and the University in an African Motor City.* Cape Town: HSRC Press.

Bank L and Sibanda F (2018) Universities as City-builders: City-campus Dynamics in East London-Buffalo City, South Africa. *Development Southern Africa.* 35 (4): 230 – 240.

Bank L, Cloete N and Van Schalkwyk F (Eds.) (2018) *Anchored in Place: Rethinking Universities and Development in South Africa.* Cape Town: African Minds.

Barber M, Donnelly K and Rizvi S (2013) *The Avalanche is Coming: Higher Education and the Revolution Ahead.* London: Institute for Public Policy Research.

Bathmaker AM, Ingram N andWaller R (2013) Higher Education, Social Class and the Mobilisation of Capitals: Recognising and Playing the Game. *British*

Journal of Sociology of Education. 34 (5/6): 723 – 743.

Blanke J (2015) CNN Interview on the Global Competitiveness Report 2014 – 2015, 4 October.

Blumenstyk G (2015) *American Higher Education in Crisis? What Everyone Needs to Know.* Oxford: Oxford University Press.

Booysen S (Ed.) (2016) *Fees Must Fall: Student Revolt, Decolonisation and Governance in South Africa.* Johannesburg: Wits University Press.

Brennan J and Naidoo R (2008) Higher Education and the Achievement (and/or prevention) of Equity and Social Justice. *Higher Education.* 56 (3): 287 – 302.

Bunting I (2017) Institutional Dynamics at the University of Fort Hare's East London Campus, 2000 – 2016. Unpublished Report for the City-campus-region Ford Foundation Project at the University of Fort Hare, East London.

Charles D, Kitagawa F and Uyarra E (2014) Universities in Crisis? New Challenges and Strategies in Two English City-regions. *Cambridge Journal of Regions, Economy and Society.* 7 (2): 327 – 348.

CHET (Center for Higher Education Transformation) (2003) The University and the City; towards an Engaged University for the Nelson Mandela Metropole: A Collaborative Project Involving the University of Port Elizabeth, the Port Elizabeth Technikon and Vista University. CHET Policy Change Dialogues, Stellenbosch.

Cloete N, Bunting I and Bailey T (2018) Fort Hare at its Centenary: University Functions in Post-apartheid South Africa. In L Bank, N Cloete and F van Schalkwyk (Eds.) *Anchored in Place: Rethinking Universities and Development in South Africa.* Cape Town: African Minds.

Collini S (2012) *What are Universities for?* London: Penguin.

EDD (Economic Development Department) (2011) *The New Growth Path: Framework.* Pretoria: EDD.

Ehrenhalt A (2012) *The Great Inversion and the Future of the American City.* New York: Vintage Books.

European Union (2011) *Connecting Universities to Regional Growth: A Practical Guide.* Brussels: EU.

Florida R (2002) *The Rise of the Creative Class: And How it's Transforming*

Work, *leisure*, *Community and Everyday Life*. New York: Basic Books.

Florida R (2003) Cities and the Creative Class. *City & Community*. 2 (1):
3 – 19.

Florida R (2017) *The New Urban Crisis: How our Cities are Increasing Inequali-ty*, *Deepening Segregation and Failing the Middle Class-and What We can do about it*. New York: Basic Books.

Fongwa SN (2018) The South African Knowledge-development Policy Nexus:
Implications for Place-based Development in South Africa. In L Bank, N Cl-oete and F van Schalkwyk (Eds.) *Anchored in Place: Rethinking Universities and Development in South Africa*. Cape Town: African Minds.

Furedi F (2004) *Where have all the Intellectuals Gone?* London: Continuum.

Gadanho P (2014) Mirroring Uneven Growth: A Speculation on Tomorrow's Cit-ies today. In *Uneven Growth: Tactical Urbanisms for Expanding Megacities*.
New York: The Museum of Modern Art.

Goddard J and Vallance P (2013) *The University and the City*. London and New York: Routledge.

Gunasekara C (2006) The Generative and Developmental Roles of Universities in Regional Innovation Systems. *Science and Public Policy*. 33 (2): 137 – 150.

Harrison P, Todes A and Watson V (2007) *Planning and Transformation: Learning from the Post-apartheid Experience*. London: Routledge.

Harvey D (2005) *A Brief History of Neo-liberalism*. New York: Oxford Univer-sity Press.

Heffernan A and Nieftagodien N (2016) *Students Must Rise: Youth Struggle in South Africa before and beyond Soweto' 76*. Johannesburg: Wits University Press.

Hendricks D and Flaherty J (2018) Anchored in Place: University of Pretoria Neighbourhood Anchor Strategy. In L Bank, N Cloete and F van Schalkwyk (Eds) *Anchored in Place: Rethinking Universities and Development in South Africa*. Cape Town: African Minds.

Jansen J (2003) Mergers in South African Higher Education: Theorising Change in Transitional Contexts. *Politikon*. 30 (1): 27 – 50, doi: 10. 1080/025 8934032000073897.

Jansen J (2017) *As by Fire: The End of the South African University*. Cape Town: Tafelberg.

Katz B and Wagner J (2014) *The Rise of Innovation Districts: A New Geography of Innovation in America*. Washington: Metropolitan Policy Program at Brookings.

Kruss G (2005) *Financial or Intellectual Imperatives*. Cape Town: HSRC Press.

Kruss G, McGrath S, Petersen I and Gastrow M (2015) Higher Education and Economic Development: The Importance of Building Technological Capabilities. *International Journal of Educational Development*. 43: 22 – 25.

Langa M (Ed.) (2017) *#Hashtag: An analysis of the #FeesMustFall Movement at South African Universities*. Johannesburg: Centre for the Study of Violence and Reconciliation.

Mabin A (2018) Challenges of University-city Relations: Reflections from the University of Witwatersrand and Johannesburg. In L Bank, N Cloete and F van Schalkwyk (Eds) *Anchored in Place: Rethinking Universities and Development in South Africa*. Cape Town: African Minds.

Marginson S (2016) The Worldwide Trend to High Participation Higher Education: Dynamics of Social Stratification in Inclusive Systems. *Higher Education*. 72: 413 – 434.

Marginson S (2018) *Rediscovering the Common Good in Higher Education*. Accessed 20 October 2018, https://www. timeshighereducation. com/blog/rediscovering-common-good-higher-education.

McWilliams D (2015) *The Flat White Economy: How the Digital Economy Transformed London and Other Cities of the Future*. London: Duckworth Overlook.

Mok KH (2016) Massification of Higher Education, Graduate Employment and Social Mobility in the Greater China Region. *British Journal of Sociology of Education*. 37 (1): 51 – 71.

NPC (National Planning Commission) (2011) *National Development Plan* 2030. *Our Future-make it Work*. Pretoria: The Presidency.

Perry B (2011) Universities and Cities: Governance, Institutions and Mediation. *Built Environment*. 37 (3): 245 – 259.

Perry D and Villamizar-Duarte N (2018) Universities as Urban Anchor Institutions and the Social Contract in the Developed World. In L Bank, N Cloete &

F van Schalkwyk (Eds.) *Anchored in Place*：*Rethinking Universities and Development in South Africa*. Cape Town：African Minds.

Perry D and Wiewel W (2005) *University as Urban Developer*：*Case Studies and Analysis*. New York：Sharpe，Inc.

Pillay P and Cloete N (2002) *Strategic Co-operation Scenarios*：*Post-school Education in the Eastern Cape*. Johannesburg：Centre for Higher Education Transformation.

Porter M (1995) The Competitive Advantage of the Inner City. *Harvard Business Review* (May-June)：55 – 71.

Readings B (1996) *The University in Ruins*. Cambridge，MA：Harvard University Press.

Rossi A (2014) *Ivory Tower*. New York：Participant Production Media.

Shavit Y，Arum R and Gamoran A (Eds.) (2007) *Stratification in Higher Education*：*A Comparative Study*. Palo Alto，CA：Stanford University Press.

Shefer，T et al. (2018) Student Accounts of Space and Safety at a South African university：Implication for Social Identities and Diversity. *South African Journal of Psychology*，41 (1)：61 – 72，http：//dx. doi. org/10. 1177/ 00812 46317701887.

Teichler U (1998) Massification：A Challenge for Institutions of Higher Education. *Tertiary Education and Management*. 4 (1)：17 – 27.

Todes A and Turok I (2017) Spatial Inequalities and Polices in South Africa：Place-based or People-centred. *Planning in Progress*. 32 (4)：20 – 45.

Van Heyningen P (n. d.) The Opportunity for Developing Stellenbosch as an Innovation District. Accessed 20 October 2018，https：//capeinfo. com/more/interviews/297-stellenbosch-delivering-as-innovation-capital-of-sa? layout.

Van Schalkwyk F and De Lange G (2017) The Engaged University and the Specificity of Place：The Case of Nelson Mandela University. In L Bank，N Cloete and F van Schalkwyk (Eds.) *Anchored in place*：*Rethinking universities and development in South Africa*. Cape Town：African Minds.

Whitley R (2003) Competition and Pluralism in the Public Sciences：The Impact of Institutional Frameworks on the Organisation of Academic Science. *Research Policy*. 32 (6)：1015 – 1029.

贫困与不平等：初步的后记

瓦苏·雷迪（Vasu Reddy）
克雷恩·苏迪恩（Crain Soudien）
英格丽德·伍拉德（Ingrid Woolard）

如果说本书有一个总括性结论，那就是贫困和不平等不仅仅是社会概念，而是许多南非人真实的、物质的和实际的经历。本书的核心论点主要是由社会科学家提出的，他们的观点（包括各种干预和方法）建立在经济学家的早期开创性和基础性研究之上，立足经济因素（Foster, Greer & Thorbecke 1984；Sen 1976, 1979），集中关注贫困和不平等的社会维度。越来越多的知识分子对社会不平等现象的反应（Atkinson 2015；Milanovic 2011；Piketty 2014, 2015；Stiglitz 2012）也表明这与人们对物质经验的看法是一致的（Collins et al. 2014；Naidoo 2009；Philips 2016；Roy et al. 2016），而物质经验往往在生存、生活和创造更美好生活的纵横交错中变得模糊不清。借用瑟伯恩（Therborn 2013：27）的话来说，不平等的"杀戮场"导致了"对人类尊严的侵犯"，实际上是对人类能力的否定（借用1999年Sen的观点），那么应对未来的不平等就需要重新安排社会过程。瑟伯恩（Therborn 2013）提出的几种不平等机制（我们在引言中提到过）在发挥作用的过程中具有累积性，需要积极的反向行动和解构，以产生有针对性的逆作用：接近，而非疏离；用包容克服排斥；通过流动性使等级结构扁平化；重新分配以克服剥削（另见 Therborn 2006）。

本文以回顾和展望为主，为本书提供简短和初步结论。本书肩负着一项几乎不可能完成的任务，即了解2018年影响南非贫困和不平等因素的多样性、复杂性和多维性。南非贫困和不平等的复杂性及其背后多重因素的表现方式，在南非社会经验的结构、心理和人文（人道）层面上都表明，我们需要坚持探索更细微的阐释。本书在现有阐释的基础上，致力于对南非贫困和不平等现象进行立足南非特定国情的解读，首先阐明贫困和不平等的多个维度，其次说明它们是如何影响南非民众的日常生活的。尽管本书的主要目标是描述和评估南非贫困和不平等的状况，但其重点也包括确定未来研究和探索的途径与机会。

本书各章以独特的方式介绍了贫困或不平等的若干层面，引导读者看到一种未来的可能性，即将最大限度地缩小（甚至弥合）因持续的贫困、排斥和不平等循环而产生的差距。本书从新的视角更详细地介绍了面临的问题，帮助人们更好地理解这些问题，并为未来行动提供了建议。例如，南非对贫困和不平等的解释与其他国家对贫困和不平等的解释是否有不同之处？如果能够更深入地阐述和认识贫困和不平等的结构特征、心理特征及其相互关系的内在联系，我们将会推动应对贫困和不平等的进程。尽管本书在以上方面有所涉及，但未来仍需更多的研究。

本书的策划以几个关键问题作为出发点。我们并不是希望收到观点一致的投稿，而是希望各章在理论、方法和观点上有明显的差异。当然，各章之间也需要相互呼应，从而成为一个意义整体。因此，我们要求并鼓励各章作者在自己撰写的部分中回答以下关键问题：

- 目前对南非贫困和不平等状况的思考有哪些可能条件？
- 关于南非思维中的贫困和不平等，有哪些新出现的、正在形成的和未来可能的特点、话语和叙事？
- 如果过度关注贫困和不平等研究中的经济和财富指数，而牺牲了重视其多维性、复杂性和争议的概念时，会产生哪些差距、盲点和局限性？
- 如果以仅优先考虑非经济因素（如人文因素、社会因素、概念因素）的方式来看待贫困和不平等，会产生什么价值、属性和意义？
- 在现有认知的基础上，对贫困和不平等问题的进一步研究需要对哪些意义进行激活、拓展和质疑？

我们认为，尽管本书各章节的观点存在分歧，但对上述问题的关注在一定程度上协助各章形成了一定的协同和连续。

然而，我们尚未对这些问题给出最终的回答。理论建设（隐含在本书的论点中）需要着眼于当前和过去对社会和人类问题的思考方式，但也基于数据和证据（无论是定性的、定量的还是概念性的）。在分析各自的案例研究时，本书各篇文章作者在参考当代有关解决贫困和不平等问题的各种文献的同时，也思考了他们的研究视角如何开辟对该问题进行概念化和框架化的新方法。很多文章分析中一个核心特征是围绕谢弗（Shaffer 2012）最近描述的"表征批判"（即贫困和不平等如何在贫困分析中被表征）展开讨论。分析的其他核心特征包括消费贫困的原因（"边缘化论题"），其重点是关注贫困的性质和程度、贫困和不平等的含义、消除差距的未来方向和道路。我们将在下文简单讨论贫困和不平等的含义，然后对未来的方向和道路提出一些想法。

贫困和不平等的含义

如果贫困是当下叙事的主角，那么不平等就是可怜的、被孤立的配角。贫困（从"基本需求"角度来看）不仅是缺乏收入，还包括缺乏获得住房、水、卫生和教育等其他福祉指标的机会。贫困似乎是基本社会排斥的信号，这意味着多层面的劣势、累积的痛苦、有限和匮乏的社会参与能力（另见 Gordon & Townsend 2000）。"基本需求"（如马斯洛所说）和"基本必需品"是有区别的，后者的缺乏并不意味着某些商品的绝对或实际缺乏，而是社会决定的相对资源的缺乏（Sallila et al. 2006：108）。更重要的是，所谓的"基本必需品"是由中产阶级定义的，其特征是扩大了住房所有权和增加了受教育的机会（Sallila et al. 2006：108）。这可能是"基本需求"和"基本必需品"最显著的区别，因为，例如，与其说中产阶级关心拥有住房和教育机会，不如说这是南非宪法所规定的一项不可剥夺的基本权利。除了社会经济权利的宪法框架之外，贫困还使人们关注福祉的重要性及其与经济因素的关系。森（Sen 1992：110）认为"贫困不是一个福祉程度低的问题，而是因为缺乏经济手段而无法追求福祉。"换言之，这一定义强调贫困是一个经济事实，意味着其他模式（如社会和体制层面）被收入贫困所掩盖，而收入贫困是社会排斥的一个关键先决条件（Betti & Lemmi 2014）。

另一方面，不平等不是预先存在的，而是多种复杂力量共同作用的结果。尽管大多数关于不平等的讨论都明确或含蓄地讨论了贫困问题，但是"贫困"一词的使用应被视为将关系维度前景化的更宏观意义结构的一部分（Schwalbe et al. 2000）。

不平等通常很难定义，它既是一个抽象的概念，也是一个相对的概念。不平等意味着有些人必然拥有更多想要或必要的东西，而另一些人拥有的必然很少。不平等能够反映个人和群体的机会差异。我们知道不平等会降低生活质量。不平等的核心是资源和属性（如收入、财富、地位、知识、权力）在适当单位（个人、社会群体、社区、国家）之间的不平等分配。在本书中，不平等是指不同社会地位的不平等机会和报酬的存在和分配，它导致极其根深蒂固的社会和经济排斥，阻碍人类可持续发展和自我实现。

贫困似乎会产生不平等，因为机会是与更广泛的福祉相关联的。不平等导致机会不平等，从而造成贫困陷阱。贫困和不平等常常重叠，是复杂影响（特别是社会经济、政治和空间进程）的结果。正如瑟伯恩（Therborn 2001：454）解释的那样，对不平等的担忧"在于整个社会是如何构建的，而不仅仅是担忧最贫困人群的情况"。篇幅所限，本书未能关注所有的不平等维度标记（如阶级、种族、性别、农村居民），需要今后有其他研究进一步关注。造成不平等的因素是持久的，并且似乎指向各种生成机制，如社会封闭、排斥、等级化和剥削（Tilly 1998）。不平等还会产生更为不利的后果，即它让人们感到痛苦，造成日常生活的两极分化，并缩短人们的预期寿命（Therborn 2013）。

前进的道路

显然，贫困和不平等，除了经济决定因素影响之外，本身就是社会问题。它们的属性是多方面的，代表着多维现象，政策需要集中关注多个问题（见 Engberg-pedersen Ravnborg 2010）。应对措施需要社会责任（加强社会契约）因为持续处于贫困和不平等之中需要付出代价。贫困和不平等威胁着民主（特别是民族国家的稳定），特别是因为贫困和不平等加剧了相关挑战（即教育质量低下、失业、艾滋病、死亡率、气候变化的影响、缺乏住房或住所，以及其他更广泛的社会不平等）。不仅如此，贫困似乎源于不平等；二者之间存在着辩证关系。富裕和贫穷造成的不平等是结构性缺陷，可以通过劳动力市场机会和社会支持来弥补。极端富裕和脆弱之间的差距已经扩大，少数人的财富积累达到顶峰，任人唯亲和国家控制的问题又加剧了这一差距。虽然有证据表明南非取得了进展，但情况远非理想。

南非的贫困和不平等是一个道德问题，这在本书的一些文章中是显而易见的，在另一些文章中也含蓄地表达了。之所以说它是道德问题，是因为这些社会问题意味着不公正、剥夺和困难，给穷人以外的人带来贫困和不平等的负担和责任。不公正的影响并非巧合，因为不公正表现为大量财富和资源分配水平差异导致的伤害和暴力。因此，不平等和贫困在国家发展中的重要性怎么强调也不为过。它们不仅是紧迫的国家优先事项，还与可持续发展目标所支持的更广泛的可持续发展密切相关，具有全球意义。可持续发展目标是将关于贫困和不平等的不同观点联系在一起的话语节点和实质性节点。这些问题帮助我们将注意力（过去的和现在的）引向未来。

了解更广泛的多样性背景、调查背景、地点、历史、文化和法律仍然是未来有意义的研究工作和应对方法的核心。除此之外，更多的与贫困和不平等有关的生活史和传记的研究可有助于带来更细微的概念思考和更好的干预，从而更好地回应政策和方案。当务之急是开展研究，在产生影响的各个层面带来变化，包括预防和干预层面、政策层面以及方案需求和评价层面。

结　语

贫困和不平等提供了一个社会和物质不平等持续存在的视角，代表了南非发展轨迹中的一场持续危机。不平等关系加剧了贫困和进一步的不平等，产生了发展需求。本书关注了收入贫困之外的一些新的讨论，指出对收入贫困的过度关注和对历史观点和政治背景的忽视所带来的问题。贫困和不平等与赤字影响之间的关系，以及针对性应对策略的使用，对于正在进行的国家状况评估工作的深入十分重要（Seekings & Nattrass 2015）。

本书提请读者注意导言中提到的内容，即除了对贫困和不平等的理智和政治反应外，还需要采取行动。这种行动最好是分担责任的结果，因为这是应对共同挑战的有效方式（正如几篇文章强调或暗示的那样）。瑟伯恩（Therborn 2013：49）关于存在性不平等（当自主性、尊严和自由受到损害时，人格的不平等分配）的观点是本书的核心，这是因为贫困和不平等的影响逐渐削弱并最终剥夺了人们的自主性、尊严和自由。如果是这样的话，那么南非关于贫困和不平等的故事是一个目前无法结尾的故事，现在也还未到撰写结论的时候。

参考文献

Atkinson T（2015）*Inequality：What can be Done?* Cambridge，MA：Harvard University Press.

Betti G and Lemmi A（Eds.）（2014）*Poverty and Social Exclusion：New Methods of Analysis.* London and New York：Routledge.

Collins C，Ladd J，Seider M and Yeskel F（Eds.）（2014）*Class Lives：Stories from across our Economic Divide.* Ithaca，New York：Cornell University Press.

Engberg-Pedersen L and Ravnborg H M（2010）*Conceptualisions of Poverty.* DIIS Report 2010：01. Copenhagen：Danish Institute for International Studies.

Foster J E，Greer J and Thorbecke E（1984）A Class of Decomposable Poverty Indices. *Econometrics.* 52：761 – 766.

Gordon D and Townsend P（Eds.）（2000）*Breadline Europe：The measurement of Poverty.* Bristol：Polity Press.

Milanovic B（2011）*The Haves and the Have-nots.* New York：Basic Books.

Naidoo K（2009）*Fragmented Families，Poverty，and Women's Reproductive Health in South Africa.* London and Abuja：Adonis & Abbey.

Phillips JD（2016）*Homeless：Narratives from the Streets.* Jefferson，NC：McFarland & Company.

Piketty T（2014）*Capital in the Twenty-first Century.* Cambridge，MA：Harvard University Press.

Piketty T（2015）*The Economics of Inequality.* Cambridge，MA：Harvard University Press.

Roy M，Cawood S，Hordijk M and Hulme D（Eds.）（2016）*Urban Poverty and Climate Change：Life in the Slums of Asia，Africa and Latin America.* London and New York：Routledge.

Sallila S，Hiilamo H and Sund R（2006）Rethinking Relative Measures of Poverty. *Journal of European Social Policy.* 16（2）：107 –120.

Schwalbe M, Godwin S, Holden D, Schrock D, Thompson S and Wolkomir M（2000）Generic Processes in the Reproduction of Inequality：An Interactionist Analysis. *Social Forces.* 79（2）：419 –452.

Seekings J and Nattrass N（2015）*Policy, Politics and Poverty in South Africa.* London：Palgrave Macmillan.

Sen A（1976）Poverty：An Ordinal Approach to Measurement. *Econometrics.* 44（2）：219 –231.

Sen A（1979）Issues in the Measurement of Poverty. *Scandinavian Journal of Economics.* 81（2）：285 –307.

Sen A（1992）*Inequality reexamined.* Oxford：Oxford University Press.

Sen A（1999）*Commodities and Capabilities.* New Delhi：Oxford University Press.

Shaffer P（2012）Post-development and poverty：An Assessment. *Third World Quarterly.* 33（10）：1767 –1782.

Stiglitz J（2012）*The Price of Inequality：How Today's Divided Society Endangers our Future.* New York：WW Norton & Company.

Therborn G（2001）Globalization and Inequality：Issues of Conceptualization and Explanation. *Soziale Welt.* 53（4）：449 –476.

Therborn G（Ed. ）（2006）*Inequalities of the World：New Theoretical Frameworks, Multiple Empirical Approaches.* London：Verso.

Therborn G（2013）*The Killing Fields of Inequality.* Cambridge：Polity Press.

Tilly C（1998）*Durable Inequality.* Berkeley：University of California Press.

附　　录

缩写和简称

AfDB　非洲开发银行

AMCU　南非矿工和建筑工会协会

ANC　南非非洲人国民大会（非国大）

AU　非洲联盟（非盟）

BLBA　巴福肯土地购买者协会

BRICS　金砖国家（巴西、俄罗斯、印度、中国、南非）

CC　宪法法院

CJP　"宪法公正"项目

DESA　联合国经济和社会事务部

DHA　南非内政部

DoJCD　南非司法和宪法发展部

FISP　农场投入补贴政策

HSRC　南非人文科学研究理事会

ICC　国际刑事法院

ICESCR　《经济、社会及文化权利国际公约》

IFIs　国际金融机构

IMF　国际货币基金组织

IT　信息技术

LSM　生活水平衡量标准

MDG　千年发展目标

NDP　南非《国家发展计划》

NEPAD　非洲发展新伙伴关系

NFDI　国家基金会对话倡议

NIDS　国民收入动态研究

NMU　纳尔逊·曼德拉大学

NPC　南非国家计划委员会

NUM　南非全国矿工联合会

NWG　国家工作组

OECD　经济合作与发展组织（经合组织）

P5　联合国安全理事会五个常任理事国

PRP　永久居留许可

PULA　人口与土地用途审计

RBA　皇家巴福肯管理局

RBDT　皇家巴福肯发展信托基金

RBH　皇家巴福肯控股公司

RBN　皇家巴福肯部落

RDP　重建和发展计划

RLM　勒斯滕堡地方自治市

SADC　南部非洲发展共同体

SASAS　南非社会态度调查

SCA　最高上诉法院

SDGs　可持续发展目标

SERs　社会经济权利

SWOP　社会、工作与发展研究所

TAC　"治疗行动运动"

TGLFA　《传统治理和领导力框架法案》

TRP　临时居留许可

UCT　开普敦大学

UFH　福特哈尔大学

UWC　西开普大学

VOC　荷兰东印度公司

VPUU　通过城市改造预防暴力

WEF　世界经济论坛

Wits　威特沃特斯兰德大学

WSU　沃尔特·西苏鲁大学

WTO　世界贸易组织

关于作者

本书编者

克雷恩·苏迪恩（Crain Soudien），南非人文科学研究理事会（HSRC）首席执行官。

瓦苏·雷迪（Vasu Reddy），比勒陀利亚大学社会学教授、人文学院院长。

英格丽德·伍拉德（Ingrid Woolard），斯泰伦博斯大学经济与管理科学学院院长兼经济学教授。

各文章作者

雷切尔·亚当斯（Rachel Adams），南非人文科学研究理事会研究用途和影响评估方案的研究专家。

莱斯利·班克（Leslie Bank），南非人文科学研究理事会副执行主任，福特哈尔大学兼职教授。

凡妮莎·巴罗尔斯基（Vanessa Barolsky），墨尔本迪肯大学阿尔弗雷德·迪肯公民和全球化研究所（ADI）的副研究员。

纳尼亚·博勒－穆勒（Narnia Bohler-Muller），南非人文科学研究理事会民主、治理和服务交付研究方案的执行主任，福特哈尔大学法学兼职教授。

科林·邦迪（Colin Bundy），已退休，曾是一名大学学者和行政人员。

尤尔·德里克·大卫（Yul Derek David），南非人文科学研究理事会民主、治理和服务交付研究方案的首席研究专家。

丹尼斯·戴维斯（Dennis Davis），高等法院在职法官，在开普敦大学教授宪法和税法。

史蒂文·劳伦斯·戈登（Steven Lawrence Gordon），南非人文科学研究理事会民主、治理和服务交付研究方案的高级研究专家。

杰拉德·哈格（Gerard Hagg），南非人文科学研究理事会民主、治理和服务交付研究方案的首席研究专家。

约翰·希金斯（John Higgins），开普敦大学文学系主任。

古莱莎·伊斯梅尔·索利曼（Quraysha Ismail Sooliman），比勒陀利亚大学人文学院/梅隆基金会公共智力项目博士后研究员。

黛博拉·詹姆斯（Deborah James），伦敦政治经济学院人类学教授。

乌尔里克·基斯特纳（Ulrike Kistner），比勒陀利亚大学哲学系讲师。

格伦达·克鲁斯（Glenda Kruss），南非人文科学研究理事会科学、技术和创新指标中心的副执行主任和负责人。

坦巴·马西莱拉（Temba Masilela），南非人文科学研究理事会研究用途和影响评估方案的执行主任。

萨姆森·姆贝威（Samson Mbewe），开普敦 SouthSouthNorth 的项目经理，在七个国家专注于动员公共和私人投资来实施国家自主贡献。

雷利波西尔·莫利萨内（Relebohile Moletsane），夸祖鲁·纳塔尔大学教育学院教授。

加里·皮纳尔（Gary Pienaar），南非人文科学研究理事会民主、治理和服务交付项目的研究经理。

内德森·波菲瓦（Nedson Pophiwa），威特沃特斯兰德大学非洲英语国家学习、评价和成果中心（CLEAR-AA）监测和评价方面的高级技术专家。

斯蒂芬·鲁尔（Stephen Rule），南非人文科学研究理事会研究用途和影响评估方案的研究主任。

戴安娜·桑切斯－贝当古（Diana Sanchez-Betancourt），南非人文科学研究理事会民主、治理和服务交付研究方案的高级研究员。

马克西·舒曼（Maxi Schoeman），比勒陀利亚大学人文学院国际关系教授兼研究生部副主任。

杰里米·西金斯（Jeremy Seekings），开普敦大学政治研究和社会学教授，非洲民主、公民和公共政策研究所过渡主任。

戈兰·瑟伯恩（Göran Therborn），世界知名的阶级、社会结构和意识形态理论家之一。现已退休，曾任剑桥大学社会学教授、斯泰伦博斯大学高级研究所研究员。

卡琳·范马尔（Karin van Marle），比勒陀利亚大学法学院法学教授。